銀幕發光

中国の映画伝来と上海放映興行の展開

Shirai Keisuke
白井啓介

作品社

上海老電影院 今景

維多利亞跡2013

愛普廬跡2012

愛倫跡2013

上海大戲院跡2012

申江跡2015

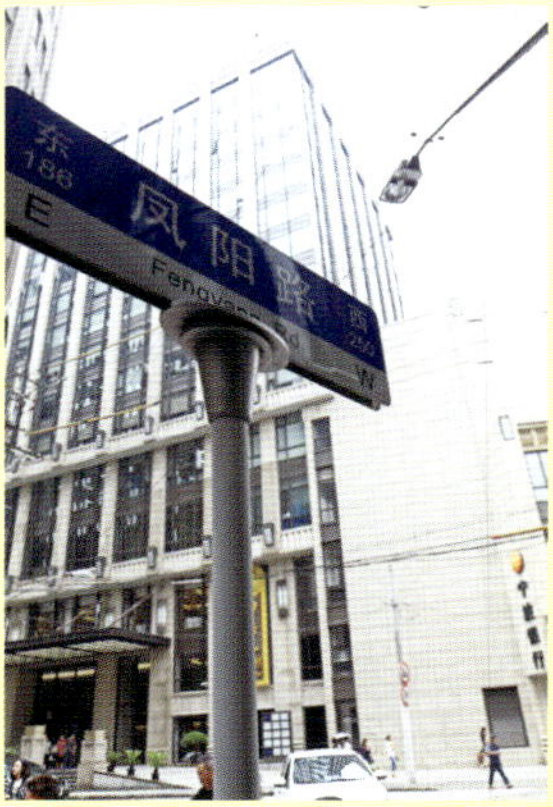

卡爾登 Carlton 跡地（2015）

世界
雨園露天
上海演芸(新東方/明星/永安)
中央大会堂(平安)
広東
金光(泰山)
百星(明珠)
上海
同慶茶園
奥迪安
天堂
翔舞台(中美)
融光(国際)
消夏露天
維多利亞
好莱塢(国民)
新大戯院
山西
虹口
東和館
中国影戯館(中山)
愛倫
愛普廬
徐園
東和活動影戯(武昌/滬江)
大陸活動影戯院
万国
国光
華徳
東海
百老匯
金城
北京
光陸
禮査飯店
匯山
三星舞台(中国大戯院)
新光
大舞台
大楽電戯園
丹桂第一台
浙江
中江(中央)
法界(中華)
五洲影戯
黄金
海蜃楼活動影戯園
東南
共和活動影戯(中華)
福安
蓬莱
城南通俗
滬東
2006.02.17-19/03.10-12/09.09-12
2007.08.30-09.01/2008.02.24
2012.11.01-05 調査 by 白井啓介
根拠『上海市道路図』(上海市測絵院編制,上海地図学社,2006) 画図

上海老電影院分布図 Ver.3

(1897—1949)

1890—1910 年代/20 年代/30 年代/40 年代の開業

×:跡地/▼:建物残存/◆:営業中を示す

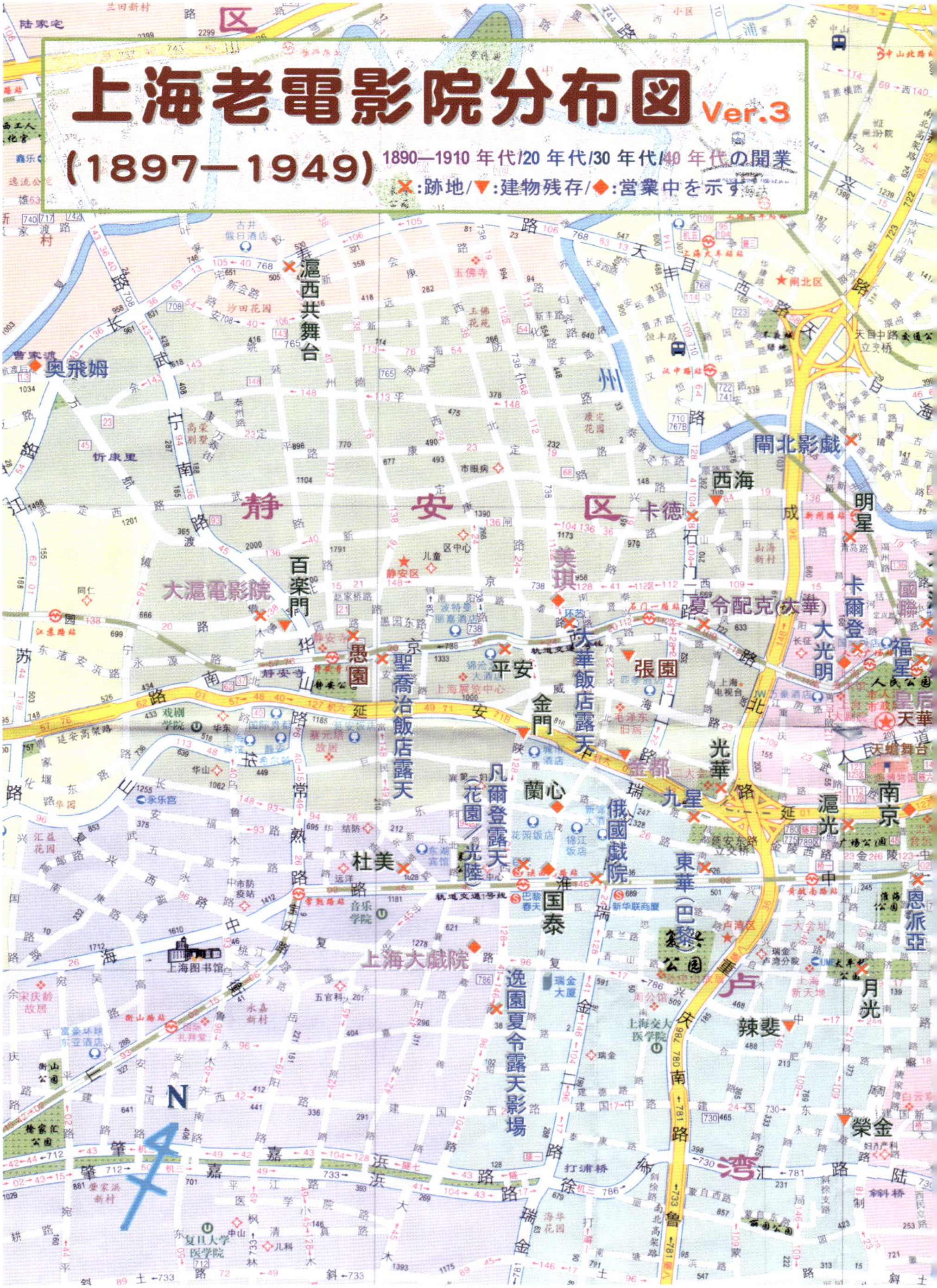

大光明 Grand Theatre 外観 (2015)

大光明 Grand Theatre 内部 (2015)

国泰 Cathey 外観 (2015)

国泰 Cathey 内部 (2015)

●上海老電影院 今景

上海の老電影院は、初めは虹口の海寧路界隈に蝟集した。その後、徐々に市内各地へ広がっていった。今日残存する映画館は、概ね 1920 年代末期以降の開館、特に 1930 年代、40 年代開業の一流館に限られる。歴史変転の風雪に耐えた各映画館が、最も大きな波濤を浴びたのは、実は戦乱でも政争でもなく、20 世紀末からの映画興行形態の大転換という事態だった。大光明も国泰電影院も、現在は内部をシネコンプレックスに改装して再興している。したたかに、今後も生き延びていって欲しいものだ。

はじめに

我が国で中国映画に関心が集まったのは、一九八〇年代後半からだったろうか。だが、中国国産映画が旺盛な活力で生み出されたのは、もっと遠く一九二〇年代後半からだった。映画批評の泰斗岩崎昶は、一九三五年に上海に渡り『漁光曲』を目にしてこれを絶賛していたほどだ。

従来、中国本国における映画史研究では、撮影された作品とその製作者（監督、脚本家）における「進歩性」、「左翼性」を基軸に評価を定め、その変遷経緯の足跡を叙述することが主流を占め続けた。その代表格が、最も権威を有する『中国電影発展史』だ。この大部の書では、映画伝来初期、外国映画が放映興行を独占していた時期の上映作品、上演場所、観客層に関して関心が薄く、叙述は甚だ簡略だ。映画がいつ中国に伝来したかについての定説はすでに修正を迫られるものであるが、これ以外にも伝来後どのような環境下でどのような作品の放映が行われたのかを詳らかにしていない憾みが残る。

一九八〇年代以後、映画実作品の検証に基づき一九三〇年代と四〇年代後半の作品再評価の機運が生まれ、嗣いで中国映画作家たちの体験を軸に世代論も編み出されるにいたった。

こうした回顧的探索が可能になったのは、フィルムそのものの読解検証が基盤にあり、そこから永らく歴史の彼方に忘れ去られていた阮玲玉も再発見されたのだった。それは、人民共和国以来の映画撮影が袋小路にはまり込み、自信を失った中国映画人にとっては、中国映画の特質と個性を再認識する契機となったはずだ。

そして、この一九三〇年代及び四〇年代映画の輝かしい実績を生み出すのが、これまたそれに先立つ一九二〇年代までの中国映画界の試行錯誤であり、映画草創期の先人の挑戦であった。それはしかし、決して出発当初から「左翼」運動の一環だったわけではなく、むしろ右も左もなく、国内国外もなく、ひたすら映画への情熱に動かされた営みであった。「左翼性」偏重で映画作家を切り捌いてしまうと、こうした周縁部の滋味溢れる「雑味」がすべて切り捨てられてしまう虞が高くなる。

本書では、こうした「雑味」を汲み取るためにも、中国初期映画史の不明部分を、第一次史料に依拠して解明することを旨とした。映画の中国伝来については、香港、天津、ハルビンも考察の対象に加えられるべきではあるが、本書では主として上海への伝来から、その後の映画放映の推移、そしてこれらの堆積の後に生み出された中国国産映画が、中国人観客の嗜好に合致する作品特性を生み出し、いかに自身の道筋をつけて行くかまでを論証した。

本書がもう一つ意を用いたのは、世界の映画放映の環の中での中国の映画放映、という点にある。映画放映、撮影は、リュミエールにせよエジソンにせよ、その後のフランス映画から米ハリウッド映画にいたるまで、世界的連環の中で進められたのであり、中国だけが特異な孤立した環境に置かれたわけではない。中国での映画放映についても、世界的連環の中で考察することが求められるからである。映画を取り巻く社会文化研究の立場で、映画検閲制度や映画市場の形成の面から民国期映画環境に焦点を当てる研究がすでに進められている。また、初期映画伝来とその後の国産映画誕生の経緯を史料的に検証する研究も公にされている。しかし、これらの社会文化史的アプローチは、いずれも実作品への分析、検証を欠いており、つまり作品は単なる記号と化してしまい、それが当時の観客の心にどのように響いたのかにまでは探求が及んでいない。

本書でも、フィルムの残存の有無に制約され、映画表現としての映像分析面については、残念ながら限定的にならざるを得なかった。しかし、あくまでも実作品を究明することで中国の初期映画放映実態を実証したこと、ここにこそ本書の大きな意味がある。この点では、本書は『中国電影発展史』の遺漏を大幅に補うとともに、中国映画史の起点を洗い直し、従来の映画史研究を一新する視点を提供するものでもある。中国における映画受容と放映事業、最初期の映画活動の実相を根本的に見直す一助となることを願っている。

とはいえ、著書一人の調査、史料渉猟には限界があるため、誤認や誤謬等がなお残っているかも知れない。読者諸賢のご批正に期待する次第である。

二〇一八年臘月

著者　誌

銀幕發光

中国の映画伝来と上海放映興行の展開　もくじ

銀幕發光

中国の映画伝来と上海放映興行の展開

郵便はがき

料金受取人払郵便

麹町支店承認

9089

差出有効期間
2020年10月
14日まで

切手を貼らずに
お出しください

102-8790

102

[受取人]
東京都千代田区
飯田橋2−7−4
株式会社 作品社
営業部読者係 行

【書籍ご購入お申し込み欄】

お問い合わせ 作品社営業部
TEL03(3262)9753/FAX03(3262)9757

小社へ直接ご注文の場合は、このはがきでお申し込み下さい。宅急便でご自宅までお届けいたします。送料は冊数に関係なく300円(ただしご購入の金額が1500円以上の場合は無料)、手数料は一律230円です。お申し込みから一週間前後で宅配いたします。書籍代金(税込)、送料、手数料は、お届け時にお支払い下さい。

書名	定価　　円	冊
書名	定価　　円	冊
書名	定価　　円	冊
お名前	TEL (　　)	
ご住所 〒		

フリガナ
お名前

男・女　　　　歳

ご住所
〒

Eメール
アドレス

ご職業

ご購入図書名

●本書をお求めになった書店名

●ご購読の新聞・雑誌名

●本書を何でお知りになりましたか。

イ　店頭で

ロ　友人・知人の推薦

ハ　広告をみて（　　　　　　　）

ニ　書評・紹介記事をみて（　　　　　　　）

ホ　その他（　　　　　　　）

●本書についてのご感想をお聞かせください。

ご購入ありがとうございました。このカードによる皆様のご意見は、今後の出版の貴重な資料として生かしていきたいと存じます。また、ご記入いただいたご住所、Eメールアドレスに、小社の出版物のご案内をさしあげることがあります。上記以外の目的で、お客様の個人情報を使用することはありません。

緒論　晩清期上海の都市形成と娯楽文化
——映画受容の社会基盤——

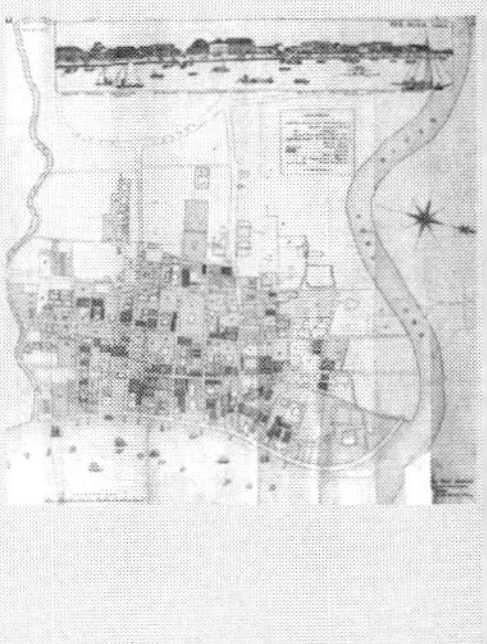

第一節　上海都市空間

(1)　脱皮する都市——上海

上海が、アヘン戦争の結果、一八四二年の南京条約による開港地の一つとして出発したことは、すでに知られている。一八四五年から英租界、四九年の仏租界、そして米租界が開設され、さらには一八六三年の英米租界の合体による公共(共同)租界が誕生したことにより、外国人の街との印象を生み出した。しかし、一八五五年に中国人の租界内居住が許可されて以来、中国人居住者が相当数いたことを忘れるわけにはいかない。

一八四四年成立の「公墓管理委員会」に始まり、四六年結成の「道路碼頭委員会」に端を発する公共施設の設置管理が、居住する外国人の手に委ねられ、さらには、一八五一年からの太平天国運動に際して、自衛組織の「協防委員会」も組織され、自治的統治が進んでゆく。こうして一八五四年には工部局が設立され、上海の行政がほとんど外国人を中心とした自治的組織によって運営されたことは、この街の性格を国際的、境界交錯的なものにしていった。

しかし、開港当初は確かに外国人とその役務に供する中国人以外は居住できなかったが、租界設置後わずかに一二年ほどで中国人も居住することが認められるや、華洋混住の街と化した。もちろん、地区ごとに見れば、大きく分けて外国人居住を主とする地区と中国人居住地区とに分かれていたことは事実であり、中国人居住地区であっても、さらに細分化されて、広東人が大勢を占める地区、寧波人が蝟集する地区等いくつかの地方出身者居住地区が存在した。こうして地区ごとに棲み分けが行われ、上海の街はいわばモザイク状態の各区分地区がそれぞれ発展するとともに、街全体としてその区分地区が連結し相互に交錯しあい拡充していった。

歴史的に見れば、数次の転換時期を経て、その都度大改装とイノベーションを繰り返しながら、より大きなステージへと拡大し続けたといえる。租界への人口流入圧力が都市の高集密化の契機を生み出し、さらにこの圧力緩和のため租界拡充が企図されると、さらに多量の人口流入をきたし、より大きな転機をもたらした。こうした転換期ごとに、上海の街並みは大きな変貌をとげ、益々近代都市として整備拡充され、急速に充実の道を歩んできた。

いわば、前ステージから脱皮して次のステージに進むことが宿命の変態動物のように、上海は止まることなく変貌する姿にこそ、その本質があったといえるだろう。逆にいえば、固定して不動の静態としての上海は存在しないのかも知れない。このため、上海のどの時期とコミットしたかによって、上海観も大きく異なり、そのことが上海を捉える上で一筋縄ではいかない重層性、錯綜感を産むもととなっているはずだ。

(2) 開港当初の上海

上海の都市形成に関する研究は、すでに精緻に進められているので、[1] ここでは上海の街並みに着目して、そこから変貌の一斑に触れてみよう。

租界が拓かれた当初、現在の上海中心部を構成するバンド一帯は、南部に県城が城壁を巡らせていた以外、幾筋かの水路が流れる低湿地帯の様相を呈していた。その光景を、バルフォアに継いで第二代上海領事となったラザフォード・オールコックは、次のとおり記している。

「一八四六年に、わたしが、それ以後九年間在任した地位〔上海領事〕につくために、はじめて上海に到着したときには、「築堤《バンド》」すなわち、川の土手には、家が三、四軒しかなかった。[2]」

ところが、その一三年後の一八五九年に、広州領事から転じて日本領事に赴任する際に寄港したオールコックが目にした情景は、大きく異なるものだった。

「それが、いまでは、ほぼ二マイル【引用注：約三・二km】近くにわたって、延々として家が建ち並び、市の南門までつづいている。また、そのかなた——麦畑と中国人部落のどまん中——には、伝道団体のセッツルメントがつくられはじめていた。当時はその地がなにものをも浸食せずにはおられない世俗的な通商の手の絶対におよばぬかけはなれた土地だと考えられていた。ところが、一八五九年には、かつては広々とした田園にとりかこまれていた宣教師村の付近もすっかり迷路のような街路や家々でおおわれてしまい、そこへ達することが容易ではなくなった。現在では、その附近一帯は、せわしげな人声がざわめき、人波でごったがえす場所となっている。[3]」

また、わずか一三年ほどの間の変貌ぶりを次のように記述している。

「この土地は、一五年前には麦・米・綿でおおわれていたが、いま【引用注：一八五九年】では一平方マイル【一・六km四方】以上にもわたってぎっしりと外国人の建物――外国商人の邸宅や、それと同じくらいの大きさの商品荷造り場など――が建ち並んでいる。さらに、その後方には、中国人の居留地がある。その住民たちは、平和と安全をもとめて、西洋諸国の旗がそのいずれをもかなりはっきり約束してくれるところ（西洋諸国のなかでは、利害と商取り引きが大きい点で、イギリスがその主たる国になっている）へやってきたのである。このようにして、八方の中国人（その多くは富裕な上層の商人階級である）がみずからの意志でここに移ってきて、ひろい道路や大きな雑貨市〈バザー〉をつくった。かれらは、道路の使用料や警察の維持費を払っているし、たとえ完全に忠実だとはいえないまでも、表面的にはすすんで外国人が定めた市条令を遵守している。[4]」

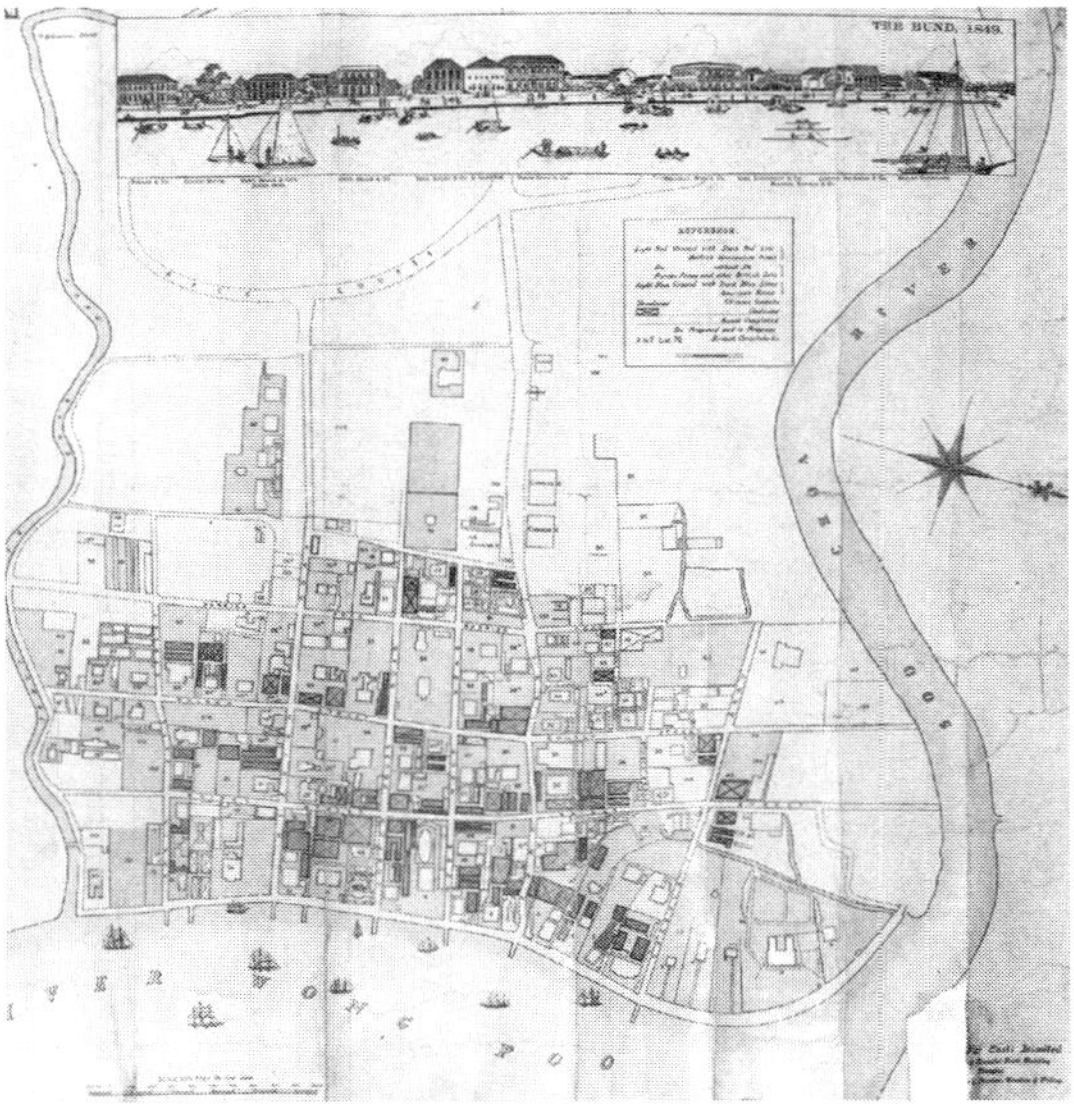

図像１　Ground Plan of The Foreign Settlement at Shanghai(1855.5)

　一五年弱の間に洋風建築が建ち並び、中国人が混住する事態が描かれるが、その景観ばかりでなく、租界に居住する中国人が、もはや西洋人の下働きの者だけでなく、「平和と安全をもとめて」みずからの意志でやってきた「富裕な上層の商人階級」が多いと認めている点に目が惹かれる（図像1参照）。

　図像1の地図（右側が北）は、あくまでも租界のグランド・プランであって、必ずしもこのとおり建設が遂行されたわけではない。ただ、この地図の上部に挿入されたスケッチには、一八四九年のバンド沿いの景観が写されており、当時の様子を窺うよすがとなる。この地図からも分かるとおり、英租界は黄浦江沿いに南北方向へは、オールコックが記すとおり三kmほど計画が進み、仏租界との境界である洋涇浜（現在の延安東路）まで延びている。しかし、西方向への展開は、まだほんの一kmほどで、すでに企画されている競馬場も、その後のものより東側に位置している（競馬場の跡地、現在の人民広場は、地図の上に回り込む水路の向こう側に当たる）。現在西藏《チベット》中路となっている地点は、一八五三年に上海小刀会が蜂起した際、租界の防塁として掘られ（盛り土され）たもので、蘇州河から水を引いて洋涇浜に通す堀割であった。現在の北京路と西藏中路の交叉する一帯が泥城橋との地名で呼ばれるところに、この辺りが水路であった名残をわずかに留めている。

この地図には、その後の上海を象徴するガーデンブリッジが記されていない。地図右下に大きな敷地を占めているのが英国領事館で、この敷地の位置は現在と変わりないので、その右側に当然ガーデンブリッジ（中国名外白渡橋）があってしかるべきなのだが、ここに橋が架けられるのは一八五六年のことなので、この地図には記載がない。もともとそのすぐ西側には、英国人ウィルス（漢字表記韋爾斯）が私費を投じて架けた木製の橋（白渡橋）があった。このため、この橋は外国人には無料で供用したが、中国人からは渡し料を徴収した。このことが、後に上海公共租界の行政機関である工部局が、その東に架けた公共橋（外白渡橋、一八七三年に木製、一九〇七年に鉄橋）の時代になっても、外国人は無料ながら中国人は有料との伝説が長く残存することとなった。

(3)　一八六〇年代から七〇年代

一方、オールコックの記録から数年後の一八六二年に上海を訪れた高杉晋作は、次の通り見聞を記している。

「五月六日。早朝、川蒸気船来たりて本船を引き、左折して江を遡る。両岸の民家の風景は殆ど我邦と異なるなし。右岸には米利堅の商館あり。嘗て長髪賊と支那人と此の地に戦ふと云ふ。午前漸く上海港に到る。此は支那第一の繁津港也。欧羅波諸邦の商船、軍艦数千艘碇泊す。檣花林森として津口を埋めんと欲す。陸上は則ち諸邦の商館紛壁千尺、殆ど城閣の如し。其の広大厳烈なること筆紙を以て尽すべからざるなり。……官吏蘭人と応接了る。乃ち清人を以て介者と為し、街市を徘徊す。土人は土墻の如く我輩を囲む。其の形、異なるが故なり。街門毎に街名を懸く。酒店茶肆、我邦と大同小異なり。唯だ臭気の甚しきを恐るるのみ。[6]」

高杉を乗せた千歳丸《せんざい》は、呉淞口から黄浦江に入り、上海まで曳航されたのであるが、この高杉の見聞から見ると、紛壁《しらかべ》の商館の城郭のような巨大さがことばで表せぬほどとしてい

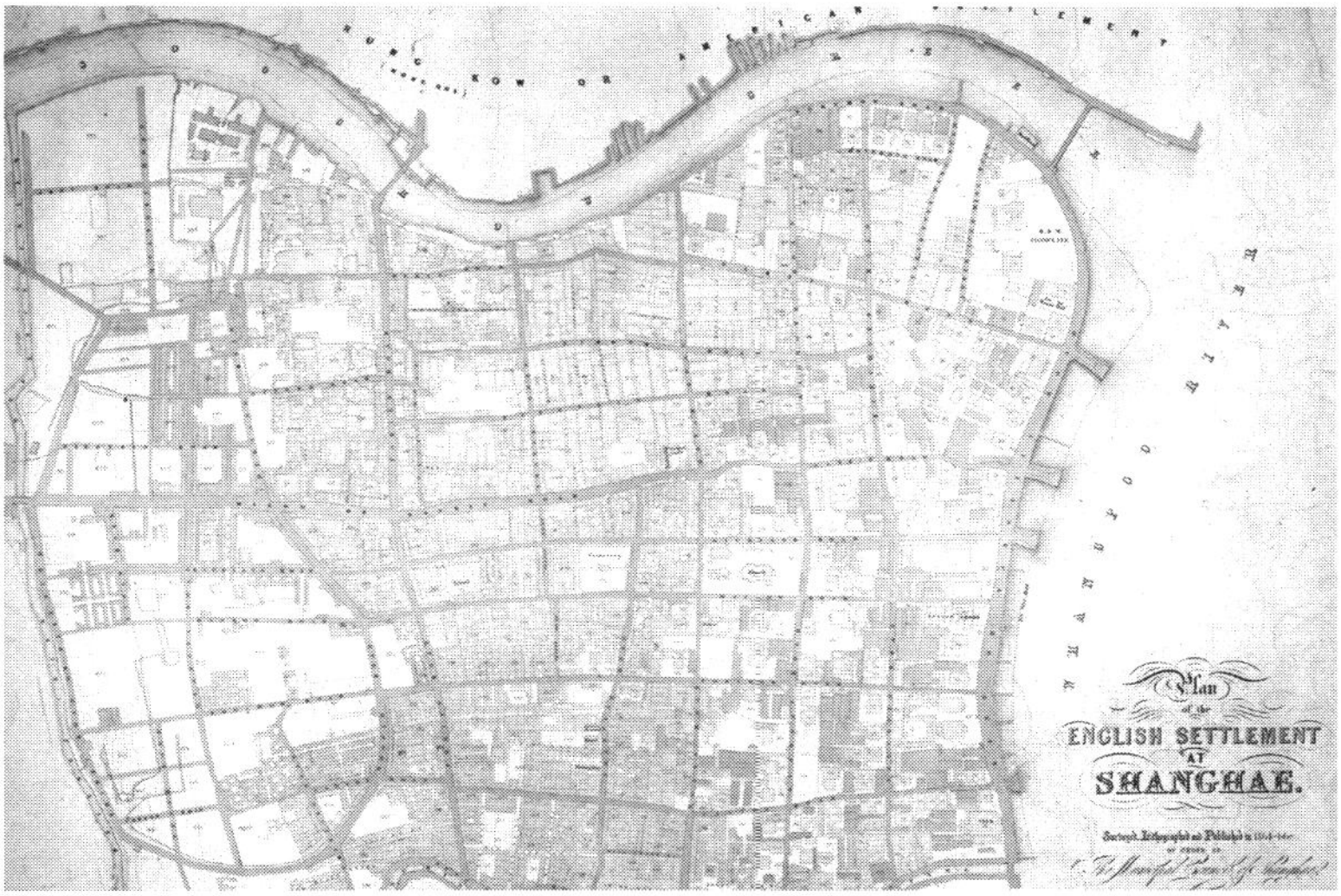

図像２　Plan of English Settlement at Shanghai(1866) 地図の右側に上海工部局 (The Municipal Council of Shanghai) の委託を受けて作成とある。

る点に注目されるが、その他「酒店茶肆」等の街並みは、当時の日本と「大同小異」といい、その後の上海にイメージを抱く「モダン」からはまだほど遠い景観だったことを窺わせる。もっとも、バンド（外灘《ワイタン》）界隈の商館、税関（江海関）などのオフィス建築と「酒店茶肆」が直に軒を並べていたわけではないはずで、南京路や福州路等の西方向に進んだ街並みが、「我邦と大同小異」ということなのだろう。一八六〇年代末の南京路の光景を見ても、確かに日本橋などの幕末の江戸の街並みと大して違わない程度であった。高杉晋作の記録は、街並みの距離感、その空間の隔たりが具体性を欠き、一面の連続体のような記述になってしまっている点が惜しまれる。また、「唯だ臭気の甚しきを恐るるのみ」との記述は、その後の西洋人の紀行文にもしばしば指摘されることであるが、それはいずれも中国人居住区の代名詞のように叙述されるものである。一方高杉がこの記述を行った「街市を徘徊す」は、バンド（外灘）界隈なのか、洋涇浜を渡って中国人街に足を踏み入れてのことなのか、曖昧で不明瞭な部分が残る。まさに、右も左も掌握しかねていたのかと思われる。

　図像2の一八六六年製の地図を見る限り、市街化は大きく進み、現在の主要街路である南京路、九江路、漢口路、福州路等はすでにその名称どおりに記載されており、基本骨格は形成されていることが分かる。現在の西藏中路の東側にある競馬場が、英租界の西の果ての位置にある。したがって東西の距離は、バンド（外灘）から約一・六km（約1マイル）ほどでしかない。しかし、その街路の間には空隙が少なく、都市が徐々に集密化しつつあることが窺える。特に、地図の真ん中ほどに南北に通る河南路を境に、東側はゆったりと敷地を構えているのに対し、その西側は山西路、さらに西側の福建路と西へ行くに従い密集度がましてゆく様子が見て取れる。

一八五三年に太平天国に呼応して蜂起した小刀会は、上海県城を占拠し、現在も観光スポットとなっている豫園に本営を置き、その後一年余にわたり県城周辺や泥城橋周辺で戦闘が繰り返されたが、これにより県城周辺部から戦乱を逃れた中国人が大量に租界地区に流入し、華洋混住が始まる契機となった。高杉晋作が「嘗て長髪賊と支那人と此の地に戦ふと云ふ」と記すのは、この戦乱のことだが、租界地区には戦闘の直接の痕跡は残らなかったが、大量の中国人流入による人口膨張に直面しつつあった時期に当たるだろう。

さらに、これから一五年ほど経た一八七八年に上海に立ち寄ったオーストリア軍人で、後に横濱総領事（一八八五‐一八九三）となるグスタフ・クライトナーは、その紀行『東洋紀行』の中で、一八七〇年代末の上海をこう素描している。

「上海全市は、今日では半円形の市街地となって、黄浦江左岸の屈曲地に、南から東へと帯状に寄り添うようにひろがっている。市街は、城壁に囲まれた中国人のみの居住地区と、フランス、イギリス、アメリカの租界とから成っている。租界には中国人も混じって住んでいる。租界はそれぞれ運河で区切られている。中国人街には、大部分二階建ての木造ないし煉瓦造りの家々が不規則に並び、悪臭のたちこめる狭く不潔な無数の路地を形成している（中国人に三階建ての家屋を造ることが許されたのは、清朝になって以来のことである）。城壁内の南西部および西部には、耕作に利用できる空地がまだ大きく残っているが、家屋は特に租界地寄りの区域に密集している。[8]」

「広々とした美しい道路や、ヨーロッパ風家屋の多いフランス租界、イギリス租界には、ヨーロッパ系居留民や中国商人、労働者が住んでいる。あらゆる快適さと豪華さを備えたヨーロッパ風家屋は、馥郁たる香りの漂う庭園を周囲にめぐらしているのがふつうである。最も美しい建物のひとつはフランス租界庁で、金属の薄板をふいた丸屋根は、あたりの家並みを圧している。数多くの旗棹に、各国の紋章の色を染めた旗が翻っているところは、領事館をはじめとする公の建物である。キリスト教会は、上海だけでも七つを数える(イギリス国教およびローマ・カトリック教会)。そのほか特筆に値する傑出した施設や建築物といえば、イギリス、フランス、アメリカ（ないし日本）の三つの郵便局、三つの大きなホテル、イギリスとドイツのクラブ・ハウスなどである。アメリカ租界には、巨大な工場施設――造船所とドック――がある。[9]」

「黄浦江左岸の屈曲地に、南から東へと帯状に寄り添うようにひろがっている」とは、黄浦江が、龍華港と合流する地点から大きく東へ湾曲した後、北上して蘇州河と合流する一帯までを指すのだろう。「租界はそれぞれ運河で区切られている」とは、英租界と仏租界の境界である洋涇浜を、また英租界と米租界（すでに一八六三年には合併して公共租界となっていたが、蘇州河以北の地区をその後も通称として「美《アメリカ》租界」と称した）を隔てる蘇州河を、こう記したと思われる。上海を、租界のみの街として捉えておらず、県城内の中国人居住地域についても具体的に言及している点に目が惹かれる。旧城内では、豫園がある最北部の密集度が高く、南西部が比較的閑散としていた事情が、的確に観察されている。

図像３『東洋紀行』の挿絵[10]

　上海の欧州らしさを特徴付けるフランス租界の庭園を伴う家屋が、すでにその片鱗を見せ始めていることも窺える。三つの郵便局やフランス租界の行政府であった公董会大楼（現在の金陵東路と河南路角近く。その後一九三四年に淮海路に移転）等公共機関の整備が進み、「七つを数える」キリスト教会も着々と設置が進んでいる様子を窺わせる。三軒の

図像４　現在の和平飯店南楼（旧中央飯店）

大ホテルというのは、おそらくガーデンブリッジ北詰の禮査飯店（英語名 Astor House Hotel、一八四六年開業。その後浦江飯店として営業していたが二〇一七年末に閉店／図像5参照）、南京路外灘南角にある中央飯店（一八五四年開業。後一九〇三年に匯中飯店に吸収。現在和平飯店南楼となるが、建物は一九〇八年竣工のもの／図像4参照）等を指すと思われるが、すでに景観の大きな部分を占めていたことが分かる。また、蘇州河以北のここでいう美《アメリカ》租界は、ガーデンブリッジを渡ったすぐ脇に禮査飯店が構えるものの、そこから東へ進むと、ほとんど港湾関連施設で、その象徴とも言える造船所やドック、船員クラブなどが大きな敷地を占めていた。

こうした黄浦江界隈の景観と上海の全体構図を、オーストリア軍の測量担当将校であったクライトナーは、的確に視野に収めていたといえるだろう。

図像3の『東洋紀行』に挿入された挿絵からは、上海バンド（外灘）の景観が南から北方向を眺めた構図で見ることができる。高杉晋作が「欧羅波諸邦の商船、軍艦数千艘碇泊す。檣花林森として津口を埋めんと欲す。陸上は則ち諸邦の商館紛壁千尺、殆ど城閣の如し。其の広大厳烈なること筆紙を以て尽すべからざるなり」と驚嘆した光景が、歴然と現出されている。

図像5　現在の浦江飯店（旧禮査飯店）[11]

(4) 一九世紀末の景観

最後に、一九世紀末に再度上海を訪れた旅行家イザベラ・バードの見聞を見ておこう。彼女は、中国「奥地」（主として四川省）との対比で、上海を「模範的都市」と称讃する。

「上海を流れる四マイル【六・四キロ】の間、黄浦江の両岸は圧倒されそうな活気を呈し、動きののろい東洋に対する西洋の優越性が見てとれた。そこには、大きな倉庫群、埠頭、建物、乾ドックや、製糸場、紡績工場などありとあらゆる「工場」が建ち並び、煙突のもうもうたる煙や、絶え間ない金属音は、資本とエネルギーの存在を遺憾なく示していた。工場の数は、日清戦争【甲午戦役】の後に急に増えたのだった。[12]」

「英国バンドは蘇州河によって虹口と分けられ、フランス租界まで少なくとも一マイル【一・六キロ】はある。この間に、銀行・商館・ホテルや民家が軒を連ねている。大変評判が高く立派なその民家は、英国と東洋の折衷様式で、家のまわりには大きな庭園がめぐり、木陰をなしている。香港上海銀行や「ピー・アンド・オー」会社やカナダ・パシフィック鉄道会社の事務所、古くて有名なジャーディン・マセソン商会の立派な事務所や住宅、さらには、広々とした芝生を長いファサードのある英国領事館の建物は、ことのほかすばらしい。

幅の広い車道と美しい旗で飾られた歩道は、実に国際色豊か《コスモポリタン》である。すべての文明国と一部は非文明国の身なりのいい男女が、歩道や公園を楽しそうに散歩している。派手でしばしば風変わりな木綿の制服を着た御者や馬丁の乗った一頭立てや二頭立ての軽装馬車が、車道を疾走している。それには覆いがあったりなかったりする。車道には幌つきの四輪馬車もあふれている。中国人の車夫が引く〈人力車《ジンリキシャ》〉も何百台とある（外国人は最初の音節を省き、力車《リキシャ》という）。また、上海独特の独輪車【小車】は数えきれずあり、荷物や旅客の手荷物を載せたり、二〜四人の下層の中国人の男や女を乗せたりしている。人の乗った一輪車を押していく苦力《クーリー》はよたよたと進み、客は、敷物を敷いた板の上に前向きに座っている。車のどちら側に座ってもよい【座らない側に物や石を置いてバランスをとる】。[13]」

日清戦争を経た上海の姿は、イザベラ・バードの目に映じたところから窺えるとおり、街路、範囲等都市の構図として大きな変化はなく、クライトナーが目睹した基盤の上に、より大きな構えの大きな建築と、工場などが増加している。また、日常の交通移動手段である小車（独輪車）を利用し、これと人力車を引く貧しい中国人、「身なりのいい男女」とによって織りなされる社会模様がすでに構成されている。上海に人力車が導入されたのは一八七四年といわれる[14]が、それ以前に庶民の交通手段として普及していた小車（独輪車）の地位を脅かし、やがて主流の座を占めるが、その混在時期の情景が具体的に見聞されていることになる。後に自動車の導入と、一九〇八年に路面電車の開通によって、早々に淘汰されたのが小車（独輪車）で、馬車と人力車はその後も長く上海の交通手段として生き続ける。

図像6には、蘇州河が黄浦江に注ぐ角に、イザベラ・バードが称讃する英国領事館が広大な敷地を占めていることが窺え、そこから通りを隔ててパブリック・ガーデンも記載されている。公共租界のバンド（外灘）に近い東側は、比較的広い敷地を占め構えが大きいのに比し、真ん中ほどの山西路以西は密集した構えであることが見える。

図像6　新繪上海城廂租界全圖[15]（1898）

競馬場は、すでに西に移設され、一八五三年の小刀会蜂起の際に租界防塁として掘られた泥城浜（蘇州河と洋涇浜を結ぶ、現在の西藏中路）の西側に規模を拡大して構えを取っている。もともと競馬場の走路であったところがそのまま湾曲した通りとして残り、湖北路となっていることも見える。ただ、泥城浜が埋め立てられるのは翌年一八九九年の租界拡張時であり、洋涇浜が埋め立てられてエドワード路（愛多亞路／愛徳華Avenue EdwardⅦ）となるのは二〇世紀に入ってから（一九一五年から）になる。

第二節　都市建設の足取り

(1) 大改造の階梯

上海の都市建設は、大きく分けて概ね三つの段階ごとにその様相を大きく変えていった。特に、バンド沿いの建築群は、以下の三段階の階梯を経て再開発、改造が繰り返された。

第一段階：一八九五年以前。欧州古典式、ルネッサンス式及び中西合壁式二～三階建。中山東二路33号、元英国領事館（一八五二年竣工）等がこれに当たる。

第二段階：一九世紀後期～二〇世紀初頭一〇年代。外灘の旧楼房の大部分が三～四階建に改装、建て替えられ、ほとんどが煉瓦造りまたは煉瓦と鉄筋コンクリート複合構造となっ

図像７　Ground Plan of The Foreign Settlement at Shanghai(1855.5) 上部のバンド・スケッチ

た。イザベラ・バードが目睹した時期に相当する。

第三段階：二〇世初頭～二〇、三〇年代。この時期に大規模建築の建造が進み、現在の外灘に見られる摩天楼建築群の基本形式が形成されていった。[16]

こうした変貌する都市の街並みを印象づけるものとして、今日も依然としてそうであるとおり、海関（江海北関）が象徴的だ。この上海のランドマークといえる海関も、以上の三段階に相応する形で三回の改築を経て現在の形（四代目）になっている。

第一代：一八四六（清道光二六）年竣工。三棟五層建ての中国式楼閣建築。図像7は、先に掲げた一八五五年製のグランド・プラン（図像1）の上部に付された一八四九年バンドのスケッチだが、このスケッチの左から二つめの建物が、下部に注記されるとおりCustom House（税関）だ。

第二代：一八五七年竣工の中国寺院式楼閣建物。高杉晋作が眼にしたものはこれだ。

第三代：一八九三年竣工のイギリス地方都市のシティ・ホール式の煉瓦造り洋風建築。（図像8）

図像８　1893 年竣工時の第３代江海関（『點石齋畫報』[17] より）

図像９　現在も偉容を誇る上海海関大楼（左は滙豊銀行〈HSBC 香港上海銀行[18]〉）

第四代：一九二五年竣工で、上層に尖塔の時計台が聳える、現在眼にする建築。（図像9）

都市としての上海は、こうした改装、脱皮を経て今日見られる「摩天楼」を形成したのであり、度重なる改装と再開発こそが、モダン上海を形成したといえるほどだ。都市再開発を促す要因は、租界に流入する人口の増加であり、この人口膨張に対応するため租界は拡張され、その拡張によってさらに人口流入を受容していったが、その人口流入をもたらした原因は、当初は近隣の戦乱・騒乱であり、後に上海の都市としてのさまざまな就労機会の増大だった。

⑵ 膨張する移民都市

上海の公共租界と仏租界の人口推移を見ると、人口膨張がある特定の時期に集中的に発生していることが分かる（表1参照）。

一八六五年から一九〇〇年までの三五年間の人口増加は三〇万人程度だが、その後の一九一五年までの一五年間に三五万人増加しており、さらに次の一〇年間で三五万人、そのまた一〇年後に五〇万人が増加している。この集計では、一八六〇年以前が不明だが、なだらかな漸増が続いたのではなく、階段状に急速増加のピークがあり、その後の傾斜状の右肩上がりの増加状況を見せる。前項で見たとおり、上海の都市建設は概ね三回の大きな脱皮を経ているが、人口増加の面からも、上海の発展期は、大きく分けて一八六〇年前後、一九〇〇年代初め、そして一九二〇年代半ばの三回のピークが認められ、都市改造の時期と微妙に符合する。

表１　公共・仏租界合計人口推移（単位：人／『上海租界志』に基づき集計[19]）

年	中国人	外国人	総計	年	中国人	外国人	総計
1865	146,052	2,757	148,809	1915	766,996	20,924	787,920
1890	208,851	4,265	213,116	1920	926,506	26,869	953,375
1895	292,753	5,114	297,867	1925	1,099,540	37,758	1,137,298
1900	436,922	7,396	444,318	1930	1,393,282	49,393	1,442,675
1905	548,848	12,328	561,176	1936	1,595,958	62,540	1,658,498
1910	602,505	15,002	617,507	1942	2,353,664	86,389	2,440,053

しかも、その増加の膨張部分を支えるのは、圧倒的に中国人だ。先に紀行文での見聞を見たクライトナーからイザベラ・バードへ到る時期は、人口増加の面では比較的穏やかな推移の時期に当たっていた。これに対して、オールコック初任の時期から一三年後日本へ赴任する際に寄港した時への変化は大きなものだったはずだ。

租界は、数度の拡張を経てその領域を拡大したが、それが人口増加を将来した。たとえば、一八九五年から一九〇〇年の人口増加は、公共租界の最大の拡張があった時期で、これに当たる。そしてその背後には、周辺の戦乱・騒乱、そしてもちろん上海の就業機会の増加があり、租界に難を逃れる富裕層と職を求める庶民層、貧困層の流入とで、人口増は大きな潮流として上海に押し寄せた。

そして、こうして大量に流入した人びとは、上海に定住し、一族郎党の繁栄をこの地でなし遂げようとする者ではなかった。

そもそも、遠路はるばる上海にやって来た西洋人に、この土地に永住する考えなど毛頭なかった。たとえば、先に引用したオールコックは、一つのエピソードを紹介している。かつては外国人の街であった租界に中国人が浸食し、もはや圧倒的多数になりつつある状態に憂慮したオールコックが、租界居住の有力者と意見交換した際、こう告げられたというのだ。

「たしかにあなたが将来の害悪を予想しておられることは、けっして理由のないことではない。……〈中略〉……おそらく、いつかは、ここに住む人びとが、いまのように中国人に土地を貸したり、又貸ししたりしていることに後悔するような理由がたくさんでてくるであろう。だが、いったいどういう点で、わたしやわたしと同じように土地をもったり、投機をやったりしている人がこのこととかかわりがあるのか。あなたは、イギリス領事として、国家の利益と恒久的な利益について考えることを義務づけられている——それがあなたの仕事だ。それに反して、わたしの仕事は、できるだけ時間的に損をしないで金をもうけることである。わたしの金でできる一番いいこととあれば、土地を中国人に貸して、三割ないし四割のもうけで家を建ててやったりするわけだ。おそくとも二、三年もたてば、わたしはひと財産つくって、さよならできると思っている。そのあとで火事なり洪水なりで上海がすっかりやっつけられてしまっても、それはわたしの知ったことではない。……〈中略〉……われわれは金もうけをやる実際的な人間なのだ。われわれの仕事は、できるだけたくさん、できるだけはやく金をもうけることだ。[20]」

二〇年後のクライトナーも、つぎのように記している。

「植民者の流入は、中国、ことに上海では行われていない。上海居留の外国人は、（広東や寧波の中国人をも含め）限られた数年間だけ滞在し、金をため、利益をあげると故郷へ帰るという目論見で来ているにすぎない。……〈中略〉……中国滞在が際限なく長引いた例もあるが、真の意味での植民といえる継続的入植はまったく存在しない。これを裏付けるものとして、上海に住むヨーロッパ人の移り変わりを示す数が役に立つだろう。一八七七年、上海へやってきたヨーロッパ人は六四〇名、それに対し、帰国したヨーロッパ人は九五九名であった。[21]」

西洋人が、上海に永住する考えがないことは一八五〇年代も七〇年代末も変わりないが、クライトナーはさらに、中国人でさえ「限られた数年間だけ滞在し、金をため、利益をあげると故郷へ帰る目論見」だと伝える。こうした暫定居住の住民は、その常として単身者が圧倒的多数であった。それは、中国人西洋人を問わず、男女いずれも同様だった。上海の一九〇〇年代初頭までの都市形成の中での人口要因として、注目しておくべき点だろう。

上海近代都市研究の新たな成果を示す『近代上海城市研究』（注1参照）では、近代上海都市の特質の一つとして、「移民都市」としての性質を挙げる。ここで一八八五年から一九三五年までの人口統計によれば、上海出身でない者が全上海人口の八〇%を占めるという。出身地は、江蘇・浙江・安徽・福建・広東・山西・雲南・東北三省の一八省に及び、その移民形態は、個別分散型で自発的動機によるもので、集団移住型の組織性は見られないのだという。[22]

こうした、いわば出稼ぎ組の中国人と入植意識のない暫定居住の西洋人とで構成されるのが、街並みの中に浮動する上海人の群像だった。

(3) 流入者の階層構造

一八五三年に小刀会蜂起により、周辺の地主富商層が租界に避難し、一八五四年の英租界の華人人口を二万人にまで押し上げ、一八六〇年には太平天国軍の進軍により、江蘇・浙江両地の地主官紳層が租界に避難、下層民も租界に流入し、一八六〇年の人口が急膨張した。[23] 前掲の租界人口集計では、公共・仏両租界合計では、外国人二七五七人、中国人一四万六〇五二人で合計一四万八八〇九人と多少減少を見せているが、これは太平天国が鎮圧された後、それぞれ故郷に帰郷した難民がいたためという。しかし、依然として一四万余の中国人が租界内に居住し、一八五三年までは五〇〇人に過ぎなかったという中国人人口の急膨張ぶりは、目を見張るものがある。しかも、一度帰郷はしたものの、故郷の戦乱による荒廃から、再び上海租界へ戻るものが後を絶たなかったという。[24]

　こうして、租界内に「華洋混住」状態が現出したが、図像2の地図からも明らかなとおり、中国人と西洋人とは、完全な「混住」ではなく「分住」の様相を呈していた。つまり、一八四二年時点での租界の西の境であった河南路より東側の、比較的敷地を広く取ってある区画が外国人の居住地域で、その西側の山西路、福建路と西へ向かうに従って密集してゆくが、その西側の密集地域こそが中国人の居住地域だった。[25]

　そして、この上海への流入者は、すでにオールコックが記述するとおり、もはや難民、つまり命からがら身ひとつで逃げ延びた者では、必ずしもなかった。

　一九世紀後半から二〇世紀にかけて上海銭荘（民間金融業）の中核を占めた九大銭荘の一つ蘇州程家の創始者程臥雲は、太平天国騒乱によって上海に避難した江蘇・浙江の富豪層の一人だった。その父程衡齋は蘇州安徽一帯で手広く質屋を営んでいたという。四男であった臥雲は、避難する際一〇万両《テール》の銀を携えて上海租界に入り、これによって程家銭荘の礎を築いた。[26] 一両《テール》は、純度によって異なるようだが、大体三七gであるから、三七〇〇kgの銀を携えてきたことになる。三七〇〇kgの銀がどれほどの金額に当たるか、現代の貨幣価値への換算は単純にはいかないが、一八九一年に江海関第三代の大楼を建設する際の工費が八万二〇〇〇両とされるところから、この一〇万両の金額の多寡が窺い知れよう。

　この例からも分かるとおり、流亡、避難というより、これを契機に資産移転を図っただけのような流入も少なくなかった。また、こうした小刀会蜂起と太平天国の騒乱による江蘇・浙江の富豪郷紳層の流入移住は、上海における商業・金融業階層の構造変化をもたらしたともいわれる。当初の租界における貿易・商業活動従事者は、西洋人とともに渡来した広東人と福建人が圧倒的であったのに対し、この時期に江蘇・浙江富豪郷紳層が大挙して流入した上に、小刀会の首謀者たちが広東・福建人であったため排除されることとなり、形勢が一変したという。[27]

　こうした富豪・郷紳層の流入の一方、下層民の流入も大量

表2　公共租界の居住中国人男女比率[28]

年	男性数	女性数	合計	比率（女100）	年	男性数	女性数	合計	比率（女100）
1870	46,447	15,999	62,446	290	1895	125,115	57,435	182,550	218
1876	60,003	20,230	80,233	297	1900	173,424	87,894	261,318	197
1880	63,430	22,936	86,366	277	1905	212,517	118,432	330,949	180
1885	72,156	30,289	102,445	238	1910	227,175	129,924	357,099	175
1890	88,963	39,316	128,279	226	1915	284,188	165,632	449,820	172

だった。それは、前項でも触れたとおり、単身者の多さとして現れている。特に、男性単身者が多く、一八七〇年時点では女性を一〇〇とした比率で二九〇との多数に及び、男女比は三対一という構成になる。その後も、二〇世紀に入る一九〇〇年代まで男性比率はやや下降するものの、それでも二対一の比率で推移している（表2参照）。

　単身の男性人口が圧倒的ということは、富裕層は家族同道で一家を挙げて移住してきているから、家族を同道できない階層、つまり造船業や印刷業等の新興工場労働者の一部と肉体労働に従事する単身男性ということを示唆する。一八九四年の産業労働者は、すでに三万六八九三人いたと推計され、これに埠頭荷役労働者を加えるとおよそ五万人が数えられるという。[29] この中、埠頭荷役労働者は、産業労働者というよりも「苦力《クーリー》」と呼ばれる職種の一種で、他に人力車夫、小車（独輪車）夫も加えられるが、いずれも単身男性が従事する非熟練型肉体労働だった。この人力車夫等の「苦力」については、正確な数が把握されていないが、租界行政府であった工部局が人力車、小車の営業許可として発行した鑑札の数によって、概ねの数が推計される。これによると、一八九一年の人力車鑑札数が三万二六八一件、小車が三万一二六五件。これを単純に一人一件として計算しても、一八九一年には六万三九四六人が人力車及び小車の交通運輸に従事していたことになる。その一〇年後の一九〇一年には、それぞれ六万九一五件と六万二四二六件、合計従事者は一二万三三四一人へとほぼ倍増している。これは、一八九〇年の公共租界全体の人口（西洋人も含む）が一七万一九五〇人であるのに対して、三七・二％を占める計算になる。[30] これに、先の埠頭荷役労働者約一万五〇〇〇人を加えると、その比率はさらに高まり四五・九％となる。しかも、これは西洋人も含め、男女合わせての公共租界総人口に対する比率であり、先の表に掲げた中国人男性人口における比率では、八八・七％と跳ね上がり、公共租界における中国人男性の圧倒的多数がこうした肉体労働に従事していたものと推定できる。

そして、この「苦力」は、圧倒的に江北人（江蘇省の長江以北出身者）によって占められていた。[31] すでにイザベラ・バードが目にしたとおり、交通往来も相当発達し、その手段としての人力車や小車（独輪車）の車夫、また港湾の荷役労働等の非熟練型肉体労働は、これら江北出身の屈強なる壮丁によって担われていた。[32]

一方の女性も、単身者の比率が高かったと推定されるが、一八八一年に製糸工場が設立されて以来、女工の需要が高まり、一八八八年までに数千人の女性工員が出現していた。さらに綿布工場や製茶業での茶葉選定などに女性工員が雇用され、一八九三年の記録では、各種工場における女性工員の数は、一・五万から二万人にまで達していたという。[33] そのほとんどが、単身の女性だったが、この他に単身女性が従事する稼業として無視できないのが妓院、妓女だった。それは、前述の単身男性が男性人口の九〇％近くを占めることを基盤としているが、晩清期上海租界における妓院の発達は、異様な規模と速度で進展していた。

妓院、妓女は、もともと南京の秦淮河での発展がつとに知られるが、清代咸豊年間（一八五〇～一八六一）から同治年間（一八六一～一八七五）にかけて、江南一帯が太平天国による騒乱と制圧下に置かれたこと、また一方で上海という新興の人口密集地が形成されたことにより、南京の妓院が上海の旧県城に移転し、さらに中国人住民が租界地域に居住するにおよんで、租界内に開業するにいたった。その妓女は、蘇州・杭州のほか、広東と江蘇北部の出身者が多かったという。[34] 妓女には、高級妓院の「書寓」「長三堂子」と呼ばれる技芸、詩文の応答に長じた「花魁」級から、下は「台基」「磞和台子」と称される下級の私娼、街娼まで十数種類の段階があったが、その数は正確には捕捉されていない。一八六四年の段階で、公共租界内居住の中国人家屋一万軒中、妓院が六六八軒あったとも指摘される。また、一八六九年には租界内で公式に営業する妓院が数千軒あり、これに加えて非公認の私娼窟を加えると妓女の数は一万人を下らないとまで推計される。[35] これらの数値を勘案すると、上海公共租界における、一八九〇年頃の女性人口は、単身女性で近代産業就業者が二万人弱、妓女等の歓楽街の就業者が一万人ほどとなり、前者が女性人口の五〇％ほどを占めるのに対し、妓女がその半分の二五％近くを占めるという異様な構成比率を示している。この状況は、二五年後の一九一五年にいたっても、依然として妓女の比率の高さとして残り、公共租界の女性人口一六万五六三二人に対し、公娼私娼合わせて九七九一人がおり、その比率は六％、女性一六人に一人が娼妓という状態だった。一九二〇年の工部局の集計によると、公共租界内には、このほか「野鶏」と呼ばれる街娼が二万四八二五人いたというが、上記の数字には、こうした下級の娼婦類は含まれていない。[36]

こうした一種異様な人口構成と、それぞれ異なる地方から流入した複雑な出身構成は、当初はそれぞれ別個に生活集団を形成し、業種ごとに同業会（行会）を結成したり、出身地ごとに同郷会を組織して、その範囲内での行き来に限定されがちだった。それは、下層民だけの世界ではなく、上層の富豪郷紳層にいたるまで、むしろ地域性や同業種によって上から下まで貫かれる組織だった。そして、この出身地と従事する業種が一致する度合いが非常に高かった。フランスの中国学者マリー＝クレール・ベルジェールは、こうした同郷同業集団ごとに、さらに上から下への階層性が生じ、浙江の金融業と広東・福建のシルク業が最も上位にあり、最底辺に位置するのが上述の江北人（江蘇北部出身者）だったことを指摘している。[37]

こうした上下の隔たりが大きい階層があり、なおかつ方言差も大きく、また細部において相違を見せる生活風習の差、飲食、嗜好の違い、儀礼祭式の方式の相違等によって、他の地方出身者とはなかなか交われず、同郷、そして同業者と生活圏をともにするのが一般的だった。

ところが、小刀会の蜂起や太平天国の騒乱等で流入する階層が多岐に渡り、またその数も膨大に膨らむにしたがい、一八六〇年代後半からは、繁華街の形成という形で、出身地や従事する職種を離れて人々が集い、交錯する一種の公共空間が生まれることになる。これについて、さらに以下の節で見ることとする。

第三節　人口膨張と娯楽業の展開

(1)　資金の流入と繁華街の形成

人口の急膨張は、土地と住宅難をもたらしたが、一方では、不動産事業の富の蓄積を可能とし、前述のオールコックのエピソードからも窺えるとおり、租界居住の西洋人にとっても短期間に収益を上げうる方策として歓迎された。また、一〇万両の銀を携えて避難してきた蘇州の程臥雲のような資産階層の流入は、豊かな資金を上海にもたらす結果となった。一八六〇年から六二年の間に、上海租界に流入した浙江東部、江蘇南部の富豪郷紳層がもたらした資金は、少なくとも六五〇万両に達し、その資金は程臥雲の例のように金融業に投入されることが多かったが、この他に、洋貨取引、不動産業に投資されることも多かったという。[38]

こうした資金力を備えた階層が移住してきたことにより、投資資金が増大したばかりでなく、その投資による利潤もまた住民を潤した。そしてその投資で得られた余裕資金の一部が、娯楽に当てられるのは自然な流れともいえるだろう。

もともと中国人は、旧正月の休みか月末の休みくらいしか休息を知らなかったが、上海租界においては西洋人の生活方式にならって、七曜制が取り入れられていた。七日に一回、定期的に休息日がやってくる。しかも、仕事は朝一〇時から四時までが租界の西洋人の勤務形態だった。こうした生活方式の影響を受け、それまでになかった余暇の観念が、徐々に中国人とその社会にも浸透していった。一八六二年一二月には、当時租界内居住の中国人に課されていた夜間八時以降の外出禁止令が解除され、ますます余暇の時間が拡大していった。[39]

　こうして、資金力のある富豪郷紳層が租界内に大挙して流入した上に、余暇という娯楽に興じ休息に当てることができる時間を公然と得られた人々は、娯楽のみならず他地域出身者とも行き交う場として、繁華街に寄り集まり、私的時間を享受していく。

　それは、茶館、戯園、阿片館、賭博場、妓院、そして庭園（花園）の拡充、成長に形となって現れていった。茶館も戯園も、中国各地でもともと営まれた娯楽場だったが、上海では開港する前には、これらがほとんど開業していなかった。旧県城の一角で、広場に設置された戯台という吹き抜けの舞台で、節句や祭礼の際に芝居が上演されることはあっても、常時上演が行われ、誰でも金さえ払えば観劇できる恒常的施設は、それまで用意されていなかった。上海で最初に営業を始めた経常的芝居小屋である三雅園（後述）も、昼間は茶を供する場であり、夜間にその中で芝居一座が演ずる方式だった。

　繁華街、歓楽街としては、もともとは旧県城内の東側および北端（現在の豫園周辺）に位置を占めていたが、小刀会の蜂起でこの周辺が占拠され、なおかつ相当破壊されたため、一八五〇年代末から、繁華街は徐々に洋涇浜（後のエドワード路、現在の延安東路）界隈に、その後これを渡って英租界に進出してきた。繁華街は、茶館、演芸場、酒楼（料理屋）、阿片館、妓院、そしてこれらに少し遅れて芝居小屋が軒を連ねることで形成されていった。

　その租界内の地点は、初めは宝善街（現在の広東路のうち、東は山東中路から西は福建中路までの二〇〇mほどの区間）、そして後に一八八〇年代に入って、その宝善街の一五〇mほど北側に東西に走る四馬路と称された福州路、さらに二〇世紀に入ってからようやく発展を見た南京路だ。[40]ただし、宝善街、四馬路から南京路への繁華街の様態変化には、飛躍的といえるほどの大きな発展があり、一律に扱うことはできない。その相違は、南京路にはデパートや商業施設が林立し、購買消費行動と娯楽・遊興とが連続一体化した、近代的複合型繁華街となっていった点だ。その意味では、宝善街、四馬路の方は、まだ「歓楽街」的繁華街と称した方が実態に即しているといえるかも知れない。

　一八六一年から、公共租界の工部局では、こうした繁華街の娯楽業を許可制の事業とし、税を納め保証金を預けた事業主に許可証を発行していた。この集計から概ねの事業者数が読み取れるが、一八六四年時点で、すでに賭博場一一四軒（英租界に一〇六、旧アメリカ租界の虹口に三八）、妓院五二六軒（英租界四一七、虹口一〇九）が登録されていたといい、一八六六年時点で開業許可が発行された旅館・料理屋が三三軒、ビリヤード・ボーリング場が一一軒、華人の洋酒小売業者が二三業者あったという。[41]

これらの繁華街の形成と同時に進んだのが、公園という公共空間の発達だった。つとに知られるパブリック・ガーデンが開設されたのは、一八六八年の八月だったが、悪名高い「華人與狗不得入内」（中国人と犬入るべからず）との規定[42]により、この公共の場は、長らく中国人居住者には利用不可能な空間だった。買弁層等の租界居住有力者たちの度重なる請願が功を奏して、それが中国人の一部上層階層に開放されたのは、ようやく一八八六年の五月になってからだった。[43]中国人入園制限が完全に廃止される一九二八年まで、下層の庶民には縁遠い存在ではあったが、こうした公共空間の存在が認知されると、租界近隣にも中国人の設置になる庭園が次々開設されるようになる。

図像10 『東洋紀行』[51]の挿絵（「ドミノに興ずる人々」（上）と「中国の楽団」）

たとえば、一九世紀末晩清期に上海で三大庭園として並び称された張園（張氏味蒓園、あるいは張氏花園とも称された）、徐園、愚園が、その代表格だ。いずれも、もとは私的庭園で、その意味で、パブリック・ガーデンが「公家花園」と称されたのに対し、「私家花園」と称された。

これらの「私家花園」が、入園料を取って一般公開されるようになったのは、三庭園の中でも最大の規模を誇った張園[44]が、光緒一一（一八八五）年三月初三（陽暦四月一七日）からで、徐園が、これに継ぐ光緒一三（一八八七）年正月初一（同一月二四日）、愚園が光緒一六（一八九〇年）六月初五（陽暦七月二一日）からだった。[45]

こうした庭園は、それまでの中国には類を見ない娯楽施設で、概ね洋銀一角（〇・一元）程度の入園料で開放し、園内に回遊路を設けて奇石や盆栽を配置し来園者の眼を楽しませた。さらに、名茶や酒食を提供する一方、その楼閣内で演芸、手品等を上演し、また夏場は花火の打ち上げや秋には観菊会を催すなど、いわば総合娯楽施設として二〇世紀初めまで地歩を占めてゆく。[46]

時期は前後するが、このようにして一八七〇年代までに形成されていった上海租界内の繁華街、娯楽街には、三つの特徴があるという。[47]

一つは、華洋融合の娯楽消費形式であること。それは、たとえば料理屋とか茶館の名称にも顕著に現れ、西洋を貶めたり中国を誇示するような店名は取らず、純粋に商業ベースの命名が多かった。たとえば、茶館の名称では、松風閣とか一洞天等自然景物にちなんだ命名がなされ、麗水台とか万仙台とか優美な命名が行われることが多かった。料理屋でも、同興楼や状元楼など、富貴栄達の色合いを帯びた命名が幅をきかせた。

第二に、雅俗共存、上級店から下級店まで共存していた点。一八六四年時点で、賭博場は二等級あり、阿片館と妓院は、それぞれ三等級に分かれていたという。一八七一年では、旧英租界内の旅館は二等級、料理屋と茶館は五等級に分かれていたが、これは値段の違いだけで、ランク自体に尊卑の差はなかったという。もちろん、前節(3)項の女性人口のところで触れたとおり、太平天国の騒乱以降、急速な人口膨張に伴い急成長した妓院では、富豪郷紳層相手の上等の妓院と、現金収入が得られるようになった下層の単身労働者、雑役夫向けの下級娼婦の間では相当のランク分けが進み、格差が生じていたことも事実だ。[48]

第三に、女性も参入可能な空間であった点。たとえば、一八六二年時点で上海最大の規模を誇った茶館、麗水台では、同時に一〇〇〇人の客を収容できたというが、そこでは女性客も入店でき、租界ではもはや茶館遊びが男性の専売特許ではなくなっていたという。

すでに見たグスタフ・クライトナーは、租界南部の歓楽街に足を踏み入れ、そこでの見聞を記している。

「往時、中国人の享楽と遊興の中心地であった杭州と蘇州の二都市が太平天国の乱の間に破壊されてしまってからは、他人を遊ばせることを糊口の手段としている連中は、急に風紀取締をやかましく言いだした官吏の横暴がまだ及んでいない場所を捜す以外に、生計を立てることができなくなった。イギリス人がすでに確固たる地歩を占め、租界内での裁判権を中国政府からある程度取得している上海は、これらの人々には格好の避難所のひとつであった。」

「フランス租界とイギリス租界が境を接するあたりに、南へのびる一本の長い小路がある。この小路の家々は、どれもが、味覚、情緒、聴覚、視覚のいずれかの欲を満たす生業を営んでいる。[49]」

ここでいう「南へのびる一本の長い小路」こそ、前述の宝善街界隈に相違ないと思える。宝善街自体は東西に延びる街路だが、かつてはここから南へ延びるいくつかの小路（里弄）が存在した（現在も残存する靖遠路の他、王大吉弄、後に月桂里と称された弄等）が、歓楽街がこうした小路沿いに展開していたと思われる。ここで、クライトナーは、風呂屋から料理屋へと進み、料理屋の階上の一室で阿片吸引の様子を目に留めている。さらに芝居小屋にすすんだらしく、以下に中国の芝居上演の様子を延々と記す。

「上海には中国芝居を上演する劇場が二軒あるが、二軒とも、イギリス租界の南西端に建っている。かなり離れたところでも、出し物の狂躁音楽が響いてくる。[50]……〈以下略〉……」

また、当時の様子を、池志征は一八九三年に刊行した『滬游夢影[52]』でこう記している。

「今でも覚えているのは、戊寅（一八七八）の年に楚（湖南・湖北一帯）へ赴いた頃、上海の賑わいは宝善街の独壇場だったが、いまや金をつぎ込む先は四馬路（福州路）に集まっている。夕陽が西に傾き、疲れた馬が東へ帰る頃、茶や酒の香りが漂い、髪の油や衣の香りが漂い、人の心を誘う。昼間の暑気も退き、柳越しのそよ風が吹けば、脂粉柳眉の者こぞって手すりに凭れて行き交う客を引く。……〈中略〉……思うに英租界が上海の雄だが、中でも四馬路が英租界の中で最上だ。このため、遊覧者は皆争って四馬路を挙げる。私は、上海での遊興では、四馬路で極めつけとする他にも、さらに以下の八つがあると思う。芝居小屋、演芸場、料理屋、茶館、阿片館、馬車、庭園、風呂屋だ。」

こうした娯楽、歓楽街は、その後四馬路（福州路）に転移し、さらに二〇世紀に入ると、もっと北側の南京路界隈へと重心を移してゆく。一九一二年に、黄楚九、経潤三が九江路の新新舞台屋上に上海初の娯楽場「楼外楼」を開業したが、彼らはこの好業績に力を得て、続いて一五年には、映画館、劇場、飲食店等を複合化した総合娯楽遊技場、「新世界」を開業するに到る。

一方、一九一七年には上海初のデパート先施公司が「屋上楽園」を備えて開業し、南京路が、従来の金融貿易関係のオフィス街から、商業繁華街の性格を付け加えるようになる。

さらに同年、黄楚九が仏租界に中国最大の娯楽場「大世界遊楽場」を開業し、また一八年には、屋上に遊技場「天韵楼」を備えた永安公司（オーストラリア華僑資本）が、先施公司の向かい側に開業する。こうして上海の娯楽文化は、その器が整備されるとともに急速に発展の道を登り始める。芝居小屋、遊技場が娯楽の場として集客力を持つ以外に、消費生活を促すデパートや近代的商店が次々と建てられたことによって、上海は東洋一の歓楽都市へと成長していったが、その始まりは一九一〇年代半ば以降であった。

(2) ショービジネスの世界

以上のように、繁華街、娯楽街が形成、発達するなかで、歓楽的側面のみではなく、芸能、上演芸の枠を集めた芝居の興行が有力な項目として成長する。

一八六〇年に上海へ移り住んだ葛元煦撰の上海案内書『滬游雑記』[53]では、芸能娯楽項目として「戯園」「外國戯園」「外國戯術」「外國影戯」[54]「東洋戯法」「焰火」「廣東珍禽」などを紹介するが、これと並んで大きな紙幅を割くのが「外國馬戯」[55]だ。

歓楽嗜好面では、「外國酒店」「外國菜館」「酒店附各館著名食品」「茶館」「烟館」「廣東茶館」「青樓二十六則」「盆湯」「鬪鵪鶉」を掲げているところから見て、一九世紀七〇年代の上海における歓楽、娯楽、芸能のすべてではないにせよ、おおどころを紹介していると見て良いと思う。その中に、「戯園」等と並んで「外國馬戯」を紹介するほど、外国から巡業に来るサーカスは広まっていたといえそうだ。

なお『滬游雑記』は、早くもその二年後の明治一一年には

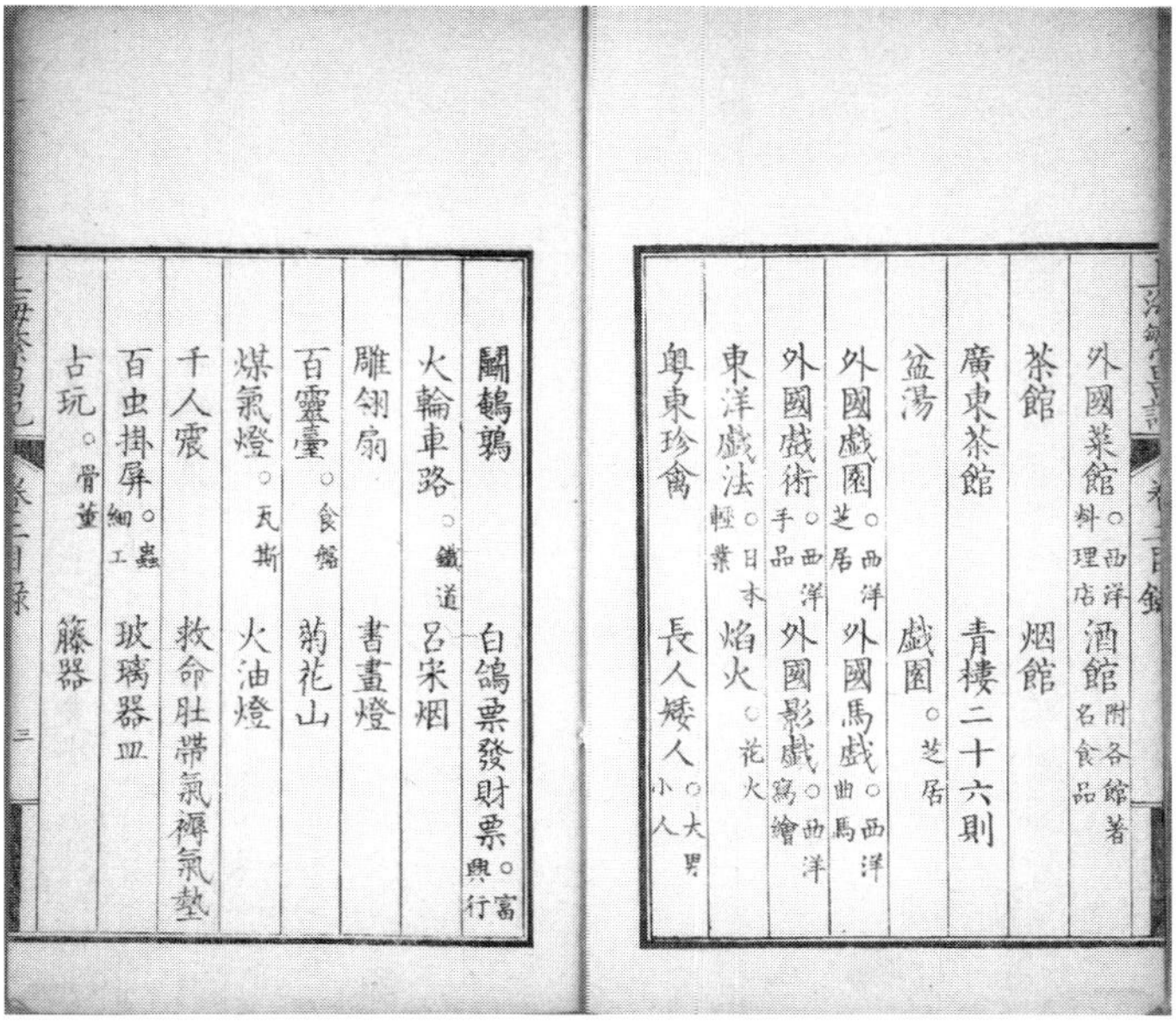
外國菜館○西洋料理店　酒館附各館著名食品
茶館　烟館
廣東茶館　青樓二十六則
盆湯　戯園○芝居
外國戯園○西洋芝居　外國馬戯○西洋曲馬
外國戯術○西洋手品　外國影戯○西洋寫繪
東洋戯法○日本軽業　焰火○花火
粤東珍禽　長人矮人○大男小人
鬪鵪鶉　白鴿票發財票○富興行
火輪車路○鐵道　呂宋烟
雕翎扇　書畫燈
百靈臺○食盤　菊花山
煤氣燈○瓦斯　火油燈
千人震　救命肚帶氣褥氣墊
百虫掛屏○蟲細工　玻璃器皿
古玩○骨董　籐器

図像11　『上海繁昌記』目次頁

藤堂良駿の訓点を付して『上海繁昌記』との題名で和刻本が出版[56]されているが、その訓注では、上記の各項目は以下のとおり注されている。

「戯園／芝居」「外國戯園／西洋芝居」「外國馬戯／西洋曲馬」「外國戯術／西洋手品」「外國影戯／西洋寫繪」「東洋戯法／日本輕業」「焔火／花火」「廣東珍禽／訓注ナシ」。

この中、「戯法（軽業・奇術）」「戯術（手品）」「焔火（花火）」等は、その後も二〇世紀にいたるまで夏場の納涼会や園遊会での主要な演目として長らく定着していくが、この点に関しては、第二章で再度取り上げることとする。

上海における伝統的演劇は、そもそも歴史が浅かった。中国では、各地にそれぞれの方言と結びつく形で音曲芸能が発達しているが、固有の歴史を育む時間も人的規模もなかった上海では、こうした固有の芸能形式を形成してこなかった。このため、租界開設当初は、旧県城地域でいくつか芝居小屋と芸能場がある程度だった。

一八五一年にその旧県城内四牌楼近くに三雅園が開場したが、崑曲を主とした歌謡劇では、上海人の好みには合致しなかったのか、その経営はあまり芳しいものではなく、しかもその後長続きしなかった。

清の同治六（一八六七）年には満庭芳が、公共租界内宝善街西端（現在の福建中路の広東路近く）に開業し、これに続いて丹桂園〈一八六七〉、金桂園〈一八七〇〉、天仙園〈一八七五〉等の劇場が、「茶園」と称して相次いで開場していった[57]。湖北路は、もと競馬場の走路のため湾曲する南北に走る街路だが、その一〇〇mほど東側にすぐ隣り合っているのが福建中路だ。前述のとおり、広東路のうち福建中路とそこから二〇〇mほど東側にある山東中路の間が宝善街と称された繁華街だが、わずか八年の間に四軒が立て続けに、しかもわずか一〇〇mほどしか距離を置かぬ近接の地に蝟集するように開場しており、宝善街の繁栄が、当時すでに相当進んでいたことが窺える。これだけ近接の地に密集することによって、単独の小屋だけでは醸成できない、芝居小屋街としての集客力が発揮されたことだろう。

先の『滬游雑記』では、一八七〇年代半ばまでの事情を紹介するが、京劇を主とする芝居小屋が優勢で、三雅園についてはすでに凋落の模様で、それを以下のとおり記している。

> 「崑曲芝居は、蘇州の大章・大雅両劇団が演じたもので、同治二〈一八六三〉年に始まった。安徽劇が現れると崑曲は衰退し、京劇劇団登場に伴い安徽の劇団もみな京劇を唱うようになった。以来京劇は丹桂茶園と金桂軒が頂点をなした。金桂軒は京劇の立ち回りの「武戯」が崑曲よりも優れる。三雅園だけは、江南地域の古手の役者ばかりで、残念ながら贔屓とする愛好者は少ない。その次は富春茶園だが、ここは役者の当たり外れが大きい。天仙茶園は、京劇

と安徽の曲と混合上演している。」[58]

その後、二〇世紀に入っても、一九〇〇年代から辛亥革命を挟んで一九一〇年代にかけて、上海のショービジネスの主流は京劇を主体とする芝居であり、京劇の著名俳優が各茶園で興行を行い、客を集めていた。「茶園」と称される飲食を伴う茶館を合わせた劇場で上演されるのがそれまでは通例だったが、一九〇八年に新舞台が、北京の戯院とは異なる、客席が舞台を向き、入場券を先払いする、近代的なスタイルの劇場として誕生すると、この形式の「劇場」が相次いで落成していった。この西洋式スタイルを採用した劇場は、一九一〇年に大舞台が、翌一一年には歌舞台、群舞台、丹桂第一台が相次いで開場する。さらに新新舞台（その後醒舞台、竟舞台、天蟾舞台と名称を変更する）が続き、一五年には共舞台も後に続いた。

こうした器の革新をもたらしたのは、夏月恒、月珊、月潤の夏氏兄弟の尽力に依るところが大きいが、それはちょうど辛亥革命を迎えようとする時期に重なった。上述の新舞台の創新が先鞭を付け、これに次いで京劇は、上演面でも上海の独自色を加えていく。それは舞台装置であり、燈火の多用、遠近法に基づく背景の描写、そしてオーケストラボックスに楽団を置くなどの措置で、従来の京劇上演を大幅にビジュアル化していった。新舞台の革新は耳目をそばだてるに十分なものだったが、さらには回り舞台まで日本の方式を取り入れて、上演に組み入れていった。

上海における京劇は、辛亥革命を挟んだ時期に最も隆盛を見たといえるが、梅蘭芳が初めて上海の舞台を踏んだのは一九一三年一〇月のことで、これによって上海京劇界が大きく革新されただけでなく、梅蘭芳の芸域も新たな飛躍を見せたのだった。梅蘭芳自身が、語るところでは、この時の上海公演では、同行した王鳳卿が三二〇〇元の出演料なのに対し、梅蘭芳は当初の提示額は一四〇〇元とずいぶん格差のある見積だったという。これを王鳳卿が交渉して一八〇〇元まで引き上げてくれたとのことだが、[59]梅蘭芳も一九一三年当時は、まだその程度の興行価値と見立てられていたのだった。

(3) 言語が障壁とならない上演芸能

こうした茶園での芝居以外にも、一九世紀末晩清期には様々な娯楽、芸能上演興行が行われるようになっていた。たとえば、『淞南夢影錄』[60]の一〇年後に編まれた『滬游雑記』では、芝居ばかりでなく、雑技や影絵芝居、手品、軽業、茶館での遊興、料理屋、妓院（『滬游雑記』では「青樓二六則」として遊びのお作法が記されていた）、阿片館、ナイトクラブ、公園散策、春夏開催される競馬、春から夏のレガッタ、スケート、射的、輪投げ、蟋蟀〈コオロギ〉格闘、乗馬等々実に豊富でさまざまな娯楽種目を掲げ紹介している。上海の都会生活が、すでに相当余裕を備えた市民生活的余暇を提供できる水準に達していることを窺わせる。

ところで、こうして紹介される娯楽項目には、多種多様な娯楽があるとはいえ、根源的な面で一つの共通した特質を見出すことができる。それは、上海の街の形成に関わることだが、大量に流入した移住者たちは、それぞれ出身地も異なり、愛好する芸能形態も各種各様であった。中国では、各地方により方言差が大きく、その土地の言葉と音曲芸能は密接に結びついていた。そこで、上海自体の固有の芸能が生み出されるよりも、広東人は広東式の歌曲芝居を楽しみ、浙江、寧波出身者は、それぞれその土地の曲調、方言による歌曲、芸能を愛好する傾向があった。これらは、茶園よりも規模の小さい茶館や書院と呼ばれる芸能場で行われるのが通例だったため、全上海にあまねく共通する歌曲、音曲芸能は広まりにくい傾向にあった。その上、上海にはもともとの土地固有の芸能様式を持たなかったため、いろいろ多様な娯楽様式はあるものの、核となる上海独特の娯楽、芸能上演方式が、いまだに形成されていなかったのだ。

一方、前述のとおり上海の戯園では、京劇独擅場の様相を呈していた。こうした京劇の流行現象は、晩清期上海における文化的未成熟性からその理由を考えなければならない。上海社会科学院歴史研究所の許敏は、当時は江南が経済的には優位にありながら、文化的には北京に優位性があり、流行はすべて北京の動向に左右され、北京で認証されて初めて全国的影響力を発揮したとその理由を説明する。[61] 上海居住の富豪郷紳層が文化的には北京の基準に依存し、なおかつそれを他者に先んじて体現することで優位性を示す、一種の文化的snobbismに支配されていたという面がありうるだろう。しかしむしろ、上海居住の新興人士にとっては、各地の出身者による混住という現実の中で、上海に固有の、そして上海全体に普遍的に共有される芝居形式を持たない以上、どこか特定地域の様式に偏向するよりもそれから離れた汎用性、普遍性を京劇が持つ超地域性（京劇は安徽の地方劇の曲調である二黄と湖北の曲調である西皮の融合による）に仮託する志向が働いた、と認識することが必要ではないか。晩清期上海において、特に一八七〇年代から八〇年代までは、上海人としての同一感、帰属意識は、まだ十分に醸成されてはいなかったのだ。

このように、上海に居住する中国人にあっては、上海全体に汎用性を備えた芸能様式がいまだその姿を現さず、これに対し、一定の影響力を擁する西洋人は、自らの娯楽生活は中国人とは別個に行い、共同租界工部局運営になる上海公共楽隊（一八七九年結成、後に上海工部局楽隊）の演奏会や競馬場、それぞれのクラブでの社交等に終始していた。

こうした、人口分布のモザイク状態に対応する共通の娯楽芸能様式がまだ十分形成されず、それぞれ別個に営まれるか、超地域性の京劇に仮託されていた中、比較的共有可能な娯楽芸能形式が、外来のショー・ビジネスとして一九世紀後半から徐々に持ち込まれるようになる。その代表格が、サーカスだった。

前掲の『滬游雑記』でも、「戲園」「外國戲園」「外國戲術」「外國影戲」「東洋戲法」「焰火」「廣東珍禽」などと並べて「外國馬戲」を大きく取り上げていたが、一九世紀末にいたっても、サーカス人気は衰えを知らず、毎年なにがしかの「馬戲」や「獸戲」が来演し、上海で一定期間興行を行うことが通例となっていた。

たとえば、商業新聞として最も購買部数が多かった『申報』（一八七二年創刊）に掲載される上演興行広告を見ても、一八九七年六月二六日以降一ヵ月にわたって「威列臣《ウィルソン》馬戲」が興行を行うと伝えており、その後も、「華蓮《ウォーレン》」「哈麻司敦《ハマーシュテイン》」等サーカス興行は枚挙に暇がないほどだ。

こうしたサーカスや、軽業、手品、花火の類には、一つの共通項がある。それは、西洋人でも中国人でも、そして中国人でも方言差のある各地方の出身者の間でも、共通に享受できる演目である点だ。つまり、ことばが障壁にならないという特性を備えている。このことは、出身地を異にする上海居住者に対して、興行主側としてはより多くの客層を見込める点で大いに優位性があるものと映ったことだろう。西洋人にとっても、そして出身地を異にする中国人にとって、さらにいえば、読み書きのできない階層にとっても、見ればすぐに分かるこれらの上演演目は、障壁を低くする利点があり、なおかつそれまでの中国には見られない新奇さをも備えた新興地上海らしい興趣を付け加えるものだった。

そして、こうした言語が障壁にならない上演芸能が大いに受け入れられ、興行が成り立つ地盤が形成されていた点こそ、新奇の見世物興行として伝来された映画が、容易に受容された背景をなしていたと見ることができる。

このような上海で、イザベラ・バードが「模範的都市」と称讃の声を挙げたその時期、西洋からまったく新しい上演芸術、当時はまだほんの見世物としての位置しか持たなかった活動影戲＝映画が伝来したのだった。

【緒論注】

1 中国では、『上海通史』全一五巻（熊月之主編、上海人民出版社、一九九九）、『近代上海城市研究（一八四〇―一九四九年）』（張仲礼主編、上海文芸出版、二〇〇八修訂版）等があり、日本では『上海史―巨大都市の形成と人々の営み』（高橋孝助・古厩忠夫編、東方書店、一九九五初版）等がある

2 『大君の都―幕末日本滞在記』（ラザフォード・オールコック著、山口光朔訳、岩波文庫、一九六二年初版、七七年第一三刷）八八ページ

3 『大君の都―幕末日本滞在記』八八ページ

4 『大君の都―幕末日本滞在記』八〇ページ

5 『老上海地図』（上海図書館張偉等編、上海画報出版、二〇〇一）三七ページ

6 『日本近代思想大系Ｉ「開国」』（田中彰校注、岩波書店、一九九一）二一三～二一四ページ

7 『老上海地図』三九ページ

8 『東洋紀行』１（グスタフ・クライトナー著、大林太良監修、小林裕幸・森田明訳、平凡社東洋文庫、一九九二）一三六ページ

9 『東洋紀行』１、一四〇ページ

10 『東洋紀行』１、一三七ページ

11 いずれも二〇一二年一一月筆者撮影

12 『中国奥地紀行』１（イザベラ・バード著、金坂清則訳、平凡社東洋文庫、二〇〇二）四六～四七ページ

13 『中国奥地紀行』１、四九ページ

14 『上海史―巨大都市の形成と人々の営み』〝上海史〟年表及び『上海職業さまざま』（菊池敏夫・日本上海史研究会編、勉誠出版、二〇〇二）一五八ページ

15 『老上海地図』一七ページ

16 『上海・都市と建築 一八四二―一九四九』（村松伸著、PARCO出版局、一九九一）

17 『點石齋畫報』大可堂版（張奇明主編、上海画報出版社、二〇〇一）第一〇冊、二〇九ページ

18 二〇〇六年二月筆者撮影

19 『上海租界志』（同編纂委員会編、史梅定主編、上海社会科学院出版社、二〇〇一）一一六～一一八ページ外国人人口集計及び一四〇～一四一ページ華人人口集計による

20 『大君の都』上、九一～九二ページ

21 『東洋紀行』１、一四〇ページ

22 『近代上海城市研究』一九ページ

23 『上海通史』第五巻「晩清社会」（熊月之主編、周武・呉桂龍著、上海人民出版社、一九九九）六五～六六ページ

24 『上海通史』第五巻「晩清社会」六六ページ

25 『上海通史』第五巻「晩清社会」七〇ページ

26 『上海錢荘史料』（中国人民銀行上海市分行編、上海人民出版社、一九六〇初版、一九七八第3版）七三八ページ

27 『上海通史』第五巻「晩清社会」一〇七～一〇八ページ

28 『上海租界志』一四二ページの統計より抜粋

29 『上海通史』第五巻、三二一ページ

30 『上海通史』第五巻、三二〇ページ

31 『上海史――巨大都市の形成と人々の営み』七三～七六ページ

32 『上海職業さまざま』（勉誠出版、二〇〇二年八月）一六〇ページ
33 『上海通史』第五巻、三三四ページ
34 『上海通史』第五巻、三六八ページ
35 『上海通史』第五巻、三六九ページ
36 『上海租界志』六〇〇ページ
37 Marie-Claire Bergère, Histoire de Shanghai(Librairie Arthème Fayard, 2002)。ただし、ここではその中国語訳『上海史―走向現代之路』（王菊・趙念国訳、上海社会科学出版社、二〇〇五）による。同書八六ページ
38 羅蘇文「晩清上海租界的公共娯楽区一八六〇～一八七二」（『檔案與史学』二〇〇二年第一期所載）三一ページ
39 「晩清上海租界的公共娯楽区一八六〇～一八七二」三三ページ
40 許敏「晩清上海的戯園與娯楽生活」（『史林』一九九八年第三期所載）三六～三七ページ
41 「晩清上海租界的公共娯楽区一八六〇～一八七二」三四～三五ページ
42 確かに中国人の入園を禁止する規定は存在したが、「中国人」と「犬」を連結して同列に禁じる条項やその掲示は実際には存在しなかったとの考証が進められている。薛理勇「揭開〝華人與狗不得入内〟流伝之謎」（『世紀』一九九四年第二期）、張銓「關於〝華人與狗不得入内〟問題」（『史林』一九九四年第四期）、熊月之「外争権益與内省公徳―上海外灘公園歧視華人社会反応的歴史解読」（『学術月刊』第三九巻一〇月号、二〇〇七）、蘇智良・趙勝「民族主義與殖民主義的較量―外灘公園〝華人與狗不得入内〟文字資料的歴史解読」（『甘粛社会科学』二〇〇九年第四期）等参照
43 『上海通史』第五巻、三五一ページ
44 熊月之「張園―晩清上海一箇公共空間研究」（『檔案與史料』一九九六年第六期所載）によれば、張園の最盛期は、一八九三年から一九〇九年頃までという。同誌三一ページ
45 『上海市地方志・上海園林志』、第一篇私園・寺院、第二章営業性私園。それぞれ第一節味蒓園、第二節雙清別墅、第四節愚園による。『上海市地方志・上海園林志』はネット上で公開されているもので、以下のURLで閲覧できる。〈http://www.shtong.gov.cn/node2/node2245/node69854/index.html〉
46 張園等の庭園（花園）については、第三章第二節でも映画上演の場として再度詳しく取り上げる
47 「晩清上海租界的公共娯楽区一八六〇～一八七二」三五～三六ページ
48 『上海通史』三七〇～三七二ページ
49 『東洋紀行』1、一四九ページ
50 『東洋紀行』1、一五二～一五七ページ
51 『東洋紀行』1、一四二ページ、一五三ページ
52 ここでは、上海古籍出版社による翻刻版『滬游雑記　淞南夢影録　滬游夢影―上海灘與上海人』（葛元煦・黄式權・池志澂著、鄭祖安・胡珠生標点、一九八九）による。同書一五六ページ
53 光緒二〈一八七六〉年刊。葛氏嘯園蔵板。なお、上海古籍出版社による翻刻版『滬游雑記　淞南夢影録　滬游夢影―上海灘與上海人』（注52参照）にも収載される
54 「外國影戯」が指す実体については、第一章・第二節パラダ

イムシフトで検討する
55　『滬游雑記』巻一第二八葉
56　『上海繁昌記』（藤堂良駿訓点、出版人稲田佐吉、一八七八〈明治一一〉年五月刊）
57　『中国戯曲志・上海巻』（同編輯委員会、中国ＩＳＢＮ中心出版、一九九六）六三四～六三六ページによる
58　『滬游雑記』巻二第二七～二八葉
59　梅蘭芳述・許姫傳、許源來記『舞台生活四十年』第一集第一〇章「一個重要的關鍵」（『梅蘭芳全集』第一巻、河北教育出版社、二〇〇一年）一二五ページ
60　『滬游雑記　淞南夢影録　滬游夢影―上海灘與上海人』（注52参照）収載
61　「晩清上海的戯園與娯楽生活」三八～三九ページ

第一章　中国への映画伝来

第一節　映画中国伝来説の検証

(1)『中国電影発展史』を発源地とする一八九六年説

映画は、その基盤とする技術の発端が最もはっきりした芸術形態といえる。技術的にはエジソンのキネトスコープ（その後の改良型映写式ヴァイタスコープ）、リュミエール兄弟のシネマトグラフが大きな起点をなすことはすでに周知のところだ。この「動く写真」を見せる技術が伝播したところから、世界各国の国別映画が生まれることになる。中国でも、この例に漏れず、キネトスコープ（映写式ヴァイタスコープも）、あるいはシネマトグラフ・リュミエールの伝播によって映画の時代の幕が切って落とされるのは、至極当然のことだった。

本章では、そこで映画の中国への伝来を検証することから始めねばならない。このため、まずは従来説を整理した上で、その当否を検証する中から、確証ある事実を見極めてゆくことにする。ただし、ここで検証の対象とするのは、まずもって上海への映画伝播を主とする。それは、すでにいくつかの研究が公にされているとおり、[1] 中国全土の視点から見ると、映画の伝来は必ずしも上海だけではなく、南は香港、北は天津、そしてハルビンにおいてもほぼ時を同じくして映画が持ち込まれているからだ。

まずは、中国映画の最初の通史である[2]『中国電影発展史』（程季華主編、中国電影出版社、一九六三年初版）から確認することにしよう。それは、この『中国電影発展史』が祖型をなし、その後もこれを踏襲する形で定説化している、「西洋影戯」の伝来即ち中国への映画伝来という揺るぎない言説が広く認証されているからだ。

『中国電影発展史』では、一八九六（清光緒廿二）年八（旧暦七）月、上海に「西洋影戯」がもたらされ、徐園の「又一《よういっ》村《そん》」で、旧暦七夕前後の納涼会の演目の一つとして、花火などに混ざって興行されたことを、中国での初の映画興行と措定する。[3] この興行広告は、八月一一日（旧暦七月三日）から行うとの予告で、次のとおり広告する。

「三日（陽暦八月一一日）夜、引き続き「文虎」〈提灯になぞなぞを書いて掲げたもの〉の謎あて、西洋影戯、手品客演／特注新型精巧電光花火／秦淮河上の屋形船　金山に満ちる水　ガマの術　銀の彩　門に満つる富貴　海亀が龍に変身　ナーザの戦い／七夕の佳日にそぞろにお出かけいただき、同好諸氏と共に園内各種骨董奇樹珍花歌曲等お楽しみいただきたく、予めお知らせまで。／お一人様二角」[4]

これを皮切りに、徐園ではその後定期的に映画放映を行い、これは数年後まで続いたとする。[5]

翌一八九七年には、今度はアメリカのジョンソン（雍松）が上海に到来し、天華茶園、奇園、同慶茶園等で映画放映を行ったとするのが、同書の映画上海到来の最初期の記述だ。

これに先立って、『中国電影発展史』は、映画の上海到来に到る経緯を次のように記す。

「リュミエールのフィルムがパリで成功を収めたことは、映画事業の迅速な進展を大きく促進させた。一八九六年初め、リュミエールは、二〇余名の助手を雇い、訓練を経て、世界各地に派遣し彼のフィルムを放映させ、併せて各地で新たな素材を撮影させて新しいフィルム作品を製作した。二年の間に、彼の観衆は世界各地に広まった。こうして、中国、インドと日本は、いずれも一八九六年に前後して映画の放映が行われたのだった。」[6]

こうした『中国電影発展史』の記述は、『申報』などの広告に依拠し、検証可能なものであり実証的にすでに疑いがないほど解明された感がある。

たとえば、『申報』[7]を繰ってみると、確かに陽暦八月一〇日（旧暦七月初二日）に前掲の広告が認められるだけでなく、翌日一一日（同初三日）には、当日広告が掲載されていることも見出せる。その後、三日ほど消息が不明ながら、再度八月一四日（同七月初六日）には、翌日の七夕の晩に興行するとの次の広告も認められる。

「八月一五日〈七夕〉「文虎」の謎あて／七夕の佳日にそぞろにお出かけいただき、同好諸氏と共に園内骨董奇樹珍花等ご鑑賞いただき、あわせて歌曲をお楽しみいただきたく。当日は精巧なる花火も打ち上げ。又一村にて西洋影戯上演。八九日のみはご好評につき二日間骨董を展示しご鑑賞に供しますゆえお知らせまで／花火　牽牛織女の星　七夕の出会い　カササギの橋の上の誓い　金銀の大変身　燦めく宝

塔　碁盤の動き　八仙人の海渡り　珠江の屋形船／お一人様二角」

八月一五日（土曜日）にも同文の広告が、さらに一六日（旧暦七月初八日、日曜日）にも、すでに七夕は過ぎているにもかかわらず、同じ版下による広告が見られる。また、一七日には、花火の種類を多少入れ替えた上で、広告が掲載されている。

図像12　『申報』8月10（旧暦七月初二）日

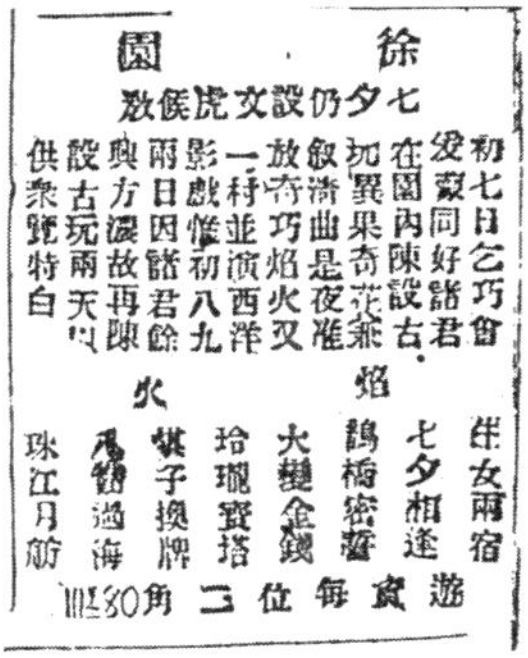

図像13　『申報』8月14（旧暦七月初六）日

「西洋影戯」が興行として上演されたことは、ほぼ間違いのないところだが、ここで注目しておくべきことは、八月一〇日掲載の広告には「仍設文虎候教　西洋影戯客串戯法」と「仍＝引き続き」との語があることだ。

ここで初めて「西洋影戯」が興行されるにしてはふさわしくない用語と言えるが、これはその他の「文虎候教」と「客串戯法」のみを修飾し、この二者のみが重複すると解すべきなのか。八月一四日以降の広告では、「仍設文虎候教」で区切られているから、「西洋影戯」は修飾しないと考える方が妥当なのか等疑問が残るところだ。

以上が、『中国電影発展史』が、一八九六（清光緒廿二）年八（旧暦七）月一一日に、徐園の「又一村」で、花火などに混ざって「西洋影戯」が興行され、これを中国初の映画興行と認定する根拠だ。「仍＝引き続き」の用法について疑問を残すものの、証拠は確かに揃っていて疑いを入れる余地がないように見える。

(2) ジェイ・レイダの戸惑い

英語（米国人）による中国映画史として最も早く、豊富な資料を駆使して一九六六年の文革開始期まで叙述した著作として『Dianying：Electric Shadows — An Account of Films and the Film Audience in China』[8]がある。ジェイ・レイダ（一九一〇・二・一二～一九八八・二・一五）は、一九五九年から六二年まで招聘されて北京で電影資料館のフィルム蒐集整理事業に従事したため、前掲の『中国電影発展史』の主編者であった程季華らから中国映画史の史料、資料の提供を受け、さらに歴史的作品から当時の作品まで、縦横に中国映画を検証する中で同書を構想したという。[9]

そのジェイ・レイダの『Dianying』の中で、彼は中国への映画伝播について、次のように留保を込めた記述をしている。

「二つの広告〈八月一〇日と一四日の〉以外には、作品を中国にもたらした興行師も、フィルムの出所もともに不明なのだが、いずれもフランス製というのが慣例だ。〈リュミエール社の記録には中国租界へ行った記述が見当たらない。リュミエール兄弟社の代理人であるマリウス・セステイエは、ボンベイ（ワトソン・ホテルとノベルティ劇場）で七月七日から八月一五日までフィルムを上映したが、その後彼はオーストラリアへと航路を採ったようだ。この点からしても、彼が上海での映画上映者とはなりにくい。〉リュミエールの旅行団はすべて、映写に使用した同じ機器で撮影も行っているので、中国の映像がリュミエールのカタログに見られない点は、特記に値する。」

「このカタログには、しかしながらオーストラリア〈一八九六?〉、日本〈一八九七～一八九九〉、インドシナ〈一九〇〇～一九〇一〉でのフィルムが登録されている。サドゥールの『ルイ・リュミエール』によれば、リュミエールのカメラマン、フランシス・ドゥブリエがかつて一八九九年に中国にいたと語ったという。しかし、彼がそこで何をしていたのか詳細は提供されない。[10]」

つまり、ジェイ・レイダは、一八九六年八月一一日から上海徐園でリュミエール社のカメラマン＝映写技師が、映画興行を行ったとの『中国電影発展史』による上海映画伝来説に対して、控えめながら疑問を呈していることになる。七月七日から八月一五日までインドにいた映写技師は、その後オーストラリアへ渡ってしまい、中国へ渡った記録＝中国で撮影されたフィルムが見出せないというのだ。

この点は、以下に検討するとおりその後の中国映画史の記述者を悩ませることとなり、『中国電影発展史』が掲げた一八九六年八月一一日説は、上海の『申報』にその興行広告があり、動かぬ証拠が備わっているようでありながら、一方の映画の送り手であるリュミエール社にも、エジソン社にも上海渡来の記録が見出せないという裏付けが欠けた状態だった。

(3) 台湾の中国映画史──『中華民國電影史』

『中国電影発展史』に遅れること二〇年、一九八八年に出版された『中華民國電影史』[11]は、さすがに後発だけに『中国電影発展史』の史料を踏襲しつつ、その他、特に『中国電影発展史』が見落としていた香港の映画伝来について、余慕雲の記述に基づいて一八九六年香港こそが中国における映画初伝来の地と認定している。[12]

『中華民國電影史』の映画伝来説をもう少し詳しく見ると、

こうなる。
「映画は発明されたその翌年には中国に伝わった。それは、清の光緒二二年〈一八九六〉のことだった。その年、リュミエール兄弟は二〇名余の映画技師を雇い訓練を施して、世界各地に派遣して映画を放映するとともに新しいフィルムを撮影させた。極東に到来した技師は、まず初めに香港に到達し、リュミエールのフィルムを放映するとともに、香港の風景を撮影した。この香港で撮影した断片は、現在もフランス映画センターに保存されているが、リュミエールがそれを一巻ものに編輯しなかったため、公開されることもなく、またリュミエールのフィルムカタログに登録されることもなかった。

　この年八月一一日、上海で刊行された『申報』記事によれば、上海徐園内の又一邨で「西洋影戯」が放映されたが、これは香港に続く中国国内最初の映画放映であった。手品や花火等の遊芸やアトラクションに混ざって放映され、八月一四日まで行われた。それ以後、徐園では映画放映が数年の長きに渡り、放映作品はフランス製フィルムであり、映写技師はフランス人であった。おそらく香港で映画放映したリュミエールの映写技師と同一であろうが、その姓名は不詳であり、上海で風景撮影を行ったのかどうか、今後さらに究明を要する。

〈注〉余慕雲著『香港電影掌故』第一輯サイレント時代〈民国七四（一九八五）年一一月香港広角鏡出版社出版〉第一節「香港最初の映画との遭遇」文中に、リュミエール映画技師が一八九六年に香港で映画放映と風景撮影を行ったとの記述がある。しかも香港「浸会学院」コミュニケーション学科講師林同年《ママ》氏が、フランス映画センターでそのフィルムを見たことがあるという。リュミエール配下の映画技師は、映画を放映するだけでなく、撮影技師も兼ねていた。リュミエールの上映機は、入れ替えることで撮影機にも使えたのだ。残念なことに、そのフランスの映画技師の氏名とより詳細な資料は見当たらない。」（同書上、一一四ページ）

　ここでは、上海への映画伝来の最初の興行を、『中国電影発展史』から一歩進めて、八月一一日から一四日までと確定しているが、すでに本節(1)項で確認したとおり、映画興行は『申報』広告で見る限り、八月一七日まで行われていることが明らかなので、『中華民國電影史』における史料調査の精度が疑われることになる。

　また、香港への伝来については、『中国電影発展史』にはない記述であるが、これは明記されるとおり余慕雲の記述に依存している。しかし、極東に到来した技師が香港の風景を撮影したとするその断片が、現在もフランス映画センターに保存されているとの伝聞を記すが、これについての充分な根拠は示されていない。
そこで、次に余慕雲が述べる香港への映画伝来についての記述を検討することにしよう。

⑷ 余慕雲『香港電影史話』（『香港電影掌故』増訂新版）の推定

余慕雲の『香港電影掌故』は、その後増補改訂され『香港電影史話』[13]として公刊されているので、これによって余慕雲の所説を見ることにする。余慕雲は、同書巻一「黙片時代」で、次のように記述する。

「一八九六年一月八日、香港発刊の『華字日報』に以下の記載がある。「西洋よりもたらされた」「西洋の精妙なる物語百篇、ありとあらゆる種類、毎日六〇篇、昼夜作品入れ替え」「本座は中環大通り『ヴィクトリアホテル』にて上演」「今月七日開演」「支配人ディズベリー謹啓」。この広告は、連続二一日間掲載され、二月七日まで続いた。

一八九六年一月三〇日、香港『華字日報』にさらに次の記載が見える。「映畫奇観—旧ヴィクトリアホテル」にて上演の「両軍交戦の模様、砲火天に届く」「目にするもの、あたかも戦場に身を置くがごとく、見聞を広めたくば、見物せざるべからず」。

『華字日報』の以上の記載は、一八九六年初めに香港で映画が放映されたことを証明するものだ。当時この放映の支配人だったディズベリーについては、ルイ・リュミエールが香港に派遣した映画技師なのかどうか。彼が放映したフィルムの題名と内容、それらがルイ・リュミエールの所有に帰するのか等、さらに詳しい究明が待たれる。

香港浸会学院（現浸会大学／香港バプティスト大学ＨＫＢＵ）コミュニケーション学科で教鞭を執られた今は亡き林年同氏に伺った話では、ルイ・リュミエールの助手は、当時確かに香港で映画を撮影したが、その撮影したフィルムは僅か数ショットで、香港街頭の情景であったという。この断片は、今でもフランス映画資料センターに残存している。彼は、かつて資料センターでその断片を目にしたとか。残念なことは、ルイ・リュミエールの助手が当時香港で撮影した事情を、誰も整理考証して公表しないことだ。誰も当時撮影したネガからコマ取りして写真を公表しないことが、惜しまれる。それをプリントにして香港電影資料館に保存することができれば、もっと意義と価値が高まるだろう。[14]」

ここで、余慕雲は『華字日報』に載る「映畫」興行こそ映画放映に違いないと断じ、その記事と林年同氏の見聞からの情報を連結して、一八九六年一月から二月にかけて香港にリュミエールのシネマトグラフが到来したと断定している。

『香港電影史話』では、『華字日報』記事の複写を掲載しており、その内容は余慕雲の述べるとおりのもので、その限りでは疑いようがない。だが、ここには、思い込みによる大きな誤認が含まれている。

第一に、リュミエールのシネマトグラフがパリで有料公開を行ったのは、一八九五年の一二月二八日であり、リュミエール協会を組織して二〇数名の映写技師を集め、これにトレーニングを施して世界各地に派遣したのは、ようやく一八九六年の春から初夏にかけてであった。この間の事情を、ジョルジュ・サドゥールの『世界映画全史』ではこう述べる。

「シネマトグラフ・リュミエールによるヨーロッパの征服は、ナポレオンの遠征に匹敵する電撃的な速さで成し遂げられた。……〈中略〉……（一八九六年）春から初夏にかけて、イタリア、ドイツ、スイス、アメリカが同様に席巻された。やがて撮影＝映写技師たちは日本、オーストラリア、メキシコ、あるいはインドなどのような遠方の国々にまで達することになった。一八九六年を通してシネマトグラフ・リュミエールは、エジプト、パレスチナ、トルコ、デンマーク、ポルトガル、ノルウェーなどの国々で賞賛される一方、フランスの主要な地方都市にも訪れた。[15]」

春から初夏にかけて派遣されたリュミエールの映画技師たちが、一八九六年の一月初めに香港に到達し得るはずはないし、かりにもし一八九五年の年末すぐに出発したグループがあったとしても、当時の海路を取る交通事情からすれば、すでにスエズ運河が開通（一八六九年一一月）していたとしても、とうてい極東の香港に到達しうるはずはない。

緒論ですでに見たオールコックは、再来した一八五九年にはロンドンからの郵便はマルセイユ経由で六週間以内に到着し、ロンドンと広東の間は、蒸気船と鉄道によって六週間で往き来できるほど短縮されたと慨嘆している。[16] この時点からすでに四〇年の時が経過し、その間にスエズ運河が開通し、欧州と極東の往き来の時間は相当短縮されたはずだ。また、ロンドンよりもいくぶんマルセイユに近いパリからでは、もう少し時間が縮減できたかも知れない。しかしそれでも、欧州と極東の香港とは、優に一ヵ月以上を要する距離であることに相違はない。現に、一九二〇年に勤工倹学運動でフランスに渡った孫福熙らの一行は、一二月一五日にチリ号で上海を発ち、翌年一月二〇日にマルセイユに到着しており、その航海はちょうど五週間だった。[17] 一九世紀六〇年代に六週間を要し、二〇世紀の二〇年代初頭でもなお五週間を要した遥遠の地から、たとえスエズ運河を経過したとしても、それでも一八九六年の時点でわずか一週間で到達できる交通手段があったとは考えにくい。

次に、前掲『中国電影発展史』が記述するとおり、一八九六年八月に上海で映画興行が行われたとするなら、これもリュミエールの一団によるものと考えるのが順当なところだが、香港から上海へ移動するのに、直行であれば七ヵ月も要するはずはないので、この映写技師たちはその間どこへ行っていたのかという疑問が生じてくる。

この問題は、長らく香港映画史研究者にとっても大きな課題として共有され続けたが、一九九四年に香港電影資料館がフランス国立映像文化センターへ問合せを行ったところ、同センター主任のMichelle Aubertからは次のような回答があったという。

「リュミエールの撮影技師は、中国へ行ったことはなく、インドシナとカンボジアへ行っただけです。」[18]

以上から、余慕雲が推定する一八九六年香港映画渡来説は、大きく揺らぐことになる。しかし、映画をもたらしたのがリュミエールの映画技師でないとするなら、それでは、余慕雲が掲げる新聞記事が伝える「映畫」とは一体何なのか。はたして、リュミエール以外に、一八九六年当時映画を伝えた他の組織、または人物（支配人ディズベリーもいかなる人物か不明のままである）がいたのか。

想定されるところとしては、エジソン社が挙げられるかも知れない。現在エジソン社のカタログには、香港の情景を写したフィルムが残っていることを見出せる。たとえば、

1. Canton River Scene　2. Canton Steamboat Landing Chinese Passengers　3. Landing Wharf at Canton　4. Street Scene in Hong Kong　5. Sikh Artillery, Hong Kong　6. Hong Kong Regiment　7. Government House at Hong Kong　8. Hong Kong Wharf Scene[19]

だが、これらはいずれも撮影時期が一八九八年と記録されており、二年前の一八九六年とは一致しない。

リュミエールでもなくエジソンでもないとすると、この時期に、ほかに動く写真の「映画」を製作して公開できる映画事業主がいたと考えなければならないが、それはどのような事業主であるのか。また、香港に到来した「映畫」とは、リュミエールでもエジソンでもないとすると一体どのような「映画」なのか。これ以外の第三の来源による「映画」が、果たしてこの時期に存在し得たのか、にわかには納得しがたい事態といわざるをえない。

(5) 同時代の映画史言説

以上、『中国電影発展史』以降の中国映画史記述から、中国への映画伝来に関する記述を見てきた。史料的に『中国電影発展史』を越えるものはなく、わずかにジェイ・レイダがリュミエール社の記録を援用して、中国に映画をもたらした可能性があるルートについて道筋を提供したにすぎない。し

かも、そのルートの可能性は限りなく低いものでしかなかった。

そこで、範囲を拡げて『中国電影発展史』に先立つ中国映画史記述に眼を向けてみよう。史料としての堅固さに乏しい可能性を含むが、同時代を経てきた者による記憶、刻まれた印象になにがしかの示唆が潜んでいると考えるからだ。

民国時代に著された中国映画史としては、主なものとして以下の数種が挙げられる。

掌篇、導入的なものとして、

・管際安「影戯輸入中国後的変遷」(『戯雑誌』一九二二年嘗試号所収)

・程樹仁「中華影業史」(『中華影業年鑑』一九二七年所収)

・徐恥痕「中国影戯之淵原」(『中国影戯大観』一九二七年所収)

等があり、[20]

また、やや総括的な記述をなし、一応映画史の体裁を整えるものとして、

・谷剣塵「中国電影発達史」(『中国電影年鑑』一九三四年所収)[21] 等がある。

この中で、管際安の「影戯輸入中国後的変遷」に次の記述があることは、映画伝来初期の実態を伝えるものとして注目される。

「映画がいつ伝来したのか、軽々に断ずることはできないが、およそ二〇～三〇年にはなるだろう。ただ、初めに伝わったものは、みな動かないフィルム(=死片)で、幻灯としか呼べない代物だった。いまでは誰も見向きもしないが、当時はそれでも新鮮でなおかつ物珍しさがある外来の代物で、見た者の間では一時大きな話題に上るものだった。ほどなくして、活動影戯が伝わり、中国人はようやく幻灯では満足がいかず、幻灯を受け入れた熱気は、活動影戯の方に移っていった。しかし、伝わったフィルムは数が多くなく、取り替え引き替えいつも同じで、受け入れの熱気は、一般的に徐々に下降し、あの政変〈一九一一年の辛亥革命〉の頃には、影戯の社会的位置はがた落ちの状態で、まるで低俗社会の慰みもの程度にまで完全に変わり果てていた。」[22]

ここで注目すべきは、当初伝わったものが「死片=動かないフィルム」であり「幻灯」でしかなかったということだ。次に、ほどなくして本当に動く「活動影戯」が入って来たこと。さらに、辛亥革命(一九一一年)の頃には、すでに社会的位置は失墜して「低俗社会の慰みもの」に堕していたということだ。

また、『新聞報』などの主筆を務めた孫玉声が、後に記した逸聞回想録である『退醒廬余墨』[23]にも「電光影戯」の一条があり、管際安と類似した事情を記している。

「電光影戯は、清朝の同治年間〈一八六一～一八七五〉にはすでにあったが、ただ山景や水景、庭園や樹木を写し、汽船や帆船を写すのみだった。すべての写真は、電気の光の中で拡大され、布幕の上に映し出されるが少しも動かなかった。映写の際は、布幕の上を水で少し湿らせねばならず、さもないと発火の虞があった。ある年、母方のおじ李若泉の五〇歳の誕生祝いの席で、これを一度目にしたことがあるが、幼かった頃のこととはいえ、今でもはっきり思い起こすことができる。その後は、再び見ることはなかった。光緒の末年、福州路の茶園で活動電光影戯というものを上演することがあったが、これは四、五尺（一尺は33㎝）四方ほどの白布を幕としたが、人物がすべて動いたため、観客は未曾有のことと驚いた。ただ、魚を捕らえたり猟をしたり、川を渉り山を登り、工場での動作があり、家庭内の瑣事等があるものの、どれも長篇の劇作ものはなかった。しかも、幕は小さく、光量が乏しいため、美しさを十分発揮しえない憾みが残った。[24]」

『退醒廬余墨』は、晩清期の上海における娯楽、芸能から演劇、さらには俳優から妓女の優劣の品評など、網羅的に記述した逸聞、回想記で、活動影戯の専門的記録や映画関係者の内実吐露の叙述ではないが、こうした粋人にもすでに「電光影戯」が注目されていたことが窺える貴重な記述だ。また、後半の記述からはシネマトグラフ・リュミエールの最初期のフィルムを想起させる内容紹介も含むが、少なくとも、当初は「死片」であったものが、その後「活動片」へ推移したと二段階の伝来事情が記述されるところに注目しておきたい。

以上のとおり、映画の上海への伝来が、はたして一八九六年の旧暦七夕時期に徐園で興行されたものかどうかについて、明らかな解答が得られる記述はないものの、初めに伝わったものが「死片＝動かないフィルム」であったとの指摘は、留意に値する。そして、ほどなくして伝わったものが「活動影戯」であるとする二段階伝来の認識も、大いに傾聴に値するものが含まれる。一八九六年八月に徐園で興行された「西洋影戯」が、「死片」であったのか、または本当に動く「活動影戯」であったのか、この二段階伝来説が謎を解く鍵を内包していそうに見えるからだ。

第二節　パラダイムシフト

(1)　一八九六年伝来説への疑義

一八九六年に香港に映画が伝来したことが疑わしいとすると、『香港電影史話』（その前身の『香港電影掌故』も）に依拠する前節(3)項の『中華民國電影史』の記述の後半部は、信頼性が大きく損なわれてくる。とすると、前半の上海伝来についての記述の信頼性はどうだろう。というよりも、もともとこれが依存する『中国電影発展史』が記述する一八九六年八月一一日説は、信頼を置いてよいものなのか。

すでに確認したとおり、当時の新聞『申報』に掲載された広告では、間違いなく「西洋影戯」興行が行われたと認められる。『中華民國電影史』が多少興行期間に誤認があり、『中国電影発展史』では期間を確定してはいないが、八月一一日から、すくなくとも一七日まで上海徐園で「西洋影戯」が興行されたと考えることは至極当然なことに思える。しかし一方では、リュミエール社の記録にもエジソン社のカタログにも、ともに上海はおろか香港の記載さえも見当たらない。この食い違いをどう説明すべきなのか。

『申報』の興行広告は、八月一〇日にせよ八月一四日にせよ、その広告自体に疑いを容れる余地はなく、「西洋影戯」が上映されたことは揺るぎない事実に見える。「西洋影戯」が、正真正銘シネマトグラフ・リュミエールか、エジソンの改良型ヴァイタスコープであるなら、なにがしかの記録が仏米それぞれの会社に残っていそうなものだが、これはいくら求めても得られない。エジソン社のカタログに見出せぬばかりか、仏国立映像文化センター主任Michelle Aubertの回答が示すとおり「中国へ行ったことはなく、インドシナとカンボジアへ行っただけ」であり、ここから裏付けを得る望みは完全に断たれた格好だ。

にもかかわらず、『中国電影発展史』が掲げる『申報』広告に見える「西洋影戯」のみを依り所として、一八九六年八月一一日に上海に初めて映画が伝来したと断定してしまうのは、望文生義の類、もしくは目的論によって因果論を歪曲する類といわざるをえないのではないか。今世紀初めまで、中国映画史研究において中国への映画伝来時期の確定は、このディレンマにさいなまれ続けていた[25]。

⑵ 史料精査による検証

二〇〇五年、中国では国を挙げて中国映画百周年記念事業が企画された。これは、一九〇五年秋に北京の豊泰写真館が当時の京劇名優譚鑫培演ずる『定軍山』の一節を自製したことを中国国産映画の発祥とする『中国電影発展史』の規定に基づくもの(これについては第六章第一節でさらに検討する)だが、これを契機に中国映画史を再検証する気運が大きく盛り上がった。北京大学の李道新は、「重写中国電影史（中国映画史の再構築）」の意気込みの下、『中国電影文化史一九〇五〜二〇〇四[26]』、『中国電影史研究専題[27]』等を著し、また、北京電影学院の楊遠嬰らは、「中国電影専業史研究」シリーズ[28]の一巻として『中国電影専業史研究・電影文化巻[29]』を編纂するなど、中国映画史の新たな実証研究が幅広く進んだ。この中で、注目すべき研究が公にされた。それが、黄徳泉の「電影初到上海考[30]」だ。

黄徳泉はこの論述の中で、従来定説とされ、揺るぎない証拠に固められたかのような八月一一日電影初演説に対し、以下の諸点で疑義を呈し、一つ一つ証拠を精査する形で反論を展開した。

まず初めに、当時の新聞での興行広告では、初物には必ずある程度の説明、解説が付されるのが常態だが、八月一〇日の徐園広告には「西洋影戯」に対して何ら説明がなく、すでに常識となっていた「文虎」や「戯法」と同列であることからして、この「西洋影戯」は、上海初登場の「映画」ではなく、すでに以前から上演されていた「幻灯」の類であると立論する。事実、『申報』の広告を遡って精査すると、一ヵ月ほど前の六月二九日にすでに以下の広告があることが判明する。

「本園は二〇日より夜一二時まで、「文虎」謎あて、清曲、童児客演付き奇術、西洋影戯を来園者に随時ご提供。従前老閘橋（蘇州河に架かる橋）北側一帯は道路未補修にてお客様にご迷惑をおかけしましたが、今般道路補修も終わり、馬車で直に園門までお越しいただけることと相成りました。月影の下お越しいただく際にも、お遊び後の興尽きぬ思いで家路につかれる際にも、お足元にご不自由はおかけいたしません。入園料は従前通り。二三日はこの他花火と芝居を追加、お一人様三角。お知らせまで。[31]」

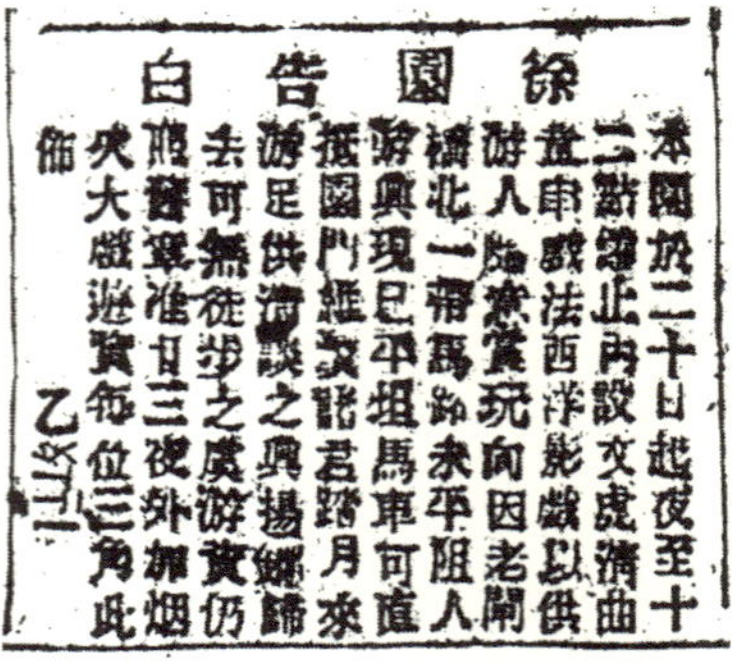
徐園告白
本園於二十日起夜至十二點鐘止內設文虎清曲童串戲法西洋影戲以供游人隨意賞玩向因老閘橋北一帶馬路未平阻人游興現已平坦馬車可直抵園門請君踏月來游足供清談之興揚鑣歸去可無徙步之虞游資仍照舊準廿三夜外加烟火大戲遊資每位三角此佈

図像14 『申報』1896年6月29日広告

図像15 『申報』1875年3月23日広告

さらに『申報』広告を精査すると、「西洋影戯」の語は六月二九日どころか、それより二〇年も前の一八七五年にすでに広告に使用されているという。その一つに、以下の広告が挙げられる。

「米国興行師ファーレン南京路富春茶園にて公演

二月一六日夜より外国製精巧なる「影戯」上演。各国景観並びに雪山火山、百鳥競鳴の図を上演。その光源は電気を用いるため格別明瞭にて他とは比べようもなきもの。この他、呂子堅、項雲泉を招聘して奇術を上演。毎夜七時開演一二時終演。入場料は旧の通り。お早めのご来臨伏して願い上げます。[32]」

さらに、黄徳泉論文は、後述するとおり一八九八年に徐園が正真正銘の映画興行を行う際、これを「留生電光戯」「活動電光戯」と称していることも、「西洋影戯」が映画を指すのではない論拠とする。

黄徳泉論文は、これに加えて「西洋影戯」との語が、従来「影絵芝居」に用いられてきたことを探り出し、緒論でも見た『滬游雑記[33]』の「西洋影戯」についての記載を掲げる。

「外国影戯（巻二、三〇葉～三一葉）

西洋人の影戯は、舞台前面に白布一枚を張り水で湿らせ、中に燈を入れた箱の前に西洋画を置き、これを次々入れ替え光を当てると、布上には山水樹木、楼閣人物、鳥獣虫魚等奇妙な姿を現わす。最も目を引くは、洋館に火が着き、帆船が風に煽られ引火し、初めは星のごとく小さな火が、見る見る燃え上がり、ついには一面の火の海となり崩れ落ちるところ。驚くべきは、大風により巨濤大波が湧き起こり船が翻然揺れ動くところ。人の心を寒からしむところあり。この他、泰西各国戦争及び名所旧跡もそれぞれ図画あり。その場に身を置くかとふと思い込むほど、まさに一見の価値あり。」

ここに紹介される「外国影戯」は、前半部の記述から分かるとおり、明らかに動画ではなく、あくまでも図画を組み合わせたものである。ただ、後半の火事の情景からすると、相当動きのある連続絵を作り出していることが窺える。従来中国にもあった「影戯」との違いがこの辺りにありそうだが、しかしだからといって、この「西洋影戯」をもって動く写真である「活動影戯」とは認めにくいことも確かだ。

黄徳泉は、さらにこの『滬游雑記』の日本での翻刻版である『上海繁昌記[34]』も掲げ、ここで「外国影戯」に「西洋寫繪」と注記し、「西人影戯」に「ウツシヱ」と訓していることも有力な根拠としている（図像16参照）。

緒論で掲げた目次（図像11参照）を見ても、「外國戯園／西洋芝居」「外國馬戯／西洋曲馬」「外國戯術／西洋手品」「東洋戯法／日本軽業」「焔火／花火」等と並べて「外國影戯」に「西洋寫繪」と注記しているが、この『滬游雑記』が記述対象とした一八七〇年代[35]には、少なくとも「外國影戯」が伝わり、それは動かない絵図、現在でいう幻灯、スライドショーの類であったことは間違いなさそうだ。

以上の検証からすると、黄徳泉が論証するとおり、この「外国影戯」が「西洋寫繪」、つまり幻灯だとすると、一八九六年六月及び八月に上海徐園で興行された「西洋影戯」も、こ

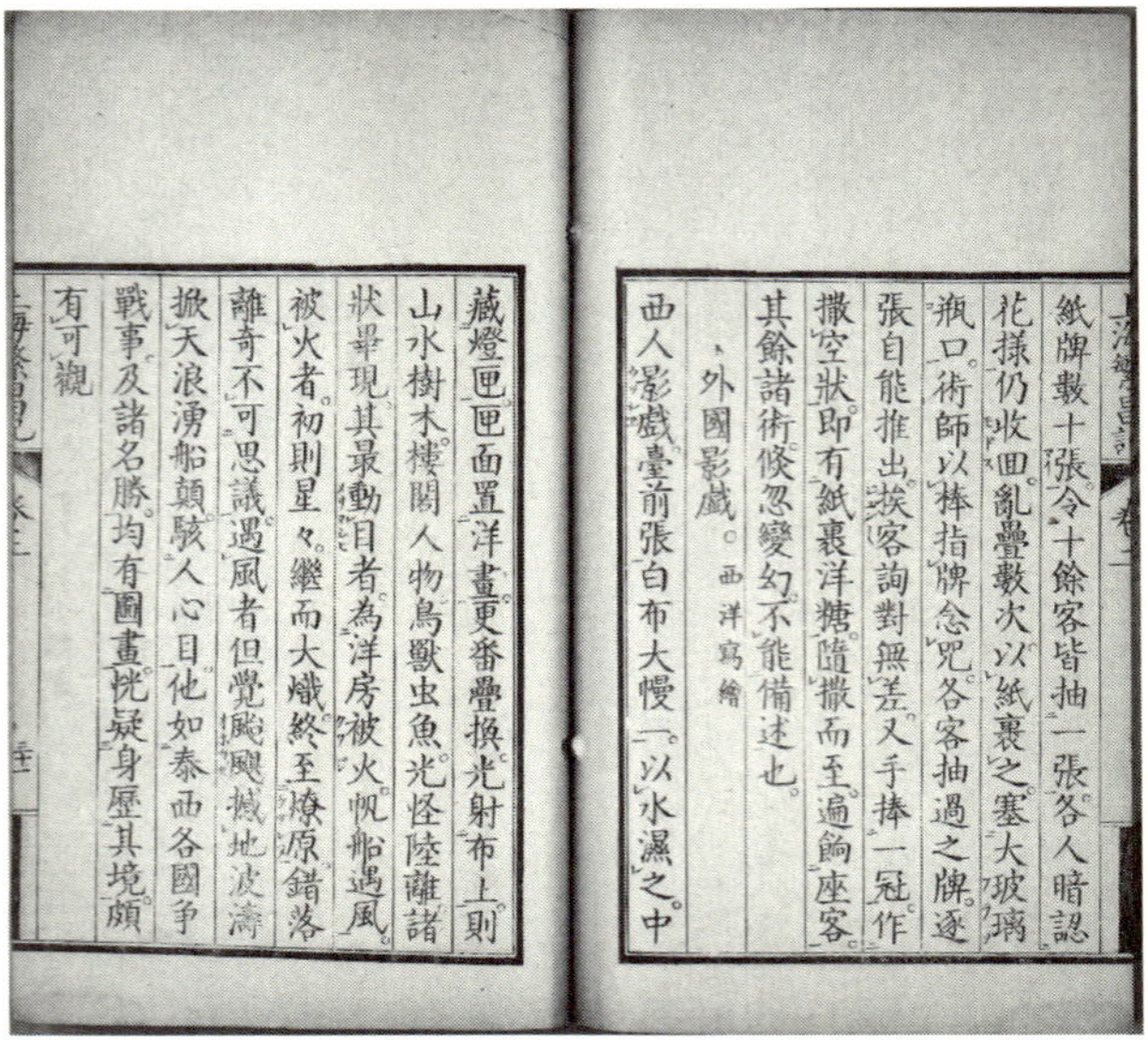

紙牌數十張令十餘客皆抽一張各人暗認
花様仍收回亂疊數次以紙裹之塞大玻璃
瓶口術師以棒指牌念咒各客抽過之牌逐
張自能推出挨客詢對無差又手捧一冠作
撒空狀即有紙裹洋糖隨撒而至遍餉座客
其餘諸術倏忽變幻不能備述也
外國影戲 西洋寫繪
西人影戲臺前張白布大幔一以水濕之中
藏燈匣匣面置洋畫更番疊換光射布上則
山水樹木樓閣人物鳥獸虫魚光怪陸離諸
狀畢現其最動目者為洋房被火帆船遇風
被火者初則星々繼而大熾終至燎原錯落
離奇不可思議遇風者但覺颶風撼地波濤
掀天浪湧船顛駭人心目他如泰西各國爭
戰事及諸名勝均有圖畫恍疑身歷其境頗
有可觀

図像16　『上海繁昌記』（明治11年刊）

れとほとんど近似した命名方式と認めざるを得ず、実体としても上海初の映画興行というよりは、幻灯の類と認める方が妥当性が高い。

(3)「西洋影戯」は「死片」

かくして、「西洋影戯」との語の使用例、来歴の検証から、『中国電影発展史』発祥の定説、一八九六年の八月一一日に初めて上海で映画が上映されたとする説は、最も根幹をなす「西洋影戯」を活動影戯と認定する根拠そのものが崩れてしまった。そもそもの前提が危うくなった以上、八月一一日説を上海への映画伝来とする定説は、もはや土台が揺らぎ、絶対的信認を置くわけにいかなくなってしまった。

長年にわたって定説として君臨し続けた八月一一日説は、いくつかの矛盾を孕みつつ、たとえば第一節(1)項で述べた「仍＝引き続き」の使用、黄徳泉が主張するとおり「西洋影戯」になにも説明がないこと等を残存したまま、上海への映画伝来の始源とみなされてきた。かりにもし、「仍」使用との辻褄を合わせる方途として、遡って六月二九日の広告が始めであったため、この語が使われたのだと解釈するとしても、そもそも「西洋影戯」が動く写真＝活動影戯であるとの証明にはほど遠い。六月興行の際に、「西洋影戯」とはいかに新奇なもので、新たに発明された新方式の「影戯」であるかコメントでもあれば説得力もあろうが、それはすでに見たとおり、なんらの説明も付されていない（図像14参照）。「今般道路補修も終わり、馬車で直に園門までお越しいただけることと相成りました。……お足元にご不自由はおかけいたしません」との釈明があるが、これと「西洋影戯」が新奇な演し物であることと、観客への訴求力としてどちらが重要かは自明の理であろう。つまり、道路補修よりほかに新たに訴求するものが見当たらないことを示す以外のなにものでもなかろう。

六月であろうと八月であろうと、この一連の「西洋影戯」にはなんら紹介がないことは、黄徳泉が主張するとおり事実だ。それが、二〇年前の一八七六年興行での「外国影戯」や『滬游雑記』と同一種類、同方式のものであったかどうか速断はしがたく、断定を留保せざるを得ない面も残るが、少なくとも一八九六年六月から八月にかけての興行に見える「西洋影戯」を、動く写真＝活動影戯と考えてよい可能性が致命的に低下したことは否めない。ここでの「西洋影戯」は、本章第一節の(5)項で見た管際安が記述する「死片」であったと考えるのが最も妥当だろう。

しかも、パリでリュミエール社が公開試写を行った後、二〇数名の技師を養成して世界各地に派遣したのは、ジョルジュ・サドゥールが『世界映画全史』で述べるとおり一八九六年の春から初夏である[36]。その映写技師たちが、六月二九日に広告される興行に間に合うよう上海に到着するためには、遅くとも五月中にはパリを発っていなければならない。すでに前節(4)項の香港への映画伝来のところで検討したとおり、たとえスエズ運河が開通したとしても、それでもパリから上海へはなお五週間ほどの時間を要していたはずだ。その移動の時間を考慮に入れるなら、六月二九日でも時間的にはまったく余裕がないことは明らかだ。

それは、「春から初夏」に「イタリア、ドイツ、スイス、アメリカ」を席巻した技師たちと同時期に派遣されていなければならないことになるが、極東の上海にそれほど優先順位が高かったとは考えにくい。なぜならば、「やがて撮影＝映写技師たちは日本、オーストラリア、メキシコ、あるいはインドなどのような遠方の国々にまで達することになった[37]」とあるとおり、いわば第二陣にこそアジア太平洋地域が入るからだ。それはたとえばインドへは、前掲のレイダの記述にもあるとおり一八九六年八月であり、日本へは年を跨いだ一八九七年になってからのことだった[38]。上海は、インドと日本の間に位置しているため、当時の航路ルートとして順序どおりに行けば上海にも寄るはずだと、期待を込めて推測したくなる思いは理解できないわけではない。だが、リュミエールの映写技師たちが、中国映画史研究者たちの思惑どおりに動いてくれた保証も、これまた見出せないのが現実だ。

第三節　太平洋を渡った興行師

(1)　異軍突起

前節で検証したとおり、上海への映画初伝来は、『中国電影発展史』が唱える一八九六年八月一一日である可能性が大きく低下したとすると、いったいその始まりはいつからと見るべきなのか。他に確実な根拠を見出すことはできるのだろうか。

すでに第一節(4)項の香港への映画伝来のところで触れたが、ジョルジュ・サドゥールの『世界映画全史』では、シネマトグラフ・リュミエールの全世界制覇の中には、上海はおろか中国へ渡ったという記述の片言さえ見られなかった。派遣技師のルートとして、インドへ渡り、オーストラリアへ渡る途上に上海、または香港へ寄港する可能性はありそうに推測されるものの、その記録は見出せない。ジェイ・レイダによれば、この時のリュミエール社の撮影兼映写技師が残した記録フィルムのリストには、豪州、日本、インドシナはあるものの、上海租界の記録は残されていない。また、リュミエール社の興行代理人であったマリウス・セスティエ（Marius Sestier）は、ボンベイで一八九六年七月七日から八月一五日まで興行を行った後、豪州に渡ったとされる。[39] この考証が正しいとすれば、シネマトグラフ・リュミエールが八月一一日から上海徐園で興行することは、少なくともマリウス・セスティエが行うことは不可能である。一八九六年夏の時点で、極東の上海の地で、野外で公衆に放映しうる「動く写真」は、リュミエールを措いて他にはあり得ないのだから、この点も、一八九六年上海徐園での「西洋影戯」興行が、実はシネマトグラフ＝「映画」の伝来を意味しないことの傍証の一つとなりうるだろう。

リュミエール社が、映写技師と撮影師を香港、上海へ派遣していないことは、同社の記録に明らかなところだ。しかし、これはリュミエール社の正規の代理人、あるいは撮影技師に限ってのことであり、その他に「動く写真」、シネマトグラフ・リュミエールを興行した人物がいたとしたら、事情は大きく異なることとなるはずだ。

一八九六〜九七年当時、リュミエール社でもなく、エジソン社でもなく、他に「動く写真」＝活動影戯を撮影し、それを放映することができる組織、ないし興行師があり得たのか。それは、映画の歴史を振り返ってみれば、可能性がないわけではないと思いいたるはずだ。リュミエールのパリでの成功を目にしたパテPathé社やゴーモンGaumont社も、映写機の開発販売と撮影に乗り出していたからだ。

その事情を、ジョルジュ・サドゥールの『世界映画全史』では、次のように記す。

「すでに述べたように〈グラン・カフェ〉におけるリュミエール兄弟の大成功は――動く映写がそれ自体優れた事業であることを証明したため――結果としてあらゆる種類の映写機に関する数多くの特許をもたらした。多くの装置がすぐさま製作され、蓄音機のかなりの収入によって活況を呈していた巡回興行師たちが顧客となった。一八九六年の巡回興行組合の業界誌に目を通すことは興味深い。一、二月頃からすでに発明家たちはまだ控え目ながらも商品の受注を行っている。…〈中略〉…最高潮に達したのは一八九七年初頭であるが、流行は急速に衰え、年末には、シャルル・パテを除けば、シネマトグラフ・リュミエールを模倣した装置やそれと競合する装置を巡回興行師たちに提供するための実業家はもはやいなくなってしまう。[40]」

これらのリュミエールの競合ないしは類似映写機器は、当初はそれぞれ独自の命名を行っていたが、徐々に、すでに定評を勝ち得たリュミエールの映写機と同様に、「シネマトグラフ」を名乗るようになっていった。

「シャルル・パテは、〈一八九六年〉四月二六日から次の装置を売りに出した。〈エネクトグラフ・パテ〉／シネマトグラフ型／……〈中略〉……パテは数ヵ月経つと、自分の装置をややこしい名前で言うのをやめ、リュミエールの装置ですでに世界的に知られていた名前を使うことにした。……〈中略〉……レオン・ゴーモンは、秋に入ると、〈パリのシャトレ座やオランピア座、また馴化園動物園によって採用されたクロノフォトグラフ・ジョルジュ・ドゥメニ〉という宣伝を始めた。一方ジョルジュ・メリエスと彼の協力者リュシアン・ルーロスの二人は、……〈中略〉……〈キネトグラフ・ロベール＝ウーダン〉を巡回興行師相手に売り出していた。[41]」

これに対して、「動く映写」のもう一方の雄であるエジソンのヴァイタスコープは、一八九六年六月二八日にシネマトグラフがアメリカで上演興行を行って以来、圧倒的敗北を喫して劣勢に立たされたが、それはアメリカだけでなく、進出したばかりの欧州各地（特にイギリス）においても同様だった。[42]この点からすると、一八九六～九七年にかけて、エジソンのヴァイタスコープ系の放映興行は優勢になく、戦力としてあまり期待できそうにない。

さて、以上から動く写真＝活動影戯の放映興行が、いくつかの機種が同時併存しつつ裾野がある程度の広がりをもって展開したことを了解したとして、それがはたして極東の香港、上海にまで巡回興行の範囲を広げていたのかについては、また別の方法と視点で考証を進めねばならない。従来、フランスにおける動く写真＝活動影戯の興行形態とそのアジアへの伝播に関しては、その検証がまったく行われていなかったからだ。

こうした従来未開拓であった点につき、香港、上海におけるリュミエール以外の放映興行が存在したことを実証する、注目すべき研究が現れた。それが、香港電影資料館（Hong Kong Film Archive）研究員の羅卡（Law Kar）とオーストラリアのフランク・ブレン（Frank Bren）だ。彼らは、先の余慕雲らの臆断を離れて、香港への映画伝来を改めて検証するため、映画が伝来したと思われる時期に発行された英字新聞North China Daily News（字林西報）とNorth China Herald（北華捷報）等の記事及び広告を精査し、一八九七年に確かに映画が香港に伝来し、それが上海でも行われたことを突き止めた。

二人が著した『Hong Kong Cinema –A Cross-Cultural View』[43]によると、モーリス・シャルベ（Maurice Charvet）なる人物が、アメリカ経由でフィルム十数本を携えて渡来し、さらにもう一人ハリー・クック（Harry Welby Cook）なる人物が上海を訪れ、これが上海禮査《リチャード》飯店（Astor House Hotel／緒論第一節⑶項、図像5参照）従業員のルイス・ジョンソン（Lewis M. Johnson）と組んで香港、上海を経て、さらに北京、天津まで巡回興行したというのだ。[44]

この『Hong Kong Cinema』の考証では、その興行主体について、先のフランスにおける競合業者、類似機器による巡回興行師と似通った事情が香港でも存在した可能性を、フランスのリュミエール社の教示を受けつつ、以下のとおり示唆する。

「今日のナイキやソニーのように、シネマトグラフは商品名であり、それはリュミエール協会に属してはいたが、独立したショーマンが、その名称やリポグラフ（Ripograph）のように別に開発されたものを取り込んでいた。リュミエールの広報担当者が確認したとおり、シネマトグラフの権利は会社にのみ属していたものの、その権利を執行することはほとんど不可能だった。「我々は一八九六年から、フランス国内だけで六〇〇以上の模倣機が、すぐに製造されたか、特許を取得したと推定しています。そのため、〝シネマトグラフ〟名義での無許可上映が、香港で容易に発生した可能性があります。[45]」

上海在住のジョンソンは論外として、シャルベもクックも、ともにリュミエール社の正規の認証を受けた興行師や代理人でなかったと疑われる。ただ、クックは「Animatoscope（アニマトスコープ）」[46]を謳い、シャルベは「Cinematograph（シネマトグラフ）」を謳い、それぞれに動く写真＝活動影戯らしきものの興行を行ったこと自体は、疑いようがなさそうだ。そしてそのプロモーションは、シャルベのものを上海在住だったジョンソンが仕切っていたようだ。

だが、一八九七年に香港と上海に渡来したシャルベとクックが、アニマトスコープとシネマトグラフをもたらしたとしても、それがはたして動く写真＝活動影戯であるのか、その名称からだけでは判断しきれない。アニマトスコープについては、アメリカのライマン・ハウのそれとの関連性が想起される[47]ものの、完全に一致するものであるかは不確定だし、シャルベが持ち込んだシネマトグラフは、そもそもリュミエール社のものではないはずだ。そこで、その興行実態と放映フィルムを詳しく検証することで、シャルべとクックの興行での動く写真＝活動影戯の実態がいかなるものか探ってみよう。

(2)「非公認」興行師による混合放映

一八九七年初夏に行われたモーリス・シャルべとハリー・クック、そして現地でのシャルべの協力者ジョンソンによる巡回興行は、『Hong Kong Cinema』[48]と、これに触発されて史料補遺調査を進めた山本律の考証を総合すると次のとおりとなる。

一八九七年

五月二二日／二五日／二七日／二九日　上海禮査飯店にてクック“Animatoscope”興行

六月四日／八日／九日／一〇日　張園でクック“Animatoscope”興行

六月一二日／一七日／一九日　禮査飯店にてクック“Animatoscope”興行

六月二五日／二六日　天津 Gordon Hall にてクック“Animatoscope”興行後北京へ

同二六日／二八日　天津 Lyceum Theatre にてシャルべ“Cinematograph”興行

シャルべとジョンソンは、七月九日に上海に到着した汽船「武昌」号の乗客リストに名前が登載されていることから、[49]天津の後クックとは別に上海へ戻ったと推定される。

七月一六日／一七日　天津 Gordon Hall にてクック“Animatoscope”再度興行

七月二九日（Albert Linton のピアノ付き）／三一日上海にてクック“Animatoscope”興行

八月五日／一四日　上海にてクック“Animatoscope”興行

九月八日／一五日／一八日　上海 Lyceum Theatre にてシャルべ、ジョンソン“Cinematograph”興行

（さらに七月に入って天華茶園ほかで、中国人向け興行が長期間行われるが、これについては第四節で改めて取り上げる）。

さて、すでに『Hong Kong Cinema』が疑いを容れているとおり、シャルべとジョンソン、そしてクックによるこの巡回興行は、たとえシネマトグラフを標榜しようと、リュミエール社の正規の認証を受けた興行師でも代理人でもなかったと推定される。ここから、中国映画史研究者積年の疑念であったリュミエール社に上映＝撮影技師派遣の記録がない事態に対して解決の糸口を得る手掛かりが見出される。興行師が、一種の「もぐり」として興行を行っていた以上、リュミエール社に記録が残されていないことは当然である。しかし、リュミエール社の正規の認証を得た映写技師が来ていなかっ

たからといって、上海に映画興行師が来ていなかったことを証拠付けることにもならない。つまり、リュミエールの正規の映写技師、または代理人が到来していなくとも、上海に（香港も）動く写真＝活動影戯の興行師が訪れ、興行が行われたことは別個の可能性として考えるべきであり、『Hong Kong Cinema』等による上掲の考証から、それは動かぬ事実として認められねばならない。ただし、その日時は、『中国電影発展史』が唱える一八九六年八月一一日ではなく、一八九七年の五月から六月にかけてだった。また、第四節で詳しく見るとおり、その興行が中国人社会へも広く展開するのは、七月以降だったことを忘れてはならない。

　以上のとおり、一八九七年春から夏にかけての上海初の映画興行は、『Hong Kong Cinema』及びその補遺史料発掘によって、独立興行師によるものであったらしいことが、ようやく判明してきた。それでは、その放映フィルムもこの興行師独自の撮影による「非純正品」であったのか、あるいはシネマトグラフであったのか。これを検証することによって、一八九七年に行われた興行が、真実上海における映画の起源と認めてよいのかどうか、一歩進めて確証を得られるはずだ。

　このため、シャルベとクックの興行で放映されたフィルムの検証を行わねばならないが、シャルベたちの興行広告では、必ずしも毎回の興行演目が明らかになっているわけではなく、何回かの演目のみで、あくまでも部分的でしかない。また山本律が発掘した補遺史料でも、いくつかの断片が明らかにされたに過ぎない。たとえば、クックが初めて上海でアニマトスコープ放映を行った禮査飯店での五月二二日の興行に際して『The North-China Daily News（字林西報）』に掲載された広告では、次の演目が掲げられる。

「1. The Waves breaking on the beach ／ 2. A church Parade of British Soldiers ／ 3. Serpentine Dancing ／ 4. The Czar in Paris ／ 5. Bicyclists in Hyde Park ／ 6. Gondolas Gliding in Venice, and many other wonders.」[50]

　これを試みにリュミエール社のフィルムカタログ[51]と照合してみると、あまり芳しい一致を見ることができない。英語に訳されているため、リュミエールのカタログ言語のフランス語と一致しないばかりでなく、内容的にも類似するものは見出せても、完全一致するものは多くないのだ。

　たとえば、３の Serpentine Dancing（蛇踊り）は、リュミエール・カタログ一九〇七年版では№７６５に排列される Danse serpentin（一八九六年）と一致するが、その他の具体的な名称が挙がるものでは、４の The Czar in Paris（パリのロシア皇帝）も、５の Bicyclists in Hyde Park（ハイド・パークの自転車乗り）も、６の Gondolas Gliding in Venice（ヴェニスの滑走するゴンドラ）も、完全一致するものは見出せない。リュミエール・カタログには、№２５１にLondres, Hyde Park（一八九六年）が、№４２５にLondres, entrée de Hyde Park（ロンドン、ハイド・パークの入口／一八九六年）が、それぞれ登録されているが、これらはいずれもBicyclistsと特定されるものではない。ヴェニスものとしては№２９１にArrivée en gondole（ゴンドラの到着）があるが、これを英訳するならArrival by gondolaとすべきところで、わざわざGliding（滑りゆく）と形容するところから考えると、別物と考えるほうが合理的だ。２のA church Parade of British Soldiersにいたっては、そもそもこれに類するタイトルを見出すことができない。アニマトスコープ興行で挙げられた作品題名を、リュミエール・カタログ所載の類似タイトルと同一のものと認めるには、まだ距離がありすぎるのだ。少なくとも、クックが一八九七年五月二二日に禮査飯店で行ったアニマトスコープ興行で、この広告に掲げられた作品名からは、リュミエール社のフィルムはごく一部しか該当作品を見出すことができないのが実情だ。

一方、エジソン社のフィルムと照合してみると、多少合致するものが見出せそうだ。

前掲の『世界映画全史』でジョルジュ・サドゥールは、トマス・アーマットから権利を買い取ったヴァイタスコープを、一八九六年の四月に初めて公開する際、次のプログラムを掲げたという。

荒波／日傘のダンス／理髪店／滑稽なボクシング／モンロー主義／あるボクシングの試合／ゴンドラの見えるヴェネツィア／閲兵するヴィルヘルム二世／スカートダンス（アナベル）／バタフライダンス（アナベル）／酒場／自由キューバ

この中、「荒波」は「ドーバーの荒波」として知られるもので、ロバート・ウィリアム・ポールのフィルムであり、「ゴンドラの見えるヴェネツィア」は、リュミエールフィルムの複製ではないかと推定している。また、「スカートダンス」は、「蛇のダンス」であるとする。[52]

以上の照合からは、クックの興行フィルムは、確定はできないが、リュミエール社の複製を含みつつ、エジソン社のヴァイタスコープ系に近い印象を与えるものといえよう。

(3) シャルベの興行演目の実態

そこで次に、『Hong Kong Cinema』が明らかにしたシャルベによる天津での興行の放映作品を見てみよう。これは、クックのアニマトスコープとはだいぶ出入りがあり、フィルムの来源の違いを示すものだ。そこに掲げられる作品は、以下のものだった（図像17参照）。

1. The Arrival of the Czar in Paris ／ 2. Loie Fuller's Serpentine Dance ／ 3. Street Scene in Madrid ／ 4. Spanish Dancers ／ 5. Passing of Cavalry ／ 6. Moorish

Dance!／7. Hypnotic：Scene in "Trilby"／8. La Bourrée, a Peasant's Dance／9. Soudanese at the Champs de Mars／10. Indian Short Stick Dance／11. Fencing bet：Pini & Kirschoffer／12. The Czar going to Versailles／13. Boxing Bet："Corbett and Mitchell"／14. A Donkey in Difficulty／15. Lynching Scene in Far West／16. Little Jake and the Big Dutch Girl[53]

この広告は、天津Lyceum Theatre（ライシアム劇場）での興行の際のもので、ここでは明らかに「Cinematograph」と、リュミエール社の動く写真の名称を掲げて一六本の題名を明示している。この一六本のフィルムを、先のクックのアニマトスコープの場合と同じくカタログと照合してみると、シネマトグラフを標榜するにも拘わらず、ここでもリュミエール社の初期フィルムリストとは合致しないものがほとんどだ。こうした不一致、ないしは興行フィルムの素性の不確かさが、クックやシャルベの興行実態を確認する上で大きな障碍となり、その探究を迷宮入りさせるもととなってきた。現に、羅卡（Law Kar）とフランク・ブレン自身も、『Hong Kong Cinema』の中で合理的な解答を見出しかねている格好だ。当時の英字華字新聞双方を丹念に調査し、興行広告自体については詳細な補遺を進めた山本律も、放映作品自体の特定に踏み込めずにいる。[55]シネマトグラフを謳いながら、リュミエールのカタログに存在しないフィルムを興行していたということをどう説明すべきなのか、大いに戸惑わざるを得ない。

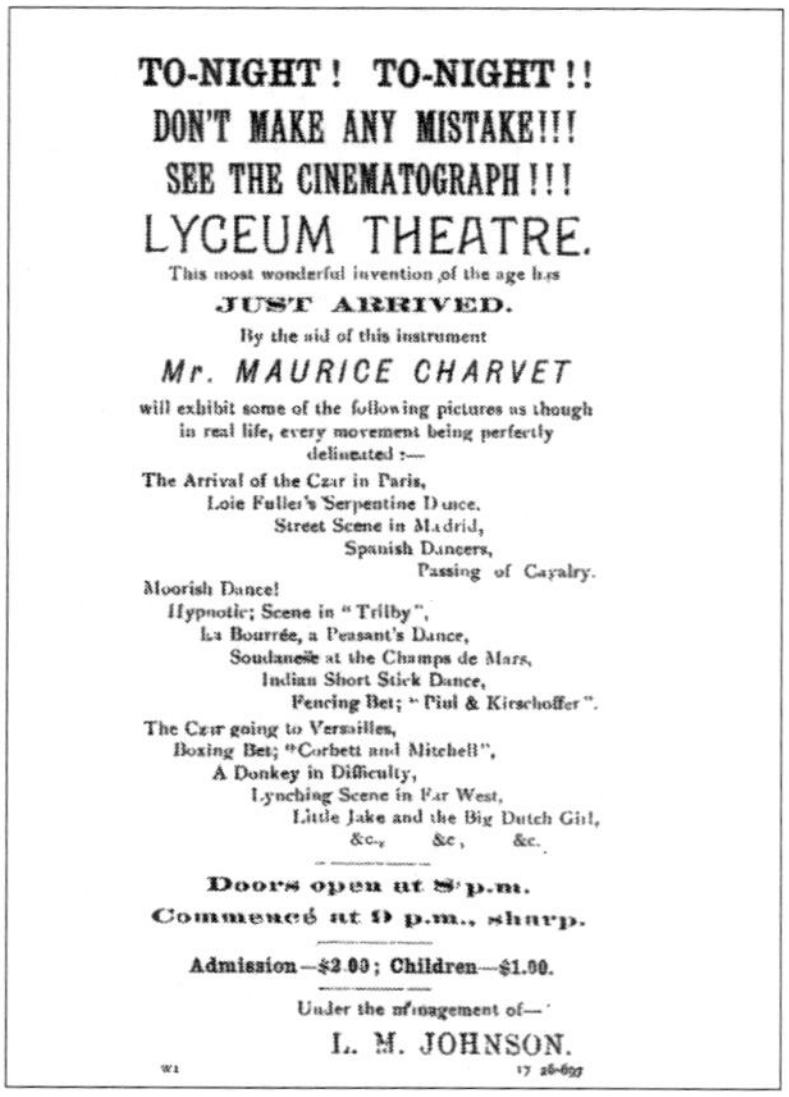
TO-NIGHT! TO-NIGHT!!
DON'T MAKE ANY MISTAKE!!!
SEE THE CINEMATOGRAPH!!!
LYCEUM THEATRE.
This most wonderful invention of the age has
JUST ARRIVED.
By the aid of this instrument
Mr. MAURICE CHARVET
will exhibit some of the following pictures as though in real life, every movement being perfectly delineated:—
The Arrival of the Czar in Paris,
Loie Fuller's Serpentine Dance,
Street Scene in Madrid,
Spanish Dancers,
Passing of Cavalry.
Moorish Dance!
Hypnotic; Scene in "Trilby",
La Bourrée, a Peasant's Dance,
Soudanese at the Champs de Mars,
Indian Short Stick Dance,
Fencing Bet; "Piul & Kirschoffer".
The Czar going to Versailles,
Boxing Bet; "Corbett and Mitchell",
A Donkey in Difficulty,
Lynching Scene in Far West,
Little Jake and the Big Dutch Girl,
&c., &c., &c.
Doors open at 8 p.m.
Commence at 9 p.m., sharp.
Admission—$2.00; Children—$1.00.
Under the management of—
L. M. JOHNSON.
図像17　シャルベたちの興行広告（1897年6月26日 Peking & Tientsin Times）[54]

リュミエール・カタログに採録されていなければ、動く写真でないかといえば、それは一面的にすぎよう。すでにクックの興行フィルムが、エジソン系との近縁性を感じさせるものを含んでいた例もある。また、すでに見たように「リュミエール兄弟の大成功は……結果としてあらゆる種類の映写機に関する数多くの特許をもたらした」[56]のであるから、リュミエール以外にも照合確認の範囲を広げなければなるまい。一八九六～九七年当時、フィルム撮影では圧倒的にリュミエール社が先行し、素材の広さや写真の絵柄の取り方などで優位性を誇っていたとしても、その他の後発各社も、それぞれフィルムを撮影していた。そこで、パテ社、ゴーモン社[57]、そしてエジソン社[58]のフィルム・リストにまで範囲を広げて照合してみることにする。

まずこの放映フィルムの第一番目に挙がるThe Arrival of the Czar in Paris（ロシア皇帝のパリ到着）だ。リュミエール社のカタログには、このタイトルのフィルムは存在せず、類似のものとして№163にParis, les souverains russes et le Président de la République Félix Faure aux Champs-Elysées（パリ、シャンゼリゼのロシア皇帝と共和国大統領）があるのみで、"arrival"とは一致しない。そこで、パテ社、ゴーモン社のリストを探ると、パテ社のリストに"Arrivée du Tzar à Paris"（一八九六）を見出すことができる。

当時は著作権意識が皆無で、他社が撮影したプロットや情景を、何ら顧慮することなく平然と剽窃することがまかり通っていた。その事情を、前出の『世界映画全史』では、次のように記す。

「リュミエールの作品は、一八九六年から一八九七年に掛けて、最も当たった映画であった。そのためこれらの映画は世界中のあらゆる国ではばかるところなく剽窃された。……〈中略〉……例えば、一八九七年におけるパテ社の最も注目すべきフィルムというのはジョルジュ・ブリュネル氏によると次のようであった。……〈中略〉……〝ツァーリのパリ到着〟〝マダガスカルの婦人〟〝仕事中の煉瓦職人〟…[59]〈後略〉」

フィルム・リストからも判明することだが、このThe Arrival of the Czar in Paris（ツァーリのパリ到着）と題するフィルムは、実はパテ社が撮影したフィルムであり、リュミエール社撮影のものではなかったのだ。カタログにあるとおり、リュミエール社もロシア皇帝のパリでの行状を撮影して記録に残してはいるが、それはシャンゼリゼでのもので、パリ到着のその瞬間の場面は残してはいなかった。それを撮影したのが、類似の企画、撮影であっても「はばかるところなく剽窃」したパテ社だった。しかも、それはパテ社撮影のフィルムの中で「注目すべきフィルム」と評価され歴史に残る逸品となった。ところが、それが「シネマトグラフ」の名の下に放映興行されている。もっともこれは、そもそもパテ社自身がすでに「エネクトグラフ・パテ」というややこしい名称を放棄して「シネマトグラフ」を謳っていたのだから、シャルベたちの非を問うことはできないかも知れない[60]。

こうして、リュミエール社のカタログに拘らず、シャルベたちの興行演目を一つひとつ点検照合してみると、№2のLoie Fuller's Serpentine Dance(ロイ・フラーの蛇踊り)も、ゴーモン社の撮影したフィルムであることがリストから判明する。当時のフィルム撮影にとって、"Serpentine Dance"（蛇踊りというよりも、演者がターンしながら、長く緩やかな衣裳の中に通した棒を上下に揺動させることで衣裳を波打たせ、これと演者のターンを合わせて蛇が蜷局《とぐろ》を捲く様子を表現する舞踊）は恰好の映像素材だったようで、リュミエールもエジソンも各社で撮影されている。ただ、エジソン社はアナベル（Annabelle）の踊りを残しているだけであり、リュミエール社ではクックのアニマトスコープのところで見たとおり、演者を示さず"Danse serpentine"とだけ名付けたフィルムが登録されているのみだ。当時の著名舞踊家ロイ・フラー（モダン・バレエの始祖とも目される）を撮影したのはゴーモン社だけ（ゴーモン社はその後一八九七年にもアリス・ギイがマダム・ボブ・ウォルターの"Serpentine dance"を残している）で、いずれも同工異曲ではあるが、踊り手の相違から撮影会社を特定する手がかりが得られる。

　シャルベの興行フィルムの中、リュミエール製と推定されるのは、３のStreet Scene in Madrid（マドリッドの街中情景）だ。リュミエール・カタログの№２６０にある"Puerta del Sol"は、マドリッド市内の最も中心を占める「プエルタ・デル・ソル」広場（スペイン国道の起点となる）のことだろうから、これを固有名詞の地名としてではなく「マドリッドの街中情景」と訳しても、甚だしく遠いものとはいえないはずだ。さらには、パテ社もゴーモン社も、そしてエジソン社もマドリッドの撮影記録は残していない点から、この推定は高い確率を持つといえよう。また、９のSoudanese at the Champs de Marsは、リュミエール・カタログの番外篇にLes soudanais au Champ-de-Mars（「三月露営」のスーダン人）が収録されていると認める向き[61]もあるので、リュミエール社製の範囲に入れておくこととする。

　この他、14のA Donkey in Difficulty（驢馬の難渋）は、リュミエール・カタログ№３６７のLe Caire, sortie du pont de Kasr-el-Nil〈ânes〉（カイロ、カスル＝エル＝ニル橋の出口〈ロバ〉）を想起させ、リュミエール製と見ることが可能だ。この他、５のPassing of Cavalry（騎馬兵の行進）は、リュミエール社カタログに数多く掲載される騎馬兵もののひとつと推測できるが、数が多くその中の一つに絞り込むことは不可能だ。４のSpanish Dancers（スペイン・ダンサー）は、リュミエール・カタログに同種のものが収載されてはいるが、それは一九〇〇年撮影のものなので該当するとはいえない。

　一方、以上のフランス勢に並んで、アメリカエジソン製のフィルムにも該当するものを見出すことができる。たとえば、16のLittle Jake and the Big Dutch Girl（うすのろ小男とオランダ大女）は、一八九六年六月後期にWilliam Heiseにより撮影されたエジソン社製フィルムで、「ドタバタダンスが、コミカルな小男と、はち切れそうに小さなダンス衣装を身につけた非常に大柄なオランダ少女によって踊られる」[62]と一八九八年のカタログで解説されているものだ。この他、7の Hypnotic：Scene in "Trilby"（催眠術：フェルトハットのシーン）は、エジソン社の撮影作品で、カタログ上は"Trilby Hypnotic Scene"（一八九五年五月中旬製）とされるものと同一と見なせる。フィルムのカットと繋ぎにより不思議な変転を演じてみせる、映画初期にしばしば使われたトリックもののひとつだ。

10の Indian Short Stick Dance も、「印度人」＝ヨーロッパ人による撮影と思い込むことからなかなか特定に繋がらないが、頭を切り換えてエジソン社のカタログを探索すると、"Short Stick Dance"というフィルムに行き当たる。これは、一八九五年の William Heise の撮影によるもので、一九〇〇年三月のエジソン社のカタログでは「インド独特のネイティブダンス。非常に風変わりで興味深い。見慣れぬ衣装と動き。[63]」と紹介しているもので、おそらくこれに相当するだろう。また、15の Lynching Scene in Far West（米国極西部地方の私刑情景）は、同じくエジソン社の A Frontier Scene / Lynching Scene（一八九五年九月後期製）と、ほぼ一致すると考えてよいだろう。

以上を総合すると、シャルベが放映興行した一六本のフィルムの中、一〇本は出自をある程度特定できる動く写真であることが分かる。その来源としては、リュミエール製（と思しきものを含む）が四本、パテ社製が一本、ゴーモン社製が一本、そしてエジソン社製が四本となり、これ以外の六本は目下のところ特定するにいたらない。

こうしたフィルムの来源の不統一さ、不純さが物語ることは、すでに『Hong Kong Cinema』が疑いを容れているとおり、シャルベとクックが、リュミエール社からすれば非公認で、いわば「もぐり」の興行師であり、別の言い方をすれば、あちこちのフィルムをかき集めて映写を行う「独立」興行師であったということに他ならない。そして、このことから、この天津や上海で行われたシャルベたちの動く写真＝活動影戯の興行は、リュミエール社のシネマトグラフ・リュミエール映写機を使用していなかったことが判明する。なぜならば、リュミエール社は、その映写機を転売、譲渡することを禁じており、リュミエール社の正規の代理人や認証を受けた興行師以外に、その映写機を使うことはできなかったからだ。ただし、フィルムは、すでにリュミエール社の最初期のフィルムカタログに「これらのフィルムは、当社式パーフォレーションによるものでも、アメリカ式パーフォレーションによるものでも受取れます[64]」というとおり共用できたのであり、リュミエール社であれ、エジソン社であれ、使い回しができたという点は忘れてはならない。

⑷　未熟な上映技倆

各社の撮影したフィルムを一〇数本寄せ集め、遥か極東の地まで巡回興行に訪れたシャルベとクックだが、その映写技師としての技倆も、寄せ集めフィルムと同様に間に合わせの速成であったらしく、上映の手際は必ずしも十分とはいえなかった模様だ。

先にも引用した『世界映画全史』で、サドゥールは次のように記している。

「良質な装置は、高価で、しかも脆弱なものであった。それらのうちで巡回興行師たちが代価を払う気になるような唯一のものがシネマトグラフ・リュミエールであったが、しかしリュミエールはその販売を禁じていたのである。最初の巡回興行は概して、安価だが質の悪い、調整の不完全な装置に仕方なく頼っていた。装置はすぐに調子が狂い、観衆やこの新奇な機械による富を期待していた人々に嫌気を起こさせた。映画の人気は、その最初の成功からわずか一年にして、著しく衰退してしまうことになる。[65]」

『Hong Kong Cinema』が究明するところによれば、シャルベの興行は、映写機の調整不足により香港での初回の興行がキャンセルとなり、翌日に順延せざるを得なかったという。当初は一八九七年四月二七日に初回試演を行う予定だったが、「繊細で複雑な機械的構成が、精巧な装置の最も近代的な電気器具と組み合わさり、完璧なる調整と操作を必要とするため、モーリス・シャルベ教授は、その開幕を一日延期すると決定した[66]」として、翌二八日に初回興行が延期されていたのだ。

またシャルベとクックが行った七月の天津興行に対する事後評にもそれは如実に表れていた。山本律が発掘した『Peking & Tientsin Times』の興行観後記では、クックのアニマトスコープとシャルベのシネマトグラフとでは、「評価は真逆のもの[67]」というが、それは映写装置の良し悪しにも原因があったと読み取るべきだろう。

クックの興行が好評だったのに対し、シャルベとジョンソンの興行の方は、特に「この出し物の大きな欠点は、スクリーン上の画像の焦点を合わせることが困難だった点だ。何度も遅延が起こり辟易させられた[68]」と評されており、ここからは、映写装置の出来具合の悪さとともに操作の不慣れさをも読み取ることができよう。

ジョルジュ・サドゥールが述べるとおり、最も良質な装置はリュミエール社製のものだったが、これは正規代理人か認証を受けた興行師以外は使用不可能であった。その結果、「髭の生えた女などの見世物のマネージャーだった興行師たちが、二、三週間で有能な機械技師になるはずもないこともあってそれだけ早く調子が狂ってしまうような」[69]映写装置を駆使して行われる放映が普通だった。クックとシャルベもその例に漏れず、それほど卓越した技術を持ち合わせていたとは考えにくく、そういう開発途上にあった映写装置の中のひとつであるアニマトスコープとシャルベ版「シネマトグラフ」を駆使して、上海初の映画放映興行はなし遂げられたのだった。

いかに稚拙な放映技術であれ、またフィルムの来源も統一性がない不確かな寄せ集め放映興行ではあっても、一八九七年五月二二日の禮査《リチャード》飯店（Astor House hotel）でのアニマトスコープ興行を皮切りに、上海における動く写真＝活動影戯の放映がようやく始まったのだ。

第四節　中国人観客への興行

(1)　天華茶園での興行

以上に見たところから、上海への映画伝来は、資料として確認できる限りでは、一八九七年五月のことと見るのが妥当だと分かった。それは、モーリス・シャルベとハリー・クックが香港経由でもたらしたフィルムで、上海禮査飯店の従業員であったルイス・ジョンソンがシャルベのマネージメントを行って、上海のみならず天津、北京へも出向いて巡回放映した一環であったことも明らかになった。この点を前提とした上で、次に一八九七年における上海での映画伝来の全容を確認していこう。

まずは、『中国電影発展史』でも認定する、一八九七年の夏以降の放映情況を見ておくことにする。『中国電影発展史』では、一八九七年の動く写真＝活動影戯の放映について、次のとおり記述する。

「一八九七年七月、アメリカの映画放映事業者のジョンソンが上海を訪れ、次々と天華茶園、奇園、同慶茶園等で映画放映を行った。天華茶園での初回放映の際には、連続一〇日余り興行が行われ、切符は〝一等席五角、二等席四角、三等席二角、四等席一角〟の高さにいたった。天華茶園は、掲載した広告の中でこう記した。〝この影戯は、純粋に機械のみにて運用し、躍動すること生きるがごとし。かつ演目は数多く、山北の千変万化の景観の如く観るものは応接の暇なき趣き。〟〝演目は数多く〟を説明するため、広告の中でさらにフィルムの番組内容を列挙した。[70]」

ここで『中国電影発展史』が部分的に引用する広告は、全文以下のとおりのものだ（図像18、19参照）。

「天華茶園　米国新着機械式電光影戯をご覧あれ
米国より新着の百年来未曾有の珍奇なる影戯、純粋に機械のみにて運用し、躍動すること生きるがごとし。かつ演目は数多く、山北の千変万化の景観の如く観るものは応接の暇なき趣き。第一作はロシア皇帝仏国の都パリ到着の図／第二作はロイ・フラーの蛇踊り／第三作はマドリード街景の図／第四作はスペイン踊りの図／第五作は騎馬隊パレードの図／第六作はムーア人の踊りの図／第七作は催眠術、トリルビー(帽子)の場面／第八作はブーレ、農民踊りの図／第九作は仏国パリの練兵場での訓練の図／第一〇作はインド人棍棒踊りの図／第一一作はフェンシング賭試合の図／第一二作はロシア皇帝ベルサイユ宮殿へ向かう図／第一三作は拳闘賭試合の図／第一四作は難渋するロバの図／第一五作は極西部でのリンチの図／第一六作はオランダ大女の滑稽の図／以上の影戯、いずれも随時変幻自在にして予測もつかぬもの。上海初のお目見えにして天華茶園にて本月二八日晩より五日間必ず上演。定価一等席五角、二等席三角、三等席二角、四等席一角。　米国ジョンソン謹啓[71]」

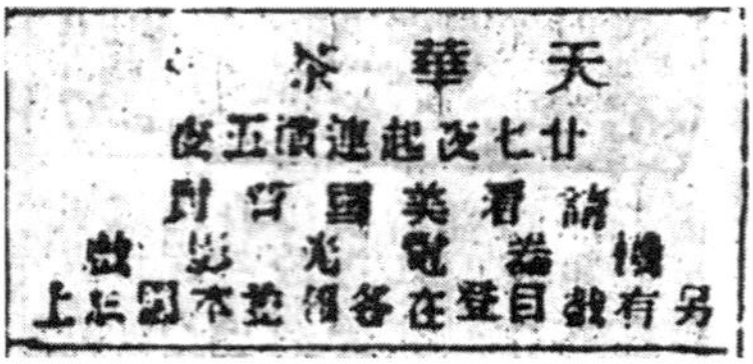

天華茶

廿七夜起連演五夜

請看美國新到

機器電光影戲

另有戲目登在各報本園告白

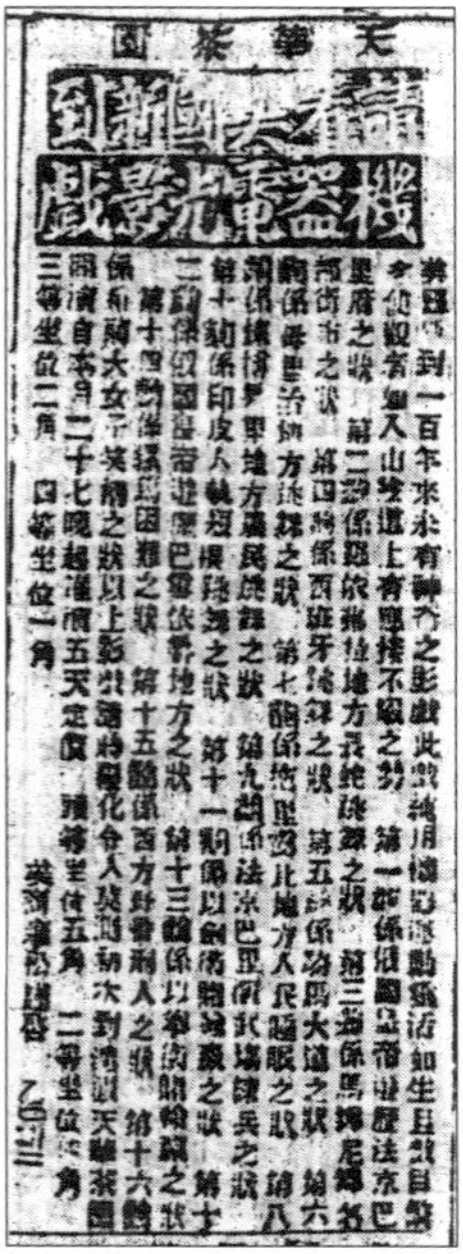

天華茶園

機器電光影戲

（上）図像18　『申報』1897年7月26日の広告　（左）図像19　『申報』1897年7月26日の演目広告

アメリカ製「機器電光影戯」を謳う興行だが、ここで紹介される一六本のフィルムは、前節⑶項で見たシャルベの天津興行とほとんど一致する。どうやら、モーリス・シャルベが持参したフィルムは、あまり数に余裕がなかったようで、天津での興行の際に掲げられた一六本（図像17参照）と、この天華茶園の興行で掲げられたものでは、わずかに第九作「仏国パリの練兵場での訓練の図」が差し替えられているだけだ（天津興行の際は「〝三月露営〟のスーダン人」）。この第九作が差し替えられた以外、その他はタイトルから表示する順番まで完全に一致しており、これ以外に繰り出す手持ちがなかったのかと疑われる。

したがって、宣伝に謳う「美國新到機器電光影戲」は、放映フィルムが必ずしもアメリカ製とは限らず羊頭狗肉ではあるが、シャルベは確かにアメリカ経由で上海に到ったことに間違いなく、その点では虚偽宣伝ともいいかねる。ただし、『中国電影発展史』が記述するとおりではなく、ジョンソンはすでに上海でホテル従業員だったことを我々はすでに承知している。

この広告では、興行師は「米国ジョンソン（雍松）」と記しているが、ジェイ・レイダは、これをジェームス・リカルトン（James Ricalton）がエジソン社のフィルムを持ち込んで行った興行と推定する。この所説を、前掲『中華民國電影史』も踏襲して、中国で最初に映画撮影を行った人物としてリカルトンを位置付けてしまっている。また、近年にいたってもなおこの推定を無批判に踏襲して、中国での映画放映事業がその当初からエジソン社製フィルムに左右されたとの謬論まで現れている。[72] この興行は、すでに見たとおり、シャルベとジョンソンによるもので、何回か中国の地を踏んだリカルトンではあるが、この年には上海はおろか中国に来ていない。[73] この一事からしても、リカルトンが一八九七年に中国で映画の放映と撮影を行ったとの説が成り立たないことは明らかだ。

ところで、一八九六～九七年当時の映画放映では、大体十数本を三〇分程度の時間をかけて放映するのが通例となっていた。その事情を『世界映画全史』でジョルジュ・サドゥールは、こう記している。

「一八九五年末になるとリュミエールは、長さ一七メートルのフィルムを一〇〇本ほどストックすることができた。フィルム一本の上映時間は映写の速度が遅いために約一分間ほどで、フィルムを装填するのに必要な短い幕間を加えると、フィルム一〇本の上映はおよそ三〇分ほどの時間になった。[74]」

また、こうも伝える。

「リュミエール兄弟は、光のチラつきを軽減しようと長い間努力していた。彼らはシャッター円板の形を変えてみたり、半透明の素材を使い扇子の骨組のように透かし細工をするなどしていた。それでも何の解決ももたらさなかった。この根本的な欠陥のため、当時の上映会は三〇分を超えることは稀だったし、しかも光のチラつきによって観客の眼が疲れるため、上映会を一〇回ほどの幕間で中断しなければならなかった。[75]」

シャルベたちの興行も、一六本もあればおそらく四〇～五〇分の時間をかけて放映したものと思われる。この興行時間の長さは、後述するとおり後に他の興行演目と抱き合わせで行う上では、好都合でもあったはずだ。

(2) 天華茶園興行と張園興行演目

前節ですでに見たとおり、ここで『中国電影発展史』が記述する天華茶園よりも前に、禮査飯店（Astor House Hotel）で、そして張園（緒論第三節(1)項参照／第二章で改めて詳しく取り上げる）でもすでに動く写真＝活動影戯の興行が行われていた。しかし、その際の興行主体はハリー・クックのアニマトスコープだった。しかも、その対象とする観客は、上海在住西洋人とごく一部の中国人であり、禮査飯店と張園の限られた場所[76]での、いわばデモンストレーション的興行だった。

　禮査飯店での興行のプログラムについては、部分的ながら英字新聞から演目の一斑が窺えたが、直後の張園での興行については、華字新聞にも広告が掲載されているため、中国側からも証言を得ることができる。それは、当時の芸能・娯楽情報を伝える『新聞報』に掲載された広告で、以下の内容だった。

> 五月三〇日日曜日（陰暦大清光緒廿三年四月卅日）
> 「活小照　新規到着〝愛泥毎太司谷浦〟は以前リチャード飯店にて上演されたもので、今観客多数により五月初五日〈陽暦六月四日〉に日を選び、張園安塏地〈Arcadiaアルカディア〉大広間にて上演。お一人洋銀一元。ここにお知らせまで。[77]」

　ここで広告する〝愛泥毎太司谷浦〟とは、上述のハリー・クックがもたらしたアニマトスコープ（Animatoscope）の音訳に他ならず[78]、この広告からも六月四日[79]から何回か張園で上演されたものが、アニマトスコープであることが分かる。その後、広告文面は多少の変更を加えながら、六月二日（旧暦五月初三[80]）、三日（同初四）、四日（同初五／興行当日）、そして八日（同初九）、九日（同初十）に再度掲載され、さらに六月一三日（同五月一四）、一四（同一五）まで続く。

　ここでは内容はほぼ同じながら、最後の興行主体者名称が〝愛尾美大師谷浦〟となり、この読みと解釈を巡り一部で頭を悩ます元となっているが[81]、これもやはりアニマトスコープ（Animatoscope）の音訳に違いない。

　張園での興行がハリー・クックのアニマトスコープであることを確認した上で、次にその放映演目の検証と読解に進もう。

　その興行演目を伝えるのは、興行が行われるやいち早く中国人観客（とはいえ芸能関係者）により記された観後記だ。同じく『新聞報』に掲載された「味蒓園觀影戲記上」と「味蒓園觀影戲記下　續前稿[82]」がそれだ。それぞれ同紙一八九七年六月一一日と同一三日に分載されたものだが、この記事には見落とすことのできない重要な情報が数多く含まれ、中国初期映画放映事情を究明する上で貴重な第一次史料といえる。前掲の黄徳泉も張新民も、山本律もそれぞれに取り上げ翻刻までするが、いずれも十分その情報を読み取れていない。それは、ここに縷々叙述される放映フィルムの内容を読み解いた上で、これと初期映画史上の各作品とを照合し関連づける視点を欠いているからだ。
この観後記で筆者は、張園へ電光活動影戯を見に行き、友人三人と馬車で張園に到り、切符を各自一枚ずつ手に入れたのが、ちょうど夜九時だったことを記した後、しばらくして始まった「機器電光影戯」につき、延々と、次々繰り出されるフィルムをいちいち紹介してゆく。

この記事には、放映された二〇本がすべて描写されており、それぞれ紹介、要約されるフィルムの内容を禮査飯店放映のアニマトグラフと照合対照するか、もしくはシャルベのシネマトグラフと対照検証することで、この時の放映実態が一層明らかになる。

以下に、その二〇本についての記述を具体的に見てみよう。

大清光緒二十三年五月十二日　西歷一千八百九十七年六月十一號　禮拜五　第一千五百四十四號

新聞報

三公司告白

漱芳書屋集印

名畫問世

味蒓園觀影戲記上

図像20　『新聞報』所載「味蒓園觀影戲記上」の巻頭部分

「1. 街中の情景。歩行者騎馬者、籠を下げ荷を負う者が行き交い人出が多く賑わう様子。

2. 西洋軍隊練兵の情景。一隊が立ち、魚が連なるごとく整列後片膝を折り弾薬装填し射撃する様子。

3. 鉄道。下では線路を敷き、上には軌道の保護柵。駅員が旗を持ち線路を窺う。左からすぐさま汽車が入り男女幼児が次々下車。顔を合わせて帽子を取る者ドアを閉めるもの。

4. 食事の席に賓客着座、一女性が酒を注ぎ、机の下に犬がおとなしくたたずむ。
5．街路樹に囲まれた大通り、車馬が行き交う。馬が一頭二頭三頭さらに馬車が行く。馬車の屋根には荷物の箱や籠など。
6．雨の情景。子供が水辺で戯れ、風雨が烈しくなり手を空にかざして雨を受け踊る様子、ことばでいい表せぬほど。
7．海岸。大波が襲いしぶきが空に舞う。まるで遠い海に身を置くがごとく驚き戦く。
8．室内。壁に電話、横向きに腰掛けた女性がベルを聞き立ち上がり電話に出て応答する。
9．酒場。通りがかりの男が酒屋で酒を買うと赤毛が相手をして酌み交わす。突然婦人が入店し傘で酒飲み男を叩く。男は頭を抱えて隠れる。思うに所謂カカア天下の類か。
10．自転車。意のままに風を受け走るさま。
休憩
11．小船が波を蹴散らし接岸停泊。乗客が先を争い上陸、男女老少の別なくいい表せぬ様子。
12．街路。軒を張り出す低い家屋。扉には閂《かんぬき》がかかっている。前を通りすぎるものは、顔を寄せ合い指さす。ひとりの子供が扉の呼び鈴の紐を引く。女性が応えて扉を開けると子供は逃げ失せる。再び呼び鈴を引き扉が開くと子供は逃げる。別の子供が来るが、前の子より小さく、手を挙げても紐に届かない。大人が抱きかかえ紐を引かせてやる。女性が洗濯棒を握って扉を開けると子供は逃げだし、大人が一撃を喰う。
13．西洋兵士の隊列行進。軍服軍刀姿の兵士が次々隊形を換え、捉えようがない。
14．奇術。西洋人が中国芝居の道化の出で立ちで丸い襟を折りたたんで帽子とする。手際よくどれも巧みでないものはない。
15．騎馬隊が大砲を引く。鼓笛が先導するが、上海義勇軍の練兵を上回るほどではない。
16．虹のように架かる橋。下を船が通過し、櫓を漕ぐ音の中さざ波が広がり詩意に満ちる。
17．再び奇術。西洋女白布を衣裳とし長い裾を手に執り旋回して舞い踊る。そのさま大鶴が翼を広げるがごとく孔雀が扇を開くがごとく。素早さに眼が追いつかぬほど。
18．走る馬。四頭立て騎乗馬と行き交い衝突。雪道に残る蹄の跡に結末が偲ばれる。類似のものなし。
19．兵員船。移動の様子で兵は慌ただしい。武器を持つもの器材を負うもの、慌ただしく動き回り隊列をなさぬ。
20．手品。ひとりが先ず登場し椅子を回転、さらに敷布を裏表反転させる様子。お下げ髪の少女を呼び入れ、椅子に腰掛けさせ頭を敷布で覆う。手でひと押さえすると消え失せ何もなくなる。再び呪文をかけ敷布を椅子の上に掛け、それをめくると先ほどの少女が元の姿でそこに座っている。」[83]

以上の二〇本を見ると、街路情景（1、5等）や練兵風景（2、13、15等）、トリックもの（20）など、初期映画史上に残る作品がいくつも想起されるが、そのすべてを完全に特定することは難しい。唯一、17がserpentine dance（蛇踊り）のことを表現していそうなことが推定できる。ただしそれ以外の内容紹介も、この興行実態をかなりの確度で推定する役に立ちそうだ。

まず、先に見た禮査飯店でのクックのアニマトグラフ興行広告と比べてみると、この二〇本の中では、わずかに7の海岸情景（The Waves breaking on the beach）と10の自転車（Bicyclists in Hyde Park）、そして17の蛇踊り（Serpentine Dancing）くらいしか一致するものを見出せない。それでは、もう一方のシャルベのシネマトグラフ興行の演目と照合してみるとどうだろう。天津興行時の演目と天華茶園での興行時に掲げられた演目はほとんど一致するにもかかわらず、この張園での興行演目とは、逆にほとんど一致するものを見出せない。唯一蛇踊り（Serpentine Dancing）だけが重なりそうだが、これはクックもすでに取り揃えていたフィルムであり、シャルベのロイ・フラーと特定されるものとは別ものと考えるべきだ。また、強いて内容から類似性を推定すれば、シャルベの3. Street Scene in Madrid と 7. Hypnotic : Scene in "Trilby"が、張園興行の1の街路情景、14の帽子を使った手品に類似性を感じさせなくもないが、確定するにはいたらない。帽子の手品は、蛇踊り同様に各社それぞれで撮影されており、これだけでは確定根拠とはなりにくいからだ。

シャルベのフィルムと照合して三本しか近縁性がないならば、この張園での興行は、やはりクックのアニマトスコープ系の興行だったと考える根拠のひとつになり得るだろう。クックは、最低でもこの観後記に記された二〇本は取り揃えており、禮査飯店での興行はまさに"and many other wonders"であり、ほんの一部分を映示したにすぎないと考えられるからだ。

六月四日を皮切りに、八日、九日、一〇日と少し間をおいて行われた張園での興行は、その興行広告でアニマトスコープを謳っていた点と、実際に放映されたフィルムの照合から推定して、クックがもたらしたアニマトスコープによるものと考えられる。つまり、同じく中国人向けの興行とはいえ、天華茶園で興行されたシャルベの「シネマトグラフ」とは異なり、いわば別系統のフィルムだったことになる。

(3) 上海娯楽街への進出

これに対し、天華茶園でのシャルベとジョンソンの協働による「シネマトグラフ」興行は、中国国内では、天津がいわば初舞台だった。天津興行を終えた後、北京に向かったクックと別れ[84]、七月九日に上海に戻ったシャルベたちは、まずは当時の芝居小屋であった天華茶園（福州路広西路口／図像21参照）で興行を開始した。これはいわば上海「ご当地初顔見せ」

図像 21　天華茶園跡地附近現況

図像 22　同慶茶園跡地附近現況[85]

興行であり、クックが主導した五月の興行と異なるのは、アニマトスコープとは異なるシネマトグラフによってフィルムが放映された点であり、なおかつ当時の繁華街・歓楽街にほど近い地点にロケーションを設定した点だ。すでに緒論第三節(1)項で触れたとおり、早くから形成された上海の娯楽・歓楽街は、一八八〇年代には宝善街から徐々に北側一五〇メートルほどに位置する四馬路（福州路）に移りつつあった。天華茶園は、宝善街から四〇〇メートルほど離れるが、まさに新興の四馬路（福州路）の西部に位置する広西路口にあった。つまり、西洋人客が集う禮査飯店や遥か西郊にある一種の清遊の地の張園ではなく、上海の娯楽・歓楽街のど真ん中で、他の芝居小屋や茶館等の娯楽業と伍して客を集めて興行することを企図したのだ。その意味では、禮査飯店や天津での興行よりも、中国人を対象としたショー・ビジネスとして、本格的に打って出た格好だ。

　この興行は、『申報』掲載の広告を追うと、七月から九月にかけ、天華茶園から奇園（南京路西端、現人民広場北端）を経て、さらに同慶茶園（北四川路虬江路口／図像22参照）まで一連の興行として続き、次のとおり行われていく。

天華茶園　七月二六日（旧暦六月廿七日）から八月一八日（同八月初一日）まで連続三四日間

奇園　八月一四日（同七月一七日）から九月一二日（同八月一六日）まで連続三〇日間（ただし九月三日のみ上映広告自体が掲載されていないが、連続興行と見ておく）

　この間、九月八日、一五日、一八日に上海Lyceum Theatre（ライシアム・シアター／現蘭心劇院の前身。場所は現在地とは異なり、公共租界北端の現虎丘路〈当時の名称は博物館路〉にあった）でシャルベとジョンソンにより「シネマトグラフ」興行

同慶茶園　一〇月四日（同九月初九日）から一〇月六日（同九月一一日）まで三日間（広告は一〇月三日から）

　天華茶園では、興行開始から一週間目の八月一日からは、客足増加のための梃入れだろうか、新たなフィルム増強を訴求し始める。あるいは、クックのフィルムを譲り受けたのかも知れない。または一度に一六本全部を総出しにせず、小出しの放映方式に転じた可能性もある。同日の『申報』掲載の広告では以下のとおり謳う。

「初四〈陽暦八月一日〉夜より連続六日、米国新着機械式電光影戯をご覧あれ／いままた電気学による泰西各国物語を増加、事実よりなお奇怪にして生き生きと動き出さんばかり」[87]

　さらにその二週間後の八月一四日からは、「中国文武大戯」（中国旧劇）上演と「法国文武要戯」（フランス軽業・奇術等）

の上演と三本立て抱き合わせの形で興行が行われる。おそらく、三週間の興行を経て、客足の衰えが見え始めたためか、あるいは数に限りがある手持ちのフィルムの放映では客を惹き付けられぬとの判断が働いたためか、そのどちらか一方というより両方の混合だったのではなかろうか。

広告では以下のとおり、時間帯も明示するようになる。

「陽暦八月一四日夜より連続七日間
七時開演　中国旧劇
九時開演　フランス軽業・奇術
一〇時開演　米国電光影戯[88]」

先に見た『新聞報』掲載の「味蒓園観影戯記上」には、午後九時に会場に入り、しばらくして開映、途中一〇分程の休憩を挟んで終演は一〇時四五分だったとの記載があるので、興行時間は八〇分から九〇分程度だったと推測される。これに対し、天華茶園の先の広告から窺える一六本では、いささか間が持たないのではないかと危惧されるところだ。一六本では、せいぜい延ばしても六〇分ほどしか持たないだろうからだ。八月一四日から「中国旧劇」「フランス軽業・奇術」との三本立て併演になり、美国電光影戯は一〇時開演となったが、当時の興行が概ね一一時に閉場していたことからすると、妥当な時間配当となったことになる。

現に、同じく『游戯報』八月一六日に掲載された「天華茶園観外洋戯法帰述所見[89]」と題する観後記では、フランス奇術の後に始まった美国影戯は一一時に終演とある。ただし、その間何本が放映されたのか正確には叙述していない。「美女跳舞形」「小児還走形」「老翁眠起形」「火車馬車之馳驟」等と記すだけなのだが、ここからは同じ天華茶園興行でもその当初の放映フィルムとでは、ずいぶん出入りがあることに気付く。それは、むしろ次の第五節で見る奇園での興行演目と重なり、近縁性を示すものだ。「美女跳舞形」は、ロイ・フラーの serpentine dance（蛇踊り）を指すとは考えにくく、明らかに「美女」と認識しうる女性の舞を意味するはずだ。

このように、上映フィルムの内容については心許ない「天華茶園観外洋戯法帰述所見」だが、ここにはこの時の放映興行方式の一斑が窺える記述があり興味深い。それは、一本上映するごとに西洋音楽の演奏が行われ、フィルムの内容を中国人が解説したというのだ。クックのアニマトスコープ興行でも、アルバート・リントン（Albert Linton）によるピアノ演奏が附帯したことが明らかにされているから[90]、上海での活動影戯興行は、フィルムだけの放映ではなく、当初から音楽付きで行われたことが分かる。

第五節　続く機器電光影戯興行

(1)　奇園での興行

さて、八月一四日からは奇園での興行も始まり、「美國機器電光影戲」は、同じ日に時間差をつけて二ヵ所で興行されることになった。[91]三本立てになったことで、時間に余裕が生まれた賜物といえるかも知れないが、あるいは人気の翳りに対する窮余の策かも知れない。

奇園というのは、南京路が現在の西藏中路と交叉する角の南西側（現人民広場北東角）にあった競馬場ホール（跑馬廳）内施設のようだが、屋内ホールなのか屋外広場なのか、その実態はよく分からない。

奇園では、やはり一ヵ月余の興行が行われたが、この興行に先んじて、同園は以下の広告を『申報』『新聞報』紙上に掲載した（図像23、24参照）。

「奇園　旧暦七月一七日〈陽暦八月一四日〉夜より五日間

米国新着機器電光影戯をご覧あれ

いままた泰西各国物語を増加、事実よりなお生き生きと手に取るようで摩訶不思議／毎夜何本か追加放映／英租界大通り〈南京路〉泥城橋競馬場内／八時開演一一時終演[92]」

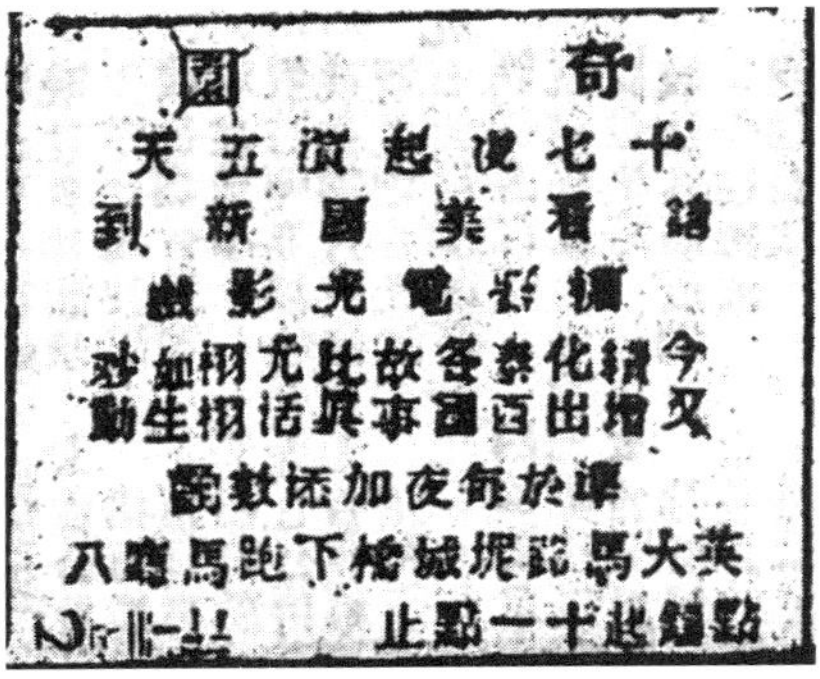

図像23　『申報』奇園興行広告（8月14日）

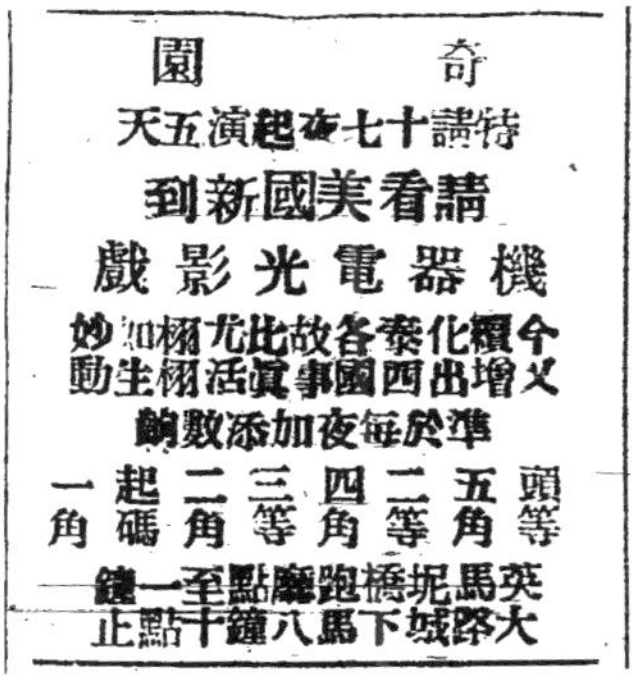

図像24　『新聞報』奇園興行広告（8月14日）

この興行は、広告に見えるとおり当初は五夜の予定だったが、それは延長され、七日目の八月二〇日には「廿三夜起演七天[93]（陽暦八月二〇日夜より七日間連続興行）」（図像25参照）と告知するに到る。さらに一週間後に五日間、さらにその五日後に一週間と、次々に延長が繰り返され、結局九月一二日（旧暦八月一六日）まで継続興行となった。そしてこの広告で示される興行方式、つまり「いままた泰西各国物語を増加、事実よりなお生き生きと手に取るようで摩訶不思議／毎夜何本か追加放映」という提示方式は、第四節(3)項

図像25 『申報』奇園興行広告（8月20日）

で見た天華茶園の八月一日以降の方式と瓜二つであることも見て取れる。このことは、奇園興行でも客足が確かに途絶えなかったことを物語るとともに、天華茶園での興行と奇園での興行の連続性、一貫性を示すものと見てよいだろう。あるいは、ようやく定まった興行の定式といえるかも知れない。

さて、こうして好評を博した奇園での興行に対しても、観後記が残されている。当時の芸能・娯楽情報紙『游戲報』に掲載された「觀美國影戲記[94]」（図像26参照）だ。ここにも、観覧したフィルムが一〇本紹介されているので、これを読み解いてみれば、興行の実態はかなり具体性を帯びて浮かび上がる。それは以下のとおりだ。

「1. 西洋女二人の踊り。赤毛を振り乱すさま素朴にて分かりやすい。
2. 西洋人の二人レスリング（またはボクシング）。
3. ロシア王女二人の舞。脇でひとりが伴奏。
4. 女性が一人沐浴。全裸。肌は凝脂。湯船から出ると布で身体を覆い秘所はまるで見えない。
5. 一人が明かりを消して就寝。虫に刺され掛け布団をはねのけ退治するさま、笑わせる。
6. 奇術。大布で女性を覆い、それを除けると女性の姿がない。再び布を掛けると女性がその中に現れる。
7. 最もおもしろく数多いのは自転車競争の外にない。一人が東から、もう一人が西から走り来て正面衝突。一人が先に倒れ、もう一人がこれを助け起こそうとしてともに倒れ込む。瞬く間に自転車群れ集まり皆ぶつかり倒れ込む。観客は拍手喝采で大喜び。あっという間に倒れた者はそれぞれの自転車で姿を消す。
8. 汽車が急速度で疾駆。部屋中まるで車輪の下にいるかのごとき喧しさ。あっという間に汽車は停車し乗客がどっと降りだす。前後左右にそれぞれ散りゆき、老若男女それぞれの姿。数千人を下らぬ見物が眼を向ける間もなく一瞬にして消える。
9. フランス練兵の図。演習場の広さ、兵員の多さ、隊列の整い、軍勢の厳粛さに圧倒される。
10. アメリカの街路。電灯が光り輝き、馬車の往来は行き交う龍のごとく。道の脇では、通行人が綾織りのごとく続く。観客は、ここにて引き込まれ、眉を驚かせ顔をほころばせぬ者はない。」

ここで紹介される一〇本のフィルムの情景をそれぞれ吟味すると、先の天華茶園での当初の興行演目よりも、前節(3)項で見た「天華茶園観外洋戯法帰述所見」が紹介する八月後半の演目同様、六月の張園での興行演目との同一性、近縁性を感じさせる。たとえば、6の奇術は、張園興行の20の女性を消す奇術とほぼ同一のフィルムと推定できる。8の列車の図も、張園興行の3の汽車の情景と同じものと見てよいだろう。もちろん、張園興行の演目の紹介が二〇本と多く、奇園での興行の紹介が一〇本分に限られるため、すべてを同調させ照合することを難しくしているが、それでも奇園での興行演目に張園演目らしきフィルムが混入していることは、見過ごしにできない重要な事実を示している。

さらに、「天華茶園観外洋戯法帰述所見」が紹介する天華茶園八月後半の演目では、「美女跳舞形」が挙げられているが、それとこの奇園興行の1と3とは、かなり近縁性がありそうに見える。同じく「火車馬車之馳驟」との記述も、奇園の8の汽車が駅に到着する場面や、10の街中で馬車が疾駆する情景を表したものと見ることも可能ではないか。

もともと天華茶園での興行は、シャルベとジョンソンによるもので、そのフィルムも「シネマトグラフ」を謳っていた。シャルベたちの興行では、先の天津興行と天華茶園興行で掲げられたフィルムはほとんど同一で、それ以外にはフィルム・ストックを持ち合わせてはいないようだった。それが、奇園興行では、天津興行でも天華茶園興行でも掛かることのなかったフィルムが放映されているのだ。八月一四日以降の演目を記した「天華茶園観外洋戯法帰述所見」でも、すでにして天華茶園当初の演目とは違いを見せ、張園興行の演目に近づいた様相を見せていた。今回の奇園興行でも、その演目には天華茶園興行の当初のフィルムとは系統を異にする張園興行

游戲報

觀美國影戲記

図像 26　『游戲報』掲載の「觀美國影戲記」

の演目、つまりクックのアニマトスコープを思わせるフィルムが入り込んでいるように見えるのだ。

このことは、八月中旬に先に上海を離れたクックが、これに先立ち機器とフィルムを譲渡したことを表していると考えられるかも知れない。第四節⑶項の注86で触れたとおり、クックはすでに八月三日付の『The North-China Daily News』でアニマトスコープの売却広告を出しており[95]、映写機器のみ譲渡してフィルムだけ持ち帰るとは考えにくいからだ。

しかし、前掲の『Hong Kong Cinema』が究明するところによれば、クックは、八月二一日以降に香港で二度目のアニマトスコープ興行を行っているので[96]、そのフィルムをすべて譲渡したとも考えにくい。あるいは、クックが上海を離れる際、シャルベとの間で、お互いにフィルムを交換するなど融通し合うようなことがあったのかも知れないと推理する以外にない。

以上の考察から明らかなとおり、シャルベとジョンソンによるシネマトグラフ興行は、初期と後期では演目に出入りがあったことは間違いないし、その追加されたフィルムは、クックが興行したアニマトスコープ系のフィルムである可能性が極めて高い。また、ジョンソンとともに中国人娯楽街にしっかり立脚して興行を成立させたシャルベが、その興行を長期間展開したことは揺るぎない事実であり、クックが二ヵ月ほどで切り上げて香港に移ってしまったことに比べると、中国人娯楽生活への浸透度、その広がりの面では、シャルベに軍配が上がる。中国人観客という角度からすれば、シャルベこそが上海に映画をもたらした興行師であり、上海映画伝来の最大の立役者として認められるべきだ。

⑵　一八九七年の機器電光影戯

九月一二日（旧暦八月一六日）までで奇園の電光影戯興行は終熄し、その後しばらく電光影戯興行の広告は華字新聞紙上から遠ざかる。その後半月ほどの沈黙を破って、同慶茶園が興行するとの告知が行われる。同慶茶園（図像22参照）は、共同租界の繁華街・歓楽街である福州路からは、四川路を一・二kmほど北上して蘇州河を渡り、さらに一・三kmほど北上したところにある旧式劇場だ。もともとのアメリカ租界は、現在の武進路までで、それより北側はもはや租界の外で宝山縣に属していた。旧アメリカ租界でも、海寧路界隈には広東人が多く居住して賑わいがあったはずだが、一八九七年当時は、まだ現在の四川北路も通じていなかった。そんな場所に位置する同慶茶園は、天華茶園や奇園に比べてずいぶん辺鄙な場所に当たるが、このことは美国機器電光影戯が、その比較的辺鄙な地域にまで広がったことを意味するのか、はたまたその辺でしか興行できないところまで落ちぶれてしまったことの表れなのか、判断はつきかねる。

いずれにせよ、この辺鄙な地までの距離の遠さが、当然の如く観覧料に反映されることになる。

　この同慶茶園での興行に際しては、以下のとおりの告知が行われ、この上海の娯楽街・繁華街から遠く離れた茶園で興行が催されることを宣言している（図像27参照）。

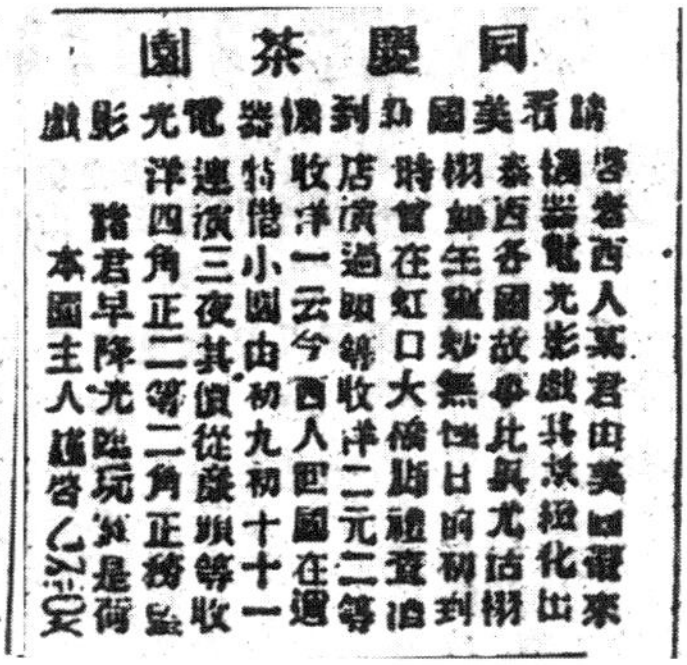
同慶茶園
請看美國新到機器電光影戲
啓者西人某君由美國攜來機器電光影戲其戲細化出泰西各國故事比真尤活栩栩如生靈妙無比日前初到時曾在虹口大橋禮查飯店演過頭等收洋二元二等收洋一元今西人回國在邇特借小園由初九初十十一連演三夜其價從廉頭等收洋四角二等二角正務祈諸君早降光臨玩賞是荷
本園主人謹啓

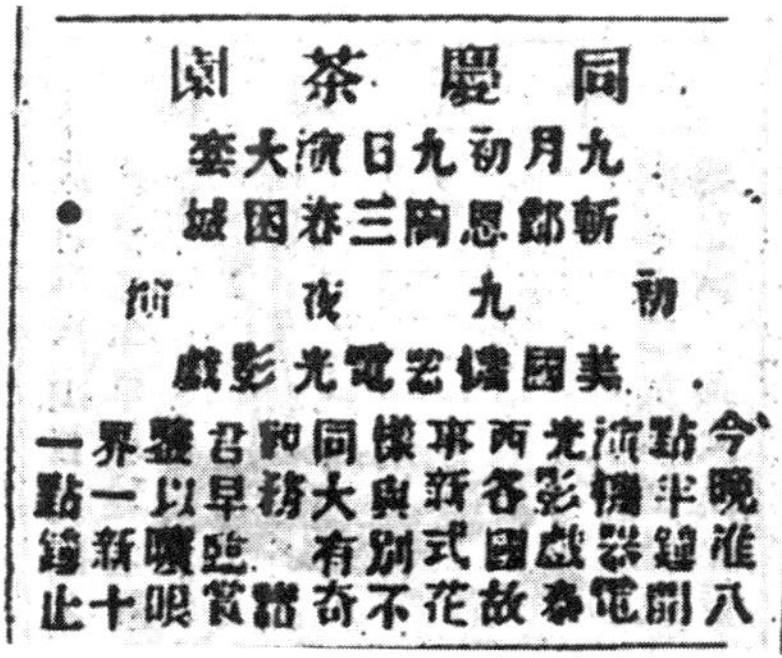
同慶茶園
九月初九日演大套
斬鄭恩陶三春困城
初九夜開
美國機器電光影戲
今晚準八點半鐘開演機器電光影戲泰西各國故事新式花樣與別不同大有奇仰務諸君早臨賞鑒以擴眼界一新十一點鐘止

（右）図像27　同慶茶園興行10月3日広告
（左）図像28　同慶茶園興行10月4日広告

「同慶茶園　米国製新着機械式電光影戯をご覧あれ
西洋人某氏が米国より携えたる機械式電光影戯は、その情景精緻にして泰西各国の話を伝えること、実体よりなお生き生きとし精妙なること限りなし。さきに到着当初、虹口大橋脇リチャード飯店（禮査飯店）にて放映の際は、一等二元二等一元を要した由。今、西洋人、帰国を間近に控え、特に本園に貸与され、（旧暦九月）九日（陽暦一〇月四日）より一〇日、一一日三夜連続放映と決す。価格は低廉にして一等四角、二等二角のみ。皆さまお早めにご来臨ご鑑賞くだされば幸いです。本園主人敬白[97]」

　さらに興行当日の一〇月四日には、上記広告に加えて、次の告知公告（図像28参照）を掲載して、念を押している。

「九月九日〈陽暦一〇月四日〉本芝居上演／鄭恩が切られて陶三春は包囲攻撃
九日夜　米国機器電光影戯上演／今晩八時半より機器電光影戯を上映。泰西各国物語、新奇な出し物、これまでとは異なり大いに珍しき景観。皆さま早めのお越しにてご見聞を広められますよう。一一時終演[98]」

　ここで、同慶茶園の興行広告に弁明されるとおり、すでに禮査飯店（Astor House Hotel）で興行が行われたことが下敷きとなっており、そこでの興行と今回の同慶茶園での興行が直結するような書きぶりだ。しかし、実態はすでに明らかにしてきたとおり、禮査飯店での興行はクックが主導し、その放映もアニマトスコープによるものだった。禮査飯店興行との関連は、本節(1)項の奇園での興行と同じく、先に上海を離れたクックがそのフィルムの一部をシャルベに譲渡したか互いに交換するなど融通し合って、シャルベはそのフィルムを取り込んで放映したため、禮査飯店での興行と同慶茶園でのこの興行が連なるという事情による以外にないはずだ。

広告にいうとおり、この同慶茶園での興行は、一〇月四日、五日、六日の三日間で閉幕しており、その後は『申報』や他の新聞にも、機器電光影戲の広告は掲載されなくなるので、おそらくこの同慶茶園興行で、この年の上海における機器電光影戲興行は幕を閉じたのだろう。まさに「今、西洋人、帰国を間近に控え、特に本園に貸与され」たわけだ。ただし、シャルベは、実際にはこのあとすぐに本国に帰国したのではなく、一〇月一六日から場所を香港に移し、ロイヤル・シアターで再度興行を行っているようだ。[99]

この年一八九七年の初夏から秋にかけて、上海娯楽街と上海人の余暇生活を多少なりとも賑わせた「美國機器電光影戲」興行は、これにて一旦終焉を告げたことを窺わせる。

以上の検証から、上海に映画が伝来したのは、従来定説化した一八九六年八月一一日の徐園での興行ではなく、翌年一八九七年五月二二日の禮査飯店（Astor House Hotel）以降、天華茶園、奇園、同慶茶園等と続けられた興行と考えなければならない。この興行を行ったのは、ハリー・ウェルビー・クックとモーリス・シャルベであり、シャルベの協力者であるルイス・ジョンソンだった。クックは、その後天津から北京に向かい、その地でもアニマトスコープ興行を行ったが、八月半ば以降上海を離れ、八月二一日から再び香港でアニマトスコープ興行を行った。一方、モーリス・シャルベは、七月以降上海でシネマトグラフ興行を続け、一〇月まで継続した。放映フィルムは、天津での興行と上海天華茶園で興行の際に掲げられた放映演目からみて、リュミエール社製、パテ社製、ゴーモン社製、そしてエジソン社製の各社撮影フィルムで、いわば仏米混淆の〝七拼八湊（かき集めの間に合わせ）〟というべきものだった。さらに、八月半ば以降には、シャルベはクックがアニマトスコープで放映したフィルムの一部も取り込み、興行を継続していった。

ただし、リュミエール社の認証を受けた代理人ではなく、リュミエール社で訓練を受けた映写技師でもなかったシャルべたちの興行は、数々の不手際や装置の不具合が出来したと推測されるが、それでも上海の観衆には十分な驚きをもたらし好奇心を満たすに十分なアトラクションだった。天華茶園と奇園での興行がそれぞれ一ヵ月以上に及んだことがその人気を物語るし、この興行である程度広がりのある受容が見られたことが、その後の上海での活動影戲興行盛行の下地を形成したといえるだろう。

この一八九七年の機器電光影戲興行こそ、上海における映画伝来の発祥と認証しなければならない。

【第一章注】

1 包括的な論著としては『中国早期滬外地区電影業的形成（一八九六〜一九四九）』（劉小磊著、中国電影出版社、二〇〇九）が挙げられ、また各地の市志、文化芸術志等に個別研究が見られる

2 中国映画史記述の試みは、早くは一九二〇年代初期から行われ、第一節（5）項「同時代の映画史言説」で言及するとおり、総括的なものもあり、同時代的観察による証言、記述に見るべきところもある。ただし、通史としての系統性、包括性は薄く、本格的通史として『中国電影発展史』の右に出るものではない

3 『中国電影発展史』では、この放映を中国最初の映画放映と見なし、『中華民國電影史』でも、後述のとおり8月11日から14日まで放映とする（同書六ページ）。その後の中国映画史の記述は、後述のとおりJay Leydaが多少留保の姿勢を見せる以外、ほとんど例外なくこの記載を踏襲し、現在にいたっている。二一世紀に入って中国映画史の再検証が進む中でも、この一八九六年説は依然として「大前提」の観さえ呈している

4 『申報』一八九六年八月一〇日月曜日

5 『中国電影発展史』八ページ

6 『中国電影発展史』六〜七ページ

7 一九八三年上海書店復印版

8 Jay Leyda, The MIT Press, 1972

9 『Dianying』p.xiii (Foreword)

10 『Dianying』p.1

11 杜雲之著、台湾行政院文化建設委員会発行、一九八八年

12 『中華民國電影史』第一章第二節「電影傳入中國」（同書上六ページ）

13 余慕雲著、次文化堂、一九九六

14 同書巻一「黙片時代」、五〜七ページ

15 『世界映画全史』（ジョルジュ・サドゥール著、村山匡一郎、出口丈人、小松弘訳、国書刊行会、一九九三）第二巻一三四ページ

16 『大君の都—幕末日本滞在記』（岩波文庫）上、九八ページ

17 孫福熙「赴法途中漫畫」（『新潮』第三巻第一号、一九二〇／復刻影印版第二冊、上海書店、一九八六）一四三〜一六八ページ

18 羅維明〈香港早期的電影軌迹〉もと第19届香港国際電影節特刊『早期香港中国影像』、一九九五年、二〇ページ。ここでは『早期香港電影史一八九七〜一九四五』（周承人・李以庄著、世紀出版集団上海人民出版社、二〇〇九・一二）一三ページの引用による。なお、『早期香港電影史』でも、わずか20日余で香港に到着することは不可能としている

19 Charles Musser の Edison Motion Pictures, 1890-1900---An Annotated Filmography (Smithsonian Institution Press, 1997) によれば、これらはいずれも James White のプロデュースにより Frederic Blechynden が撮影したものと究明される

20 いずれも『中国無聲電影』（中国電影資料館編、中国電影出版社、一九九六）所収の翻刻版による

21 『中国電影年鑑一九三四』〈影印本〉（中国広播電視出版社、二〇〇八）三二一〜三四六ページ

22 『中国無声電影』一三一三ページ

23 「題記」によれば、一九三五年二月七日から同年八月三一日

まで『金剛鑽』に連載されたという。『稀見上海史志資料叢書』（熊月之主編、上海世紀出版股份有限公司上海書店出版社、二〇一二）第二册、三二九ページ

24 『稀見上海史志資料叢書』第二册、三七七〜三七八ページ

25 たとえば日本における中国映画史研究者の一人、張新民は「上海の映画伝来とその興行状況について」（『中國學志』无妄号〈大阪市立大学中国学会〉二〇一〇所載）で、徐園の入場料の価格の違いから、新規上演ものかどうかの推定を行っているが、いずれにせよ確証を得るにはいたっていない

26 北京大学出版社、二〇〇五

27 北京大学出版社、二〇〇六

28 全一三巻。張会軍主編

29 中国電影出版社、二〇〇六

30 『電影芸術』二〇〇七年第三期（総第三一四期）所載、一〇二〜一〇九ページ。後に『中国早期電影史事考証』（中国電影出版社、二〇一二）として単刊

31 『申報』一八九六年六月二九日（旧暦五月一九日）月曜日

32 『申報』一八七五年三月二三日（旧暦二月一六日）火曜日第六面

33 緒論注53参照

34 緒論注56参照

35 『滬游雜記』は、光緒2〈一八七六〉年刊

36 前節（4）項注15の引用参照

37 同注36

38 日本への映画伝来は、『日本映画発達史』（田中純一郎著、中央公論社、一九七五、中公文庫版）「Ⅰ　活動写真時代」によれば、キネトスコープが一八九六年（明治二九年）一一月二五日から二九日まで神戸神港倶楽部にて初公開。シネマトグラフが、一八九七年二月一五日から大阪戎橋通り南地演舞場にて一週間公開されたのが初めとされる（同書二八〜三七ページ及び三八〜四七ページ）

39 Jay Leyda, Dianying, p.1

40 『世界映画全史』第二巻、「9 リュミエールの競争相手と慈善バザールでの大惨事」一四九ページ

41 『世界映画全史』第二巻、「9 リュミエールの競争相手と慈善バザールでの大惨事」一四九〜一五〇ページ

42 『世界映画全史』第二巻、「8 エディスンに対するリュミエールの勝利」一三九〜一四五ページ

43 Law Kar, Frank Bren, The Scarecrow Press, 2004

44 Hong Kong Cinema, pp.5-15

45 Hong Kong Cinema, pp.5-6

46 Animatoscope（アニマトスコープ）については不詳ながら、一八九六年頃アメリカの露天興行師ライマン・ハウが、エジソンのヴァイタスコープ興行権利譲渡を拒否され、このアニマトスコープを作成販売し、露天興行を長年にわたって繁盛させたとの記載が『世界映画全史』にある（同書第2巻「11 一八九六年から一八九七年にかけてのアメリカの先駆者たち」一七一ページ）

47 注8参照

48 山本律「中国における映画受容―その揺籃期について」（早

稲田大学演劇博物館グローバルCOE紀要『演劇映像学二〇〇九』第1集所載、二〇一〇)、「映画揺籃期の中国における映画上映」(同『演劇映像学二〇一一』第1集所載、二〇一二)

49 Hong Kong Cinema、p.16

50 「映画揺籃期の中国における映画上映」一七ページ及び三〇ページ

51 リュミエール社のカタログは、前掲『世界映画全史』第二巻巻末の「リュミエール社の最初のカタログ一八九六〜一八九七」及び『光の生誕 リュミエール!』(「映画伝来―シネマトグラフと明治の日本」展覧会解説カタログ、朝日新聞社、一九九五)附録の一九〇七年カタログリスト(小松弘訳)による

52 『世界映画全史』第二巻「7 エディスンとアーマット、もしくはカケスの羽根で身を飾る孔雀」一二四〜一二五ページ

53 Hong Kong Cinema、pp.13-14

54 Hong Kong Cinema、p.14

55 山本律は前掲の二論文で、Hong Kong Cinemaに依拠しつつ、英字華字各種新聞報道を校合して詳細に史料補遺を行っているが、このシャルベたちが興行したフィルムの来歴と実相については無関心であり、その矛盾点についても合理的な説明を得られずにいる

56 注40参照。

57 パテ社とゴーモン社のフィルム・リストは、The Internet Movie Database (IMDb: http://www.imdb.com) による

58 エジソン社のフィルム・リストは、チャールズ・マッサーの考証に基づく『Edison Motion Pictures, 1890-1900--An Annotated Filmography』(Charles Musser、Smithsonian Institution Press、1997)による

59 『世界映画全史』第二巻「13 一八九六年から一八九七年にかけての映画目録」一九六ページ

60 『世界映画全史』第二巻「11 一八九六年から一八九七年にかけてのアメリカの先駆者たち」に興味深い一節がある。「シカゴでは同じ一八九六年、手品師から写真技師になったウィリアム・シーリングが映画興行で身を立てようとしていた。彼が会った機械技師のアンドリュー・シュステックという人物は数週間前に謎のフランス人の訪問を受け、そのフランス人が所有していたシネマトグラフのコピーを極秘に作るようそそのかされた。」(同書、一七一ページ)こうしたコピーや、「不正」使用がそれほど稀有のことでなかったこと、そしてコピー品であれば、当然のごとく「シネマトグラフ」を名乗っただろうこと、そしてそれをもたらしたのがフランス人だということ。これらが、シャルベのシネマトグラフといくぶん重なるところがありそうに思えてくる

61 Les Gens du Cinéma (The movie people) という映画研究サイト (http://www.lesgensducinema.com/entree.php) におけるリュミエール・カタログでは、その初期の№1000までのフィルムリストを〝Catalogue des mille premiers films Lumière (初期リュミエール社一〇〇〇本カタログ)〟とした上で、これに加えて〝Films Lumière non signalés dans les catalogues (リュミエール社未収録カタログ)〟として一九五本を掲げている。これをとりあえず番外篇と呼んでおく

62　Edison Motion Pictures, 1890-1900---An Annotated Filmography、p.217
63　Edison Motion Pictures, 1890-1900---An Annotated Filmography、p.183
64　『世界映画全史』第二巻巻末「リュミエール社の最初のカタログ一八九六～一八九七」、同書二九ページ
65　『世界映画全史』第二巻、「9 リュミエールの競争相手と慈善バザールの大惨事」一五ページ
66　『Hong Kong Cinema』、p.7
原出典は、The Hongkong Telegraph、一八九七年四月二七日
67　山本律「映画揺籃期の中国における映画上映」一九ページ
68　山本律「映画揺籃期の中国における映画上映」二〇ページ。原出典は、Peking & Tientsin Times、一八九七年七月三日
69　『世界映画全史』第二巻「9 リュミエールの競争相手と慈善バザールの大惨事」一五〇～一五一ページ
70　『中国電影発展史』八ページ
71　『申報』一八九七年七月二六日（旧暦六月廿七日）月曜日
72　カリフォルニア州立大サンマルコス校の蕭志偉と尹鴻は、米中の貿易取引額等の推移等から中国でのハリウッド映画の影響、受容を考察する「一八九七～一九五〇年、好莱塢在中国」（楊遠嬰主編『中国電影専業史研究・電影文化巻』第14章）を著しているが、その前提としての「歴史回顧」でこの誤りを犯している。同書五〇九ページ
73　Jay Leyda前掲書、二ページ。その根拠として、レイダは、当時国立エジソン歴史館（Edison National Historic Site 現Thomas Edison National Historic Park）のキュレーターであったNorman R. Speidentの認定に依存している（同書注、四七三ページ）。レイダは、リカルトンが映画放映すると同時に撮影も行い、エジソン社のカタログに残る以下の13篇の断片フィルム撮影もリカルトンと見なす
1. Shanghai Police (1898)　2. Shanghai Street Scene (1898)　3. Chinese Procession (1898)　4.Canton River Scene (1898)　5.Canton Steamboat Landing Chinese Passengers (1898)　6. Landing Wharf at Canton (1898)　7. Parade of Chinese (1898)　8. Street Scene in Hong Kong (1898)　9. Sikh Artillery, Hong Kong (1898)　10. Hong Kong Regiment (1898)　11. Government House at Hong Kong (1898)　12. Hong Kong Wharf Scene (1898)　13. River Scene at Macao (1898)
　チャールズ・マッサー『Edison Motion Pictures, 1890-1900: An Annotated Filmography』(Smithsonian Institution Press, 1997）の考証によれば、現在これらのフィルムは、リカルトンによるものではなく、James Whiteのプロデュースにより Frederic Blechyndenが撮影したものと究明されている。また、7の"Parade of Chinese"は、そもそも中国における情景ではなく、サンフランシスコでの撮影とされている（同書のフィルモグラフィ№４８７）
　また、リカルトンの日記とその撮影記録の考証を行うChristopher J. Lucas ed. James Ricalton's Photographs

of China During The Boxer Rebellion (The Edwin Mellen Press, 1990) によれば、リカルトンが中国を訪れたのは、エジソンの委託を受けて竹を求めてセイロン、インド、ビルマ、マレー半島、中国、日本を旅した一八八八年と義和団事件に遭遇してこれを撮影する機会を得た一九〇〇年との二回のみで、いずれも時期的に符合しない

74　『世界映画全史』第2巻、「5　パリを制覇したルイ・リュミエール」八三ページ

75　『世界映画全史』第二巻、「9　リュミエールの競争相手と慈善バザールの大惨事」一五〇ページ

76　張園での興行は、中国人向けとはいえ、以下の広告にあるとおり、一人一元という大変高額な入場料を徴収しており、一部の富裕層しか観覧できなかったと推定できる

77　『新聞報』一八九七年五月三〇日

78　黄徳泉「電影初到上海考」は、この〝愛泥毎太司谷浦〟を〝animation copy〟の音訳と憶測する(同論文一〇六ページ)が、これはAnimatoscopeが念頭にないための誤読といわねばならない

79　この張園での興行については、上海在住の開明人士孫寶瑄も日記に観覧の模様を記しており、六月四日に行われたことは間違いない。『忘山盧日記』(『續修四庫全書』〈上海古籍出版社、一九九五年〉第五七九冊)四七〇～四七一ページ

80　『新聞報』一八九七年六月二日。その後の三日以降の広告文は、日付を修正するのみで主文は同じ

81　張新民「上海の映画伝来とその興行状況について」は、この〝愛尾美大師谷浦〟が読み取れず、雍松(Johnson)の天華茶園興行とどう関わるのかで混乱を来している。同論文一〇ページ

82　上海図書館縮微膠巻№0016

83　「味蒓園觀影戲記上」(『新聞報』一八九七年六月一一日)

84　『Hong Kong Cinema』によれば、クックは北京で七月一日に英国公使主催のディナー・パーティーでアニマトスコープのデモンストレーションを行ったという。同書一七ページ

85　いずれも二〇一二年一一月筆者撮影

86　「映画揺籃期の中国における映画上映」の中で、山本律は、八月一四日まででクックの上海での消息が途絶えており、また一八九七年八月三日付『The North- China Daily News』においてクックが映写機を売りに出していることを挙げて、この頃すでに帰国したのではないかと推測している(同論文二七ページ)。ただし、第5節(1)項の奇園での興行の演目を検討する中で再度言及したとおり、クックは、その後八月二一日から香港で第二次興行を行っている

87　『申報』一八九七年八月一日日曜日

88　『申報』一八九七年八月一四日土曜日

89　『游戲報』丁酉年七月一九日、一八九七年八月一六日第54号。上海図書館蔵縮微膠巻

90　『Hong Kong Cinema』一二ページ及び二七ページの注32による

91　『中国電影発展史』では、天華茶園での興行は「一〇日余連続した」(同書八ページ)とし、その後のJay Leyda Dianyingも杜雲之『中華民國電影史』もこれに追随して、いずれも一〇

日間の興行とする。しかし、本文に記したとおり、『申報』の上映広告で見る限り相当長期興行であることが分かる

92 『申報』一八九七年八月一四日

93 『申報』一八九七年八月二〇日

94 『遊戯報』丁酉年八月初九日、一八九七年西暦九月五號　禮拜日　第74號。上海図書館蔵縮微膠巻

95 注86参照

96 Hong Kong Cinema、pp.18-19

97 『申報』一八九七年一〇月三日（旧暦九月初八日）

98 『申報』一八九七年一〇月四日月曜日（旧暦九月初九日）

99 『Hong Kong Cinema』、一八ページ

第二章　夜花園の活動影戯

第一節　一八九八年の電光活動影戯

(1)　春節興行

初めて上海に映画が伝来した一八九七年の翌年一八九八年に入って、真っ先に活動影戯興行を掛けたのは、前年わずかに三日間のみで興行が終わった同慶茶園だった。[1] それは、次の広告によって示されたレコード伴奏付きの「電光影戯」興行で、二月一八日から二一日までの四日間の予定だったが、実は単独興行ではなかった。

「同慶茶園　アメリカ新到来超級科学者の精密機種二種
蓄音機　電光影戯
本園は、大金を惜しみなく投じアメリカ科学蓄音機器と電光影戯数百種を招来。生き物のごとく動き、これまで耳にしたことも目にしたこともない、これぞ実に天下一品の奇観。その音声は格別高らかに響き渡り、実際に人が唄うのと区別なし。その画像は、ことのほか大きく実際に人が踊るのと異ならず。これを聞けば、あらゆる音声が響き北方歌曲も昆曲も重奏の趣、これを見れば、彩り鮮やかにして美男美女次々現れる。これは、舶来の新製品にして中国初登場のもの。以前上海にて興行したる影が揺れ動き眼が眩む物とは天と地ほどの大きな差。見聞広めたき方はお早めのご来場を。二七日〈陽暦二月一七日〉夜は禮査飯店にて公演。二八日〈同一八日〉夜に同慶茶園にて開演。二九日〈同一九日〉夜再び禮査飯店、三〇日〈同二〇日〉夜と二月一日〈同二月二一日〉夜も引き続き同慶茶園にて開園。ここにお知らせまで。[2]」

これを整理すると、二月一七日と一九日の二日間は禮査飯店（Astor House Hotel）、二月一八日と二〇日、二一日の

三日間が同慶茶園での興行だったことになる。この広告は二月二一日（旧暦二月初一日）まで同文のまま掲載されるが、計五日間を禮査飯店と分け合い、交互に興行していたのだ。放映フィルムの具体的内容は不詳ながら、前年のクックのアニマトスコープ興行とシャルベのシネマトグラフ興行では、伴奏者がいて曲を同時演奏していた様子が窺えたが、今回は「留聲機器」、即ち蓄音機による伴奏付きに代わったことが分かる。興行惹句だとしても、以前上海ですでに映写興行したものとは「大有大淵之別（天と地ほどの大きな差）」と豪語するほど性能向上が見られたのかと、驚かされる。

ところで、この興行では、禮査飯店との交互上演だという点に眼が惹かれる。前年の一八九七年に初めて上海で活動影戯が興行された場所が、この外国人向け老舗ホテルだった。その際は、先ず外国人向けに、いわばデモンストレーション的に興行を行い、その上でハリー・クックは天津、北京へと興行の範囲を広げ、もう一方のモーリス・シャルベは、そこのホテルマンだったジョンソンと組んで、上海の娯楽・歓楽街の中心地へと成長してきた福州路で中国人向けの興行を展開していった。その意味では、禮査飯店はアンテナショップ的機能を果たしていたはずで、その特別な位置を占めるはずのホテルと、いわば遥か街外れの同慶茶園とが、対等で交互に上演しあえる立場だったのか、と疑わざるを得ない。

そこで、前年の一八九七年も同じような径路を辿った香港との関連を見ることにする。前掲の『Hong Kong Cinema』に眼を向けてみると、英字紙掲載の興行広告を追跡した結果、次の事例が拾えるとの記述が見える。

「その後アニマトスコープは、一八九八年一月二三日に香港を再訪したが、この時はアーセナルストリート五番、クイーンズロード東において、Naftaly ブラザーズの所有権の下で興行を行った。[3]」

ただし、これがハリー・クックによるものなのか、その興行師の名前は今回の興行広告には明示されていないという[4]。時期的にいえば、香港で一月二三日に（およびその後しばらく）興行した上で、翌月二月一八日から上海で興行することは十分可能であり、また前年の場合と同様、アニマトスコープをもたらした西洋人が宿泊する先として、禮査飯店は一九世紀末の当時としては至極順当な選択肢でもあるため、ここで活動影戯の興行を行うことも大いに整合性を感じさせる。

この興行広告から見るかぎり、当時世界的に普及していた露天興行方式を踏まえたもので、蓄音機で音楽を奏で、これとともにフィルムを放映する形を採ったようだ。

前掲の『世界映画全史』では、イギリスでの映画興行の台頭を叙述する中で、以下のとおり記している。

「ロンドンは、エディスン社のキネトスコープの模造品を製造する中心だった。これらの装置の露天興行における展示は、スクリーンへの映写が一般化する以前にある程度広がっていた。スクリーンへの映写が普及すると、露天興行師たちには二つの比較的優れた装置を買う可能性があった。アニマトグラフ・ポールとレンチ映写機である。一八九七年になると、ロイヤル・バイオスコープ・アーバンがフランク・マガイアとジョージフ・ボーカスの二人によって市販された。……〈中略〉……(J・D)ウォーカーと(E・G)ターナーの二人は、一八九五年からノース・アメリカン・エンターテインメント社の後援の下に、キネトスコープと蓄音機を上演して歩いた露天興行師だった。一八九六年七月に、二人はエディスン社の映画を上映し始め、続いてリュミエール社の映画も上映した。二人の巡業は村々にまで及んだ。[5]」

上海や香港に到来した興行師たちの実像は、なお不明な部分を多く残すが、こうした世界的な範囲での露天興行師を念頭に置くことで、その巡回興行師としての姿が朧気ながら見えてきそうだ。前年一八九七年のクックによるアニマトスコープ興行も、シャルベによるシネマトグラフ興行も、そのフィルムの来源は不純一で異なる出自のものを混載していたが、こうした巡回露天興行師の一種と見れば、それはごく当然の興行形態なのだと納得がいく。こうした露天興行師にとっては、各社のフィルムを複製することや、複数社のフィルムを取り混ぜることは、むしろ当たり前のことだったのだろう。

香港での興行との時間的接近を考慮に入れるなら、今回の同慶茶園と禮査飯店における交互興行は、前年一八九七年興行の際と類似した足取りを示しており、再訪したアニマトスコープかと推定したくなるところだ。興行自体は、しかし実に短期間で五日間のみで、これ以降は動静を見ることができない。

(2) 納涼興行

次に、上海の新聞広告に活動影戯が姿を現すのは、七月に入ってからだ。それは、一八九六年に「西洋影戯」を興行していた徐園においてだった。半年前の二月の同慶茶園、禮査飯店の興行とは異なり、花園での興行であり、しかも今度は「西洋影戯」ではなく、「留生電光戯」を標榜するものだった。[6]夏の納涼興行の演目の一つとして、各種演目を取り混ぜる形で活動影戯放映が行われたわけだ。初日七月三日の広告は、以下のとおり告知する(図像29参照)。

「徐園　五月一五日(陽暦七月三日)晩八時より　米国製新着　生を伝える電光戯　声を伝える唱戯器(蓄音機)三

夜必ず上演　特に歩瀛散人を招聘／中国西洋の奇術魔法を併演／お一人四角[7]」

この夏の露天興行では、春先の同慶茶園と同じく、蓄音機と併せて上演される形のようで、「留聲唱戲器」を掲げているものの、その点での訴求はあまり強く行われていない。これに対し、この興行では、フィルムは当初から十分用意していたようで、三夜連続興行の後、即座に続けて次のように告知して継続させている（図像30参照）。

「徐園　米国製新着活動電光影戯一六〇本。毎夜一六本上映。その内容は、輝きの後に現われ真に迫るもの。夏の夜に静かに眺めるも格別。本園はすでに三日間上映するもお余興は尽きず、このため、さらに引続き上映を決定。園遊して目を楽しませんとされる方は、まずもってお楽しみいただきたく。夜八時九時より歩瀛散人による中外の奇術魔法上演。一〇時より影戯上映。一八日廿一日は、これに加えて仕掛け花火も打ち上げ。お代はお一人四角。[8]」

この年の映画放映では、前掲『中国電影発展史』によると『趣報』という上演娯楽紹介新聞の陰暦五月二〇日（陽暦では七月七日）付に「徐園紀游叙」という鑑賞記が掲載されているという。[9] 残念ながら、この『趣報』という新聞自体は、現在どの図書館や研究施設でも蔵書を確認できず、原資料を検証することができない。ただし、近代報刊研究等[10]によれば、この「小報（芸能や巷間の事情、話題等を伝える）」が確かに実在したことに疑問の余地はなく、なおかつ、これだけ具体的で詳細なフィルム紹介が、『中国電影発展史』編纂の際に捏造や偽造されたとは考えにくいため、その記述を信頼できるものとして参照することとする。

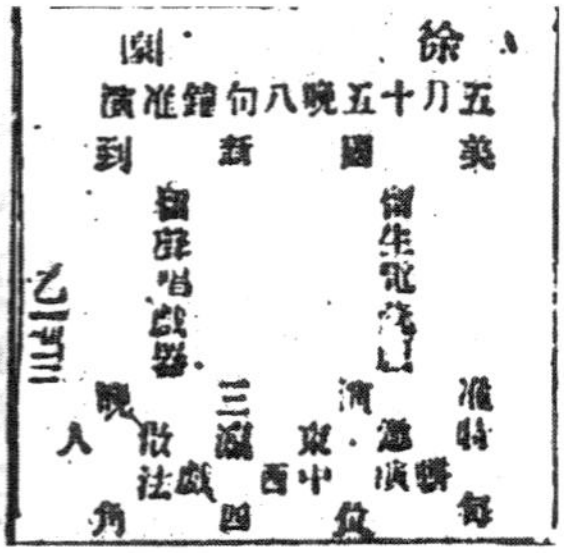
徐園
五月十五晩八句鐘准演

図像29　『申報』1898年7月3日広告

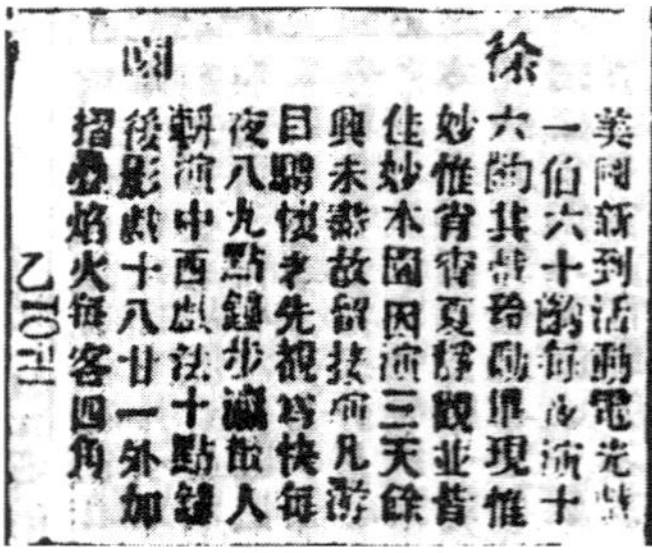
徐園

図像30　『申報』1898年7月6日広告

これによると、上映作品は、以下のものだった。

「1 厩の火事　2 自転車　3 容器をひっくり返す　4 酒屋で一杯　5 広い通りで疾駆　6 教会で礼拝　7 隣とキス　8 春の宮殿　9 地面に転がる　10 馬場で練馬　11 池で水遊び　12 鉄を打ち工具を叩く　13 棒をもって跳躍　14 ブランコ遊び」

前記広告の「毎夜一六本」には届かないが、実際に放映されたものが一四本だったのか、あるいはこの観後記の筆者が省略したものか、実情は不明ながら、この日の放映の様子は概ね了解できるものだ。この「徐園紀游叙」では題名が中国語訳となっているが、それは興行の際にすでに中国語訳が用意されて示されたものか、と推測される。前年の天華茶園で興行に対して記された「天華茶園観外洋戲法帰述所見」（第一章第四節(3)項参照）でも、上映前に解説者が説明した上で、一本放映されるごとに西洋音楽が演奏されたことが述べられていたので、今回も各フィルムごとに解説するか、スライドか何かで挿入して題名が附加されたと推測されるからだ。この中国語訳題名を手がかりに、ここでも各社のカタログ、リストを検索してみると、エジソン社の初期の作品群の中から該当するフィルムを見出すことができる。たとえば、1の「厩の火事（馬房失火）」は、エジソン・カンパニーのリストに残るThe burning stable[11]（一八九六年一〇・三一撮影／図像31参照）が、まさに馬小屋の火事のシーンを写したもので、おそらくこれに該当するだろう。以下、おおむね次のとおり推定できる。[12]

2「自転車（足踏行車）」 Parade of Bicyclists at Brooklyn, New York （一八九六・六・二七製）

4「酒屋で一杯（酒家沽飲）」 A Bar Room Scene （一八九四・五製）

6「教会礼拝（瞻禮教会）」 Grace Church, New York （一八九七・四・四製）

11「池の水遊び（水池浴戲）」 Swimming School （一八九六・八初旬製）

12「鉄を打ち工具を叩く」（造鐵撃車） Blacksmithing Scene （一八九三・三・五製）

13「棒を持って空中跳躍（執棍騰空）」 Caicedo with pole （一八九四・七・二五製）

14「ブランコ芸当（鞦韆弄戲）」 Fancy Club Swinger （一八九四・一二初旬製）

12の「鉄を打ち工具を叩く（造鐵撃車）」は、映画初期の有名なフィルムのひとつで、三人の鍛冶職人が炉から出た工具風の塊を叩くシーンを捉えたBlacksmithing Scene（図像32参照）とみて間違いなかろう。13の「執棍騰空（棒を持って空中跳躍）」は、綱渡りの名人カイセドが、長い棒を両手で支え綱の上でその弾力を利用して跳躍したり、空中転回してみせたりする様子を捉えたフィルムCaicedo with pole(図像33参照）を指すのだろう。中国語訳の題名ではCaicedoの人名が省かれているが、これは放映の当初から省かれていたのか、人名にあまり重要な情報が含まれるとは判断されな

図像 31　The burning stable

図像 32　Blacksmithing Scene

かったためだろうか。

　一四本中八本がエジソン社製と特定できることから、この夏の徐園での活動影戯興行は、アニマトスコープや、アメリカ系映写機による、主としてエジソン社系フィルムを上映したものであることが確認できる。

　ところで、この興行で、注目しておきたいことは、「歩瀛散人軿演中西戯法（歩瀛散人による中西奇術併演）」と「一八廿一外加摺疊焰火（一八日と二一日には仕掛花火を追加）」だ。活動影戯は毎夜一六本を謳っているので、第一章でも見たとおり、この時代のフィルムの長さ（50フィート〈＝17メートル〉）を勘案すると、せいぜい延ばしても六〇分ほどの番組にしかならない。

図像 33　Caicedo with pole[13]

　しかも、一八九八〜九九年当時の映写機は、一八九六年当時より多少改良されたとはいえ、目がチラついて長時間の連続鑑賞は難しかった。そこで、奇術の演目を加えることで、バリエーションを与えるとともに、興行時間を引き延ばす方策を採ったのだろう。しかも、庭園内の露天、ないしは亭《あずまや》など吹き抜け空間での興行を活かして花火をアトラクションとして加えているのだ。活動影戯は、こうしたアトラクションと一体となって興行を成り立たせていたことが窺える。だが、これは奇しくも世界の初期映画上映の興行方法と、ほぼ合致するものとなった。

　ジョルジュ・サドゥールが記すとおり、フランスではリュミエールの映画公開からしばらくは固定映画館が営業を維持したが、アメリカでもイギリスでも、露天巡回興行師以外ではミュージック・ホールや演芸場でボードヴィルなどと併演されるのが慣例だった。[14] 活動影戯放映の合間に、あるいは接続する演目として手品や奇術、軽劇などを上演させ、場を持たせ演目に彩りを添える興行方式は、決して中国だけのやり方ではなかったのだ。

そして、このアトラクションとしての興行方式は、その後の上海における活動影戯上映方式の雛型となり定式化してゆく。

⑶ 茶園から花園へ

徐園での今回の興行は、その後以下のとおり断続的に継続され、秋も深まる頃まで続いていった。

七月三日―同五日　〝美國新到留生電光戯〟
七月六日―同一一日　〝美國新到活動電光戯〟
八月二一日―同二三日　〝活動影戯佐以洋琴英樂響〟
八月二五日―同二八日　〝美國影戯〟〝英法影片〟
八月三一日・九月二日　〝新到美國影戯〟
九月一六日―同一八日　〝英法影戯〟〝中西戯法〟
九月二〇日―同二四日　〝英法行動影戯〟〝中西戯法〟
九月二六日　〝英法行動影戯〟〝中西戯法〟
九月二八日・同三〇日　〝英法行動影戯〟
一一月一六日―同一九日　〝法國活動影戯〟
一一月二一日・同二三日　〝法國活動影戯〟〝逢雨停演〟（図像34参照）
一一月二三日―同二八日　〝法國影戯〟〝外加海上一二名花集豔圖〟〝逢雨停演〟

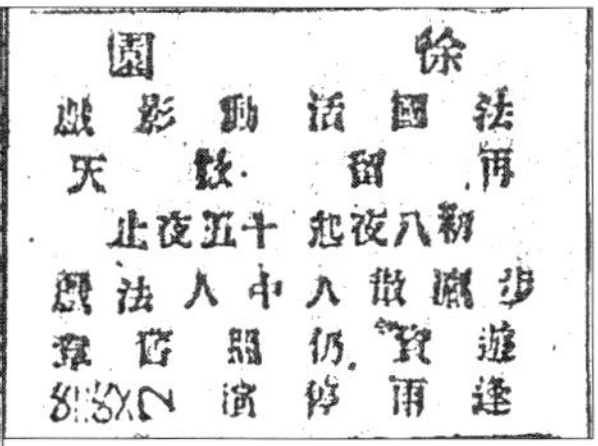

図像34　徐園11月21日広告

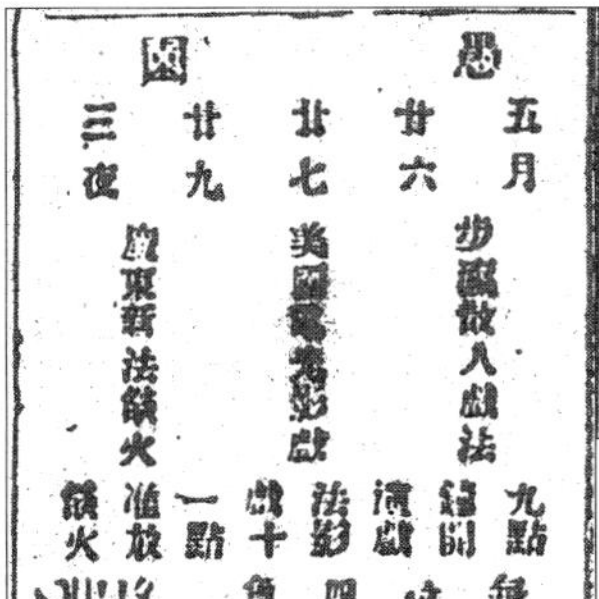

図像35　愚園7月12日広告

この中、七月一一日以降、八月二一日まで一ヵ月以上の空白があるが、この間にもう一つの花園である愚園で以下の興行が行われており、一つの興行師（主体）が時間を分けていくつかの場所で興行を催行したのではないかと疑わせる。

七月一二日～同一七日　〝美國電光影戯〟〝歩瀛散人戯法〟〝廣東新法燄火〟（図像35参照）
七月二〇日・二一日　〝美國電光影戯〟〝歩瀛散人戯法〟〝廣東新法燄火〟

さらに前年一八九七年に、初めて中国人向けに活動影戯を興行した張園（味蒓園）も間に割り込む形で、以下の日取りで興行を打っている。

七月二四日　〝美國靈動電光大戲〟〝心蘭女史中西戲法〟（図像36参照）

七月三〇日・三一日　〝美國頭等電光大戲〟〝留聲大機器〟

図像36　張園7月24日広告

徐園興行の九月以降の広告では、「英法（行動）影戲」の語が見え、さらに一一月には「法國〈フランス〉活動影戲」を謳っているので、この辺を転換点として、フィルムを入れ替えている可能性もある。七月六日の興行広告(図像30参照)では、フィルムは一六〇本用意され、それを毎晩一六本ずつ放映すると告知されていた。これを単純に組合せ式として計算すれば、${}_{160}C_{16} = 40.5995 \times 10^{20}$となり天文学的な膨大な組合せが可能となる。しかし、いくら物珍しい活動影戲で、なおかつ一六〇本用意されて数学的には膨大な組合せが可能とはいえ、五ヵ月の間、この一六〇本の同じフィルムだけで興行が続けられたかどうかは疑いを容れる余地もある。これは十分探究に値する課題だが、フィルムの供給元、運搬方法等なお究明されねばならぬことが多いため、ここでは存疑として今後の探究に待つこととする。

徐園一一月二一日の広告では、「法國活動影戲」をさらに数日引き留めて、初八日（陽暦一一月二一日）から一五日（同一一月二八日）まで延長する旨告知されるが、このほか「歩瀛散人中西戲法（誤植で「中人法戲」となっている）」の奇術が組み合わせられること、「遊資仍照舊章（入場料は従来どおり）」であること、「逢雨停演（雨天中止）」であることが伝えられる。

愚園七月一二日広告でも、「歩瀛散人戲法」「美國電光影戲」「廣東新法燄火（広東新式花火）」の三本立てであることが、三行に分けて列記され視覚的にも明らかに示されている。九時に開演されるが、それは「戲法（奇術）」と影戲であり、一一時にきっと花火を打ち上げます、と伝える。当日興行の掉尾を飾る形で、花火が放たれる形なのだろう。

張園七月二四日広告からは、「留聲大機器（蓄音機）」も、活動影戲の単なる附属物ではなく、独立した興行項目として扱われているふしも感じさせる。歩瀛散人の「魚龍術化（手品大全）」と「心蘭女史中西戲法（心蘭女史の華洋奇術）」と、手品奇術がダブルの大盛りで、この合間に「美國靈動電光大戲」が挟まる。「大戲」と称するところから察するに、従前の一分足らずの風景フィルムではなく、多少ドラマ展開のあるものが興行された可能性を推測させる。最後に「日曜日、すなわち六月六日〈陽暦七月二四日〉夜九時開演。今晩一夜のみの試演のため、見聞を広めたき方はお早めにご来臨くだされたく」と伝えるが、一週間後の七月三〇日から再び同様の興行を行っているから、何が一夜限りなのか不明な点もある。

『申報』に掲載した興行広告からは、以上の興行の実情が見て取れるが、ここからはさらに、次の三点が導き出される。

一つ目は、露天興行である点。徐園の一一月の広告にあるように、「逢雨停演（雨天中止）」なのであり、徐園の庭園内の、露天の会場で放映されたか、あるいは亭《あずまや》のように柱が四方に立つものの、壁が十分設置されていない場所で映写が行われたらしいことを示唆する。また、徐園と愚園は、花火を組み合わせている点からも、屋外、もしくは亭のように見通しのよい場所が選ばれていることが読み取れる。

二つ目は、蓄音機を備えて音楽を奏でながら、無声映画の音響面での不足を補う手立てがなされている点だ。愚園では特に明示されていないが、張園では「留聲大機器」を謳っており、徐園と同様蓄音機による耳を楽しませる仕掛があったと推定できる。

三つ目は、他のアトラクションと抱き合わせて興行を組み立てている点だ。徐園と愚園はまったく同じ「歩瀛散人」による奇術を抱き合わせているし、張園では「心蘭女史」に差し替えられているが、いずれにせよ「戯法（手品・奇術）」が必ず併演されている。

こうして断続的ではあるが、七月から一一月までの五ヵ月間にわたって、上海の庭園（夜花園）では、夏の納涼興行を超えて、相当長期間の活動影戯興行が成立したことになる。そしてその興行の仕方は、世界の露天興行師の例に漏れず、他のアトラクションを交ぜて成り立たせる方式が形成されていった。

前年一八九七年に初めて上海に映画をもたらしたアニマトスコープは、当初は禮査飯店での室内興行であったし、シャルベとジョンソンのシネマトグラフ興行は、天津のライシアム・シアター（Lyceum Theatre）はもちろんのこと、上海で初の中国人向け一般興行も、福州路の天華茶園という従来型の芝居小屋で、当然のこと室内で行われたものだった。ところが、この年一八九八年になると、年初に行われた同慶茶園は室内としても、夏以降の興行は、いずれも露天、もしくはこれに近い吹き抜けと思しき場所での興行に変わってきた。

しかも、その興行演目は、活動影戯だけでなく、前年天華茶園が八月から採用したような抱き合わせ番組で、いくつかのアトラクションと組み合わせて行われる方式が一般的になっていった。まず必須ともいえるのが、「戯法（手品・奇術）」であり、これに加えて「留聲唱戯器（留聲大機器）」による音曲が伴えば申し分ない。そして夏場であれば、最後は打ち上げ（仕掛け）花火で締めくくる。それは、徐園の興行方式だけに止まることなく、愚園でも張園でも、ともに右へ倣えの形で次々と広がっていった。

第二節　夜花園とアトラクション

(1) 徐園という文化空間

それでは、この年に行われた活動影戯の興行が会場とした「私家花園（庭園）」とは、どのような空間だったのだろうか。すでに緒論第三節(1)項でも触れたが、これらの元々「私家」庭園だった空間が、公共に開放されるようになるのは、ほぼ時を同じくして一八八〇年代の末だった。[15] いずれも租界の辺縁地域に位置し、徐園は蘇州河北岸の閘北の地に、張園と愚園は静安寺路（現南京西路）の西端にそれぞれ構えを設えていた。

この中、規模が最も大きかったのは後述する張園だが、最も格式が高く、文人、郷紳層が集う風雅な清遊の場が徐園だった。

上海の庭園（花園）では、也是園、徐氏未園、徐家滙花園、外国花園（パブリック・ガーデン）等がつとに名を馳せており、前掲の『滬游雑記』でも、これらを紹介している。この『滬游雑記』は、一八七六（光緒二）年刊であり、[16] これより以前に盛名を馳せた各名所を紹介、解説しているため、その後公開となった徐園、張園、愚園は含まれていない。

これに対して、一八九三年刊の池志澂による上海風物印象記である『滬游夢影』[17]では、その後の盛衰が記されており、以上の名園の他に、徐園、張園（味蒓園）、愚園も取り上げられ紹介されるにいたっている。同書は次のように記す。

「上海の花園では、邑廟の東園〈現豫園内園〉と西園が最上であり、これに継いで静安寺の中園と西園が良かった。今は、徐園、愚園、張園の三園のみが賑わっている。東園とは、廟の内園であり、回廊が曲がりくねり、岩石がそそり立ち、構えがまた現実離れした不思議なものだった。節句の際、あるいは蘭や蓮、木犀や菊の会が催される時には、自由に遊覧できた。普段は、〝門はあるものの常に閉じる〟の印象だった。……〈中略〉……今、愚園が開かれたため、中園と西園はともに寂れて埃が積もるありさまで、ここを通りかかる者は誰も、今昔の盛衰を感じさせられる。思うに、愚園が二園の間に割って入ると、彩りも鮮やかで、華麗な造形で、左右の二園のみすぼらしさでは及びもつかないところだ。しかし、艶やかで美しい軒や棟、朝夕の景色、楼閣の宏大さ、構えの精緻さで、上海の諸園ではこれに勝るところはない。……〈中略〉……張園は、斜橋〈現呉江路と石門一路が交叉する辺り〉[18]の西にあり、愚園に遊ぶ者は必ず立ち寄るため、愚園に向かう者はまず先に張園に遊んだものだ。庭園そのものは、もとは西洋人が創建したものだが、後に無錫の張叔和がこれを購入して養母の庭園とした。入園料を取らぬため、貴顕の若者が争って行き来した。園内は見渡す限りの草地だが、むしろ広々としていると称すべきか。蓮池の広さが数百畝〈一畝は約六〇〇㎡〉あり、池を隔てて紅梅数百本が植えられている。花が満開の時は、ここを訪れた者はまるで西湖の孤山と三潭印月に挟まれた思いで、雑踏の中の清涼の地にいるかの思いを味わう。……〈中略〉……しかしながら、園中のもので一つとして人を喜ばせぬものはなく、超然として世俗を離れたものは、徐園の又一村を置いて他にない。徐園は、海寧の徐棣山の園だ。園そのものはさほど大きくはないが、その中の広間、樹木、楼閣、小部屋、それを長い廊下が取り巻く辺り、雲間を抜け河を渡るかのように、曲がりくねりまた戻るさま、その配置の見事さは上海各園の中で随一といえる。[19]……〈後略〉」

愚園や張園に比し、格段に風雅の趣を湛え、樹木の配置から長廊が回遊してこれらを巡る構成にいたるまで、上海随一と称されるほどの見事な作りだったことが窺える。こういう中国伝統の美学に立脚する徐園は、ただ園内を観覧させるだけでなく、音曲を奏でたり、茶菓を供したり、さらには余興に芸人の演し物が提供されるのが常だった。これに加えて、夏場では仕掛花火が連夜のように披露され、来園者を喜ばせる趣向が凝らされていた。春は蘭の花の鑑賞会、秋には観菊会も開催され、また中国書画の展覧会ばかりでなく同好の士が集う画会なども企画された。いわば中国固有の美意識を体現する庭園と風雅な遊興を合致させて興趣を添え、眼で見て、耳で聞いて、舌で味わい、肌で感じる美の世界が、元々の徐園という空間だった。

ところが、池志澂が『滬游夢影』を記した一八九〇年初頭までと一八九八年頃とでは、だいぶ趣が異なってきていた。すでに第一章で見たとおり、一八九六年には、徐園伝統の提灯飾りと謎当てに混ざって、「西洋影戯」というスライドショーまで興行するようになっていたのだ。このような舶来ものまで混ぜて提供することが、元々の徐園の愛好者に好感されたのかどうか、証言や実記等による確証はない。そして、そのような格式高い名庭園において、さらに追い打ちをかけるように一種の際物である活動影戯が放映された。それが、一八九八年の徐園興行だった。

そこまで活動影戯の認知度が高まったのか、はたまた徐園が格式をかなぐり捨ててまで活動影戯を取り込まねばならぬ事情が発生したのか、あるいはそのような格式などに拘らないのが上海式華洋雑処の持ち味というべきなのか。いずれにせよ、当時の文人、風雅の人士にとっては驚天動地の出来事だったのではないかと疑う。

前掲『中国電影発展史』は、徐園をただ「西洋影戯」興行が行われた場としか見ていないふしがあるが、その衝撃の大きさを見過ごさず、徐園で催された意味をもっと十分深めて考える必要があるのではないか。徐園での活動影戯興行は、前節で見たとおり五ヵ月にわたり行われたが、それは後に見るように、その後数年に渡って毎年行われる一種の定番演目にさえなっていくのだ。

「超然として世俗を離れ」「長い廊下が取り巻く辺り、雲間を抜け河を渡るかのように、曲がりくねりまた戻るさま、その配置の見事さは上海各園の中で随一」とまで称される庭園には、それ自体文化的価値があり、美意識の体系を備えて、その風雅の趣は訪れる文人墨客を満足させていたはずだ。加えて観菊会や花卉品評会なども、安定的に集客力を維持したはずだ。そこで敢えて、活動影戯という通俗的見世物を興行してまで、美意識や高尚な趣味を共有せぬ大衆を呼び寄せなければならぬ理由はどこにあったのか。活動影戯は、もちろん文人、富裕層にも評判を呼び、前年の張園でのアニマトスコープ、天華茶園と奇園でのシネマトグラフ興行では、詳しい観後記も公にされていた。また、開明人士の孫寶瑄が日記に残しているとおり、知識人層でも興味津々観覧に訪れる者はいた。

孫寶瑄は、次のように記して驚きを隠していない。

「五月五日〈陽暦六月四日〉晴……〈中略〉……夜味蒓園に赴き電光影戯を観覧。観客蟻集すると、突然周りの明かりが消え、白布に車馬人物浮かび、生きるがごとく動き回る。不思議なことに水煙も舞い上がるさま、幻影なることを忘れさせる。[20]」

図像37　20世紀初頭の徐園[22]

だが、そうした好事家とか物見高い好奇心旺盛な文化人たちは、前年一八九七年の張園（孫寶瑄はすでにこの時観覧している）の、あるいは天華茶園の興行で、活動影戯とはいかなるものか概ねの見聞を広めたはずだ。それを、翌年再び来演したからといって、再度わざわざ見にきてくれると期待できるほど活動影戯は魅力を備えていたのだろうか。

すでに引用した、イギリスにおける興行師ウォーカーとターナーの場合も、「最初の頃、ウォーカーとターナーの二人は比較的上品な客筋を狙うという過ちを犯したが、こうした客はすぐに映画に飽きてしまった。一八九七年初頭に、二人の盟友は営業方針を変更することを決定し、庶民を相手にすることにした。衰退していた二人の事業は拡大していった[21]」のだった。上海において、「比較的上品な客筋」が想定される徐園で活動影戯を再演する価値と意味は、どこに見出せるのだろう。

園が、この年一八九八年に五ヵ月に渡って興行を行うには、前年一八九七年の張園での短期間の興行と天華茶園等の興行の好評を受けて、相当観客が見込めると読んだ上で踏み切ったはずだ。実際、五ヵ月にわたり興行を維持できたのだから、活動影戯は確かに客を呼べる新たなアトラクションであることに違いはなかった。だが、そうした際物としての新奇さと、従来続けてきた伝統的な趣味の世界で客を楽しませることの間に齟齬はなかったのか。「超然として世俗を離れ」ていることに魅力を感じる顧客が、不満の声を挙げることはなかったのだろうか。

図像38　『申報』11月16日広告

その点では、秋も深まった一一月の興行の際、定番の観菊会と抱き合わせで行われたことも忘れるわけにいかないところだ（図像38参照）。ここでは、「法國活動影戯」と「歩瀛散人戯法」が併演されるのはすでに触れたとおりだが、広告の頭書が「菊賞」である点に、徐園の矜持が込められると見るのは、読み込みすぎだろうか。徐園が、前年の活動影戯興行の賑わいを視野に入れ、この年に長期興行の開催に踏み切った事情については、以下に張園、愚園のそれぞれの情況を見渡し、対照した上で再度考えてみたいと思う。夜花園としての魅力のあり方と中国式庭園としての価値を念頭に置きながら、愚園と張園の場合と徐園の場合ではどのような相違があるのか考えてみよう。

(2) 張園と愚園

張園と愚園は、『滬游夢影』にも記されるとおり、地点が近接していることもあり、二園とも同時に訪れるのが通例のようだった。

日清・日露戦争後、にわかに増加した日本人の上海来訪者もその例に漏れなかった。

活動影戯興行から下ること一〇年余、一九一〇年に上海を訪れた音学教育家の小林愛雄は、その旅行記『支那印象記[24]』で次のとおり記している。

「張園と愚園
上海の重《おも》なる公園が二つ、張園と愚園がそれである。これに歐風の新公園を加へて三つになる。……〈中略〉……馬車は暫らくすると、廣い道路《みち》へ出たが、走ること三〇分程で、張園の前に立つた。

入場《ママ》料廿錢を拂つて、園に入ると、右手に煉瓦造の建築がある。青年會舘のやゝ氣を利かせた建物で、舞臺の上では今しも二人の俳優が道化の聲を張り上げて對話して居る。此處で人々は茶を飲み乍ら輕いこの芝居を見るのである。租界の街の凡てが充實して居る有樣なのに反し、此邊の生活は又如何にものんびりとして餘裕がある。園中には一面の芝生と、それにあしらつた小池とがあるばかりである。こゝを通り抜けやうとすると、あとから支那人が追つかけて來て、廿錢くれといふ。こゝいらが如何にも支那的の光景だと思つた。

此から又一走りで愚園へ赴く、途中屢々電車を追ひ越す。……〈中略〉……

愚園は些か風變りの家である、園とはいふが、その實、長廊が高低を極め盡して、狹いところを廣く見せた一小樓である。この折曲つた小宮殿を柳や推《ママ》〈椎〉がこんもりと周らし、中央は池になつて居て水の動く樣子もない。これを支那の茶室といつたら最も當つて居やうと思ふ。又その長廊にはゲーテの詩が掛つて居るところは、西歐人文侵入の跡が明らかに察せられる。こゝにも支那人が煙草を吹かしてぶらついて居るのを見たが、斯うして茶を啜つて居るひまに五〇年もたつたら、此園も何うなることであらう。」

図像 39　徐園跡地現況 1

図像 40　徐園跡地現況[23] 2

『上海市地方志・上海園林志』[27]によれば、張

図像41　1885年頃の張園安塏第[25]

園は、総面積約七〇畝[28]（約四万㎡）、華洋融合建築群で、園内中央に「安塏第〈Arcadia アルカディア〉」（図像41参照）という当時上海で最大の洋風建築を構えていた。この安塏第は、左右に二階建てが展開しその中央に塔屋とホールを備え、階下階上合わせて千人以上を収納できたため、演説会や集会にもしばしば利用される施設だった。図像41にも見えるとおり、中央塔屋は開放型の望楼となっており、園内全景を見渡せたという。

その安塏第の前には、芝生の広場が拡がり、屋外の集会などに利用できた。これが、小林愛雄が記す「園中には一面の芝生と、それにあしらつた小池とがあるばかりである」に当たるだろうか。園内西南方には、「海天勝處」という劇場が設えてあり、ここで各種演劇が上演されていた。崑劇や髦兒戯（女性による京劇）、灘簧（蘇州・杭州等の地方音曲芸能）や戯法（軽業、奇術等）等が、ほぼ毎晩上演されていた。「右手に煉瓦造の建築がある。青年會舘のやゝ氣を利かせた建物で、舞臺の上では今しも二人の俳優が道化の聲を張り上げて對話して居る」と小林愛雄が記すのは、この海天勝處のことだろう。

この張園には、こうしたいくつもの洋式建築が並ぶだけでなく、「電気屋」と称する、電気を利用したアトラクションで遊べる施設もあった。上海には、すでに一八八二年（光緒八年）には電灯線が引かれ、張園でも一八八五年（光緒一一年）の一般公開直後から電気を引き、この電気屋を設置していたという。一八九七年に、禮査飯店でのアニマトスコープのデモンストレーション的興行に継いで、中国人観客向けに真っ先に張園で興行が行えたのには、この電気設備の有無が大きく関わっているはずだ。

図像42　20世紀初頭の愚園[26]（1909?）

その他、広い芝生を利用して、ここにテントを張ってサーカス興行を行うのも張園の大きな呼び物だった。

飲食も豊富に用意され、中国式点心はもちろんのこと、洋食からコーヒー、洋酒も各種取り揃えられていて、遊興施設だけでなく、張園では飲食メニューの豊富さも、上海随一と称賛されていたという。

まさに上海を象徴する華洋雑処のありさまを体現しているといえそうだが、その特徴は、外来の新奇な催しと上海地方性を具現する演目、展示の併存、そして緒論第三節でも触れたとおり、眼で見ても、耳で聞いても、舌で味わってもどれも物珍しいイベントが揃い、さらにそれらが融合した公共娯楽空間として機能し、大きな地歩を占めていた点だ。

これに対して愚園の方は、凝縮されたコンパクトな庭園の

図像43　張園現況1

図像44　張園現況2（注31参照）

ようで、「支那の茶室」と譬えを取られるような、建物を中心として庭園を副とする構えのようだ。本節(1)項で見た池志瀓の『滬游夢影』にいうところでは、それまで栄えていた申園、西園に対して、「愚園が二園の間に割って入ると、彩りも鮮やかで、華麗な造形で、左右の二園のみすぼらしさでは及びもつかない」ほどの圧倒的な威力を見せつけた愚園だったが、その後はどうもあまりパッとしなかった。前掲の小林愛雄の言では、支那の茶室に譬えられながら「その長廊にはゲーテの詩が掛つて居るところは、西歐人文侵入の跡が明らかに察せられる」ちぐはぐさも見せていた。

小林の翌年一九一一年に

図像45　愚園跡地現況１

図像46　愚園跡地現況２[31]

上海に遊んだ前田利定も、その例に従ったのか愚園と張園の両園を同時に巡って、その著『支那遊記』[29]に見聞を残している。

「愚園張園
愚園に筇を曳き候へば椎の木や柳の緑いやが上に茂りたる奥行深き園に御座候浮萍色青き池は萬古の碧を湛へ苔滑かなる石橋を渡れば一大亭あり長廊曲廊あるは斜にあるは繞り一室毎に紫檀の卓と榻を並べありて貴人公子が風流を談じ時事を論じ候にはふさはしき處なるも全く手入れと申すことせぬにや塵埃推《ママ》積し指以て文字を記し得申候蛛網梁に張られ蝶の骸《むくろ》長へに懸り居り候など荒廢のさま御想察被下度候階段の處に〝由此上樓〟と記しあり階を踏んで上り候へば玻璃の窓名匠の彫りけん跡をしのぶ欄間欄干の有様當時才人麗姫茶烟衣香いかに美しく樂しき庭なりけん今は只緑蔭人稀に鳥語寂寞を破るのみに御座候更に張園を訪ひ候へば泉石樹林園中に布置いたされ候も全く一顧の價値無之早々退却致し申候」

もはや、愚園も最盛期が過ぎ去ったのか、[30]人跡途絶えた荒廃の様相を呈しており、張園にいたっては「一顧の価値これなく」早々に退却してしまう。わずか一年の差だが、小林とその印象には大きな相違を生じている。子爵前田利定にしてみれば、自身の本家屋敷よりも手狭でみすぼらしいものと映ったのだろうか。

愚園は、静安寺のすぐ東側、現在の南京西路と愚園路に囲まれる一角にあった。現在は、スイスホテルと久光百貨がある辺りだ。先の『上海市地方志・上海園林志』によれば、総面積約三五畝（約二万㎡）で張園の半分ほどの広さ。園東部に中国式と洋式の主要建築を配し、園西部に花壇、温室を配置して花卉樹木を巡らせていた。ここでも、園内を回遊するだけでなく、各種演芸が催され、飲食も提供されるなど、総合娯楽施設としての機能を備えていた。ただ、先の小林愛雄の言では、「〈馬車で〉一走り」の距離にある張園の陰に埋没しがちで、いまひとつ特徴を発揮できずにいた。張園から愚園までは、現在の南京西路を西へ進んで約一・二㎞ほどの距離にあるが、歩いてもせいぜい二〇分くらいで着いてしまう至近距離にある。これだけ近接した地に、基本企画がさほど変わらない総合娯楽庭園の花園が二つあっても、そのどちらかにしか客足は向かわないのではないかと思わされる。

　こうした愚園の苦境は、その後所有者が五回にわたって変遷する結果に、如実に現れることになってしまう。

(3) 夜花園での活動影戯興行

　第一節で見たとおり、愚園は七月に「美國電光影戯」を九日間ほど興行したが、これは愚園としては苦肉の策だったのか、窮余の一策だったのかと首をかしげざるを得ない。一〇月末になると新聞に売却広告を出すことになってしまうのだ（図像47参照）。まさか、活動影戯などに手を出したために、急速に業況が傾いたわけではなかろうが、外来の新奇なアトラクションとして集客力を期待したが、思うほどには傾いた経営を持ち直す力にはならなかったのだろう。もちろん、その後買い手は付き、新たな経営に進んだようだが、その後たびたび身売りが行われたところから見ると、やはり愚園はその特性を発揮するにはいたらず、張園の陰に隠れがちだったことが分かる。

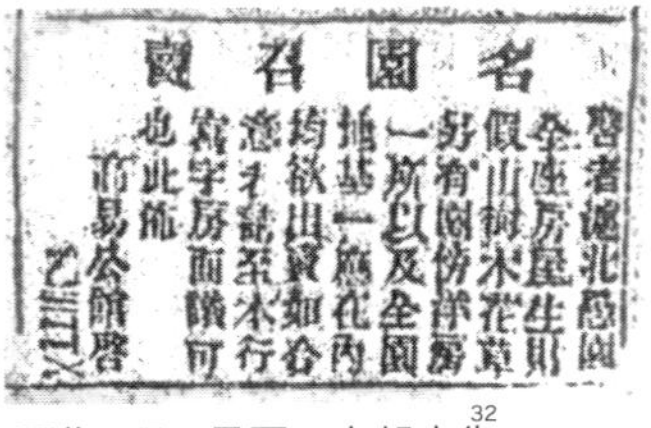
名園召賣

図像47　愚園の売却広告[32]

　先の日本人の印象記では、小林は「此邊の生活は又如何にものんびりとして餘裕がある」として、張園に対してさほどの酷評ではないものの、前田は「一顧の價値これなく」と厳しい評価で、むしろ愚園の方に一定の関心を寄せている。

　総合娯楽施設という点でこれらの花園を見れば、演芸から演劇、サーカスや、しばらく後のことになるが気球打上げ（図像48参照）等新奇なアトラクション満載で、それを間断なく次々取り入れ、広々した庭園に眺望の良い望楼を備え、なおかつ飲食でもメニューが豊富で味も良いとなれば、客足は必然的に大型で何でも全部揃う施設に向かうはずだ。その点で、近接する張園と愚園の勝負は、すでに決したといえるだろう。だが、そういう競争に勝ち抜くのは、必ずしも規模の大きさばかりではなく、その特性、個性をいかに発揮するかにあるはずだ。その点で、再び徐園に眼を向けてみると、文人知識人層に焦点を絞った基本企画は、風雅の人士には好評だろうが、そのような高級趣味を持ち合わせぬ一般大衆にとっては、あまりありがたいものでもない。

請看張園演放汽球之兩大家

図像48　張園の気球広告[33]

　そもそもの規模からすると、徐園は

面積三畝（約一八〇〇㎡）ほどしかなく、張園の二〇分の一、愚園の一〇分の一ほどでしかない。当初の基本設計である風雅の世界を貫くなら、やみくもに大型化し、何でも揃うがどれといって個性のない総合娯楽施設の花園よりは、存在する価値があるはずだ。前掲池志澂の『滬游夢影』が評するとおり「園中のもので一つとして人を喜ばせぬものはなく、超然として世俗を離れたものは、徐園の又一村を置いて他にない」、「その配置の見事さは上海各園の中で随一」とする特性を貫き続ければ、自ずとそこには存在意義が生まれるところだ。

だが、それを達成するには二〇〇〇㎡にも満たない園だけでは、いかんともしがたい面が生ずる。一八〇〇㎡では、清朝時代ならちょっとした顕官の四合院形式の邸宅ほどにすぎず、近隣環境によっては、景観、清浄、静穏感に大きな影響を受けかねない。開園当初は、周囲の環境はまだ田園風景の名残を留めていただろうから、園内を山水風雅の世界として演出することも難しくなかったはずだ。ところが、この一帯に居住者が増え、さらには工場などが出現するとなると、周辺環境の俗世間ぶりとは釣り合いが取りにくくなり、「超然として世俗を離れた」世界を演出することが難しくなっていったようだ。

前掲の『上海市地方志・上海園林志』では、徐園の推移を次のように記す。

「光緒一三年正月初一〈一八八七年一月二四日〉から一般公開を行い、入園料は銀一角〈〇・一元〉だった。光緒二一年〈一八九五年〉、徐は西唐家弄一帯が建てこみ騒々しくなってきたため、園を製糸工場に賃貸することにし、その年の七月一三日〈陽暦九月一日〉に一般公開を停止した。その後、製糸工場の都合が悪くなりその月の内に借地を返還したので、園は修繕を行った上で、翌年正月初二〈一八九六年二月一四日〉に再び一般開放を行った。園の周辺環境改善につき、一度の投資で根本的対策を採ろうと、徐の息子の冠雲と凌雲は、宣統元年〈一九〇九年〉に康脳脱路五号〈現康定路と昌化路角東〉に移転し雙清別墅の再興を図った。」[34]

この記載からは、徐園が近隣環境の面で苦境に陥っていた事情が窺える。『中国電影発展史』が中国最初の映画放映と誤認した一八九六年の「西洋影戯」興行の際は、まさに再度一般公開を始めた直後で、すでに一旦閉鎖した徐園にとって、もはやかつての風雅の境地を再演することもままならず、何らかの新しいイベント、新奇なアトラクションで再起を図るべく模索した時期だったと推測できる。

特に、六月二九日に最初の「西洋影戯」広告を出した際の、道路補修の釈明（図像14参照）を思い起こすと、徐園が周辺環境の猥雑さと風雅さの持ち味を保ち続ける間で、調和を図ろうと苦心惨憺しながら模索していた様子が偲ばれるのではないか。「今般道路補修も終わり、馬車で直に園門までお越しいただけることと相成りました。月影の下お越しいただく際にも、お遊び後の興尽きぬ思いで家路につかれる際にも、お足元にご不自由はおかけいたしません」との広告からは、道路が補修されて利便性が向上したことが読み取れるだけでなく、これとは裏腹に風雅の里としての危機を孕んでいることも見落とすべきではない。道路補修が進めば、当然周辺には多くの住民が寄せ集まり、人足が繁くなり、人口流入が進む。道路補修の便利さは、ひとり徐園のみに享受されるわけではないからだ。風雅で超俗の清遊の地と、交通至便な便利さ快適さとは、二律背反の要因となりうる。調和を図りながら、徐園の徐園たるゆえんの伝統的美意識や庭園遊びの古雅さを貫くために、お得意の提灯飾りとそこに記した謎あてを娯楽・遊興項目として掲げつつ、新奇なスライド・ショーをも取り入れて、風雅な趣味を持つ高級人士にも、また新奇な物珍しさに吸い寄せられる庶民大衆にも受け入れられようと営業努力した挙げ句の企画といえるのではないか。上述の広告企画は、その思いが現れた広告のはずだ。

かつての「超然として世俗を離れた」世界にはほど遠い近隣環境となったが、それでも風雅の里として演出する基本企画は貫きたい。だが、風雅、超俗路線を進む演出にも翳りが出る中、その凋落を何とか糊塗しながら再建の方途を探る弥縫策だったと推理できるのではないか。古い遊興と風雅の世界は保ちつつ、海外の物珍しい風景や情景を伝えるスライド・ショーも融和的に取り入れる。こうした措置によって、過去の遺物として取り残されることは回避しながら、しかし際物に浮かれて徐園の本旨を忘れることもない、そういう位置を獲得したかったのではなかろうか。それが、スライド・ショー導入の背景だったのではないか。スライド・ショーで海外の風景や泰西名画、嵐に逢う帆船の様子を見る分には、まだ徐園の風雅、超俗世界とは、親和性がないとはいえない。しかし、スライド・ショーに一歩を踏み出し、世界中の奇妙な物、奇怪な物を求める物見高い趣向趣味に向かってしまうと、活動影戯が評判となればそれを取り込む路線に転じるのも、もはや超えられないハードルではなかった。

一八九八年に五ヵ月に渡って活動影戯興行を展開した徐園には、実はこうした背景が潜んでいたと読み解くことができるように思う。

逆にいえば、このことは、活動影戯が、娯楽・芸能界で真っ当な地位を与えられていないことの現れともいえる。一八九七年には天華茶園（芝居小屋）で活動影戯興行が行われたとはいえ、それはいわば初物ご祝儀のようなもので、物珍しさによる破格の扱いにすぎなかった。翌年一八九八年に徐園が起死回生の企画として活動影戯興行を展開したことで、上海における活動影戯は、その後当分、こうした夜花園で行われることが定番として定着してゆく。だが茶園からは、その後はむしろ遠ざけられ、あるいは排除された格好となり、つまりは活動影戯の上海娯楽・芸能界での地位は当然のように低いままに留まり、一人前の扱いを受けていないことを物語るといえるのだ。娯楽・芸能界の正道は、丹桂茶園などの大戯（京劇等）であり、灘簧（蘇州・杭州等の地方音曲芸能）などの地元芸能であり、張園ほかの演芸場で上演され続けた。つまり活動影戯は、一種の際物でしかなく、単なる見世物興行であり、中国芸能の粋を集めた京劇や古雅な崑曲などとは、次元の異なるものと見なされたのだ。

　活動影戯が真っ当な芸能・演芸としての地位を与えられていないことが如実に表れているのが、その後の活動影戯観後記、評判記の少なさだ。一八九七年に活動影戯が上海で初めて興行された際は、『新聞報』『游戯報』など芸能・演芸消息を伝える新聞で、いち早くその模様が伝えられ、演目まで詳しく報じられた。張園での興行では、「味蒓園観影戯記」[35]が上下二回にわたって掲載され、天華茶園での興行では、「天華茶園觀外洋戯法歸述所見」[36]が『游戯報』に掲載されている。その後に続いた奇園での興行でも、「觀美國影戯記」[37]が、やはり『游戯報』に載せられていた。

　ところが、一八九八年の徐園での活動影戯興行では、前掲の『趣報』の「徐園紀游叙」以外には、五ヵ月の興行期間があったにも拘わらず、ほとんど見るべき観後記や紹介記事が見当たらない。もちろん、新聞紙上に広告は掲載されるが、その興行への評論も鑑賞記も見出すことが難しい。わずかに『游戯報』に、以下のような「お愛想」記事が見られるのみだ。

「名園で避暑　時まさに炎暑の候、熱気は蒸し風呂のごとく、住人は夜遊びに出て楽しみを得る。このため、張園内では毎夜西洋中国の花火を揚げる。近頃では再びフランス新着影戯を海天勝處にて夜九時から開演している。閘橋の徐園では日替わりで歩瀛散人が各種奇術を演じる。これに加えて蓄音機と電光影戯、さらに各種新型花火も興行。張園愚園にいたっては、帽兒戯（女子京劇）を毎日午後から上演。愚園はこれに加えて名優多数を招聘。二五日〈陽暦七月一六日〉より各種新型花火を揚げるよし。本館は各園よりお誘いを受けるも、文字書きのため時間も取れず、それぞれ伺うこともかなわず遺憾の極み。よって一文を草して各方にお伝えし、名園にて避暑して心楽しまれんこと、ゆめゆめこの良き時、良き景観を無にされぬことを願うのみ。[38]」

　誘いを受ける、ということは記事にしてもらい広めてもらおうとの園側の思惑だろうが、新聞の評者たちにとっては、もはやその物珍しさは消え失せ、一方丹桂茶園などにかかる京劇の本格芝居と同列に扱い、評論するほどの価値は見出せない、ということではなかろうか。要するに、活動影戯には語るに値するものが見出せないということだ。芝居のような作品性は乏しく、演者について語るべき芸もない。各種実写のフィルムは、画面内で生き生きと動き回る情景に迫力もあり、また世界各国の風景は、それなりに世界の実相を見せてくれる。トリックやマジック構成のフィルムには驚きもするが、それだけのことにすぎない。ちょうどジョルジュ・サドゥールがフランスでのシネマトグラフ衰退の事情について述べるとおり、「人々にとって、こうした映写を二、三回見て、そのメカニズムを説明してもらい、二、三のサロンでそれについて話してしまったとしたら、この見世物をもう一度見に行って何になるというのか」[39]ではなかっただろうか。

上海でのその兆候が、実は一八九八年以降は夜花園でしか放映されなくなった、という点に現れているといえるのだ。

加えて、この当時我が世の春を謳歌していたかに見えた総合娯楽施設の夜花園も、先行きはそう長いことはなく、徐々に新たなライバルにその座を奪われていく運命にあった。それは、二〇世紀に入って隆盛を迎えるデパートと繁華街・娯楽街に出現した総合遊戯場の登場による娯楽施設、娯楽趣味の構造転換が目前に迫っていたからだ。九江路にある新新舞台屋上に上海初の遊戯場「楼外楼」が誕生するのは、この四年後の一九一二年のことだ。さらに南京路と泥城橋（現西藏中路）口に「新世界」が登場するのは、七年後の一九一五年だ。いずれも租界中心地に位置し、静安寺路を西に馬車を走らせる必要もなく、四川北路を人力車に揺られるまでもない。すぐ眼と鼻の先に遊戯場ができてしまうと、近郊に構える張園も愚園も、もはや勝ち目はなかった。屋上に遊芸場先施樂園を備えたデパート先施公司が誕生するのは、この九年後の一九一七年だ。食べる、遊ぶ、買う、そして泊まるまで可能な総合娯楽施設としてのデパート時代の幕開けが迫っていたのだ。同じ年には、新世界をさらにスケールアップした大世界遊戯場まで開幕する。こうして都心部に次々総合娯楽施設、娯楽機能を兼ね備えた購買施設が開場するに及んで、人々の娯楽の趣味も行動範囲も変わり、郊外に位置する夜花園の生きる道は急速に閉ざされていった。

日本人二人の見聞記、印象記は、まだ本当にその時代を迎えてはいない時期のものとはいえ、すでにして凋落の色合いを見せ始めた張園と愚園の現状を、我々に如実に伝え示しているものといえよう。

第三節　一八九九年以降の活動影戯の推移

(1)　その後の活動影戯興行

翌年一八九九年にも、徐園で活動影戯興行が行われた記録が見える。それは、ほとんど「恒例」となったかのような形だが、夏の納涼会のいくつかある演目の一つとして放映されているのだ。また、この年からは、昨一八九八年に続いて、夏場以外にも活動影戯興行が組まれ、ほぼ通年化の勢いが見られる。

たとえば、開幕前日の七月一日の広告では、以下のとおり予告する（図像49参照）。

「徐園　旧暦五月廿五日〈陽暦七月二日〉夜、必ず上演／機械式音声伝達機（蓄音機）中外奇術魔術　英國仏國行動影戯　大型新式花火／八時半開演一〇時半終演入場料八角四角二角[40]」

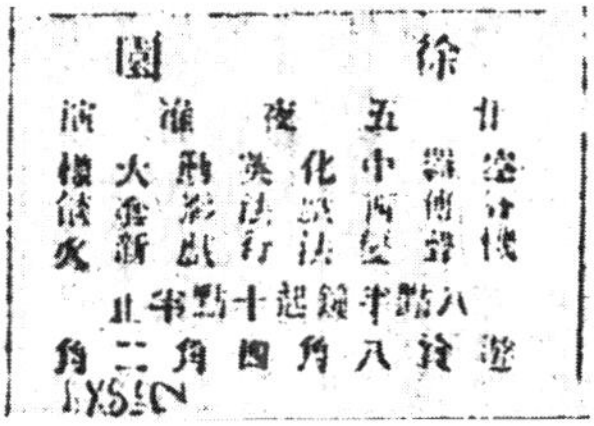

図像49　徐園7月1日広告

ここでは、前年九月のフィルム「入替え[41]」後と同じく、イギリス製フランス製の「行動影戯」と謳い、米国映画との相違を顕示している。

この興行は、毎夜連続して行われたのではなく、確認できるかぎりでは、七月二日、一二日、一五日、一九日、二六日（これ以降毎週水曜日、土曜日の興行）と、飛び飛びに断続的に興行された模様で、それが九月一九日（旧暦八月一五日の中秋）まで続く。さらに一〇月一四日（旧暦九月初十日）頃まで「毎週水曜日土曜日興行」との広告を出している[42]（図像50参照）。

また、こうした通年化興行の中、徐園の中での放映会場が変更されている様子も窺える。三月興行の際には「毎晩天晴准演」（毎晩晴天時のみ放映）であったのに対し（図像51参照）、九月興行では「風雨無阻」（風雨関わりなし）としている（図像52参照）ところから、少なくとも露天や吹き抜けの会場ではなくなったことが分かる。

なおこの日九月二日の広告文は、以下のとおりだ。

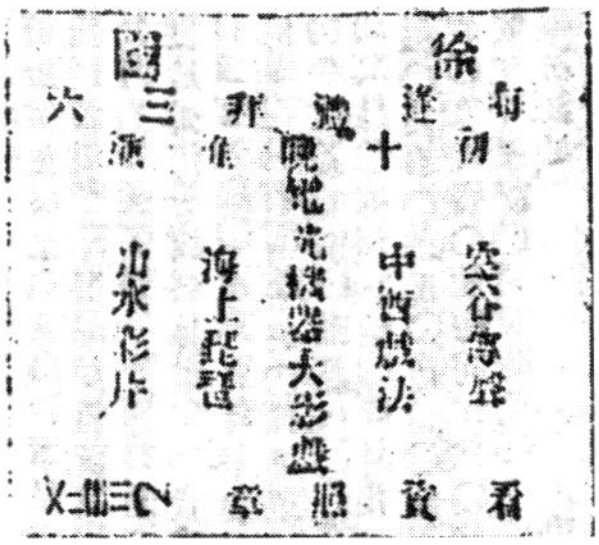

図像50　徐園10月14日広告

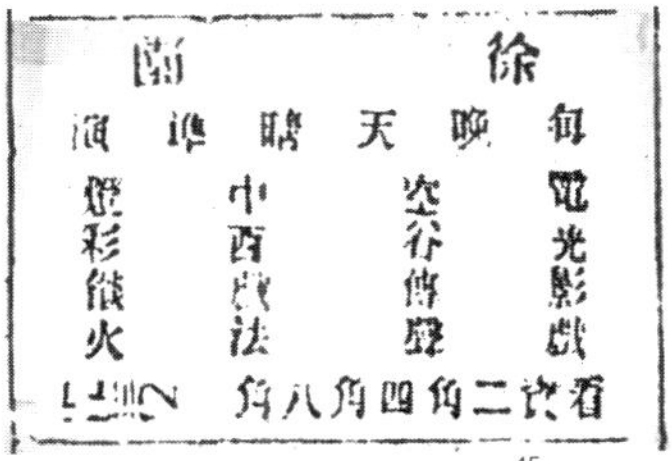

図像51　徐園晴天催行興行[45]

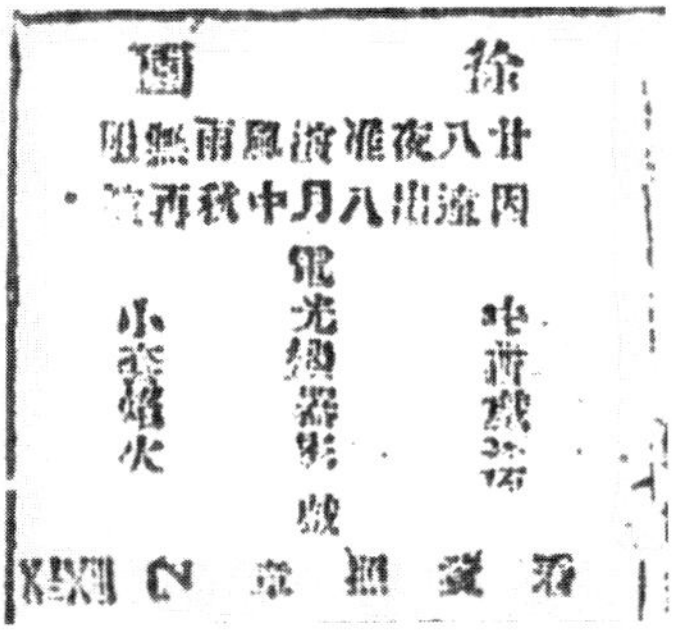

図像52　徐園風雨無阻広告

「徐園〈旧暦〉七月二八日夜風雨に拘わらず必ず上映　遠出していたため八月中秋に再演　中国西洋奇術　電光機器影戯　小型仕掛け花火　入園料従来どおり」[43]

ここで、「遠出していたため八月中秋に再演」と釈明しているところから見て、上海を離れて別の土地で巡回興行していた可能性が示唆される。徐園での興行が飛び飛びである理由を窺わせる事情ともいえる。前掲『Hong Kong Cinema』では、一八九九年七月一九日から八月二〇日まで天津で、D'Arc Marionette（ダーク人形劇）一座が「マリオネットスコープ Marionettoscope」なる映写装置を携えて興行を行ったことが、『Peking & Tientsin Times』掲載の広告から判明するという。[44]これとの関わりも一考の余地はありそうだが、ダーク・マリオネット一座は、上海では、同年四月七日から五月四日まで一ヵ月に渡り「虹口ブロードウェイ路豊順船員会館向かい」で興行を行っているので、これが再び上海に帰ったとしても、徐園で興行を行うとは考えにくい。さらに、『申報』に掲載した興行広告では、活動影戯興行を七月二六日まで徐園で行っているので、その興行師が七月一九日からの天津興行に間に合うはずもない。残念ながら、ダーク人形劇一座と、徐園の興行とは関わりがなさそうだ。

徐園で一八九九年に活動影戯放映を行った興行師が誰で、それがその後一時期どこへ行ったのか、どのようなフィルムの放映を行ったのか、受け入れ側の確証がないので、ここでは上海以外の土地へ興行に出た可能性を指摘するに止めておく。

こうして、夏場の納涼会のプログラムの一つとして軌道に乗った活動影戯興行は、その後も「電光影戯」「活動影戯」として繰り返し放映が行われてゆく。その興行形態は、既に述べたとおり、夏場の納涼演目に止まらず、中国の伝統的節句の元宵節（旧正月一五日）や、端午（旧暦五月五日）（図像53参照）、七夕、秋の中秋（旧暦八月一五日／図像54参照）に賑わいを添えるイベント興行として、さらには特定の節句とは離れて日常的な興行へと恒常的興行への道を歩む。ほぼ一年中、断続的に映画放映が行われた格好だ。

一八九七年に初めて上海で活動影戯を放映興行したアニマトスコープのハリー・クックと、シネマトグラフのモーリス・シャルベの場合、クックは五月二二日に禮査飯店で最初の

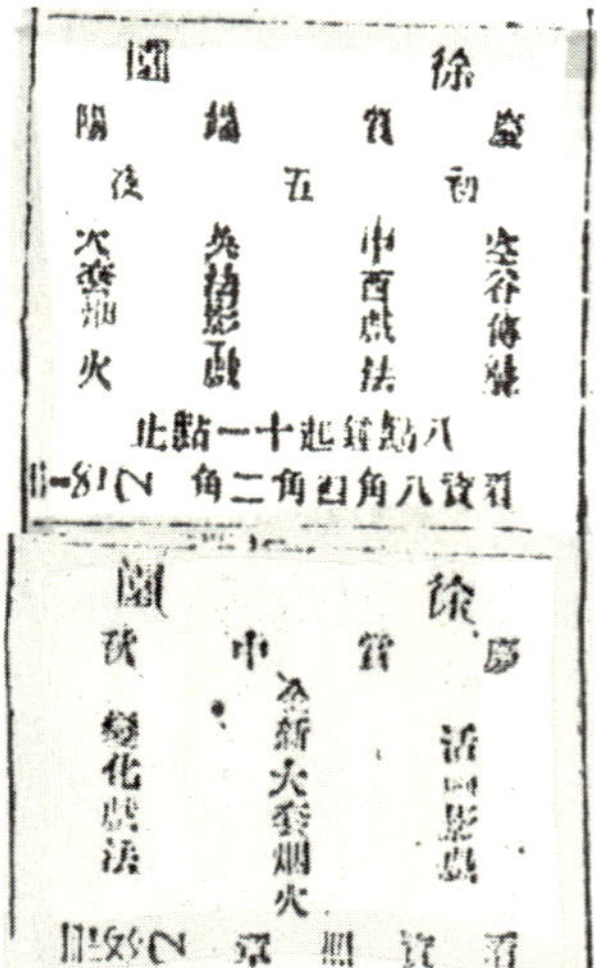

（上）図像53　端陽（旧暦5月5日）興行広告[46]

（下）図像54　中秋（旧暦8月15日）興行広告[47]

表３　1899 年活動影戲興行軌跡

年	開催施設	興行月日	興行種目 / 併演演目 / その他
1899	徐園	2 月 14 日～ 16 日	新到英法兩國電光影戲／中西戲法／燈彩燄火
		2 月 24 日～ 27 日	英國影戲／空谷傳聲／中西戲法
		3 月 3 日～ 4 日	影戲／戲法（毎逢天晴准演）
		3 月 24 日～ 26 日	電光影戲／空谷傳聲／中西戲法（毎晩天晴準演）
		6 月 11 日～ 12 日	(慶賞端陽) 英法影戲／空谷傳聲／中西戲法
		7 月 2 日	(廿五夜准演) 英法行動影戲／空谷機器傳聲
		7 月 12 日	電光機器大影戲／中西戲法　戲目：轎車／跑球／馬兵／成親／洗浴／出浴／殺人／輪舟／賽會／跳戲／抛球／竊物／打拳／女鬥／飛舞／皇城
		7 月 15 日	電光機器大影戲／中西戲法　戲目：轎車／跑球／馬兵／成親／洗浴／出浴／殺人／輪舟／賽會／跳戲／抛球／竊物／打拳／女鬥／飛舞／皇城
		7 月 19 日	英法影戲／空谷傳聲／中西戲法／變化燄火
		7 月 25 日～ 26 日	新到法國行動影戲與美國英國合演
		7 月 29 日	新到法國行動影戲與美國英國合演
		8 月 4 日～ 5 日	電光行動影戲／中西變化戲法／全新大套烟火
		8 月 12 日	(七夕) 電氣影戲／中西戲法／全新大套燄火
		8 月 16 日	電光機器影戲／中西戲法／變化燄火
		8 月 23 日	電光影戲／中西戲法／全新大套焰火
		8 月 26 日	機器大影戲／中西戲法／小套焰火
		8 月 30 日	各國機器大影戲／中西戲法／小套焰火
		9 月 2 日	電光機器影戲／中西戲法／小套焰火
		9 月 18 日～ 19 日	(慶賞中秋) 活動影戲／全新大套烟火／變化戲法
		9 月 2 日	電光機器影戲／中西戲法／小套焰火
		10 月 14 日	電光機器大影戲／空谷傳聲／中西戲法

興行を行い、その後張園での興行を経て、天津、北京への巡回興行へ出て、再度上海へ戻って八月初めに興行を行った後、八月一四日前後には上海を離れている。モーリス・シャルベの方は、六月一二日に香港から上海へ移り、天津で興行を行った後、七月から天華茶園で興行、続いて八月一四日からは奇園でも興行を行い、一〇月初めの同慶茶園興行を最後に上海を離れている。それぞれ二ヵ月半と四ヵ月の滞在だった。この例と比べると、この年一八九九年の徐園興行の興行師は、滞在期間が異様に長期に渡っている。前年一八九八年徐園、愚園、張園での興行も、五ヵ月間の長期興行だったが、一八九九年は表3のとおり八ヵ月に渡って行われているのだ。

　三月興行と六月興行の間には二ヵ月半の大きな空白があり、この間も上海以外の土地へ興行に出た可能性が推測されるが、ここでも、受け入れ側の証拠を見出せないため、目下のところは憶測の域を出ない。上海以外の土地での映画史研究は、香港以外にも、中国人研究者による厦門、寧波等の地方における映画放映及び製作に関する地道な研究があるが[48]、いずれも一九一〇年代以降が対象で、上海以外の土地での外来者による巡回興行の実態に対する探究は、まだこれからの発掘に待たねばならない。

こうした放映期間の長期化から何を読み取るべきなのか、にわかに結論を見出すことは難しい。上に述べたとおり、上海以外の土地に巡回興行に出た蓋然性は高いが、あるいはこれは一人（一つ）の興行師（一座）による一連の興行と見るべきではないことを示唆するのかも知れない。二月興行では「英法電光影戯」「英國影戯」を掲げ、六月から七月初めの興行でも「英法影戯」「英法行動影戯」を標榜しており、放映フィルムへの呼称に関する限り、この間にあまり大きな差違は認められない。これに対して、七月末の興行では「法國行動影戯」と「美國英國」との合演を謳っており、これがただフィルムソースの増加、多様化だけを指しているのか、あるいは一歩進めて興行師が代わったことを物語るものか、これらの相違が意味することを探索の糸口として検討する必要がありそうだ。

特に七月一二日、一五日の興行では、「轎車／跑球／馬兵／成親／洗浴／出浴／殺人／輪舟／賽會／跳戯／拋球／竊物／打拳／女門／飛舞／皇城」と一六項の題名（あるいは内容要旨）を示しているが、これだけでフィルムを特定することは難しいものの、「洗浴／出浴」では、一八九七年の奇園での興行の際、『游戯報』に掲載された「觀美國影戯記」（図像26参照）の第四作「女性一人が沐浴。全裸。肌は凝脂。湯船から出ると布で身体を覆い秘所はまるで見えない」が思い起こされることでもあり、そのフィルムとの関連について考察することが必要だろう。いずれにせよ、今後に残された探究課題だ。

かくして、徐園を中心に繰り広げられた活動影戯興行だが、その広がりという面では、芳しい成果を見せてはいない。京劇などの伝統劇興行を担う茶園では、天華茶園が一八九七年に興行を行い、同慶茶園も続いた以外、その後これに追随するものはほとんど現れず、特に格上の茶園（丹桂茶園等）[49]では、活動影戯興行は見向きもされない状態だった。あくまでも徐園中心に行われた、夜花園の客集めのためのアトラクションの一つ、奇術・手品などと併演され、あるいは花火を交ぜて組み立てる興行の演目の一つ、それが一九世紀最末期の上海における活動影戯興行だった。

(2) 活動影戯興行の推移と衰退

その後の活動影戯興行の推移を、『申報』に掲載された広告から拾うと、以下の表4のとおりだ。

一九〇〇年には、徐園が二月と一〇月に分けて二回興行を開催しているが、その他の花園ではほとんど興行が行われなくなっていた。

その中で張園は、一九〇一年に「皇家活動影戯」と称する活動影戯興行を開催しているが、これは一九〇〇年頃に出回っていたロイヤル・バイオスコープ・アーバンを指すのではないかと推測できる。『世界映画全史』では、以下のとおり記している。

「一八九七年になると、ロイヤル・バイオスコープ・アーバンがフランク・マガイアとジョージフ・ボーカスの二人によって市販された。この装置は絶えず改良を重ねて来ており、おそらく一九〇〇年頃ではクロノ・ゴーモンと並んで世界で最良のものだった。[50]」

確かに優れた映写機で「世界で最良のものだった」としても、その「皇家活動影戯」を謳うだけで、張園は入場料を一八九七年の最初のアニマトスコープ公演の際の倍の金額に設定していることには瞠目させられる。九月一八日の広告では次のように伝える。

「張園　新着外国影戯　ロイヤル活動影戯は英国首都から上海に到来。以前〈虹口〉蔬菜市場脇練兵場で数回上演し在上海西洋人に好評を博したもの。今般特に張園アルカディアホールにて木曜日、〈旧暦八月〉初七日〈陽暦九月一九日〉に期日を選び、夜八時に上演。その意は、華人をして英国女王葬儀、英国トランスヴァール戦争（第二次ボーア戦争）、英国古典及び米比戦争の模様を知らしめんとす

表 4　1900 年以降の活動影戯興行軌跡

年	開催施設	興行月日	興行種目 / 併演演目 / その他
1900	徐園	2 月 10 日～ 17 日	法蘭西電光活動影戯
		10 月 22 日～ 26 日	英法美活動影戯（重來上海仍假本園十二樓）
1901	徐園	1 月 5 日～ 8 日	法國活動影戯／歩瀛散人…西法戯法
		2 月 25 日～ 3 月 9 日	（初七夜起十八夜止）活動影戯／空谷傳聲／中西戯法／各景談火
	張園	9 月 18 日～ 29 日	皇家活動影戯（曾在小菜場操兵房演過數次）
		10 月 2 日	新式活影戯／新到外國影戯／新式活影戯
		10 月 5 日～ 6 日	新式活影戯／新到外國影戯／新式活影戯
1902 （匯喇洋行）	張園	12 月 5 日～ 19 日	活動影戯（價目頭等洋兩元二等洋一元三等洋半元）
		12 月 20 日～ 26 日	影戯大減價（價目頭等洋一元二等洋六角三等洋四角）

るもの。見事な画面と珍しき情景は、そのすべてをことばでは尽くせぬもの。この度は上海華人への初の放映にて、各人におかれてはお誘い合わせの上、紳商貴人、お早めにご来臨いただきご見聞を広められますれば幸い。一等お一人二元、二等お一人一元、三等お一人五角　ウェラ敬白」[51]

この年一月に逝去した英ヴィクトリア女王葬儀の模様を伝えるフィルムや、南アフリカのトランスヴァール共和国と英国との戦闘（第二次ボーア戦争／一八九九・一〇～）の記録、さらには米比戦争（一八九九・二～）の実録ものなどが放映されたようだが、これらのフィルムは、しかしイギリス製フィルムではなかった。ヴィクトリア女王葬儀の模様は、フランスパテ社による「Funerailles de la reine Victoria（ヴィクトリア女王の葬儀）」（一九〇一、六〇メートル）がリストに挙がるし、[52] 第二次ボーア戦争の記録では、「Attaque d'une batterie anglaise par les boërs: Prise d'un canon（ボーア人による英国要塞攻撃―銃を手に）」[53]（一九〇〇、二〇メートル）、さらに「Les Boërs prennent l'offensive（ボーア人攻勢に出る）」[54]（一九〇〇、二〇メートル）と「Les Boërs s'emparent d'un canon anglais - Explosion d'un canon（ボーア人、英国大砲を鹵獲―大砲の炸裂）」[55]（一九〇〇、二〇メートル）の三本がパテ社撮影に属するフィルムとして記録されており、この中のいずれか、あるいは複数篇が放映されたのではないかと想定される。当時すでにフィルム撮影事業に乗り出し、各種映像を残しつつあったゴーモン社ではあるが、ヴィクトリア女王の葬儀も、ボーア戦争の記録フィルムもリストアップしていないので、[56] 以上のフィルムはパテ社撮影によるものと見てまず間違いないところだ。

米比戦争の実録ものは、エジソン社のカタログに、「Filipinos Retreat from Trenches（フィリピン兵塹壕から撤退）」（一八九九・六・五、七五フィート）と「Capture of Trenches at Candaba（カンダバでの要塞後略）」（一八九九・六・一〇、七五フィート）がリストアップされており、[57] このいずれか、あるいは両方のフィルムが放映されたのに違いない。

映写機は「皇家活動影戯」＝ロイヤル・バイオスコープ・アーバンを謳うが、その放映フィルムは決して英国製ではなかったのだ。

一八九七年に禮査飯店と張園で開催されたアニマトスコープ興行では、打ち寄せる波の光景や蛇踊り、ヴェニスのゴンドラなど平穏な（ことばを換えるなら撮り直しができる）情景が主であり、また天華茶園で行われたシャルベのシネマトグラフ興行も、練兵風景などを含むものの、まだ穏やかなものだった。ところが、世紀を跨いで新たに持ち込まれた世界のフィルムは、戦争の実景という決定的一瞬を記録する実写ものであり、活動影戯が映す光景に即時性、ニュース性が込められることになったのだ。

一九〇〇年、一九〇一年、一九〇二年までは以上のとおり、徐園、張園という夜花園で、引き続き活動影戯興行が行われた記録が残る。だが、一八九九年には八ヵ月に渡って活動影戯興行を繰り広げた徐園が、一九〇〇年には、二月と一〇月にそれぞれ一週間ほどの興行を二回行うのみにまで縮減している。さらに一九〇一年には、春先の興行を行うのみで、これを最後に活動影戯興行から手を引いている。唯一張園が、目新しいフィルムを呼び込んでは一ヵ月内外の興行を打っているものの、活動影戯の賑わいはすでに縮小に向かっていることが顕著だ。その張園も、一九〇二年末には、大幅値下げを行って客引きを行うまでに落ち込んでいる。

そして、この後一九〇三年からは、新聞に広告を掲載する形で客を集める興行はもはや見出すことができなくなる。

これは、誕生してまだ四、五年の活動影戯が、世界中で沈滞と潜行が進んだ時期だったことと軌を一にする。ジョルジュ・サドゥール『世界映画全史』によれば、一八九八年から一九〇二年にかけての時期は「誕生しかかった映画にとって悪い時代であり最悪の厳冬であった。まるで映画がこうした危機を克服できず、もはや屍にすぎないかのように思われた。だが、そんなことはまったくない。蛹のくすんだ生気のない殼の下には新たな生命が宿っており、それが突然飛び立つことになる」[58]潜伏期が、ちょうど上海にも訪れたとことになる。

世界的視野で見れば、パリでは「一八九六年から一八九七年にかけての熱狂後は、幾軒かの定期上映館と露天小屋だけが映画専門館として残った」[59]程度の停滞とはなるが、これと併行して、デュファイエル百貨店での興行が盛んになるなど裾野の拡大、庶民層への浸透が進んでいた。さらにイギリスでは「一九〇〇年における世界の映画興行の筆頭を占めて」[60]いたほどで、一九〇一年からはミュージック・ホールで映画がかかるようになる。またアメリカでも、アメリカン・バイオグラフ社が提供するフィルムにより、キース・チェーンなどのミュージック・ホールで映画は上映され続けた。ジョルジュ・サドゥールは、アメリカでの情況を次のように記している。

「アメリカでは、スモーキング・コンサートや発展途上にあったヴォードヴィルが流行していた。こうした一〇セントか二〇セントの安いバラエティ・ショーは何よりもまず移民たちに向けられており、移民たちはビールを飲み、煙草をふかしながら軽業や女たちを眺めたり、必ずしも歌詞を理解していない歌を聴いたりするのを望んでいたのである。この種の演芸場は今世紀の最初の数年間に数多く増加したが、それは長く続かず、すぐに映画館に変わっていった。」[61]

アメリカでの主要な観客が、「必ずしも歌詞を理解していない歌を聴いたりするのを望んでいた」移民である点は、米中の映画受容層の近似性を感じさせる側面でもある。上海における活動影戯興行は、市場としてはまだ芽生えたばかりの規模の小さなものだったとはいえ、すでに緒論第三章(3)項で言及したとおり、言語が障壁とならない演目を好む上海にあっても、アメリカと同様（もちろん、入場料の高さから見て上海の方が社会階層、所得水準は上だろう）の事情が横たわると見て良かろう。

(3) 活動影戯衰退の先

活動影戯が沈滞する一方で、その穴を埋めるように興行が一層賑やかになるのが、人形芝居、サーカス・軽業、手品・奇術類だった。これも、言語が障壁とならない演目の優勢を示す一例といえるが、こうした演目の興行はこの後もしばらく変わりなく続いてゆく。

一八九九年以降、上海で興行された演目で、活動影戯以外の主なものを拾うと以下のとおりだ。

一八九九年
華蓮馬戯（虹口百老匯《ブロードウエイ》路豊順水手館對面）　四月四日～五月六日
泰西傀儡戯（D'Arc's Marionettes／虹口百老匯路豊順水手館對面）　四月七日～五月四日
外國馬戯（寶仙茶園）　八月四日～
蠟人蠟物（禮査飯店）　五月二八日～六月四日　六月一一日～七月一二日
一九〇〇年
脚踏車戯（張園）　四月二一日～四月二九日　〝坐單脚車〟
燈戯（群仙茶園）　三月六日～三月九日
華倫馬戯（虹口百老匯路水手會館對門）　五月三日～六月六日
一九〇一年
泰西技芸（俄國《ロシア》道路司洋行）　一一月七日～一一月一〇日
〝一本の鉄線上で各種技芸〟〝支えのない竹梯子上で笛吹き〟
一九〇二年
美國大法戯　一二月二三日～一二月二四日　〝北京皇城内魁升名班〟〝美國より回華〟
一九〇三年
札得利獸戯（跑馬場對面空地）　四月二四日～五月九日
〝獅子猛虎大象名馬及狗猴飛鳥之類〟
俄國大馬戯　九月二日～九月四日　〝大水戰之戯〟
一九〇四年
哥奴拉外國戯（張家花園）　五月一三日～五月一五日
法國文武大戯（跑馬場對面）　五月二一日～五月二二日　五月二四日～五月二五日

馬戲（哈麻司敦馬戲）　六月九日～七月二六日　（泥城外跑馬場對面金隆西客館西首）

一九〇五年

外國戲會（美《アメリカ》人西門司《シモンズ》來滬演戲）　四月四日～六月七日

燈戲（玉仙茶園）　二月九日～二月二二日

燈彩新戲（鶴仙茶園）　九月二九日～一〇月五日　〝内廷供奉貴俊卿獨出心裁新齣〟

改良新戲（天仙茶園）　一二月二日～一二月九日　一二月一四日～一二月二五日　〝新作時務改良新戲〟

　このうち「華蓮」と「華倫」は、同じ名称の表記上の違いと思われ、これは多くの場合「Warren」などの名称に当てられる音訳だが、当時の世界のサーカス団を探ってもこれに該当する一座を見出すことができない。一九世紀末から二〇世紀初頭にかけて、アメリカでは「Ringling Brothers（リングリング・ブラザーズ）」や「Barnum & Bailey Circus（バーナム・アンド・ベイリー・サーカス）」（この二座は後に吸収合併する）と並んで「The Wallace circus（ウォレス・サーカス）」が、巨大な一座を組んで全米を汽車で興行する動きが盛んだった。

　この中、バーナム・アンド・ベイリー・サーカスが初めて国外興行に出かけたのが一八八九年のロンドン興行であり、一八九八年から九九年にかけてはヨーロッパ中でくまなく興行していた。[62] こうしたアメリカのサーカス団が上海に興行に訪れた可能性は、しかしながらあまり高くない。あるいは、オーストラリアのサーカス団の可能性があるかもしれないが、目下のところ「華蓮」「華倫」サーカス団については究明できていない。

　これに加えて一九〇三年には「俄國（ロシア）」や「札得利（ザドゥーリ？）」が、一九〇四年には「哈麻司敦（ハマーシュタイン）」等、上海には毎年サーカス団が来訪し興行を行っていることが分かる。一八九九年四月興行では、このウォレス・サーカスとダーク人形劇一座（本章第三節(1)項参照）とが、同じ時期に同じ豊順船員会館前で興行していることになるが、その詳細についても未詳だ。この他、一九〇〇年四月に張園で興行を行った「脚踏車戲」は自転車曲乗りのことだが、「坐單脚車」と広告しているところから見ると、現在のセーフティー型の前段階の自転車「オーディナリー型（巨大な前輪と補助的な後輪）」での曲乗り、もしくは一輪車の曲乗りを意味するのだろう。一九〇一年の「泰西技藝」も、「一本の鉄線上で各種技芸」「支えのない竹梯子上で笛吹き」と説明されることから見て、やはり軽業、サーカスの一種と見られる。

　こうしたサーカス興行について注目しておくべきことは、一九世紀末から二〇世紀初頭にかけては、世界のサーカスが大転換期を迎えていたことだ。一九世紀半ばに完成した馬の曲乗りを主とした古典サーカスは、象やライオンの芸へと多様化し、さらに空中ブランコ、綱渡り、そして軽演劇までもサーカスを構成する要素となっていた点だ。[63]「馬戯」とはいうものの、上海で受け入れられたのは、こうした芸種が多様化したサーカスだったことが、上記の綱渡りなどの例からも窺える。

最後に、一九〇一年までで活動影戯興行を止めた徐園は、その後どうなったかを見ておこう。すでに『上海市地方志・上海園林志』に記載があったとおり、[64]宣統元（一九〇九）年には移転再興に向かう徐園だが、活動影戯興行は一九〇一年三月を最後に開催していなかった。その後、めぼしい興行広告を出していなかったが、一九〇二年一一月には次の広告を掲載して一旦営業を休止してしまう。

「弊園は〈旧暦〉一一月一日〈陽暦一一月三〇日〉より大晦日まで、すべての遊覧を休止し、明年元旦〈陽暦一九〇三年一月二九日〉より引き続きご提供いたします。お客様各位へお知らせまで。[65]」

翌一九〇三年の旧正月が明け、『申報』の発行が始まっても（『申報』は、旧暦一二月二八日から同正月五日まで休刊）、徐園の興行広告は掲載されず、再開したことを示す特段の動きは見られない。園は再開したのかも知れないが、もはや新聞広告を出して上海中から広く遊覧客を集める興行方式は採らなかったようだ。活動影戯興行を停止した徐園は、急速に公開興行を縮小していったと見られる。

かくして、世界中の映画興行が新たな飛躍を前にして停滞していたのと軌を一にした格好で、上海でも活動影戯はもはや興行として成り立たなくなったのだった。ただ、活動影戯が「戯法（奇術・手品）」や「灘簧（蘇州・杭州等の地方音曲芸能）」との組み合わせで興行されたこと、夏場の納涼興行であればさらに花火が組み合わされて華やかな興行となったことが記憶に刷り込まれ、その興行方式が後の映画興行にも色濃く影を落とし、雛型としてしばらく継承されていったことは忘れてはならないところだ。

【第二章注】

1　これに先立つ一月二九日（旧暦光緒二四年正月初八日）から三一日（同正月初十日）まで、天華茶園で「新到外洋人異様影戯」を演ずるとの広告が見えるが、すでに前年「美國機器電光影戯」と銘打って活動影戯興行を行った天華茶園が、このような名称で活動影戯を興行するとも思えないので、これは活動影戯興行としては除外して考えておく

2　『申報』一八九八年二月一八日金曜日（陰暦大清光緒廿四年正月廿八日）

3　『Hong Kong Cinema』一八ページ

4　『Hong Kong Cinema』注、二七ページ

5　『世界映画全史』第三巻「8 映画興行の擡頭一八九八〜一九〇二」一七二ページ

6　「電影初到上海考」で黄徳泉は、この一八九八年徐園での興行が、「西洋影戯」ではなく「留生電光戯」と銘打っていることも、「西洋影戯」が活動影戯ではなかった証左のひとつとする。同論文一〇四〜一〇五ページ

7　『申報』一八九八年七月三日（旧暦五月一五日）日曜日の広告。『中国電影発展史』では、この一八九八年放映の具体的日時を明示していない。おそらく、以下に挙げる『趣報』の発行日五月二〇日を西暦日時と混同したため、『申報』の西暦日時の該当箇所を捜索しても見出せなかったものと推定する

8　『申報』一八九八年七月六日水曜日（旧暦大清光緒廿四年五月一八日）

9　『中国電影発展史』八〜九ページ。同書の記述では、『趣報』一八九八年五月二〇日付とするが、これは当時の新聞の常例として旧暦表示であるものをそのまま写してしまったことによる誤りで、陽暦では一八九八年七月七日付でなければならない。この日付の混同に眩惑されて、前掲の黄徳泉「電影初到上海考」では、『趣報』が一八九八年六月二九日創刊であるため「徐園紀游叙」は存在し得ないと臆断する過ちを犯すにいたっている（同論文、一〇五ページ）

10　たとえば、『中国近代報刊名録』（史和・姚福申・葉翠等編、福建人民出版社、一九九一）、『中国新聞事業編年史』（方漢奇編、福建人民出版社、二〇〇〇）、『晩清民国時期上海小報』（李楠著、人民文学出版社、二〇〇六）等でいずれも採録し、なおかついずれも一八九八年六月二九日（旧暦光緒二四年五月一一日）創刊とする

11　チャールズ・マッサー『Edison Motion Pictures, 1890-1900: An Annotated Filmography』では、№２４７に配列され、James Whiteプロデュース、William Heise撮影とされる（同書二五一ページ）。また、アメリカ議会図書館のサイト内American MemoryにあるEdison Companies - Film and Sound Recordingsセクションでは、初期作品の一部が動画でコレクションされており、現物（圧縮版）を確認できる。〈http://memory.loc.gov/ammem/edhtml/edhome.html〉

12　『Edison Motion Pictures, 1890-1900』では、それぞれ№１７８、№３０９、№１９７、№１６、№４６、№１０８（同書二一五ページ、九九ページ、二八八ページ、二二五ページ、八三ページ、一〇八ページ、一六六ページ）に排列解説される

13　エジソン・フィルムの画像は、いずれもDVD『Edison The Invention of The Movies』（MoMA〈ニューヨーク近代美術館〉

編、KINO Intl. Corp. , 2005）よりキャプチャーしたもの

14 『世界映画全史』第三巻「8 映画興行の擡頭一八九八～一九〇二」一六九～一七一ページ

15 緒論注45参照

16 緒論注53参照

17 緒論注52参照

18 『上海的橋』（張惠民・周渝生主編、華東師範大学出版社、二〇〇〇）によると、上海には今でも地名に残る斜橋（陸家浜路と徐家滙路が交接する辺り）以外に、静安寺の東側、現呉江路と石門一路近辺に斜橋が存在し、そこから斜橋路も派生したという。同書八七～八九ページ

19 『滬游雑記 淞南夢影録 滬游夢影―上海灘與上海人』（葛元煦・黄式權・池志澂著、鄭祖安・胡珠生標点、上海古籍出版社、一九八九）一六一～一六二ページ

20 第一章第四節注79参照。『忘山廬日記』（『續修四庫全書』〈上海古籍出版社、一九九五年〉第579冊）四七〇～四七一ページ

21 本章第二節注5に同じ

22 『圖畫日報』環球社編輯部編、上海（上海古籍出版社、一九九九・六復刻版）第1冊一～五六六ページ

23 いずれも二〇一二年一一月筆者撮影

24 明治四四〈一九一一〉年一一月刊、敬文館發行。森林太郎序・服部宇之吉序・佐々木信綱序付。『幕末明治中国見聞録集成』第6巻（小島晋治監修、ゆまに書房、一九九七）所収。引用箇所は、同書二六三～二六七ページ

25 『上海市地方志・静安区志』「圖片・地圖」。以下のサイトから引用：
http://shtong.gov.cn/node2/node4/node2249/node4412/node70295/node70297/userobject1ai37936.html

26 『圖畫日報』環球社編輯部編、上海（上海古籍出版社、一九九九・六復刻版）。図像42は、原書第十號第二頁、復刻版第1冊一～一一〇ページ

27 緒論第三節注45参照。第一篇私園・寺院、第二章営業性私園、第一節味蒓園。閲覧は次のサイトによる：
http://shtong.gov.cn/node2/node2245/node69854/node69859/node69907/node69911/userobject1ai69551.html

28 我が国で常用される面積比較基準の東京ドームは、四万六七五五㎡を1単位としているから、この換算式でいうと張園は東京ドーム一個分に満たないことになる

29 大正元（一九一二）年八月刊（非売品）民友社印刷。『幕末明治中国見聞録集成』第一七巻（小島晋治監修、ゆまに書房、一九九七）所収。引用箇所は、同書四〇一～四〇二ページ

30 熊月之によれば、張園の最盛期は、一八九三年から一九〇九年頃までという。緒論注44参照

31 図像43～46は、いずれも二〇一二年一一月筆者撮影

32 『申報』一八九八年一〇月三一日。

33 『申報』一九〇六年六月七日。広告記事全文：「張園での気球両大家の打上げをご覧あれ 南アフリカのスコットとポルトガルのメイス両氏が、次の日曜日すなわち陽暦六月一〇日に張園にて気球競技を開催。スコット氏の気球は大官号と称し、メイス氏の気球は桂花号と称す。同時に上昇し高度五千フィート

〈約千五百メートル〉で急降下、落下傘とともに張園に降下。五秒ごとに小気球を放出しお客さまにご覧入れます。この他役者九名の上演と武芸の試演を併演。開門午後二時、気球打上げは五時頃。特等席一元二等席五角。」

34 『上海市地方志・上海園林志』第一篇私園・寺院、第二章営業性私園、第二節雙清別墅。下記サイトによる：〈http://shtong.gov.cn/node2/node2245/node69854/node69859/node69907/node69911/userobject1ai69552.html〉

35 第一章第四節注82参照

36 第一章第四節注89参照

37 第一章第五節注94参照

38 『游戲報』一八九八年七月一一號月曜日、第三七五號

39 『世界映画全史』第二巻「9 リュミエールの競争相手と慈善バザールの大惨事」一五三ページ

40 『申報』一八九九年七月一日土曜日（旧暦光緒二五年五月二四日）

41 第一節⑶項に記したとおり、七月一杯と、九月とではフィルムが「美國影戲」から「英法行動影戲」へと代わり、一一月にはさらに「法國活動影戲」へと変遷しているので、これを機にフィルムの入れ替えが行われたのではないかと推測する

42 『申報』一八九九年一〇月一四日土曜日（旧暦光緒二五年九月初十日）の広告

43 『申報』一八九九年九月二日土曜日（旧暦光緒二五年七月二八日）

44 『Hong Kong Cinema』一九ページ

45 『申報』一八九九年三月二四日金曜日（旧暦光緒二五年二月一三日）

46 『申報』一八九九年六月一一日日曜日（旧暦光緒二五年五月初四日）。端陽興行前日の予告広告

47 『申報』一八九九年九月一九日火曜日（旧暦光緒二五年八月一五日）。興行当日の広告

48 たとえば厦門については、洪卜仁『厦門電影百年』（厦門大学出版社、二〇〇七）があり、寧波については徐文明「一座城市電影放映的歴史記憶書寫—關於寧波一九一〇～一九三〇年代電影放映及影院經營状況的研究」（『当代電影』総第一二九号、二〇〇五年六期）。また上海以外の地区を対象に映画受容の足跡を求めた劉小磊『中国早期滬外地区電影業的形成〈一八九六～一九四九〉』（中国電影出版社、二〇〇九）もあるが、中国への映画伝来の道筋を上海以外にも求めて探究した点は評価に値するが、各地区の細かな足跡については十分な調査が行われているとは見えない

49 丹桂茶園は、緒論第三節⑵項で触れたとおり、早くから開業していた老舗茶園で、北京から著名京劇俳優を招聘するなど上海京劇の牙城であった。一方その興行は、たとえば一八七五年にはワーナー奇術団を招いたり、ガス灯による幻灯芝居興行を行ったり、また近くは一八九六年七月にもフランス革命記念日祝賀として新式芝居公演を行うなど、保守一点ばりではなかった。しかし、そういう茶園でも、活動影戲には手を出さなかった

50 『世界映画全史』第三巻「8 映画興行の擡頭一八九八～一九〇二」一七二ページ

51 『申報』一九〇一年九月一八日水曜日（旧暦光緒二七年八月初六日）

52 第一章第三節注57参照。ＩＭＤｂによる

IMDb、Pathé Frères [fr]。http://www.imdb.com/title/tt2603992

53 IMDb、Pathé Frères [fr]。http://www.imdb.com/title/tt1657325

54 IMDb、Pathé Frères [fr]。http://www.imdb.com/title/tt1657385

55 IMDb、Pathé Frères [fr]。http://www.imdb.com/title/tt1657386

56 IMDb、Société des Etablissements L. Gaumont [fr] フィルム・リストの中、「Production Company - filmography」一八九六年から一九八〇年までの二三八九本の中には見出せない。また同じく「Distributor - filmography」一〇八八本の中にも該当するフィルムは見当たらない。閲覧サイト：http://www.imdb.com/company/co0059061/?ref_=fn_co_co_88

57 いずれも『Edison Motion Pictures, 1890-1900』p.502。フィリピン映像は、パテ社では一九一一年の「Excursion dans les rapides de la rivière Magdapis, îles Philippines（マグダピ川の急流遊覧、フィリピン島）」が最初であり、ゴーモン社では、注56のフィルモグラフィーにはフィリピンものは見出せない

58 『世界映画全史』第三巻「8 映画興行の擡頭一八九六～一九〇二」、一六五ページ

59 『世界映画全史』第三巻「8 映画興行の擡頭一八九六～一九〇二」、一六五ページ

60 『世界映画全史』第三巻「8 映画興行の擡頭一八九六～一九〇二」、一七〇ページ

61 『世界映画全史』第三巻「8 映画興行の擡頭一八九六～一九〇二」、一七一ページ

62 『サーカス―起源・発展・展望』（エウゲニイ・クズネツォフ著、桑野隆訳、ありな書房、二〇〇六）三七三ページ

63 『サーカス―起源・発展・展望』三七四～三七九ページ

64 本章注35参照

65 『申報』一九〇二年一一月二四號月曜日（旧暦光緒二八年一〇月二五日）

第三章　活動影戯園の誕生

第一節　常設映画館に向けて

(1) アトラクションとしての活動影戯興行

停滞と潜行の時期を迎えた活動影戯が、次に上海の表舞台に姿を現すのは、一九〇六年のことだ。

一九〇六年に新聞紙上に活動影戯興行広告が復活して以降、五年間の活動影戯及び主なアトラクション興行広告を追うと、表5のとおりだ。

ここで注目しておきたいのは、一九〇六年の七月に開催された活動影戯興行だ。一つは「大馬路坭城橋（南京路西端、現在の西蔵中路と交叉する辺り）」であり、もう一つは「頤園（静安寺斜橋堍路）」という新参の花園であることだ。もはや、かつて活動影戯興行で集客を勝ち得た徐園でもなく、また新奇アトラクションを次々興行して人気を博した張園でもなく、また愚園でもないのだ。頤園は、「静安寺斜橋堍路」[1]と表示されるので、現在の呉江路と石門一路が交叉する辺りに位置しており、張園に近い地点だ。張園の関心はすでに活動影戯から離れたのか、この年は気球打上げ興行（第二章第二節(3)項注33参照）での集客に狙いが移っていた。新手の興行場所で、活動影戯は息を吹き返した形だが、かつて隆盛を極めた三大花園が一九一〇年前後には、あるいは凋落に向かい、あるいは移転再興を図り、総合娯楽施設としての夜花園が、活動影戯停滞前とはずいぶん様変わりしていることが読み取れる。前掲の日本人二人の印象記（第二章第二節(2)項参照）が、ともに一九一〇年前後であったことを想起すれば、昔日の輝きは失われ、もはや遊覧客に訴求する魅力も減少していたことが了解できる。

これに代わって擡頭した新興の花園は、一九〇七年の留園（徐家匯路）、滄園花園（静安寺西）、武昌路花園（武昌路北四川路角）で、いずれもこの年新たに開園したか移転した、

表5　1906-1910 年の主なアトラクション興行

年	興行主／地点	月日	戯目／其他
1906	大馬路坭城橋 (租地)	7 月 3 日 -22 日	電光活動大影戯
	頤園 (静安寺斜橋堍路)	7 月 18 日 -24 日	日露戦争電光活動影戯
	張園 (気球打上げ)	5 月 16 日 -31 日	
		6 月 7 日 -10 日	南アフリカ・スコット及ポルトガル・メイス
	留園 (電光気球)	8 月 4 日	
1907	留園 (徐家匯路)	7 月 28 日	パリ新大影戯
		7 月 29 日	五彩機器影戯
	澹園花園 (曹家渡ロビンソン路十号)	7 月 10 日 -	五彩電光／超級照片影戯
	武昌路花園 (武昌路北四川路角)	7 月 27 日 -31 日	活動大電光新影戯
	怡園 (華麗公司)	9 月 17 日 -23 日	フランス新出超級影片
	鴻祿茶園 (漢口路大新街口)	11 月 22 日	英米兩国五色電光影戯
1908	幻仙館 (美界崑山路呉淞路角)	1 月 1 日 -5 日	欧州 < 美術聲光 > 電戯
	羣園大花園 (愚園北側膠州路)	8 月 11 日 -28 日	影戯音楽戯フランス女跳舞
	張園 (北四川第五十一号)	8 月 11 日 -9 月 9 日	アメリカ影戯／外国男女歌劇
		11 月 1 日 -12 月 1 日	アメリカ影戯／外国男女歌劇
	幻仙戯園 (泥城橋堍天然有音戯館旧跡)	12 月 4 日 -22 日	新発明有音電光影戯
	影戯災害支援 (大馬路五雲日昇樓後面)	8 月 19 日 -9 月 10 日	影戯片有声有色 (徽州水害)
	影戯助賑 (錢荘會館後海甯路巡捕房裏首)	9 月 20 日 -10 月 21 日	改良極上電光影戯 (安徽鎭江揚州等災害)
1909	法界十六舗 (外灘鐵洋房内)	3 月 9 日	電光影戯／特別人形劇／極上戯法
		3 月 13 日 -4 月 7 日	五彩電光影戯／泰西大法術／機器人形劇
	謀得利 (Moutrie) (南京路本公司)	9 月 16 日 -20 日	極上電光影戯
	留園 (夜花園)	6 月 9 日 -7 月 24 日	花火／戯法／影戯／西樂／灘簧
	避暑園 (仏租界盧家湾)	7 月 7 日 -7 月 21 日	特別新奇電光戯
		8 月 4 日 -20 日	特別新奇電光戯
	中国青年會 (四川路／災害支援募金)	7 月 5 日 -7 日	電光影戯
	張園	8 月 17 日 -23 日	(七夕節句) 五彩新片電光影戯
	興隆旅館 (ブロードウェイ路南潯路角)	11 月 16 日 -29 日	貴重影戯／新着米国女ダンス
	亞開特影戯 (ブロードウェイ路禮拜堂裏)	11 月 16 日 -29 日	各種最新最佳活動影戯と歌舞ダンス等
	謀得利戯館	5 月 6 日 -	

1910	中國青年會	1月26日	極上五彩活動電戲／<眞正>最近發明蓄音機
	大清活動電光影戲公司(於張園)	7月2日-7日	新式電光影片
	留園(維多利亞大戲園提供新奇活動影戲)	7月15日-8月5日	新奇活動影戲／欧州各国著名美女による奏歌跳舞／特等名師幻術戲法
	避暑花園・亨白避暑花園(Alhambra)(徐家匯路九号)	7月25日-26日	新奇活動影戲
		7月27日-30日	影機戲片(フランス盈昃影戲公司)
		7月31日-8月3日	演戲毎夜一人の空中芝居／美人西洋人ダンス
		8月4日-8月10日	中国名優演劇及西洋女子ダンス
		8月11日-19日	上等影戲毎晩入替え一千尺／中國戲法／攤簧／泰西美女ダンス
		8月20日-30日	大斧にて欧人の頭切落とし
		8月31日	影戲毎晩入替え一萬二千尺
	興商勸業場(仏租界吉祥街)	8月7日-14日	極上影絵十大景色／電光影戲
		8月15日-18日	新片影戲／慈禧太后出殯全図／五彩新戲片
		8月19日-22日	東京著名美術家客演五日間

いわば新規開園の「こけら落とし」興行で、以前は名称さえ聞かれなかったところだ。ここで活動影戲をアトラクションに採り入れ、遊芸の一つとしているが、その興行形態はほとんどかつての徐園や張園のモデルを踏襲しただけの新味に乏しいものだった。澹園花園の興行広告は、次のように興行内容を告知している（図像55参照）。

「澹園花園新規開園広告　本園主は巨資を投じ静安寺警察後曹家渡近くのロビンソン路〈現長寿路〉十番地に開設。花園内の宏大な洋館はバルコニーが四周を巡り四〇〇〇人を収容可能。高台に位置し樹木が掩うため避暑納涼に最適。名茶酒肴、華洋各種食事も取り揃え、衛生には細心の注意を払い、入場料は度外視。毎晩八時から外来招聘の特上技術者が気球打上げ、日本式花火等打上げ。新着極上彩色電光影戲、北京より招聘の特上奇術上演。他に灘簧〈蘇州・杭州等の地方音曲芸能〉、中国西洋音楽上演。二週間は代金の半額を慈善救済金に充当。六月一日開業

図像55　澹園花園開園広告（第1面トップの位置）

の予定。開業の際は何とぞ各界人士令嬢ご来臨いただきたく、ここに予告まで。　主人敬白」[2]

　飲食を提供することはもちろんのこと、園内をそぞろ歩きながら花火を鑑賞し、気球の打上げに魅入られ、奇術に眼を奪われ、活動影戯を覗き、音曲に耳を傾ける遊興形式であることが知れるが、もはやこれは活動影戯の興行というより、夜花園のアトラクション興行の定式と呼ぶべきものだ。活動影戯は、そのアトラクションのいくつかある中の一つにすぎない。

　ただし一つだけ注目すべきこととして、この当時パテ社やジョルジュ・メリエスらが進めた彩色映画（五彩電光影戯）がすでに採り入れられていることを挙げておく必要がある。パテ社では、当初ハンドメイドだったものを、一九〇五年頃からは抜型式の機械化へと改良して量産できる体制を整えていた。[3]もちろん、着色というだけで、この時のフィルムがフランスパテ社製と即断することはできないが、同じ時期に移転再開興行を行った留園の広告に「巴黎《パリ》新大影戯」[4]と掲げていることから見て、同じ時期に他の巡回興行師がいるとも思えないので、パテ社製である可能性は高いと思える。

　上海在住のフランス人E. Labansat（中国語訳表記：楽浜生／ラバンサ）が、一九〇八年にはフランスパテ社（Pathé Frères）の在華代理権を持つ「柏徳洋行」（その後一九一〇年から「百代公司」と改称）を設立していたといわれるが、[5]当初の営業の主力はレコード業務に注がれていたため、まだこの時期映画フィルムの配給業務は手がけていなかったと思われる。とはいえ、一九〇一年以降映画製作を強化していたフランス本社では、すでに蓄音機事業よりも映画制作事業での収益の方が上回っており、しかもその純益の一部は海外の代理店や、支店の開設に投資されていったという。[6]上海において、その後パテ社が映画配給で優位性を占める基盤は、すでにこの頃から形成され始めていたと見てよいはずだ

(2) 興行方式の新たな動き

　さらに一九〇八年に入ると羣園大花園が「愚園北膠州路華16號」に開園し、「毎晩影戯と音楽、奇術、西洋女性ダンス」[7]との広告を出す。もちろんこれも、判で押したように飲食を提供し、日本製花火と同じく日本の手品が、そして西洋人女性のダンスが演し物に加えられている。

　張園も、再度活動影戯興行を打ち出すが、その地点は「虹口北四川第五十一號門牌與靶子路相近」と掲示し、従来の張園花園から出て、新たな興行場所を開設した様子が窺える。この張園の広告で眼を引くのは、「毎週水曜、土曜にフィルムを更新して演目一新」[8]と、フィルムの定期的入替えを打ち出しているところだ。かつての花園での活動影戯興行では、いつフィルムを入替えるのか明示されたことはなかったし、

一八九八年七月の徐園興行（第二章第一節(2)項参照）の時のように何本フィルムがあるかを告知する例もめったになかったのだ。

こうして、新たな夜花園が生み出されてきたが、活動影戯の興行方式は、相変わらず奇術や手品、軽演劇や灘簧（蘇州・杭州等の地方音曲芸能）と組み合わされ、いくつかのアトラクションの中の一つとして演じられるものだった。ここからも、夜花園のアトラクション興行の方式として、こうしたいくつかを組み合わせることがすでに定式として確立していることが見て取れる。しかし、このような活動影戯の相も変わらぬ興行の中にも、小さな更新が認められるようになる。

一九〇八年一二月に、幻仙戯園が新規に登場するが、この興行は「新発明音声付き電光影戯」を掲げて、次のとおり広告する。

「新規開園　新発明音声付き電光影戯広告
本園はパリより各種新片を手配。上海ではこれまで放映されたことのない彩り鮮やかで眼を奪う驚きの出来。珍しさ巧みさは右に出るものなし。これと併せ改良灘簧並びに各種奇術上演。美しきもの集まらざるはなく、珍しきもの備わざるはなし。座席は広くゆったり、男女別席。暑き時は扇風機、寒き時はストーブ備わり、冬暖かく夏涼しく一年中快適。ご光臨の向きは、泥城橋脇旧天然有音戯館跡までお越しを。」[9]

上映場所として見ると、これまで主流だった夜花園とは異なり、室内興行であることが明らかで、なおかつ冷風暖房設備を調え一年中快適を謳うところからして、夏場だけの納涼興行を想定したものではない。つまり、ほぼ常設に近い活動影戯小屋と呼べる放映施設ということになる。もちろん、活動影戯以外に灘簧と各種奇術を併演しているところは、従来の定式どおりで何ら変わりはないが、夜花園の露天興行、納涼型興行から一歩踏み出しつつあることが見て取れる。

初めて上海に活動影戯が伝来した一八九七年、それをもたらしたモーリス・シャルベが興行の場に選んだ天華茶園も、確かに室内の芝居小屋だった。だが、その興行以降、活動影戯は芝居小屋からは遠ざかり（あるいは遠ざけられ）、もっぱら夜花園で興行され、露天か、それに近い吹き抜け状の会場で放映されるのが常だった。そのような放映会場では、もちろん扇風機やストーブの暖房などは無用の設備だった。「天然有音戯館」がどのような組織で、いかなる設備を有する施設なのか、残念ながら詳らかに出来ないが、少なくともジョンソンとシャルベが天華茶園での興行の際に、舞台を一時的に借用したのとは異なり、旧「天然有音戯館」が使用していた施設を転用して、常時興行する小屋として設置したと見ることができる。

次図は、一九〇九年から一九一〇年の二年間にわたって発行された『圖畫日報』に掲載されたそれぞれ「上海社会之現象」と「営業写真」シリーズの中の一葉だが、いずれも一九〇九年内か翌一九一〇年初頭にかけての発行と思われる。図像56からは室内で活動影戯を放映、観覧している様子が窺えるし、図像57からは、四馬路（福州路）にある活動影戯園の賑わいが見られる。すでに表5で一覧したとおり、この『圖畫日報』が発行された時点以前に室内で活動影戯興行を行っていたのは、鴻祿茶園と幻仙戯館、謀得利、興隆旅館、興商勧業場くらいしか該当するところがない。この他、頤園と怡園も、あるいは花園ではなく室内の施設かも知れないが、少なくとも一九〇六年から一九一〇年までに興行広告された活動影戯放映施設からは、この『圖畫日報』に該当するものは見当たらない。

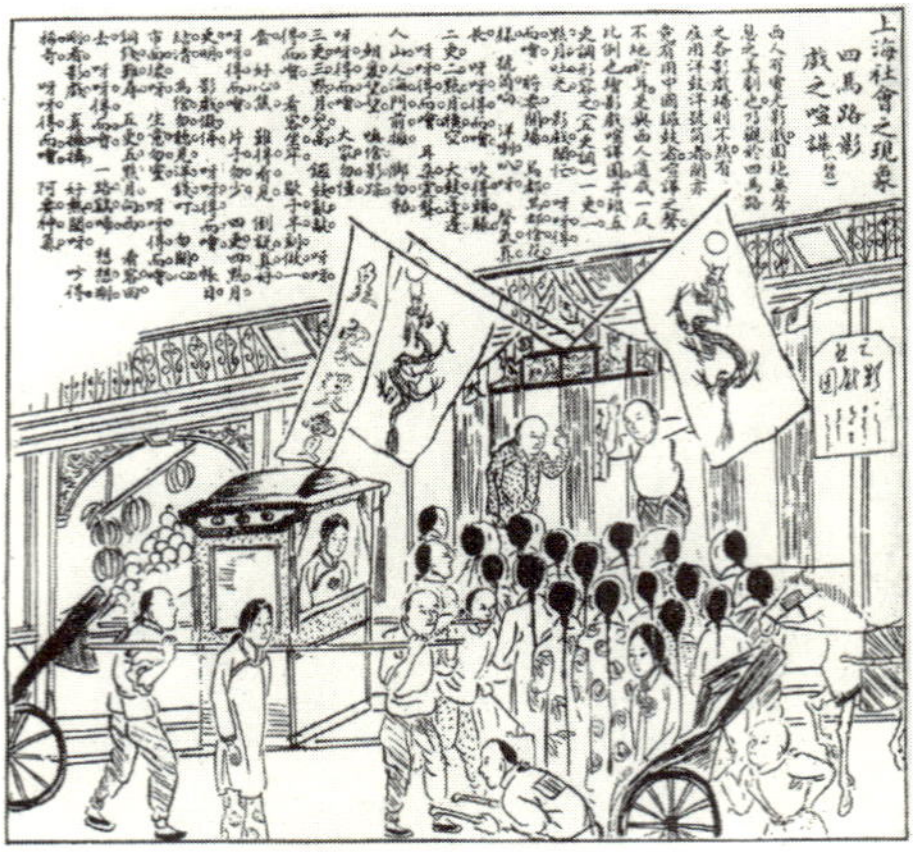

図像57　当時の四馬路の影戯園

図像56　当時の影戯院興行風景[10]

図像56では、右側に楽団が構え、映写に合わせて演奏している様子が描かれ、図の上部には以下の詞書きが添えられている。

「影戯を行う　部屋を一間借りて影戯をする、価格は安く比べようもない、二〇文で見せてもらえ、人物も山や川も景色は新しく、田畑も家屋もその場に身を置くよう、どれも見事と褒める価値があり、情け容赦ない水害天災も本当のよう。[11]」

二〇文は、銀本位制貨幣の輔助機能をはたす銅銭のことだが、洋銀一元との交換レートは時期により変動していた。一九〇五年頃では、大体一銀元が一〇〇〇文（銅銭一〇〇枚）程度に相当していたため[12]、ここでの二〇文は、一元の一〇〇分の二、つまり洋銀〇・二角に匹敵する。一八九七年にクックが最初に張園でアニマトスコープ興行を行った際の料金が一元だったのに比べると相当廉価になり、シャルベが天華茶園でシネマトグラフを放映した時の代金が一等五角、二等三角、三等二角、四等一角だったのに比べても(第一章第四節(1)(2)項参照)、格段に価格は下がっている。また、一八九八年以降徐園で興行された際の料金は、入園料込みで四角、一八九九年の興行の際は八角四角二角の三段階だったことを勘案すると、二〇文＝〇・二角という代金は、一〇分の一以下に下がり、相当廉価なところへ落ちてきたといえるだろう。

表5(一一八～一一九ページ)は『申報』掲載の興行広告を拾ったものだが、夜花園にせよ室内型の興行施設にせよ、一九〇六年から一九一〇年までの活動影戯放映施設は、いずれも四馬路(福州路)を所在地とはしていないので、図像57に描かれる活動影戯園とは一致しない。これは、次項に見るガレン・ボッカ(Galen Bocca)が福州路昇平茶樓で行った興行(一九〇三年以前)か、その映写機材を譲渡されたA・ラモスが青蓮閣で行った興行(一九〇三年以降)の情景を追想して描かれたものではないかと、疑われるところだ。

幻仙戯園の興行に戻って、放映する活動影戯を見ると、「新発明音声付き電光影戯」を売り物にしているが、これはハリー・クックのアニマトスコープやモーリス・シャルベのシネマトグラフがピアノ伴奏や蓄音機の伴奏付きで放映したのとは異なり、映画そのものに音声が附帯されたものと理解できる。広告では何も説明していないが、おそらく、一九〇〇年のパリ万国博覧会で驚嘆の対象となったフォノ・シネマ・テアトルの流れを汲むものか、その後ゴーモン社が開発したクロノフォンなどのように、円盤式レコードないしは蠟管の音声と同調して映写する方式のものだったのではないだろうか。かつての蓄音機伴奏は、映像の流れに沿って伴奏曲が奏でられるだけだが、フォノ・シネマ・テアトルなどの方式は、別同調ではあれ、映画に合わせて音声を聞くことができるため、その後のトーキーに大きく近づくものだった。もっとも、フォノ・シネマ・テアトルは、一九〇〇年のパリ万国博覧会終了後、一時的な熱狂に包まれ各地を巡業したが、一年あまりで消滅してしまったといわれるから[13]、これが実際に上海に興行に来たとは考えにくい。ゴーモン社のクロノフォンも、そもそも高価で、その割に音響性能が確保できず、あまり普及しなかったようだから、これが上海に持ち込まれた可能性も高いとはいえない。幻仙戯園で放映された「有音電光影戯」が何なのか、この広告情報だけでは特定するにいたらないが、こうした新たな趣向の活動影戯が、先に見た彩色映画とともに、次々上海に持ち込まれたことは間違いなさそうだ。それとともに、そこからは活動影戯への好奇心が衰えていないことが窺え、新奇なフィルムや新たな趣向の活動影戯さえあれば、興行がまだまだ成り立ちうることを物語るものともいえよう。
一九〇九年に入ると、謀得利《モートリー》(Moutrie)が短期間ではあるが活動影戯興行への参入を見せている。謀得利は、もともとピアノ製造販売を手がける楽器商で、そのためのホールを二階に設置していた。場所は、南京路が外灘《バンド》に接続する辺りで、現在の和平飯店南楼の辺りに位置していた。また、レコード蓄音機販売に力を注いでおり、すでに一九〇六年には、以下の広告を掲出して蓄音機とレコードの普及を図っている。この点では中国パテである「柏徳洋行」(本節(1)項参照)より先んじた格好だ。

「新着特等蓄音機　真正超級名優が唱う京劇北方劇広東劇安徽劇崑劇潮州汕頭地方劇、洋楽歌曲四、五千種、その音は実の舞台を十倍上回るもの。等級は一等二等三等四等〇ロイヤル〇シルバー〇ブラック〇グリーンの各種。格安で良品。ご愛顧いただく場合、機器上及びレコード盤上に謀得利公司の表示あるものが純正品ですのでお確かめください。販売所は棋盤街〈現河南中路の延安東路と福州路に挟まれる間〉〇興昌祥〇慎泰〇懋昌洋貨店。〇上海南京路東端〇英国謀得利総公司謹啓」[14]

この謀得利のホールは、その後勃興する新劇運動の中、芸術派の雄であった春柳社が拠点として上演を行う場となるが、この頃はまだ活動影戯の貸し小屋のような営業も行っていた模様だ。その後一九一五年からは、「春柳新戯社舊址」と表示して、文明新戯低調の穴を埋めるように活動影戯放映を専門的に行うようになるが、この時期はまだ謀得利自体が活動影戯興行に参入したのではなく、上映会場としてホールを賃貸したものと理解しておく方がよさそうだ。

以上を見るに、少しずつではあるが、活動影戯の放映が、露天の夜花園のアトラクションから、室内の専業の活動影戯園の設置へと向かう跫音が微かに聞こえ始めたのが、一九〇〇年代初頭から半ばからへかけての時期だったと考えられる。

(3) 活動影戯園の誕生

上海に最初の常設映画館が出現したのは一九〇八年であり、それを創設したのはスペイン人A・ラモス(Antonio Ramos／中国語表記:雷瑪斯[15])というのが定説となっている。海寧路と乍浦路の南東角に座席数二五〇余のトタン張りの虹口活動影戯園を開設したのがそれであり、もとは、スケートリンクであったという。だが、この説は第一次史料によって裏付けをとることができないのが実情だ。

前掲『中国電影発展史』では、次のとおり記述する。

「ラモスは一九〇三年、ガレン・ボッカ[16](Galen Bocca)の映画放映事業を引継いだ後、引き続き虹口乍浦路のスケ

図像58　虹口活動影戯園跡地現況

ート場内で放映を続け、その後南京路同安茶館に移り、さらにまた福州路の青蓮閣に移った。そこでは、階下の小部屋を賃借して放映室とした。楽器奏者を何人か雇い、華やかな衣裳を着せて入口前で鉦や太鼓を打鳴らし、道行く人に客引きを行った。ラモスは、絶えず新しいフィルムを加え

図像59　虹口活動影戯園跡地記念碑[21]

ていったので、営業収入はとても良好だった。一九〇八年に入ると、彼は虹口の海寧路と乍浦路角に、トタン張りで二五〇〇人収容の虹口大戯院を建てたのだった。これが、上海で正式に建てられた最初の映画館だ。[17]」

また、「上海市地方志」の中の一巻、『上海電影志[18]』では、その「大事記」の一九〇八年（清光緒三十四年）の項に次のとおり記述する。

「旧暦十一月二九日〈陽暦一二月二二日〉、スペインの民間人A・ラモスが、海寧路乍浦路角にスケート場を賃借し、トタン張りの二五〇〇名収容可能な映画館を建てた。これが虹口活動影戯園で、開幕作品は『龍巣』だった。これは、上海最初の正式の映画館だった。[19]」

『上海電影志』では、開幕日と開幕作品が『龍巣』だったとの新たな情報が提供される。しかし、その期日は何に基づくものなのか、そして『龍巣』なる開幕作品は、どこの製作による作品なのか、まるで明らかにされない。試みに、「龍 Dragon」、「巣 Nest」「網 Net」がタイトルにつく作品を検索してみると[20]、これに該当するものとして、確かに『The Dragon's Net（日本上映時の題名は〈龍の網〉）』という作品が存在する。だがこれは、マリー・ウォールキャンプ(Marie

Walcamp）主演による連続活劇で一九二〇年の作品であり、一九〇八年一二月の虹口活動影戯園開幕には、とうてい上演不可能なものだ。この『龍巣』が開幕作品だったという情報は、いったい何に依拠したものかと首を傾げざるを得ない。

これに対し、前掲の幻仙戯園は、『中国電影発展史』にも『上海電影志』にも一言も言及がない。わずかに、一九三四年の『中国電影年鑑』掲載の「中国電影発達史」[22]と一部の断片的な記録にその名が留まるのみだ。

これによると、一九三五年の南京『朝報』に次のような記載があったという。

「光緒の末年、上海泥城橋西路の北に一片の空き地ができていた。旧金龍飯店〈グランド・ホテル〉の脇で、この借地に建屋を建てるに付き紛糾が起こり、貸借双方が訴訟を申し立てたが、これを良いことに双方とも工部局の眼をかすめ、地代をごまかしてきちんと払わなかった。このため「この土地は十年間建築不許可」となってしまった。

そこで、この空き地を利用し、臨時の小屋を組む者が現れ、外壁はトタン張りのものを構えたのだった。ここで電光影戯を専門に放映したが、これこそ上海初の映画館―幻仙戯院だった。入口で西洋楽器と銅鑼や喇叭を吹き鳴らし、客引きをしていたものだ。だが、その頃上海の中国人にとっては、〝西洋人のいちゃつき遊び〟である映画に興味が湧かなかったため、幻仙戯院は開業後間もなくして店をたたんでしまった。[23]」

ラモスの虹口活動影戯園の開幕が、『上海電影志』に示された一二月二二日（旧暦一一月二九日）とすると、一一八ページの表5からも明らかなとおり、幻仙戯園の開業はこれよりも早い一二月四日からなので、上海最初の常設映画館としては、幻仙戯園に軍配を挙げねばならないはずだ。また、ロケーションとしても幻仙戯園の方が、南京路の西端、泥城橋（現在の新世界、もしくは市第一百貨店周辺）のため、公共租界中心街に近く、乍浦路と海寧路角という旧米租界の外れに誕生した虹口活動影戯園よりも、はるかに衝撃度も注目度も高かったに違いない。相違は、その後の推移にあり、幻仙戯園がほどなく消滅してしまったのに対し、虹口活動影戯園は五、六年その経営を維持し、一九一三年に日本人を支配人に迎えて衣替えをする（これについては次節で詳述する）まで継続できた点にある。

また上述のとおり（第一節⑵項）、ラモスは虹口活動影戯園開設に先立って、福州路の青蓮閣で活動影戯放映興行を行ったとされるが、その足跡を辿れる第一次史料は、残念ながら見出すことができない。前掲『圖畫日報』の活動影戯賑わいの図（図像57）が、当時の四馬路での影戯園の活況を映しており、青蓮閣での放映状況を連想させるものの、この図がラモスの興行であることを示す根拠とはならない。前述のとおり『中国電影発展史』でも、おそらくこれを下敷きにして記述される『上海通史』[24]なども、いずれもガレン・ボッカの機材を譲り受け、ラモスは茶園や小屋を借りて活動影戯興行を行ったとするが、確かな根拠は見当たらないのが現状だ。

ところで、虹口活動影戯園が、なぜ虹口の乍浦路と海寧路の東南角に開設されたのかは、当時の公共租界の領域とそれの拡張が進みつつあった事情を念頭に置いて考える必要があろう。旧米租界に隣接する虹口は、一八九〇年代まではほぼ武昌路が北限で、それより北側は「準租界」扱いだった。清朝政府道台とその管理権を巡って、しばしば鞘当てが繰り返されていた地域だ。一八九八年に始まる租界拡張の動きの中、越界築路として北四川路が線状に北へと突出していったのに対し、面として北側へ拡張しつつあった地域の境界が、一九〇〇年代初頭には海寧路辺りに到達していた。ただし、それも乍浦路くらいまでで、それより東側は鴨緑路として道路建設が進んできたが、乍浦路の西側から北四川路までは、まだ十分整備が行き届いていなかった。前掲図像6(緒論第一節(4)項)では、乍浦路はすでに表示されているが、東西方向では、天潼路、武昌路、その北側に名称を表示せぬ一筋の道路(現在の唐沽路に当たる)が記されるだけで、その北側に位置する海寧路は、まだ姿を現していない。

つまり、虹口活動影戯園が園を構えた地点は、公共租界と中国清朝支配地域との辺境に位置し、租界の行政府である工部局の管理も行き届かず、清朝政府の管轄も十分及ばない地域だった。公共租界の民事部門を管理統括していた工部局は、早くも一八九〇年代の半ばから、中国人劇場の開設に対し許認可制を導入し、特に火事や災害の対応、建物の強度、営業時間、風紀紊乱に強い規制を敷いていた。前掲『上海租界志』によれば、一八九四年一月に工部局は租界内劇場に公布する許可証に以下の8項の条件を付帯したという。(1)劇場および芝居小屋は夜一二時までに終演する。(2)猥褻、低俗な芝居上演を許可しない。(3)銅鑼や鉦の打ち鳴らしは認めず、その他騒がしい鳴り物で近隣住民の安寧を妨げるものも認めない。(4)劇場及び芝居小屋でのガス灯及び一切の燈火は、あらゆる木質構造物から二フィート以上距離を置くこと。(5)劇場及び芝居小屋の扉は、外面に向かって開く構造であること。(6)適切な施設を備え、万一火災等発生の場合に観衆が速やかに避難できるよう講ずること。(7)工部局の職務執行警察官が検査で随時立ち入ることを認めること。(8)許可証発行後も上述のいかなる規定にあっても違反が認められた場合は許可を取り消し、被認可者を起訴するものとする。[25]

その後も、劇場へのこうした規制は維持され、この要件が満たされるかどうか、しばしば工部局参事会でも議論が行われている。さらに、臨時的興行の際のテント小屋などもいちいち申請させ、条件を付して許可するなどしているのだ。たとえば、一九〇二年五月一日の参事会では、西洋人ホテル敷地内に日本の軽業師がテントを張って興行する臨時許可証の発行を申請したのに対し、恒久的建造物への規制は維持するものの、この場合の臨時興行では緩和を認める旨裁可している。[26] ただし、その後一二時終演規定は、租界外縁部（beyond limits）で、一二時過ぎまでの興行が広まり、租界内芝居小屋が営業に影響を受けるとして一九〇九年末には深夜一時までの延長を認めている。[27]

こうした劇場、芝居小屋に対する厳重な規制、特に防火措置に対して実効性ある規制が敷かれていた租界内で、トタン張りの簡素な活動影戯小屋が認可されるとは考えにくい。この点からも、虹口活動影戯園が、規制が行き届かぬ辺境の地点を選んで設置したと推定することには相当の合理性があると考えられる。海寧路周辺に、活動影戯院が蝟集した条件については、次の第四章でもさらに吟味することとする。

(4) 常設活動影戯園の興行実態

ラモスは、続いて一九〇九年には、虹口活動影戯園から海寧路を西に百メートルほど離れた地点、四川北路と交叉する北東角に維多利亞《ヴィクトリア》影戯院を開いていった。

公共租界工部局では、前述のとおり防火対策と風紀上の規制を厳しく課しており、劇場や芝居小屋についても、通常の許可申請はWatch Committee（警備委員会）からの報告事項だが、特殊な案件の場合は参事会で審議されていた。その工部局参事会の会議録一九〇九年六月三〇日の中に次の記載が見える。おそらく、この時開設しようとした維多利亞活動影戯院の申請に対する審議と思われる。

「Licences beyond Limits.（越界での許可証） この請求を検討した末、参事会総裁は次のとおり考えた。許可証を発給しても、その条件が実施されることが不可能な場合、工部局の許可制度にとって概して不本意な努力を払わされることになる。したがって次のとおり決定する。申請者に対し、近隣住民に危害も騒音も及ばさぬかぎり、その映画館は操業して差し支えないと通知すること。[28]」

ここでは、工部局は関与すると規制が守られない恐れが生ずるため、許可証を発給する対象とはせず、いわば勝手にせよと放置する施策を採ったことが分かる。維多利亞活動影戯院が開設の地点に選んだ四川北路と海寧路交叉口も、まだ境界が定かでない「beyond limits（越界）」だったのだ。

さらに『上海電影志』の順に従うと、翌一九一〇年には、ポルトガル人ハーツバー（郝思倍／S. G. Hertzberg）によって、愛普廬《アポロ》活動影戯院が四川北路と海寧路が交叉する北西角に開館する。すでに開館した虹口、維多利亞とは、実に目と鼻の先で、特に維多利亞とは、四川北路を挟んですぐ向かい側に位置する。

継いで、新聞紙上に開幕広告を掲載した点で、跡付けが可能な活動影戯園として、愛倫《アイリーン》活動影戯院が挙げられる。一九一三年一二月に、現海寧路と江西北路の交叉点北東角（愛普盧から西へ五〇m弱）の場所に、英国籍のランヒャー（中国語表記林発／A. Runjahn）が鳴盛梨園を買い取って開館している。

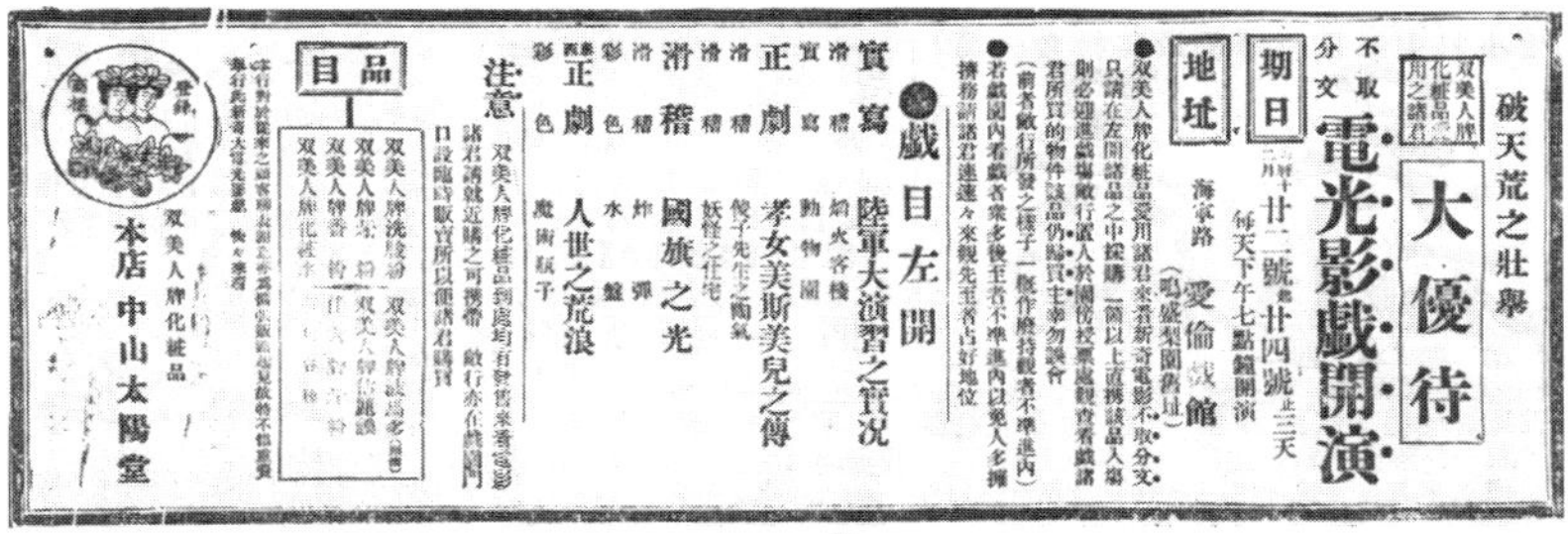

図像60　愛倫活動影戯院開業タイアップ広告[29]

　愛倫活動影戯院は、その開業に当たって、日本の化粧品会社中山太陽堂とタイアップして、化粧品購入者に無料で見せる（入口で商品購入も可）という「破天荒」な集客策を採って、特に女性層への浸透を図ったと見られる。

　「品目」に挙がる化粧品類には、「波馬多（頭油）」（ポマード）「牙粉」（歯磨き粉）も含まれるが、多くは「洗臉粉」（洗顔粉石鹸）「化粧水」「香粉」「估麗謨」（クリーム）等で、女性向けが優勢であることが窺える。

　掲げられる上映作品は、日本製と思われるものが「實寫陸軍大演習之實況」（Mパテー商会、一九一〇年一〇月製「陸軍大演習」）「實寫動物園」（一九〇五年八月製「動物園の活動写真」もしくは一九〇九年二月製「倫敦大動物園」）「滑稽国旗之光」（横田商会、一九〇九年一一月製「国旗の光」）等で、その他「滑稽妖怪之住宅」は、Independent Moving Pictures Co. of America (IMP) 社と Pathé 社にそれぞれ「The Haunted House」と題する作品があり、そのどちらかだろうと推定される。最後の「彩色魔術瓶子」は、すでにゴーモン社からパテ社に移ったエミール・コールの彩色アニメーション映画の一つかと推測するが、作品を特定するにはいたっていない。

　ここでは、特にフランス製やアメリカ製のフィルムだけでなく、日本製も混ぜて放映していることに留意したい。日本映画が、すでにして一定の興行価値を備えていたことを示すものといえるからだ。

　こうして、ようやく後続の常設映画館が誕生しつつあった機運の中、先行したラモスは、さらに静安寺路（現南京西路）に夏令配克《オリムピック》影戯院を開き、映画館の開業機運に新生面を開く。これについては、次の第四章で詳しく述べることにする。

　活動影戯園として、独立の常設小屋を手に入れた活動影戯興行だが、これらの活動影戯園がどのような放映を行ったかを子細に見ると、特に最初期の活動影戯園では、常設とはなったものの、それまでの夜花園での興行形式を踏襲しており、

表6　1910年代初頭活動影戯園の興行形態

影戯園名	期日	地点	興行内容
維多利亞外國戲園	1910.7.15-8.5	留園（特別招聘）	新奇活動影戯／欧州各国著名美女の歌とダンス／超級名人魔術・奇術
幻仙義記影戲園	1911.3.30-4.4	英大馬路坭城橋西	極上有音五彩電光影片／名人周珊三改良攤簧／北京田永奎文武戲
	同 9.14	同	新着影片三千四百餘種／現代最新愛国歌曲／大仕掛け大魔術／日本美女跳躍舞踊
大樂電戲園	1910.7.31-8.2／8.5	四馬路東合興里	フランス最新特級電戲片数千種／滑稽灘簧／東京式巧妙奇術
	9.9 -9.11	同	フランス新着特別奇片／五彩奇片極上新片／奇妙お笑い影戯／京蘇山陜特級文武女性劇団／優等名師改良戯法

必ずしも今日の映画館と同様の放映形態を採ってはいなかった。つまり、従来から夜花園で形成されてきた、戯法（手品奇術）や灘簧と一緒に番組を組む方式が引き続き採られていたのだ。

　筆頭の虹口活動影戯園は、次節で見る東京活動影戯園に衣替えするまでは、その興行実体がまったく見えない。だが以下の各館（園）では、新聞に掲載される広告から断片的ながら興行様態が垣間見え、旧来の興行方式が踏襲されていたことが分かる。

　維多利亞を見れば、「欧州各国著名美女の歌とダンス」「超級名人魔術・奇術」が組まれているし、幻仙影戯園では、「極上有音彩色電光影戯」に加えて「現代最新愛国歌曲」「大仕掛け大魔術」「日本美女跳躍舞踊」等が組み合わされて興行される。大楽電戯園とは見慣れぬ活動影戯園の名称だが、ここでも「滑稽灘簧」に加えて「東京式巧妙奇術」が彩りを添えている。この大楽電戯園については、本章第三節で再度取り上げる。

　十数年にわたって定着し、繰り返されてきた興行方式、活動影戯は戯法（手品・奇術）や灘簧と組み合わせて番組を構成する方式は、一朝一夕には変えられなかったのだ。さすがに室内に移行した興行場所の制約から、花火は組み入れられなくなったものの、たとえ臨時興行ではなく、常設館として「活動影戯園」を標榜したとしても、すでに定式化したこの興行方式は揺るぎなかった。活動影戯自体の放映だけではなく、必ずといって良いほど、フィルム放映以外に演目を添えて、これらとの組み合わせで番組を構成したのが、一九〇〇年代初頭の上海における活動影戯の興行方式の特徴だった。

　ただ、それは必ずしも中国上海だけの奇異な慣行とはいえないものだったことも事実だ。[30]

第二節　東京活動影戯園の刷新

(1) 瞠目すべき広告

一九一三年五月二四日、『申報』に上海活動影戯興行界に一大転機をもたらす瞠目すべき広告が掲載された。それは虹口活動影戯園を継承した東京活動影戯園が、告知する以下の広告だった（図像61参照）。

「新奇なる東京活動影戯をご覧あれ

請看新奇東京活動影戲
東京大戲園主人謹白

図像61　東京活動影戯園告知公告

本園は巨費を惜しまず投入し東京より最新新奇なる特上活動影戯片を購入。米租界乍浦路中西書院北側第一百十二号に東京活動影戯園を開設。陽暦五月二五日、すなわち旧暦四月二〇日夜に日を定め、毎晩六時より一二時まで各種新式フィルムを順繰りに上演するものと決しました。放映時間の長さ、観覧料の廉価さは、お客様のお心にかなうものにて広くご披露する次第。室内の広さ、座席の清潔さ、おもてなしの心配り、フィルムの珍しさ、いずれも他園とは比べものにならぬほど。旦那衆からご婦人お子様方まで、手を携えお誘い合わせの上ご来臨お試しくだされば、誇張なきことお分かりいただけるはず。東京大戯園主人敬白[31]」

この告知公告を十日ほど続けた後、いよいよ本格始動とばかりに、同六月三日からは以下のように放映作品を提示する広告を連日掲載するようになる（図像62参照）。

「東京活動影戯園　東米租界乍浦路中西書院北首第一百十二號門牌に開設

東京活動影戲園
開設東美界乍浦路中西書院北首第一百十二號門牌

図像62　東京活動影戯園演目掲示

〈注意〉本園は陽暦六月三日、旧暦四月二九日夜より毎晩七時開園、各種新式フィルムを順繰りに放映、一二時終演。放映フィルムは以下のとおり：日本明治天皇大葬、日本新派喜劇飲酒の効用（「酒屋の場」M・パテー商会、一九一〇・二）、小探偵大悪党を捉える、フランスガリノー遺跡、著名笑劇のろま探偵盗賊を捉えようとして捕縛される、著名恋愛劇デートで大騒ぎ、イタリア新劇サメ釣り、喜劇家庭の喜び、マリスのアフリカ猛獣調教、催眠術師ユーグリス博士、価格：二階席お

一人三角、一階席お一人二角、最低一角。[32]」

ここに、上海活動影戯興行界が、それまで経験しなかった新しい興行方式が採り入れられたことが見て取れる。それは、第一に毎日定期的に広告を出しその日上映するフィルムの内容、題名を必ず告知すること、そして第二に一定の期間をおいて上映フィルムを入替えることで、まさに前代未聞の放映方式でありそれを反映した広告方式だった。毎日新聞紙上に興行、上演広告を掲げ演目と俳優を告知することは、京劇等の本格芝居ではすでに行われていた。しかし活動影戯では、そもそも上映フィルムの告知など、活動影戯が上海に初めて伝来した際、天華茶園で興行が行われたシャルベのシネマトグラフ以来、十数年絶えて久しいことだった。

東京活動影戯園は、上記の番組を六月五日（木曜日）までで終え、続けて六日（金曜日）からは、次の番組で興行することを告知する。

「本園は、今晩よりフィルムを全面入替えで上海初お目見えのもの。内容は驚くべきものにより、各界皆さまお越しの上ご見聞を広められますよう。〈注意〉本園は巨資を惜しみなく投じて泰西より購入。著名探偵ニック・カーターと大盗賊ジゴマとの大格闘劇。三夜のみの試演の後、海外へ出てしまうため、どうぞこの機会をお見逃しなきよう。この芝居は、筋は複雑錯綜、千変万化すること、これまでなきもの。見るものをして眼も心も楽しませ、なおかつ探偵の知識経験が共和国民将来の警察業務と深く関わる知識を増進させる等、ゆめゆめただの遊興と見誤りませぬように。どうぞ誰よりもお先に、見聞を広められますよう。ここに予告まで。二階席三角、一階席二角、最低一角。[33]」

ジゴマ・シリーズの第一作『Zigomar（日本放映時の題名は〈探偵奇譚ジゴマ〉）』（一九一一）か『Zigomar contre Nick Carter（同〈ジゴマ続編〉）』[34]（一九一二）のいずれかと思われるが、すでに大正時代の日本では、世上を騒がせた大人気作品であり、また青少年を犯罪に誘導する問題作品とされたものだった。それを上海に持ち込んだところに、東京活動影戯園のフィルムソースを推測させる余地があるが、そのフィルムの経路と関連については、第四章で再び検討することとする。

このジゴマ上映は、「三夜のみの試演の後、海外へ出てしまう」と急かしておきながら、実際は人気を博したため、六月十三日（金曜日）まで一週間興行を続けた。東京活動影戯園支配人の思惑どおり、日本と同様にジゴマは上海でも当たりを取ったことは確かなようだ。

天華茶園での興行以来、徐園など夜花園で活動影戯が興行される際は、ただ、機器活動影戯、機器電光影戯、さらには活動影戯と告知されるだけで、その活動影戯の中で何が上映されるのかは知らされてこなかった。活動影戯は活動影戯でしかなく、作品名など識別する必要すら感じていなかっただろう。それが、その当日は何を上映するのか、そして何と何を番組として提供されるのかが一目瞭然となる広告だった。

そして東京活動影戯園興行の第三の重要な点は、活動影戯だけで番組を組んでいることだ。上記広告（図像64）では、すべての作品が原作と特定するには到っていないが、一〇本の作品が一晩で上映されることが見えるし、その中で題名から明らかなだけでも、日本製が二本、フランス製一本、イタリア製一本が含まれる。

かつての夜花園での活動影戯興行以来、活動影戯は戯法（手品・奇術）や灘簧（蘇州・杭州等の地方音曲芸能）、さらには夏場であれば花火と組み合わせて番組を構成するのが定式となっていた。二〇世紀に入って陸続と生まれた活動影戯園を名乗る小屋でも、すでに見たとおり軽演劇や奇術などと抱き合わせで興行されていた。それを根本的に覆す興行方式が、ここで初めて採り入れられたのだ。現在の眼で見れば、映画館が映画のみでプログラムを組むことは当たり前すぎて、取り立てて思議するほどのこともないと思い込みがちだが、すでに一五年ほどの活動影戯興行の歴史が刻まれてきた当時としては、実に斬新か、または驚天動地、破天荒の出来事だったはずだ。

(2) 広告される作品

さて、こうして刷新された東京活動影戯園の広告から、当時何が放映されたのか、その作品を特定する手がかりが見出される。

活動影戯園が、映画館として自律的に営まれるためには、何を放映するかは重要な戦略であり、また観客の側からすれば何に惹かれたかは、上海で映画興行が成り立つ上での不可欠の基盤でもある。放映はされたものの、数日で打ち切りになるものもあれば、さほど成功作とは評価されぬものが意外に長期興行となる場合もある。このように、観客の嗜好と合致したところに初めて興行が成り立つのであり、活動影戯がこの当時すべて外国製だったからといって、「資本主義と帝国主義が植民地半植民地」に対して行う経済侵略の一環だとか、「帝国主義文化侵略の害毒」と切り捨ててしまっては、上海活動影戯市場の実相を見失うことは自明の理だ[35]。

どのような作品が持ち込まれ、観客から受け入れられたのか拒否されたのか、これを具体的に検証を行う上で、有力な情報を提供してくれるのが、興行広告に掲げられる上映作品だ。上述のジゴマのように、当初の予定を延長した作品は、観客から一定の好評を博したと見ることができるし、何に惹き寄せられ、何には食指を動かさなかったかを具体的に知るためにも、興行広告に掲げられる上映作品を原作品を特定しつつ追究しなければならない。「帝国主義文化侵略」と糾弾するにしても、ジゴマが青少年を犯罪の道に誘う危険性がある等の指弾があったように、具体的作品とその実際の反響において断罪すべきものだ。

　ただ、ここに掲げられる放映作品は、すべて中国語訳で掲示されるため、これを元作品と同調特定することは、実は容易いことではない。それでも、一部なり半分なりを特定することは不可能なことではなく、少なくとも、解明する試みは不可欠なはずだ。たとえば、広告刷新後一ヵ月ほどの七月末には以下の広告（図像63参照）が見られ、これを手がかりにするとその放映作品の実相がかなり具体性を帯びてくる。

東京活動影戯園
開設在美界乍浦路中西書院北首第一百十二號門牌

図像63　ダンテ地獄篇の広告（7月29日）

「東京活動影戯園　米租界乍浦路中西書院北側第一百十二番地
〈注意〉イタリア大人物鄧徳君は夢に地獄を見、ある日仙人に導かれ地獄の第一層から第九層までを経巡る。生前の悪行により責め苦を受け、あるいは巨大魔鬼や牛頭馬面の地獄卒吏により火山や氷の山、血の池に放り込まれる。困り果て上を見れば邪気の門は閉ざされてしまう等の惨状。見るものをして心寒からしめ、全編獄卒邪鬼溢れるさまが五〇〇〇フィート。空前絶後のこの映画、本月陰暦二六日夜より四夜のみ上映。見聞広めたき方は、ぜひこの機会をお見逃しなく、お早めにご一覧いただければ幸甚。価格：二階席お一人三角、階下席お一人二角、最低一角。[36]」

　ここでは題名というよりも、内容要約が示されているが、その内容から見て「鄧徳君」がダンテであることが推定できる。そして、この一九一三年七月末当時、ダンテの『地獄篇』を映画化していたのは、イタリア・ミラノフィルム社以外に見出すことはできず、その一二〇〇メートルにおよぶ当時としては長大作である『L'Inferno』（図像65参照）に行き着くことになる。

　また、同年一二月一日からは、次の広告（図像64参照）が掲載され、これを読み解くことでさらに新たな長大作が上映されたことを窺い知る手がかりとなる。

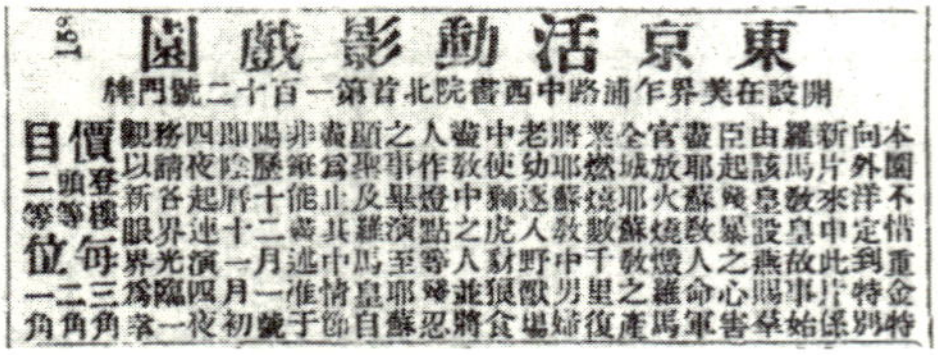
東京活動影戯園
開設在美界乍浦路中西書院北首第一百十二號門牌

図像64　クォ・ヴァディスの広告（12月1日）

「東京活動影戯園　米租界乍浦路中西書院北側第一百十二番地
　本園は巨資を惜しみなく投じ舶来映画新作を将来。この作は、ローマ皇帝の話にして、初めは饗宴を催し群

図像65　ミラノフィルム社製『地獄篇[38]』

臣をもてなし、キリスト教徒に兇暴なる心を興し、軍人に命じてローマ全城を火の海に陥れキリスト教徒を迫害。なおかつ教徒老若男女を競技場に集め獅子の餌食とせしめ、火を点じる残忍の数々。ついにはキリスト現れ、ローマ皇帝は自尽にいたる。その情景は筆をもって著し尽くせぬもの。陽暦一二月一日、陰暦一一月四日より四夜上映。各界皆さまご一覧の上ご見聞を広められますれば幸いに存じます。価格：二階席お一人三角、一等席お一人二角、二等席お一人一角。[37]」

図像66　チネス社製『クォ・ヴァディス[39]』

これも、内容要約の類だが、ローマ皇帝がキリスト教徒を迫害して、ローマを火の海と化したストーリーは、有名な暴君ネロの行状と知れるが、これを作品化したものでは、ヘンリク・シェンキェヴィチの歴史小説『クォ・ヴァディス』が、すでに一八九六年に出版されていることも判断の要因に入る。そしてそれを映画化した作品となると、やはりイタリア・チネス社の長大作『クォ・ヴァディス』（図像66参照）に探究の道は辿り着くことになる。こうして、謎解きの推理の積み重ねのようにして、中国上海で二〇世紀初頭に上映された作品が、実体感をもって究明されてくるが、この同調特定の作業を抜きにして、上海における映画受容の実相を明らかにする道はあり得ないし、上海人、ひいてはその後の中国人の映画体験の形成過程を跡づける方途は得られない。上海で、どのような映画が上映され、それを上海人がどれほど受け入れたのか、あるいはいかに共鳴したのかは、その後の中国国産映画の創造に際して大きな参照例を与えたはずだし、まだ創作を生み出すにはいたらぬ胎動期にあった中国映画環境にとって重要な胚胎をなすからだ。

こうしたイタリア製長大作以外にも、ゴーモン社製のベベ・シリーズやエクレール社製ゴントラン・シリーズ、パテ社製マックス・ランデ・シリーズ等のフランス製コメディーの他、イタリア、パスクェリ社製のポリドー・シリーズ、チネス社製トントリーニ・シリーズも演目に並ぶことが判明する。こうした短篇コメディーの場合は、五、六本が併映として組まれ、毎週火曜日と金曜日にフィルムの入替えが行われる放映方式が確立してゆく。

以上の興行広告から窺えるとおり、当時の映画制作の潮流の中、フランス各社の作品が優勢を占めることが窺えるのはもちろんだが、イタリア製作品も、すでに上海で上映されていたことは、上海の映画環境が、世界の映画興行界と緊密に繋がっていたことを示すものであり留意が必要だ。中国での映画史研究では、特にイタリア映画作品の放映とその受容の関係がまったく顧みられていないからだ[40]。

この他全上海の劇場、映画館における一九一〇年代半ばから二〇年代にかけての放映作品については、第四章で再度詳細に取り上げることとする。

(3) 定着した放映広告方式

東京活動影戯園が、興行方式としてもその広告方式としても、まったく新しい形で打ち出したことに、いち早く反応し追随したのが、一九一三年末に開幕した愛倫活動影戯園だった（図像60参照）。その開幕興行では、「陸軍大演習」（Mパテー商会、一九一〇年一〇月製）や「国旗の光」（横田商会、一九〇九年一一月製）等の日本製活動写真を入れつつ、その他欧州各国製フィルムを混ぜて演目を組んでいた。年末に開幕した直後、一九一四年新年早々から、次の広告を掲出して、毎週火曜日金曜日のフィルム定期入替え制を打ち出した。

「愛倫活動影戯院　米租界海寧路鳴盛劇場跡

欧風東漸により影戯も盛行し、人の知恵を拓き見聞を広めること、たかが遊戯とはいえ見るべきものこれあり。年来、上海に影戯院林立するものの、その筋十分伝わらず、観客には心残りなきにしもあらずのありさま。本園は、ここに鑑み、惜しみなく巨資を投じ、泰西各国より彩色フィルムを購入し、その奇抜にして千変万化たること、真に迫り意味深く巧みなる作り、実に上海影戯界の冠たるもの。園内の優雅さ、座席の清潔さはいうに及ばぬところ。毎週火曜日、金曜日にフィルム入替え。各界旦那衆、ご婦人令嬢各位、ご来臨いただければ無上の喜び。毎晩七時開演一二時終演。価格：二階席特等五角、一等四角、一階席一等二角、二等一角。少児特等一等とも二角。桟敷席あり、ミルク、ココア、コーヒー各種銘茶の他、菓子、軽食、果物等取り揃えあり。[41]」

ただし、愛倫活動影戯園の場合は、まだ上映フィルムの題名を提示するところまではいっておらず、その日に何のフィルムが掛かるかは、旧態依然で、新聞広告からは判明せず、影戯園に行ってみなければ分からない状態だった。桟敷席を設けているところからすると、トタン張りの簡陋な作りで出発した虹口活動影戯園と比べて、雲泥の差を見せつけるところだが、これはもともと鳴盛梨園だったことに由来するのだろう。

また、同じく一九一四年一月には、五年前にすでに開業している維多利亞影戲院も広告を掲載して、次のとおり告知している。

「アメリカ博学の士エジソン君は電話を創始し特級の写真音声同調機器を発明。滑稽愛情戦争等いずれもその中に引き込まれ、惚れ惚れするほど見事なもの。まさに空前絶後の巧みさ。加えて楽師が映像に合わせて伴奏するため、見るものは心も眼も楽しめ、その場に身を置くがごとし。この新製品、いずれもニューヨークより直接取り寄せ、我が同胞に楽しみをもたらす。知識を広めるとともにこの上なき眼福を味わえるもの。ご愛顧いただけますよう、万端を調えお待ちする次第。今月五日、即ち月曜日に海寧路北四川路角維多利亞戲院をお借りして上映。日夜とも開演、日曜日は休演。毎日二時半から四時半まで、毎晩九時半から一一時まで。価格：特等二元、二等一元、三等五角。切符販売は英租界南京路謀得利。[42]」

この興行は、維多利亞影戲院を小屋として借用する形で行われたもので、まだ従来型の広告方式が引き続き行われており、宣伝内容はあくまでもエジソン社新開発の蓄音機による音声同調システムを周知することにある。そのため、作品内容には立ち入らず、あるいはフィルム自体には語るほどストーリーや内容がないことになるかも知れない。

これに対して、同年九月に開業した大陸活動影戲院では、新しい興行広告方式に則った形で上映作品を告知し、なおかつ定期的にフィルムの入替えを実施しており、東京活動影戲園が打ち出した、新たな興行方式とその広告形式は、着実に定着していったと認められる。この大陸活動影戲院については、次の第三節で詳しく見ることにする。

続いて、これまた日本人経営による東和活動影戲園が誕生するに及んで、映画内容の掲出、フィルムの定期入替えは、ようやく定着の趨勢が定まっていった。東和活動影戲園は、開幕早々の一九一四年一一月一三日に次のように広告を掲載し、すでに東京活動影戲園が刷新した興行広告方式を踏襲して作品題名を掲出している。

「東和活動影戲園　武昌路四号日本寺院隣　夜七時開演昼二時半開演
陽暦一一月一三日から一六日まで、陰暦九月二六日から二九日まで〈演目〉世界飛行船競争を必ず上映：第一部男女の愛、第二部銀行騒動、第三部破産で無一文、第四部飛行船競争、第五部結婚　新作滑稽片：帽子に疑惑、顔向けできずに言い訳あれこれ　中国女学生による西洋楽器による余興付、毎週火曜日金曜日フィルム入替え。日曜日、土曜日は日夜開演とともに、鳳梨タバコをお一人一箱進呈。

価格：夜の部一等三角二等二角三等一角、昼の部二階席二角、一階席一角。[43]」

東和活動影戯園は、東京活動影戯園と同じく、放映作品を明示するとともに、毎週二回のフィルム入替え制も取り入れている。さらに、東京活動影戯園にはない「中国女学生による西洋楽器」演奏まで加えて、その興行の優位性を示して集客力を高めようとしている。ここで掲げられた作品の中、「萬國飛艇大賽會」は、五部構成で、すでにしてその後パール・ホワイトの『ポーリンの危難』等によって盛行を極める連続活劇（serial）の基本構成を備えており、ストーリーの組み立ても、発端で若き男女が知り合うところから始まり、典型的な筋立てが窺える。

土曜日曜は、昼間の二回興行に乗り出している点にも注目される。

以上に見たとおり、一九一三年に東京活動影戯園によって刷新された興行広告方式、毎日放映作品を掲げて広告を打ち、定期的にフィルムを入替える、そして活動影戯のみにて番組を組むという現代の基準に照らして映画館らしいと認められる興行方式とその広告形式が、ようやく一九一四年に漸次定着に向かった。活動影戯園が、夜花園と分かれて映画館となってゆく、新たな道を歩み始めたことを示すものだ。

第三節　歴史に埋もれた活動影戯園

(1)　娯楽歓楽街初参入

一九一〇年代前半を通じて、前節で見たとおり、漸次活動影戯園が、現代式の映画館に発展、変貌してきたことが分かるが、この時期、歴史に名を残すことなく消え去った活動影戯園も数多く認められる。前掲の『中国電影発展史』にも『上海電影志』にもその名を留めず、したがって後世の中国映画研究からも認知されずじまいの影戯園の足跡を少し見ておこう。そのことは、次の第四章で探究する上海映画館全体像の漏れを埋める作業でもあり、映画館が上海に定着、展開して行く上での、歴史の経路とその特徴を見つめ直すことにも繋がる検証だからだ。

まず初めは、大楽電戯園から見てみよう。開設場所は、四馬路東合興里と表示されるが、現在の福州路にこの「東合興里」という里弄（横町）を見出すことはできない。現在どころか、日中戦争後の一九四七年に作成された『上海市行號路圖錄』[44]（上海福利營業股份有限公司、一九四七年一一月刊／図像69参照）にも、すでにその名を見ることはできない。

少し遡るが、清末の呉語による小説として名高い『海上花列伝』（一八八四年単刊）に、その地名を見出せるのが、唯一の手がかりでしかない。作中、葛仲英といい仲になる呉雪香が居を構える地点として登場するのが「東合興里」で、呉雪香の代名詞としても使われるのだが、これがはたしてフィクションの仮の地名なのか、実在の地名なのかは判然としない。その第六回に、次の一節がある。

「呉雪香の支度がようやく調ったところで、女中が銀の水キセルを抱えて、三人はともに出かけることとなった。東合興里の路地入り口で馬車に乗り、馭者にまずは南京路の亨達利洋行へ向かわせた。拋球場を抜け、ほどなくして到着した。馭者は皆が馬車から降りた後、馬を引いて傍らで待機している。葛仲英と呉雪香、女中たちは、亨達利の入り口へ恐る恐る歩を進め、店内を見渡した。すると、あらゆるものが珍しく色とりどりに輝き、眼が回り肝がつぶれるほどだった。[45]」

『海上花列伝』に登場する呉雪香たちは、「長三」と称される高級娼妓で、それぞれ一軒を構え、女中や下働きの女を抱えるが、それが何軒か路地を挟んで林立するその路地が「東合興里」だ。「拋球場」は、英租界時代の第一期競馬場脇にあった球技場で、地点は河南中路と南京東路が交叉する辺り（現在は名人商業大廈という大型商業施設が建つ）とされる。[46]また亨達利洋行（後に高級時計店となるが、清末民初の頃は舶来雑貨、アクセサリー等の小売が主だった）も、ちょうど南京路と河南路の西北角から少し西寄りにあるため、実在の地名と位置関係に概ね符合する。この描写から見ると、河南路に出て、南京路の拋球場辺りで曲がって亨達利洋行に到着しているようなので、福州路でも東よりに位置し、河南中路に近い地点に東合興里はあったように読み取れる。だが、福州路の河南中路より西側といっても、西藏中路までは一・二kmほどもあり、その沿線の南北両側から東合興里の位置を確定することは困難だ。

そこで、『海上花列伝』の呉語を国語（共通語）に「翻訳」した張愛玲の『海上花開』を繙いてみる。この翻訳は、張愛玲が一九七〇年代半ばに手がけたもので、一九八三年台湾皇冠出版社より刊行されたが、国語（共通語）に翻訳するだけでなく、上海固有の風習や花柳界のしきたり等詳細な注釈が付けられているのが特徴だ。この注釈を頼りに解明の糸口を探ると、『海上花開』（後編は『海上花落』）を収めた『張愛玲典藏全集』第一一巻に、以下の「海上花列伝参考地図」[47]が付されており、そこに有益な情報が潜んでいることが知れる。

図像67の地図中、左頁の右端にやや湾曲した通りが見えるが、これが湖北路であることは明白なので、その東側の通りが（頁の境目にかかるが）、福建中路と分かる。そして右頁に入る辺りに「東合興里」の記載が見える。また、福州路まででで終わりその南側に通じていない通りが山西南路であり、さらに福州路を挟んで南側に仁済医院が描かれることから、この東合興里は、南北は福州路と漢口路に挟まれ、東西は福建中路と山西南路に囲まれる一角にあったことが分かる。ただし、この一角は実際には、南北一三〇メートル、東西一八〇メートルほどあるため、その一角のどこに東合興里があったのか特定するには到らない。

上海租界内の娯楽・歓楽街は、緒論第三節(1)項で見たとおり、一八七〇年代までの中心地、宝善街から、一八八〇年代にはその北側一五〇メートルほどの位置に東西に走る福州路へと中心を移動させてきたが、『海上花列伝』が舞台とする時期は、一八七〇年代後半のはずだから、福州路はまだ娯楽・歓楽街が繁栄を極める時期ではなかった。その時期に、『海上花列伝』の呉雪香は、福州路の中、福建中路と山西南路に挟まれる一角の東合興里に居を構えていたわけだ。

ところが、福州路は、一八七〇年代半ばから新聞社、出版社が蝟集して、特に福州路から漢口路へ通じる山東中路の一

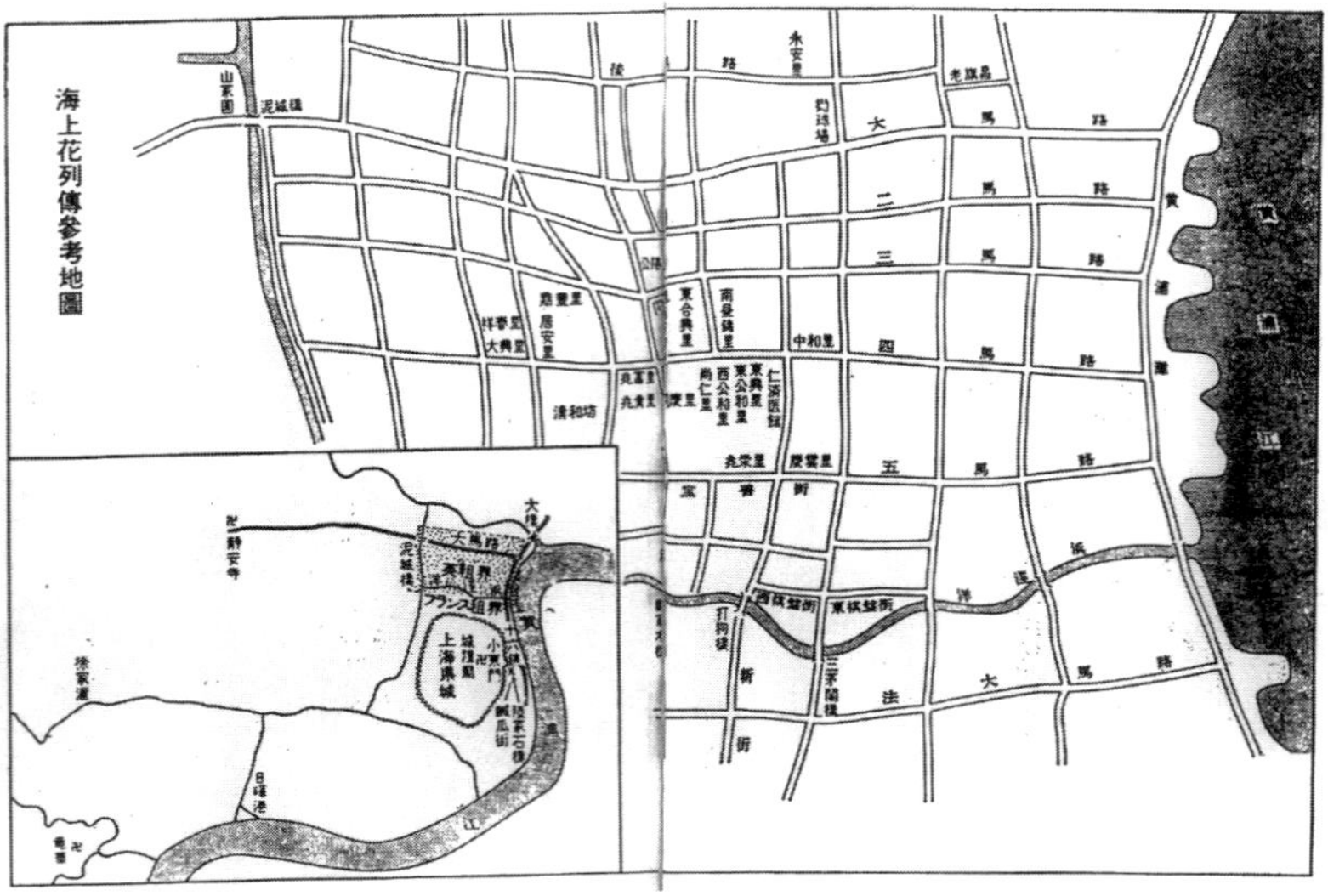

図像67　張愛玲国語訳『海上花開』参考地図（中ほど折り目の右に「東合興里」が見える）

図像68　『海上花列伝』第6回挿図[49]

段は望平街と称され、別名報館街とも称された。『申報』（一八七二年創刊）が、漢口路とこの山東中路（望平街）の西南角に社屋を構えたのが一八八二年だった。[48] その後、その角の斜め東北方の漢口路北側に『新聞報』が一八九三年に創刊し、一九〇四年には『時報』がやはり山東中路（望平街）に創設され、上海を代表する三大商業新聞が各五〇メートルほどの近接した地帯に集中して業を競い合った。さらに、山東中路（望平街）の一〇〇メートルほど西側の河南中路と福州路の南西角に一八九七年には商務印書館が社屋を構え、翌一八九八年には広智書局が、一九一二年には商務印書館のすぐ隣に中華書局も社屋を構え、中国を代表する近代出版社が、この界隈に軒を連ね棟を並べる状態となった。こうして福州路の中段、つまり福建中路から河南中路までは、報道出版文化街の様相を呈していき、泰東図書局（一九一五）、大東書局（一九一六）などが陸続とこの福州路沿線に社屋を構え、一九二〇年代に入っても世界書局（一九二一）など、名だたる出版社がこの通り沿いに拠点を定めていった。

　一方、一八九七年に『游戲報』が実施した妓女名花百選投票で選出された妓女、娼妓の中、福州路沿線に居を構えていたものが八〇％近くを占めたというから、[51] いかに福州路に妓女、娼妓が蝟集して居を構えていたかが分かる。これに対し、それまでは貧民街であった福州路の西端、現在の西藏中路と接する一帯は、一九一二年に泥城浜が埋め立てられて以来、にわかに地勢が向上し、貧民街から高付加価値の妓楼、娼館へと転換していった。特に南北は福州路と漢口路に挟まれ、

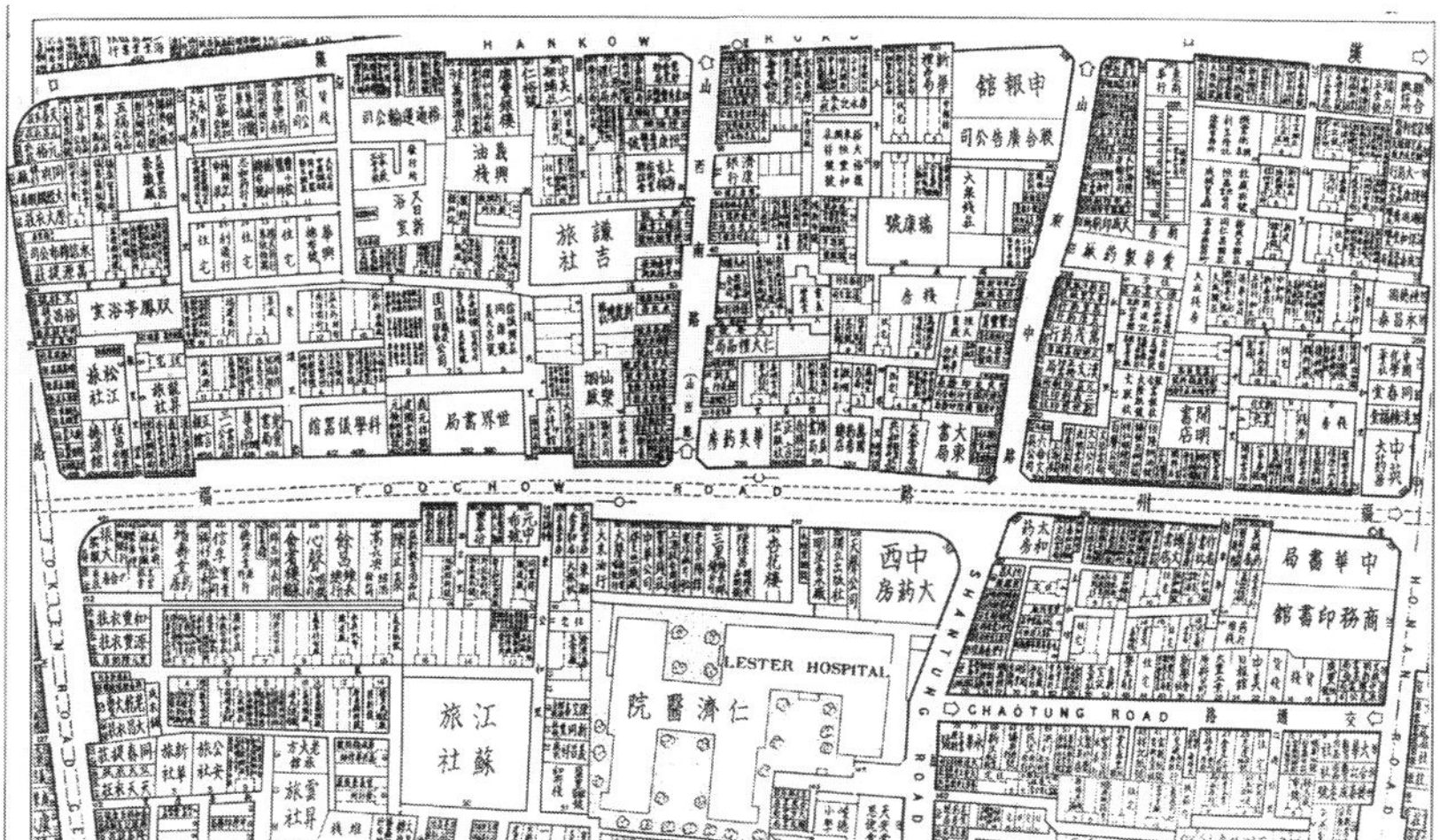

図像 69 1947 年作成の『上海市行號路圖錄』[50]

東西は雲南中路と西藏中路に囲まれる一角（現在は来福士 Raffles 広場となっている）は會楽里と称され、一九二五年からは各所の娼館、妓楼が先を争うようにここに集約していったという[52]。

図像70　大楽電戯園開幕予告広告[55]

考証が長くなったが、要するに大楽電戯園が開設した東合興里[53]は、同園が開業した一九一二年時点では、すでに妓楼、娼館が寄り集まる歓楽・娯楽街ではなくなっていた可能性が高いことを確認したかったのだ。とはいえ、この専業影戯園が、それまでに開業した活動影戯園がすべて辺境の地、海寧路界隈に開かれたのとは大きく異なり、娯楽・歓楽の中心街、福州路に開幕したことに、積極的な意味を見出すことができる。かつて一八九七年に機器活動影戯が初めて上海に登場した際には、福州路と広西路角に開業していた天華茶園で興行していたし、ラモスらが青蓮閣で活動影戯放映興行を行ったことが知られるが、それらはすべて貸し座での興行であり、常設の影戯園で行ったものではない。ここに大楽電戯園開業の、大きな意義がある。上演興行では、すでに格式が上と定まっている京劇や崑劇などと伍して、同じ土俵に活動影戯が上がろうとしたのだ。

その放映広告が掲載されるのは、しかし一九一二年七月三一日～一〇月二〇日までの三ヵ月間にすぎない。それ以後は、広告が立ち消えたのか、影戯園そのものが立ち行かなくなったのか、確認は取れない。

その新聞掲載の興行広告は、開幕前から予告の形で以下のとおり告知する（図像70参照）。

「新開　大楽電戯園　福州路東合興里

本園は、フランスより最新一級の電戯合わせて数千種を買い付け。毎晩七時開園一一時終演。この他鄭少庚の滑稽灘簧と東京製超絶奇術を上演。新築洋館に扇風機も設置、座席はゆとりに満ち、心付け、祝儀は一切なし。旦那衆学生層及び奥様お嬢様方、お早めにご光臨いただきご見聞を広められますことを祈り上げます。〈旧暦〉二十四日開幕。特に予告まで[54]。」

その開幕が、東京活動影戯園の刷新より一年前に遡るためやむを得ないともいえるが、特に新鮮さや特長が見られる興行形式でないばかりか、夜花園でのアトラクション式興行の旧態依然たる興行方式、すなわち活動影戯と灘簧や奇術・手品を組み合わせた興行方式を引き継いでいる。

その後、三ヵ月にわたって興行広告を掲げて奮闘するが、一〇月に入ると、活動影戯は放映するものの、興行の主体が

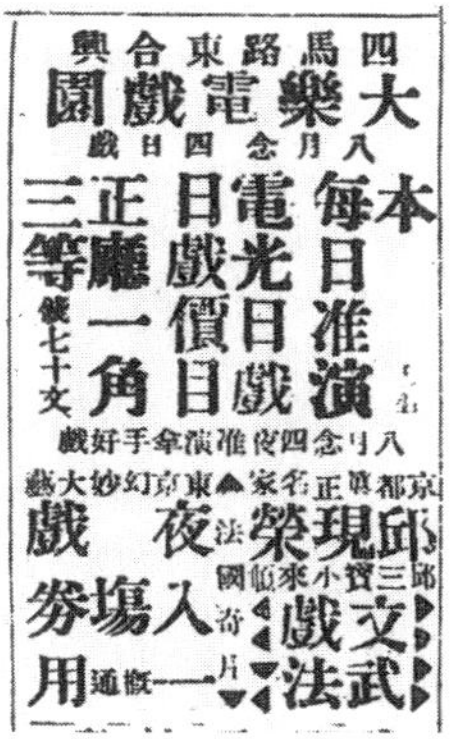

図像71　大楽電戯園10月興行広告[56]

芝居と手品や音曲芸能の方に移ってしまう。一〇月四日の興行広告では、次のとおり活動影戯が隅に追いやられてしまっている（図像71参照）。

「大楽電戯園　福州路東合興〈旧暦〉八月二四日昼の部毎日電光戯上映　昼の部価格：一階席一角、三等七〇文夜の部十八番の芝居、北京の邱現榮・邱三寶・小來順による奇術、フランス奇観活動影戯、夜の部入場券一律通用[57]」

もはや電戯は昼の部が中心で、夜の最も客が入る興行では芝居と奇術に比重が移ってしまっているのだ。常設専業影戯院というよりは、総合演芸場の一部の演目に活動影戯が組み込まれているだけとしか見えない。それでも、上演芸能の本丸である福州路に、新参者の活動影戯を常時興行する活動影戯院が誕生した意義は、小さくないと認めなければならない。

(2) 租界内その他の影戯院

租界内に開業したその他の活動影戯院としては、大陸活動影戯院が新しい興行方式と広告形式を受け継ぎ、活動影戯興

図像72　大陸活動影戯院跡地周辺1

図像73　大陸活動影戯院跡地周辺2[58]

行に新機軸を打ち出している点で、注目に値する。設置場所は、江西路が蘇州河と交叉する地点で、かつてここで蘇州河を跨ぐ橋が「自來水橋」と称されていた（図像6／緒論第一節(4)項参照／四川路が蘇州河を渡る橋が「白渡橋」と記され、その西側、江西路の先に「自來水橋」と記されている）。それは、南岸に水道会社があり、橋の脇に水道管を渡してここへ飲料用水を供給していたためだ。その南たもと、つまり蘇州河の南岸にあったことになる。現在は、橋そのものは撤去されているが、しかし南岸には、その建築を引き継いだ上海市水道供給会社が事務所を構えてい

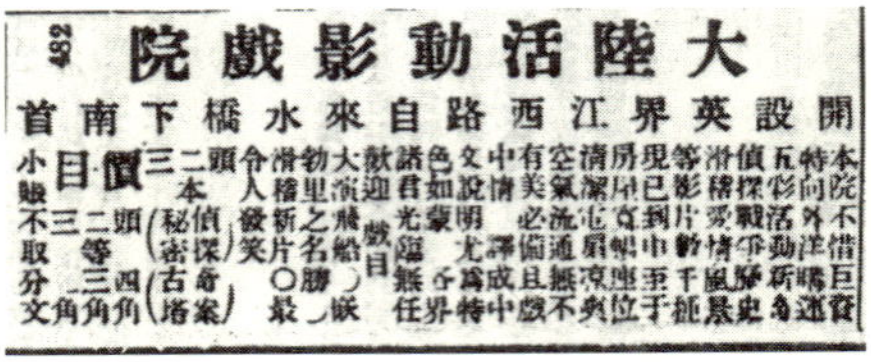

図像74　大陸活動影戯院９月４日広告

る（図像72・73参照）。

その開幕広告では、次のように放映作品を伝えるのみでなく、切符制を採用しているようで、従来の茶園型興行が、客について世話をするボーイに「小賬（心付け）」や「手巾（おしぼり代）」を渡すことで代金支払いとした慣習を改めている点も見落とせない（この点では、本節⑴項の大楽電戯園も新たな方式を採り入れていた）（図像74参照）。

「大陸活動影戯院　英租界江西路水道橋畔南詰に開設
本院は巨資を惜しまず投じ海外より彩色活動影戯を購入、珍しき探偵物、戦争歴史滑稽愛情風景等のフィルム数千本、ただいま上海に到着。室内は広く座席は清潔、扇風機で涼やかにして空気も爽やかですべて完備。しかも劇中の筋に中国語訳説明を付ける特色あり。各界諸氏ご降臨いただければ最上のお迎えをいたします。演目：飛行船大競争○シャモニーの名勝○滑稽新片○おかしさ百倍　探偵奇案秘密の古塔一、二、三本　価格：一等四角二等三角三等一角、心付けはご無用。[59]」

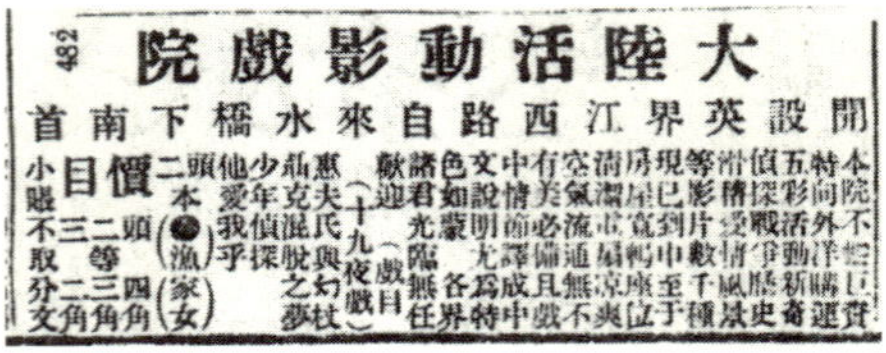

図像75　大陸活動影戯院９月８日広告

しかも、翌週火曜日九月八日には、次のとおりきちんとフィルムの入替えを行い、東京活動影戯園が創出した新たな興行広告方式を踏襲している（図像75参照）。

「〈説明部分同文に付き省略〉　演目〈旧暦一九日夜の部〉ロビネットと魔法の杖　ニック・ウィンターの夢　少年探偵　私を愛しているか　漁師の娘一、二本　〈価格省略〉[60]」

この中、「ニック・ウィンターの夢」は、原題「Le songe de Nick Winter」で、フランスパテ社の一九一一年の作品だ。一巻もので上映時間は一〇分足らずのものだ。ニック・ウィンターは、パテ社の探偵キャラクターだが、ゴーモン社のファントマとジューブ警部の探偵ものや、エクレール社のニック・カーターより、コミカルで剽軽さが売りの探偵像だ。また「恵夫氏と魔法の杖」は、「Astuzia di Robinet」のことで、イタリア・アンブロジオ社の一九一一年の作品だ。主人公ロビネットを演じていたのが「マルセル・ファブレ Marcel Fabre」だったため、一部地域ではその主演俳優の名で作品のキャラクターを代用していたが、上海でも「ファブレ＝恵夫氏」の名で通用していたものだ。

演目の編成としても、中長篇一本（「秘密の古塔」と「漁師の娘」）と短篇何本かを組んで、放映時間は概ね七〇～八〇分を確保している。営業時間が示されていないが、他の活動影戯院の例を参考にすると、夜七時から一一時までの四時間営業だから、二回制放映なのかと疑う。

第一節でも見たとおり、従来のような活動影戯とだけ掲げる方式から、放映作品の明示、定期的なフィルムの入替え、そして映画のみによる演目編成が定着し始めたわけだが、ここに提示される中国語訳題名は、どこまで原語に忠実であるか保証の限りではない。そのため、すべてを特定することも容易ではない。また、毎日広告を掲載することは一定期間継続されるものの、残念ながら、この大陸活動影戯院は、影戯院自体が長続きせず消滅してしまうので、長期にわたって継続実施とはいかなくなってしまう。

図像76　海蜃樓跡地１（2012年11月撮影）

図像77　海蜃樓跡地２（2012年11月撮影）

それよりも、この活動影戯院では、「中国語説明」が附加される点に、さらなる新味が加わっていることが注目される。そのことは、そろそろ映画内容が複雑化し、従来のワンテイク的な単純な活動影戯の範疇を超え始めていたため、ただ眺めれば分かるようなものではなくなって来たことを示すものだ。また、観客からの求めも出てきていたのだろうし、これに即応して、理解のための補助機能が求められ始めたことを物語るものといえる。

もはや、現代的な意味での映画館と、ほとんど同じレベルの興行方式に辿り着いているといえそうだ。

この活動影戯院も、長続きしなかったようで、興行広告は、一九一四年九月四日から一一月二日まで二ヵ月ほど掲載されただけで、以降の消息は途絶して追跡しようがない。

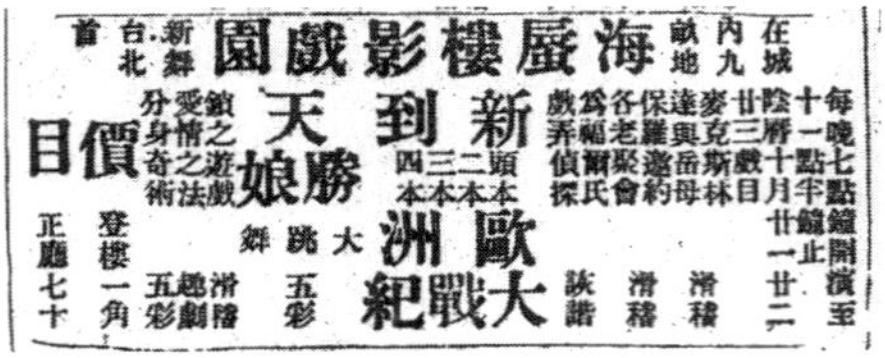

図像79　海蜃楼その後の広告（11月28日）　図像78　海蜃楼開幕広告（9月10日）

⑶ 旧県城内の活動影戯園

一方、租界の外、旧上海県城内に設立された活動影戯院としては、共和活動影戯院が一九一五年に開幕しているが[61]、これ以外に旧県城内のもっと奥深いところに開設された活動影戯園にも注目しておきたい。それが、海蜃楼活動影戯園だ。

共和活動影戯院が、旧県城の西門の外、方板橋に位置したのに対し、海蜃楼活動影戯園は城内の北部、九畝地（図像6／緒論第一節⑷項参照／旧県城内北西部に「九畝地」が見える）の中国人街の、さらにその中でも繁華街といえる一帯だ。現在の露香園路と大境路の東北角に位置する。大境路を挟んですぐ南側には「新舞台」という芝居小屋があり、併せて旧県城内の上演芸能興行中心の一角を占めていた。現在は、この旧県城一帯の再開発が着手され、近代的高層建築に建て替えられている。

この海蜃楼活動影戯園は、一九一五年九月一〇日に開幕興行広告を掲載し、次のとおり新しい影戯院の内容を伝えている（図像78参照）。

「海蜃楼〈義興公司経営〉　連日フィルム入替え、ストーリー説明、九畝地に新規開場最新電光影戯場　〈旧暦〉八月二日開幕　本公司は九畝地に影戯園を建設し各種最新の活動影戯を上映。日取りを旧暦八月二日と定め開幕いたします。連日フィルム入替えで新陳代謝。加えてストーリーに口頭説明を付け観客に分かりやすい手立て。座席は広々、交通の便も良し。各界の皆さまお誘い合わせの上、ご来臨いただければ最上のおもてなしをいたしたく謹んでご挨拶まで。時間：昼の部、毎週水曜日土曜日と日曜日は午後二時から四時半まで。夜の部、毎晩七時より九時一五分までで一回休憩、九時半より一一時半までの二回興行。価格：昼の部、一階席六〇文、二階席洋銀一角、二階別席洋銀二角。夜の部、一階席洋銀一角銅銭六〇文、二階席洋銀二角、二階別席洋銀三角、〈小児半額〉[62]」

ここでは開幕予告を含めた告知公告のため、演目はまだ掲示していないが、新たな手当としてストーリー説明を「演説」で付け加えると打ち出していることに眼が惹かれる。すでに、前年に開業した大陸活動影戯院も中国語翻訳を加えると謳って「劇中の筋に中国語訳説明を付ける」としていたが、それがはたして活動影戯のストーリー進行と合わせて同時に行われるのかは定かでなかった。あるいは、中国語訳の説明書が添付されたのかも知れないのだが、こちらの海蜃楼活動影戯園では「演説」でと謳っているので、これは明らかに口頭で行われるものと理解できる。中国人街で開業し、あくまでも中国人観客を対象とする影戯院らしい配慮が加えられたと考えられる。

また、一回の放映を二時間に絞り、一晩二回のインターバル興行を掲げている点も注目される。連日フィルム入替えを行うとすれば、一回の放映作品を増やさず、一晩の興行に費やすフィルムを抑えるための施策だろう。四時間の興行を行うとすれば、最低でも二〇本程度のフィルムが必要だが、二回に分けて繰り返しにすれば、その半分で済む計算だ。

もう一点、いかにも中国人街で開幕する活動影戯院らしい点として注目されるのは、代金を銅銭で受け入れることを表明している点だ。一般庶民層では、日常の代金支払いはまだまだ銅銭が主要な地位を占めていたからだ。

ところが、この影戯院も、活動影戯だけで興行を続けることは容易でなかったようで、実態は必ずしも活動影戯だけでの興行とはなっていない。開業間もない一〇月初めには、早くも「弾唱（琵琶などの弾き語り）」を演目に加え始めているのだ。[63]その後も、意欲的に各種フィルムを取り混ぜて毎回番組を構成しているが、都合の良いフィルムを確保することが難しいのか、連日フィルム入替えなどという極端な方針が災いしたのか、もしくは中国人街の観客の好みが活動影戯だけの興行を許容しなかったのか、二ヵ月もすると以下のとおり、日本の奇術師松旭斎天勝一座のダンス写真[64]を組み込む演目構成を採るようになる（図像79参照）。夜花園での活動影戯上映興行で長らく定式化していた戯法（手品・奇術）を復活させ、旧来の番組構成に寄り添うかのようだ。

「海蜃楼活動影戯園、城内九畝地の新舞台北側　開演日時陰暦一〇月二一、二二、二三日、演目：マックス・ランデと岳母〈滑稽〉、ポールがお年寄りとお約束〈滑稽〉、ファブレの探偵いじめ〈諧謔〉、欧州大戦全四本、松旭斎天勝大舞踊〈極彩色〉、鍵遊び〈滑稽〉、愛の法〈逸話〉、分身の奇術〈極彩色〉、価格：二階席一角一階席七〇文[65]」

「マックス・ランデと岳母」は「Max et sa belle-mère」のことで、フランスパテ社一九一一年製作のコメディだ。早くも、マックス・ランデのコメディが、上海で放映されたというだけでなく、それが中国人街の上演芸能の真ん中で放映されていたことに、上海における西洋活動影戯伝播の速さと広がりに驚嘆させられるほどだ。「ファブレの探偵いじめ」は「Robinet, detective」のことで、イタリア・アンブロジオ社製作の一九一一年の作品だ。本節(2)項の大陸活動影戯院でもロビネット＝ファブレ作品が放映されていたが、フランスの大喜劇俳優マックス・ランデと並んで、イタリアのコメディも頻繁に放映されていたことが分かる。しかも、それは公共租界の西洋人社会やそれに近い中国人の間においてではなく、純然たる中国人街である旧県城内の中国人相手の活動影戯院において放映されているのだ。この点からも、次の章でも再度取り上げるが、上海で放映された外国映画は、決してフランス製、アメリカ製だけではなく、当時の映画出品の一大拠点だったイタリア各社の映画作品が、相当浸透していたことを改めて認識し直さねばならない。

それにしても、このように世界最新の活動影戯を積極的に放映した海蜃樓活動影戯園であっても、松旭斎天勝一座のダンス写真を番組に取り込んだり、弾唱を取り混ぜたりして、いくつかの演目を併せて興行しなければ、活動影戯だけの番組では観客を満足させることはできなかったのだろう。生まれたばかりの活動影戯園にとって、こうした音曲や奇術等の演し物と一緒に組み合わせて番組を組まねばならぬことが、専業常設館として展開する上での大きな圧力だったことが窺い知れる。

以上、活動影戯園が、夜花園でのアトラクション興行の一項目として扱われていた段階から、徐々に独立した常設の興行小屋へ、そして維多利亞のような高級レベルの活動影戯院へと発展、進化する過程を追究してきた。公共租界の辺境地帯である海寧路界隈に誕生した活動影戯園は、陸続とその後継を産み、租界内のいわば中心部から、上演芸能の中心地福州路に進出するまでにいたった。さらに、租界外で中国人が数多く居住し、古い上海の伝統や慣習が残る旧県城内にも活動影戯院は参入していった。

そのすべてで、順調な興行が続き、経営的にも安定した推移を示せたわけではない。まだ生まれたばかりの活動影戯園たちは、しかしとにかく、東京活動影戯園が新しく生み出した興行方式、活動影戯のみで番組を構成し、週に数回定期的にフィルム入替えを行い、なおかつ新聞紙上に毎日上映作品を告知する広告を掲載する、こうした従来の夜花園でのアトラクション興行とは一線を画した、いわば近代的映画興行に沿って動き出したのだ。

こうして呱々の声を上げた映画館が、その後上海でいかに成長し、またそこでどのような作品が放映され、上海人の映画観、映画体験をいかに作り上げていったのか、次の第四章以下でさらに追究してゆこう。

【第三章注】

1 第三章第二節注18参照。上海には今でも地名に残る斜橋（陸家浜路と徐家滙路が交接する辺り）以外に、静安寺東、現呉江路と石門一路近辺に斜橋が存在した

2 『申報』一九〇七年七月九日火曜日（旧暦光緒三三年五月二九日）

3 『世界映画全史』第四巻「3　映画の工場と撮影劇場」六八〜六七ページ

4 『申報』一九〇七年七月二七日土曜日（旧暦光緒三三年六月一八日）

5 葛濤「〝百代〟浮沈―近代上海百代唱片公司盛衰記」（『史林』二〇〇八年第五期）二六ページ

6 『世界映画全史』第四巻「1　映画産業を創造し独占したパテ」一五〜一九ページ

7 『申報』一九〇八年八月一一日火曜日（旧暦光緒三四年七月一五日）

8 『申報』一九〇八年八月一一日火曜日（旧暦光緒三四年七月一五日）

9 『申報』一九〇八年一二月四日金曜日（旧暦光緒三四年一一月一一日）

10 いずれも『圖畫日報』（一九九九年六月復刻版）。図像56は第一冊（4―296）、図像57は第四冊（1―427）。

11 『圖畫日報』第四冊（4―296）

12 『上海地方志・上海金融志』第一篇貨幣、第五章銅元、第一節銅元流通的種類。同書は以下のウェブ上で公開：http://shtong.gov.cn/node2/node2245/node75491/node75496/node75534/node75545/userobject1ai92322.html

13 『世界映画全史』第三巻「6　一九〇〇年万国博覧会の驚異」一四〇〜一四四ページ

14 『申報』一九〇六年一〇月五日金曜日（旧暦光緒三二年八月一八日）

15 『Encyclopedia of Early Cinema』（Richard Abel Ed., Routledge 2005／Paperback 2010）では、「Ramos, Antonio」の項目を立てているが（同書五四六ページ／項目執筆はZhang Zhen）、ほとんど上記中国側資料に依存するだけで、格別新しい資料の発掘もなく、依存する確実な史料の提示もない。また、ジョルジュ・サドゥールの『世界映画全史』では、ラモスは「一八九七年のフィリピン戦争に参加し、ついで、マニラに居を定めると、リュミエール社製映写機を手に入れ、それを持ってフィリピン中を巡回興行した。一九〇四年に彼は上海に住みつき、上海の共同租界の中に中国で常設興行を行った最初の映画館を開設した。」と記述しているが、その根拠となる出典も証拠も示していない。同書第七巻「9　イギリスと東洋における映画一九一四〜一九二〇」、二九三ページ

16 この「ガレン・ボッカ」なる人物については未詳。「Galen Bocca」との英字表記も、ジェイ・レイダが前掲『Dianying: Electric Shadows』の中で表記して以来（同書三ページ）、欧米の中国研究者にも中国の映画研究者にもこれが広まっているが、はたして正しいものか確証はない

17 『中国電影発展史』第一巻、一〇ページ

18 『上海電影志』（同志編纂委員会編、上海社会科学院出版社、

一九九九）

19 『上海電影志』二一ページ

20 IMDbでは、この「The Dragon's Net」以外で、一九〇八年末に放映可能な作品としては、わずかに「Les dénicheurs d'oiseaux（監督：ガストン・ヴェル、脚本：シャルル・パテ、パテ社、一九〇四／五〇メートル）」が、米国題名で「Nest Robbers」である点で類似作品としてヒットするだけだ

21 いずれも二〇一三年八月筆者撮影

22 第一章第一節注21参照。ここで著者の谷劍塵は第二章「電影輸入中國的情形和外片市場的三個時期」に「青蓮閣與幻仙時代的追憶」の小節を設けて、最初期の映画館として青蓮閣と幻仙戯院を挙げている。同復刻版三二三〜三二四ページ

23 『中国無聲電影』一三八一ページ

24 『上海通史』第一〇巻「民国文化」（許敏著、上海人民出版社、一九九九）一五七ページ

25 『上海租界志』五二一ページ

26 『工部局董事会会議録』（上海檔案館編、上海古籍出版社、二〇〇一）第一五冊、原文六二ページ、中国語訳文五四八ページ

27 『工部局董事会会議録』第一七冊、原文三四八ページ、中国語訳文六四二ページ、一九〇九年一二月二二日の項

28 『工部局董事会会議録』第一七冊二八〇ページ。なお、中国語訳が六一八ページにあるが、ここでは英語から直接訳した

29 『申報』一九一三（民国二）年一二月二二日月曜日（旧暦癸丑十一月廿五日）

30 たとえば、一九〇〇年代初頭にアメリカで隆盛を向かえたニッケルオデオン（Nickel Odeon）も、映画の合間にピアノ伴奏で観客とともに歌を歌ったり、幻灯芝居を見たりしたことが明らかにされている。そこには、映写機が一台しかなく、フィルムの掛け替え時に中断を余儀なくされる技術的制約に基づく措置という側面があることを忘れるわけにいかない

31 『申報』一九一三（民国二）年五月二四日土曜日（旧暦癸丑四月十九日）

32 『申報』一九一三（民国二）年六月三日火曜日（旧暦癸丑四月廿九日）

33 『申報』一九一三（民国二）年六月六日金曜日（旧暦癸丑五月初二日）

34 いずれも、フランス・エクレール社製

35 『中国電影発展史』では次のように断罪する。「外国映画が中国に投入され放映されたこと、そしてラモスを代表とする外国人投機商が中国で映画事業を営んだことは、当時の我が国社会の半植民地的性質を如実に反映したものだ。経済的意味でいえば、それは資本主義と帝国主義が植民地半植民地に対して行う、一般商品と資本の輸出と何ら変わりはない。政治的意味で言うと、帝国主義文化侵略の害毒機能を備えたものだった。」一二ページ

36 『申報』一九一三（民国二）年七月二九日火曜日（旧暦癸丑六月廿六日）

37 『申報』一九一三（民国二）年一二月一日月曜日（旧暦癸丑十一月初四日）

38 DVD『Inferno music by Tangerine Dream』(Eye 4 Films Ltd. & Snapper Music/ SDVD513) よりキャプチャー

39 DVD『Quo Vadis』(Art-Films) よりキャプチャー

40 『中国電影発展史』では、第一次世界大戦前の中国での放映作品は、フランス、アメリカ、ドイツ及びイギリス作品、特にフランスのパテ社とゴーモン社が多数を占めると言及するのみだ。同書一二ページ

41 『申報』一九一四（民国三）年一月一日木曜日（旧暦癸丑一二月初六日）

42 『申報』一九一四（民国三）年一月六日火曜日（旧暦癸丑一二月十一日）

43 『申報』一九一四（民国三）年一一月一三日金曜日（旧暦甲寅九月廿六日）

44 現在『上海百業指南―道路機構廠商住宅分布図』として復刻されている。後出注50参照

45 『海上花列伝』（「古本小説集成」第二輯第三六巻収録、上海古籍出版社、一九九一）八〇ページ。なお「古本小説集成」版は、杭州大学中文系所蔵の光緒二〇年〈一八九四年〉石印刊行本の影印本である

46 『上海市地方志・上海房地産志』第八篇特記第七節跑馬廳易地經過。同書は、web上公開のもので、以下のサイトにて閲覧〈http://shtong.gov.cn/node2/node2245/node64514/node64526/node64617/userobject1ai58381.html〉

47 『張愛玲典藏全集』（台湾皇冠文化出版有限公司、二〇〇一）二六～二七ページ

48 『福州路文化街』（胡遠傑主編、上海市黄浦区檔案局〈館〉編、文滙出版社、二〇〇一）五〇ページ

49 『海上花列伝』（「古本小説集成」版）七五ページ。入口両側の煉瓦柱に「亨達利」と刻まれる

50 『上海百業指南―道路機構廠商住宅分布図』（承載・呉健熙選編、上海社会科学院出版社、二〇〇四）上冊一、第八図、二〇ページ。山東中路と漢口路角には申報館が、福州路と河南中路角には中華書局、商務印書館が見える。また、福州路沿いで山西南路から福建中路にかけての一角には、旅社と「浴池」「浴社」が目立つが、これは歴史的経緯のしからしむるところなのかと推測する

51 『福州路文化街』三九〇ページ

52 『福州路文化街』四一一～四一二ページ

53 『福州路文化街』では、「一九一二年福州路東〈今〉興里に大樂電影院が開設」と記述する。同書二五〇ページ

54 『申報』一九一二（民国元）年八月五日月曜日（旧暦壬子六月廿三日）

55 注54に同じ

56 『申報』一九一二（民国元）年一〇月四日金曜日（旧暦壬子八月廿四日）

57 注54に同じ

58 いずれも二〇一二年一一月筆者撮影

59 『申報』一九一四（民国三）年九月四日金曜日（旧暦甲寅七月一五日）

60 『申報』一九一四（民国三）年九月八日火曜日（旧暦甲寅七月一九日）

61 新聞掲載の興行広告は、一九一五（民国四）年八月二九日日曜日（旧暦乙卯七月一九日）が最も早い

62 『申報』一九一五（民国四）年九月一〇日金曜日（旧暦乙卯八月初二日）

63 『申報』一九一五（民国四）年一〇月四日月曜日（旧暦乙卯八月廿六日）掲載の広告には、林歩青先生による彈唱を予定しているが、先生ご病気後の療養調整中のため、当面賀桂生先生に代行してもらうとの口上がある

64 松旭斎天勝は、一九一一（明治四四）年に松旭斎天一師匠の一座を引継ぐ形で天勝一座を旗揚げして以来、一九一五（大正四）年には有楽座で『サロメ』を上演するなど縦横に活躍していたが、その奇術公演を活動写真に撮影した記録は見出せない。また、この年一一月に朝鮮へ巡業に出た記録はあるが、上海興行は記録がない。川添裕「天勝の生涯」（『彷書月刊』二〇〇九年二月号通巻二八〇号所載）によれば、天勝のショーは、単なる奇術に止まらず豊富な演目を誇り「ダンス、バレエ、レヴュー、ジャズ、クラシック、寸劇、お伽噺、中国雑技、アクロバット等々を次々と盛り込んで」（同書二二ページ）いたとのことだから、演目にダンスが含まれることはごく自然なことだろう。広告文面でも「大跳舞〈五彩〉」とあり、天勝の持ち芸である「水芸」が映されたとは判断しにくい。これらの点から、「一座のダンス写真」と理解しておく

65 『申報』一九一五（民国四）年一一月二八日日曜日（旧暦乙卯十月廿二日）

第四章　輝く銀幕
——影戯院の普及とその放映作品——

第一節　増えゆく影戯院

(1)　活動影戯院の立地

前章で見たとおり、一九〇八年に開設された幻仙影戯院と虹口活動影戯園を皮切りとして、徐々に開業していった活動影戯院は、一九一三年末に開業した愛倫活動影戯院に続いて、翌一四年には大陸活動影戯院、そしてすでに影戯院経営に着手していたラモスが、さらに次の一手を繰り出した。ラモスは虹口活動影戯園開業後、すぐさまこれよりランクが上で規模も大きい維多利亞活動影戯院を五〇メートルほどしか離れていない海寧路と四川北路の北東角に開業していたが、次の一手は、公共租界西部、閑静な住宅地域に、それまでの活動影戯放映の小屋とは一線を画す、次元の異なる影戯院を開設することだった。

一九一四年九月八日、夏令配克《オリムピック》影戯院は開幕興行を行うに際し、次の広告を掲載して、大々的にその開幕を打ち出した（次ページ図像80参照）。

「新開　夏令配克影戯院　陽暦九月八日開演　『なんたる英雄』

本院は、静安寺路とカーター路角に設置、民国三年〈一九一四〉九月八日、すなわち陰暦七月一九日と日取りを決め、夜九時より開幕。最新式特上フィルム、その名は『なんたる英雄』。全巻五巻で八〇〇〇フィート。フランス、ナポレオンの戦争史実を描くもの。光量鮮明にして珍しき場面が次々止まることなく現れる。欧州映画学大家の手で露天撮影式にて撮影されたもの。本院主人は巨資を惜しまず二万ポンドをつぎ込んで購入。加えて五万ポンドを投入して上海に影戯院一館を建設。開幕に当たり、紳商各界人士、ご婦人令嬢皆さま、お早めにご来臨賜りご見聞を広め

られますこと願い上げます。本院主人謹啓」[1]

この夏令配克影戯院は、租界拡張につれて膨張していった西部地区の閑静な一角に初めて影戯院を開いた形であり、それまでの辺境とも異なり、また福州路の娯楽・歓楽街とも異なる、いわば租界社会の一等地に上層階層を主たる観客対象として開業したものだった。このため、それまでの見世物小屋でしかなかった活動影戯園とは一線を画す、趣向を凝らした高級で優雅な娯楽場として登場させた。そのことは、切符代金に明瞭に現れており、虹口界隈に開館した初期の活動影戯院が、大体一等席三角、二等席二角、三等席一角であったのに対し、夏令配克は桟敷席を備え、これが一・五元、上等席が一・二元、そして最低が八角という設定だった。

この、夏令配克影戯院開業に当たって、ラモスはこけら落としイベントを行うべく、劇場入り口外の歩道にテントをせり出して大々的に宣伝イベントを行うべく工部局に申請を出している。これに対する工部局参事会の一九一四年六月二四日（水曜日）付け決定が以下のとおりだ。

「Olympic Theatre オリムピック（夏令配克）劇場　静安寺路にあるこの新築建造物入り口向かい側の歩道にテントを張ることを求める申請書が、ラモス氏より提出された。参事会は、建築士が提案する条件に基づき、この申請を認可する意向である。しかしながら、歩道上の樹木を移植するのは大きな損失のため、どれだけの樹木が対象となるか調査を命じた。[2]」

図像81　夏令配克影戯院跡地現況[3]

新開

夏令配克影戲院

陽曆九月八號開演

何等英雄影片戲名

本院開設靜安寺路卡德路轉角准于民國三年九月八號即舊曆七月十九日晚九句鐘開演最新式之特等影片名曰何等英雄該片全套五本長八千多尺即法王拿波崙戰爭事實光明新奇層出不窮為歐洲影戲學大家用意大利日光照相社攝取本院主人不惜重資以金磅二角磅購取來華另費英洋五萬元在上海建設影戲院　所有時務請　紳商各界閨閣淑女早臨以曠眼界　本院主人謹啓

図像80　夏令配克開業広告

開幕作品は、上記広告に見えるとおり、中国訳では『何等英雄』、つまりイタリア・アンブロジオ社製作の『Napoleone, epopea napoleonica』（一九一四年／二二〇〇メートル／日本題『ナポレオン一代記』）だったことが分かる。高級影戯院を打ち出すためには、世界の映画界に通じる最先端の一級作品を掛ける必要があっただろうし、従来の活動影戯園に掛かる短篇何本かの組み合わせ興行では見栄えがしないため、これとは格段に作りの良い長篇作品が選定されたものと思われる。そこに選ばれたのが、イタリア製のフィルムだったことには、当時の世界映画製作の趨勢がよく反映されており、上海の映画興行が孤立したものではなく、すでに世界的輪の中に組み込まれていたことが現れている。

当時、世界の映画興行界では、こうした長篇ものはイタリアの独壇場だったし、長篇歴史文芸作品が評判をとっていた。隣国日本において、イタリア長篇ものはすでに『クォ・ヴァディス』が一九一三年一〇月には公開され、[4]評価を勝ち得ていたが、翌年一九一四年に入ると一月に『ポンペイ最後の日』が続いて評価を固めるにいたっていた。さらに三月には『アントニーとクレオパトラ』が続き、この『ナポレオン一代記』も一九一四年三月二二日に東京常盤座で初公開されていた。[5]これらイタリア長篇ものは、壮大なセットや群衆シーン、錯綜する筋立てにより、映画という表現形式が文芸的価値を高め新たな表現領域を広げる上で、大きな貢献を残した作品だったのだ。そのような定評ある作品を、夏令配克影戯院の重要な開幕作品として選定するにいたった経緯には、どのような事情があったのか大いに興味を惹かれるところだ。また、夏令配克での上映が終わる（九月一四日まで）やいなや、東京活動影戯園でも放映された（九月一八日〜二一日）ことを勘案すると、上掲の広告に「本院主人は巨資を惜しまず二万ポンドをつぎ込んで購入」との言はあるものの、このフィルムの提供元がある程度推測されてくるようにも思える。

一九〇八年以降、蘇州河以北の海寧路沿いに、次々活動影戯院が誕生していったが、それを時系列に整理すると次のとおりとなる。

一九〇八年　幻仙戯園　泥城橋脇天然有音戯館跡（現在跡地）
一九〇八年　虹口活動影戯園　海寧路乍浦路角に開業（現在跡地）
一九〇九年　維多利亞《ヴィクトリア》影戯院　北四川路海寧路角に開業（現在跡地）
一九一〇年　愛普盧《アポロ》活動影戯院　北四川路海寧路北側に開業（現在跡地）
一九一二年　大楽電戯園　四馬路東合興里（地点特定不能）
一九一三年　愛倫《アイリーン》活動影戯院　海寧路に開業（現海寧路江西北路口／旧鳴盛梨園）

一九一四年　大陸活動影戯院　江西路自来水橋下南首（現在跡地痕跡なし）
一九一四年　夏令配克《オリムピック》影戯院　静安寺路に開業（現南京西路742号）（現在跡地）
一九一五年　共和活動影戯園　中華路方浜中路口東南角に開業（現在跡地痕跡なし）
一九一五年　海蜃樓活動影戯園　城内九畝地新舞台北に開業（現在跡地痕跡なし）

前章第一節(3)項でも触れたが、最初期の活動影戯園が、なぜ海寧路一帯に蝟集したのかについて、従来どの中国映画史研究でも合理的な説明が与えられてこなかった。合理的説明どころか、考察の対象にさえ加えられていないかに見えるほどだ。ラモスが、一九〇八年に虹口活動影戯園を設置する際、設置地点としてなぜ海寧路と乍浦路の交叉する地点に白羽の矢を立てたのか。これは、決して無意味な問いではなく、ロケーションとして選定されたのは、この地に何がしかの優位性が認められたからのはずで、それを考察、検討の対象に入れることは、当時活動影戯園が社会の中でどのような位置を占めた（あるいは占められなかった）かを明らかにする重要な要因のはずだ。今後のさらなる具体的で、実証的な論証に期待するものが残るとして、ここでは以下の三点を挙げておくこととする。

第一には、すでに第三章でも言及したとおり、この地が公共租界と中国支配地区との辺境地域であった点だ。公共租界内では、厳しい建築基準が施行され、それをクリアして新規に活動影戯園を開設するには相当の投資を行わねばならない。まだ生まれたばかりで、夜花園のアトラクションや演芸場の演目の一項としてしか地歩を占められない活動影戯が、常設館として営むだけの収益が得られるかは未知数だったに違いない。そうであるなら、ラモスが選んだように、簡陋な作りの少ない投資ですむ道を採る方が得策だ。しかし、そのような簡陋な作りの「劇場」では、工部局の審査は通らない。そこで、工部局の管理が及びにくい「越界 beyond limits」の地を選定するのは、合理的判断といえるのではないか。

第二に、いくら審査に通りやすそうな地点を選んだとしても、競合する他の上演場が目白押しの地区であれば成功の可能性は低くなる。これについては、早くに管際安が「影戯輸入中国後的変遷」の中で、愛倫活動影戯院が海寧路に開設した理由として挙げる次の点が示唆を与える。「海寧路一帯は広東人が多く居住する。その広東人たちは、蘇州の音曲芸能である蘇灘も上海の芸能である滬劇も理解できぬ者が多く、京劇でさえよく分からぬ場合もある。そこで活動影戯なら、あるいは彼らを惹き付けられるかも知れぬ、という次第で愛倫活動影戯院を開いたのだ」[6]。

確かに、大胆に上演芸能の中心地である福州路に乗り込んだ大楽電戯園は、その伝統の強さに取り込まれるように、音曲芸能の演目を多く取り入れ、奇術・手品を組み合わせた興行方式に寄り添うことで活動影戯園としての自律的展開が進まず、ついには閉鎖の止むなきにいたった。

また、中国人街の最も伝統的趣味の強い観客を相手にした海蜃楼活動影戯園も、マックス・ランデやロビネットの最新コメディを盛んに放映し続けたにも拘わらず、松旭斎天勝を番組に取り込んだり弾唱を取り混ぜたりして、演目に彩りを添えて興行していかねばならず、そのことが専業常設の活動影戯園としての特性を減少させ、二年ほどで命運が尽きる原因となったと見られる。ましてや、海蜃楼が開設された九畝地には、大境路を挟んですぐ眼と鼻の先に「新舞台」という伝統演芸や伝統劇上演の拠点があったのだ。ここで活動影戯専門の常設館を維持してゆくことは、容易なことではなかったはずだ。

これに対して、海寧路一帯には同業の活動影戯園がその後寄り集まることにはなるが、他の上演興行者、興行施設がなかったことが幸いしたといえそうだ。いわば、この地は上演芸能興行の未開地であり、新興の活動影戯にとっては、まさに「シネマパラダイス」だったのではないか。

第三として、電気の供給を挙げねばならない。海寧路一帯は、上海の中でも送電線の敷設が比較的早くから進んだ地区だ。一九〇三〈光緒二九〉年には、北四川路、海寧路に低電圧給電線を敷設し、これは上海で最も早い通常電圧（三三〇V）給電線だったという。[7] 活動影戯園にとって、電気の供給は最も基盤をなす設置条件であるから、この点での優位性はもちろん考慮に入れられたに違いない。

こうした諸条件が、上海の海寧路一帯に活動影戯園を設置させ、一〇年近く経った一九一〇年代半ばから、徐々に上海各地域にその市場を拡大することになる。第三章で見た大楽電戯園も大陸活動影戯院も、また海蜃楼活動影戯園も、こうした活動影戯院が各地域に拡張展開する輝きを見ることなく消滅してしまったが、時代は、確実に活動影戯院から大戯院、電影院へと進展してゆく。

(2) 第一次世界大戦期の影戯院

こうして、一九一〇年を挟んだ数年のあいだに、にわかに活潑化した活動影戯院開業の動きは、一九一四年からの第一次世界大戦で一時冷却のやむなきにいたる。

第一次世界大戦を境にして区分けすると、大戦前に開業し、その後も引き続き活動影戯院（後には影戯院、大戯院）として営業を続けたものは、上記各院を含めて次の七館が数えられる。

1 虹口活動影戯園　海寧路乍浦路東南角
2 維多利亞影戯院　北四川路海寧路東北角
3 愛普廬活動影戯院　北四川路海寧路西北角

4　愛倫活動影戲院　海寧路江西北路東北角／旧鳴盛梨園跡
5　東和活動影戲園　武昌路乍浦路西北角稍西
6　夏令配克影戲院　静安寺路（現南京西路鳳陽路東南角）
7　共和活動影戲園　中華路方浜中路口東南角

第一次世界大戦は、戦場となった欧州では想像を絶する惨禍をもたらしたが、極東上海の地にも徐々にその波紋が押し寄せていた。開戦後、上海在住の欧州各国人の中には帰国して従軍する者も相次ぎ、特にドイツ人では居住人口の大幅減少まで来した。[8] さらに戦局が進展すると、開戦当初から中立を宣言していた中華民国も一九一七年三月にはドイツと国交を断絶、仏租界亞爾培路《アルベール》（現陝西南路）に設置されていた徳文同済医工学堂は、ドイツの協力で運営されていたため、その存立さえ危うくなったほどだった。[9] 全世界を巻き込んだ史上例を見ない規模と期間の世界大戦の中では、租界社会といえども無縁とはいえなくなっていたのだ。

しかし、そのような戦局の推移はありながらも、上海の活動影戲院は、確実に増え続けていった。戦局の広汎化に伴う実害は、次節で見るフィルムの供給源の枯渇の方が致命的に大きかった。

第一次世界大戦前にかろうじて区分できる共和活動影戲園は、開業を控えて次の広告を『申報』に掲載して広く告知している（図像82参照）。

共和活動影戲園

図像82　共和活動影戲園開幕予告

「共和活動影戲園　華界西門外方板橋に開場

本園は、惜しみなく巨資を投じ、方板橋に大型洋式戲園を自前で建設。すでに竣工を迎え、併せて欧米各社に最新フィルム買い付けを実施。陽暦八月三〇日夜と日取りを決め、開幕の運びと相なりました。七時から九時、九時一五分から一一時一五分までの毎晩二回上映制。料金は一回分のみで追加なし。放映時間の長さに比し料金の低廉なること、これにより広くお客様にお応えいたします。紳商学各界奥様令嬢皆さまお誘い合わせの上ご来臨のほど、双手を挙げてお迎えいたします。価格：二階席二角、一階席一角、昼の部、毎週日曜日午後三時開演。[10]」

共和活動影戲園も、すでに東京活動影戲園によって切り開かれた新たな興行方式を採り入れ、放映フィルムの告知、活動影戲のみで演目を編成し、そして毎週火曜日金曜日にフィルム入替えを実施していった。

当初は、米キーストーン社製ロスコー・アーバックルの「Fatty at San Diego」（サンディエゴのデブちん）や、仏ゴ

図像83　共和活動影戲園興行広告（9月28日）

ーモン社製べべ（Bébé）シリーズ（べべボクシングを習う）、伊アンブロジオ社製ロビネット（Robinet）シリーズ（ファブレのフェンシング）等の短編コメディを組み合わせて番組を組んでいたが、開幕一ヵ月ほどで当時ようやく世界的に勃興しつつあった新しい映画ドラマ、連続活劇（serial）を採り入れて放映を始める（図像83参照）。

「共和活動影戲園　華界西門外方板橋に開場

（上）図像84　ハートの３の一場面１
（下）図像85　ハートの３の一場面２[15]

陰暦八月二〇日すなわち火曜日より三夜連続で特上作品を上映。今夜はフィルム入替え。①デブの友人 ②③④⑤⑥⑦『ハートの3』（The Trey o' Hearts）〈計六巻〉⑧穀倉は庭の中　夜の部：毎晩七時開演九時一五分終演、九時半開演一一時半終演。日曜日午後三時より昼の部開演。毎週火曜日金曜日フィルム入替え。価格：二階席お一人二角、一階席お一人一角。[11]」

『ハートの3（The Trey o' Hearts）』（図像84・85参照）は、米ユニバーサル社が送り出した一五話三一巻の連続活劇で、姉妹が様々な事件に遭遇する展開だ。ルイス・ジョゼフ・ヴァンス（Louis Joseph Vance）の小説を基にベス・メレディス（Bess Meredyth）が脚本を担当し、第一集から第六集までをウィルフレッド・ルーカス[12]（Wilfred Lucas）が、第七集から第一五集までをヘンリー・マックレエ（Henry MacRae）が監督している。クレオ・マディソンがローズとジュディス・トライン姉妹を一人二役で演じている。[13]すでに同じ年の七月に愛倫活動影戲院で上映されていたものではあるが、これを早速中国人街で興行にかけた点は、相当意欲的な取り組みといえそうだ。短篇を組み合わせて番組を構成していた際は、毎回概ね一〇本ほどを一組として編成し、これを広告どおり二回放映したが、今回の連続活劇では、三集六巻ずつの放映で、他に二、三本を組み合わせる興行方式を採った（愛倫では二集四巻ずつの放映）。そこで、以下の五クールに分けて全篇放映を行っていった。

1 九月二八日（火）～九月三〇日（木）：第一、二、三集[14]
2 一〇月一日（金）～一〇月四日（月）：第四、五、六集
3 一〇月五日（火）～一〇月七日（木）：第七、八、九集
4 一〇月八日（木）～一〇月一一日（月）
　：第七、一〇、一一、一二集
5 一〇月一九日（火）～一〇月二一日（木）
　：第一三、一四、一五集

4と5の間が一週間空いたり、第七集「The Stalemate 手詰まり」が二度放映されたりとのイレギュラーはあるが、毎週火曜日木曜日のフィルム入替えはきちんと守られている。

一方、すでに戦火が全欧州に波及し、厭戦感も広がりつつあった一九一七年五月一七日に、上海大戯院が四川北路虬江路角（旧同慶茶園〈図像22参照〉跡）に開幕した。それまでの影戯院が、ラモスやハーツバー（中国語表記郝思倍／愛普盧活動影戯院）、ランヒャー（中国語表記林発／愛倫活動影戯院）、そしてゴルデンベルグ（B. Goldenberg 中国語表記古藤倍／共和活動影戯園）らの外国人、特にスペイン、ポルトガル系人が多数を占めていたが、この上海大戯院は広東人曾焕堂が設立した中国人初の影戯院だった[16]。当時の上海では、中国伝統の茶園形式を取らず、舞台に対面する客席を持つ洋式劇場を「大戯院」と称したが、上海大戯院は開幕時からこの名称を使っていた。その後、ほとんどの活動影戯院が、「大戯院」と名称を変更してゆくが、その魁となる命名だ。開幕に先だって、次のような予告広告を掲げている（図像86参照）。

「上海大戯院　虹口北四川路虬江路口　開幕預告

上海の賑わいは全国の頂点に立ち、劇場が林立すること旭日上昇の趨向。しかるに演芸遊興で知識を増やし風習を変えようとするなら影戯が最も効果的。演芸遊興に教育の意味を込めるなら社会改革に役立つ。上海は文明の先端地のため、影戯を愛好するものも各方で多数。上海には劇場が多いとはいえ、影戯院は実は数が少ないもの。外国影戯院は外観は良いが値段が甚だ高い。中国影戯園は値段は安いが客席は窮屈。完璧な影戯場は、実際は見出せないかのよう。本院主人は、この事情に鑑み、数万の巨資を投じ超大型影戯院を一軒建設し、その構えは華麗にして輝きは眼を奪うほど。内部は優雅で客席はゆったり、窓は四方に開き、空気は清涼。冬暖かく夏涼しく四季いずれも快適で、中国最大の劇場と呼べるもの。上演フィルムは、欧米各国に発注した誰しもが口を揃えて称讃するものばかり。（一）外観の荘厳さ○本院は欧風の外観を備え、上海唯一最大の劇場にして、その名を上海大戯院と命名し、その内実を的確に表す。（二）交通の便利さ○本院は北四川路虬江路角に開設。路面電車でも自動車でも馬車でも、門前に直に到

図像86　上海大戯院開幕予告広告（5月14日）

着でき場所良く交通至便。（三）代金の低廉さ○本院は、外面は欧米式ながら内部はすべて中国式の代金。低廉さで手軽に入れる気安さ。（四）フィルムの新しさ○本院は予め欧州各国著名スタジオに各種長篇作を発注。愛倫影戯院が母体のため、これは除外するものの、放映権を独占するため、他園では上映できないもので、その色合いは鮮明にして通常のものとは歴然たる違い。（五）光量の充実○本院は、発電機映写機等各種機器に細心の注意を払い、これを欧州に特注。光量を十分備えるため、髭や眉の動き、髪の毛の一本まで鮮明。（六）ほどなく開幕○今、すでに建設は竣工し、内装備品も完備。本月内開幕につき特にお知らせまで」[17]

外国人経営の影戯院が、設備はよいが高額で、一方中国系影戯院は、値段は安いが安かろう悪かろうの現状で、これに対して「上海唯一最大之劇場」との自信を込めた言い分だ。五点でその優位性を誇示するが、第一次世界大戦前開設の各影戯院を想起してみると、なるほど他の貧弱なものと比べると、あながち口先だけと侮れない面もある。夏令配克《オリムピック》影戯院のような「外国影戯園」は、前項で見たとおり、確かに料金が高額で、一元は用意しないと活動影戯一本見ることができない。一方、虹口活動影戯園から名称変更した東京活動影戯園も、愛普廬《アポロ》活動影戯院も、設備も映写効果もあまり期待できない。共和活動影戯園は、確かに低廉だが、値段で勝負しているふしが窺え、その開幕広告でも「毎晩二回上映制。料金は一回分のみで追加なし。放映時間の長さに比し料金の低廉なること、これにより広くお客様にお応えいたします」と謳っていた。それでありながら、料金は、二階席で二角、階下の平土間なら一角だ。

放映作品は、共和活動影戯園も封切り作品ではないものの『ハートの3 The Trey o' Hearts』など、意欲的に取り上げてはいる。だが、上海大戯院は、二番館ではなく（愛倫活動影戯院だけは除く）排他的独占権をもって放映すると宣言する。

中国人経営初の影戯院として高らかに自己の優位性を謳い、ラモスら外国人経営の影戯院ほど高額の料金ではなく、中国人経営の海蜃楼活動影戯園や外国人ながら中国人向けの虹口活動影戯園や愛普廬活動影戯院や共和活動影戯園などのような、低水準の設備、映写効果に安住することなく、一級の映写効果と設備で優れた作品を提供することを目指しており、出発点から高い水準を求めた開業だった。

それは、上海の観客が、ようやく活動影戯放映興行をただのアトラクション的な見世物から、もっと良質の快適空間で鑑賞することを求め始めた現れともいえるだろう。その潜在的需要に応えるべく開業した上海大戲院だが、それはさらに激しさを増す競争とより高い品質の活動影戲を求める潮流の中の、まだほんの一里塚にすぎないものでもあった。

三日後の開幕当日には、いよいよ放映作品の紹介も加えて、次の広告を大きな紙面を確保して掲載している(図像87参照)。

図像87　上海大戲院開幕当日広告（5月17日）

（……〈前文略〉……（6）今すでに建築も竣工し内装配備も完了、本月二七日開幕につき、ここにお知らせまで。

空前絶後の連続最新探偵映画「妖党」（「ミラの秘密」The Mysteries of Myra）全巻一五集合計三一本　世の気風が廃れ、人心に詐術が宿り、魑魅魍魎、摩訶不思議が横行したところへ妖党の出現が伝わる。その首領は生気の失せた顔立ち、姿は骨ばかりで、まるで動く骸骨。妖術で人を虜にして命令に従わせ、終生逆らえぬよう手なずける。毎日暗い部屋に端座し日の光にも当たらぬ。徒党と議する時は五本爪の金龍が首領の頭上に舞い、口から光を発して暗い部屋が光り輝く。真夜中に群れ集まり拳を挙げて顔を支える。これが暗号となり、奇妙な妖術で呪文を唱え人を宙に浮かべて殺傷する。これぞ世界の魔王というべきか、人の世の妖怪というべきか。全編一五集三一本。今晩より一、二集　計五本上映。各界皆さまご光臨いただきご見聞を広められんことを。[18]……〈下略〉……）

この頃、すでに他の影戲院でも連続活劇が人気を博し、『ファントマ』が前々年の一九一四年から東京活動影戲園や中国青年會などで「妖氣黨首」、「靈魂盜黨」「方得睦」等と称して、各館で順繰りに上映されていた。また前年一六年には、「開鑛之總鑰（マスター・キー）」や「半文錢（日本題：名金）」も、共和活動影戲園等で引っ張り凧だった（これらの上映情況については本章第二節で詳述する）。

「ミラの秘密[20] The Mysteries of Myra」（図像88・89参照）は、ヒイワード・キャリントン（Hereward Carrington）とチャールス・ゴダード（Charles W. Goddard）の脚本をレオポルドとセオドア・ワートン（Leopold & Theodore Wharton）が監督、ジーン・サザーン（Jean Sothern）と

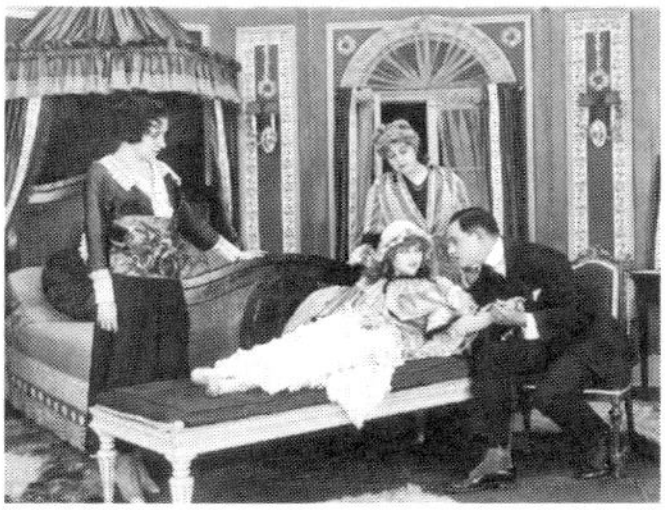

図像88　ミラの秘密1

図像89　ミラの秘密2[19]

ハワード・エスタブルック(Howard Estabrook)が主演。米ワートン社一九一六年制作で、International Film Service＝米パテ社が配給した作品だ。これは、確かにこの時まで未公開であり、愛倫影戯院以外に対しては「放映権を独占するため、他園では上映できない」と豪語するだけのことはあり、新味のある作品を取り上げていることは了解できる。ただ、この「ミラの秘密」は、いわゆるシリアルの中でもホラー系のミステリー仕立てであり、ミラが連続活劇の常によって数々の危難に見舞われるが、その相手が催眠術や怪しい儀式で人心を操縦するなど恐怖映画の系譜に連なるものだ。その内容からして、開幕を祝う放映作品として適切かどうかは、やや首をひねらざるを得ない面もあるが、なるほど新作巨片であることは間違いない。こうして、相当の意気込みをもって開幕した上海大戯院だが、その後しばらく上海活動影戯興行界の牽引役を担い、活動影戯興行の質的向上に大きく貢献していったことは疑いようがない。

(3) 後来居上―淘汰される影戯院

世界大戦が終結した一九一八年秋以降、上海での映画館開館熱は再燃し、大戦前の七館が、一九二二年末までの四年間でさらに増加する。一九二二(民国一一)年一二月末の『申報』に掲げられた当日の興行広告掲載映画館一覧によると、その数は以下の一二館に達していた(所在地は新聞掲載のまま)。

1 上海大戯院　北四川路虬江路
2 愛普廬影戯院　北四川路
3 維多利亞影戯院　海寧路
4 夏令配克影戯院　静安寺路
5 新愛倫影戯院　海寧路
6 共和活動影戯院　西門方浜橋
7 滬江影戯院　武昌路
8 卡徳影戯院　卡徳路
9 虹口大影戯院　乍浦路
10 萬国影戯院　虹口東西華徳路荘源大街道
11 恩派亞影戯院　八仙橋霞飛路口
12 法国大影戯院　三洋涇橋南[21]

滬江影戯院は、第一次大戦前開業影戯院の5「東和活動影

戯園」が、その後転売譲渡され、名称を改称したもの。「東和」の館名から推測できるとおり、元は日本人の経営だった。

卡徳《カーター》影戯院も、一九一七年に卡徳路〈現石門二路新閘路口〉に開業した影戯院だ。

萬国影戯院も、一九一七年九月、虹口の東熙華徳《スワード》路〈現東長治路〉に開業したもの。

ここまでは、上海大戯院と同時期の第一次世界大戦中の開業影戯院だが、その後第一次世界大戦終結後しばらく間が空いて、次に開業するのは一九二一年になってからだった。一九二一年に開業した11の恩派亞《エムパイア》影戯院（八仙橋霞飛路口〈現淮海中路龍門路口〉）と12の法国大影戯院（三洋涇橋南吉祥街中〈現江西南路〉）の二館は、いずれも仏租界に開設されたもので、従来の活動影戯院の立地地図を塗り替えるものだった。

この一二館の分布を見ると（口絵「上海老電影院分布図」参照）、先行の五館が虹口に偏在したのに対し、中国人街である旧県城地域（共和活動影戯院）、仏租界（恩派亞影戯院と法国大影戯院）、そして公共租界の中心地区の静安寺路から競馬場北側周辺（夏令配克影戯院と卡徳影戯院）に進出していることが注目される。当時の娯楽・遊興の中心地が、福州路の西側から競馬場まで辺りだったことを考えると、影戯院は、まだその周縁部でようやく歩を踏み出した程度にすぎない。ただ、虹口大影戯院（一九一七年に活動影戯園から改称）も夏令配克も外国人の経営であるのに対し、上海大戯院が中国資本であることなど、活動影戯放映事業が中国人の手によって運営され始めたことも見て取れる。

一九二二年の末に一二館に達した上海の映画館は、その後も開業の勢いを増して行く。翌一九二三年に入ると、二月九日に卡爾登《カールトン》大戯院が派克《パーク》路（現黄河路）に開館するが、卡爾登は、影戯院開幕に先立ち、新装なった新館の開幕披露を行い、先触れ広告としてダンスホール、レストランの宣伝広告を行っていた(図像90参照)。

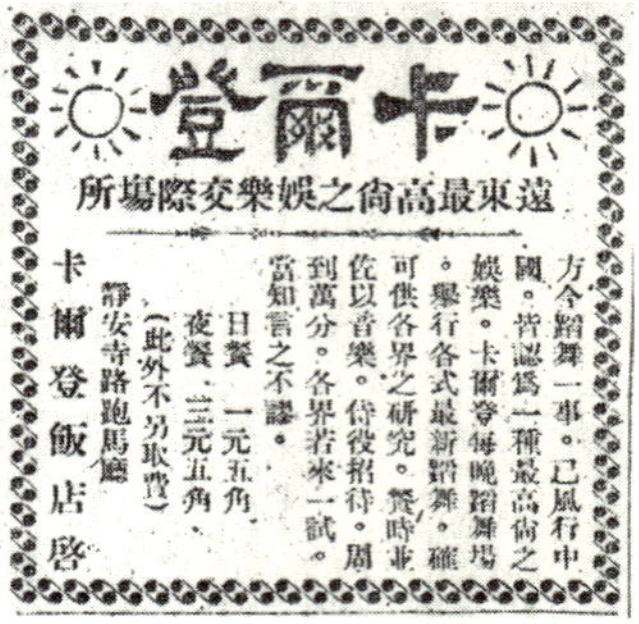

図像 90　卡爾登飯店広告

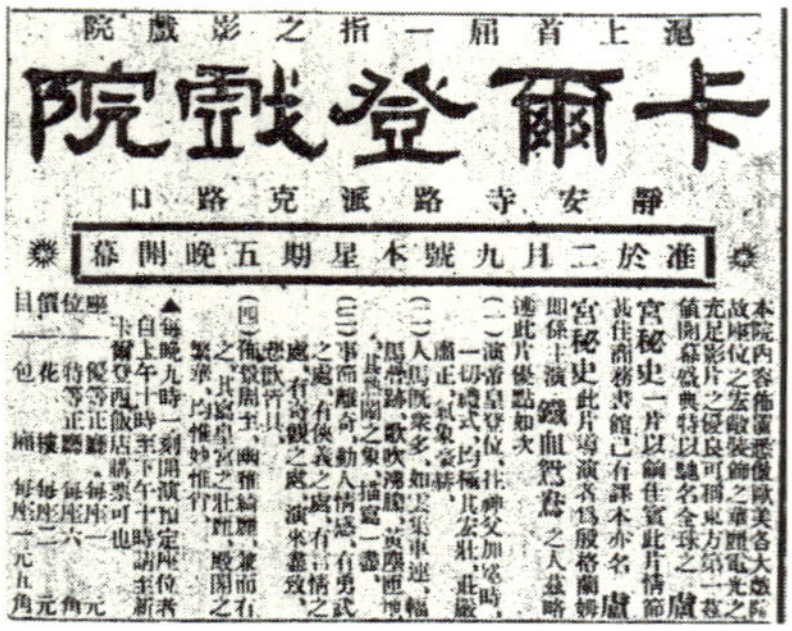

図像91　卡爾登影戯院開幕広告(2月8日)

「いまやダンスは、すでに中国に広く行き渡り、みな最も高尚な娯楽と見なされています。カールトンでは毎晩、ダンスホールで最新のダンスを行い、各界よりご注目いただいております。お食事の際に音楽をお供に、行き届いたお世話と最高のサービス。一度ご来臨いただければ偽りなきことご理解いただけます。昼食一元五角より、夕食三元五角より。他にチップ類はいただきません。静安寺路競馬場口カールトン飯店謹啓[22]」

ついで、影戯院開業前日の二月八日に、次の開幕広告を掲げる（図像91参照）。「滬上首屈一指之影戯院（上海で第一に数えられる）」を掲げる影戯院が誕生することで、それまで「上海唯一最大」を誇った上海大戯院の地位は、ここにおいて大きく揺らぐことになった。規模といい、設備の上等さといい、音楽の質の高さといい、快適さと上質さを競い合う上海における影戯院の熾烈な争いが、さらに繰り広げられ始めることとなった。活動影戯放映は、高品質を高らかに謳った上海大戯院の開業からわずか五年にして、この卡爾登に見られるとおり、より高品質で高級な娯楽の場へと向かって歩を進め始めたのだった。

図像92　ゼンダの虜1

「カールトン戯院　上海一を誇る影戯院　静安寺路パーク路口　二月九日今週金曜日開幕本院は内部のすべてを欧米大戯院にならい、そのため座席のゆとり、内装の華麗さ、光量の豊かさ、フィルムの優秀さ、どれもアジア随一と称すべきもの。この開幕に合わせ、全世界に名を馳せる「ゼンダの虜」によりお客様にお応えする次第。このフィルムは、ストーリーは良質で、商務印書館から訳本が出版され、その題名も『ゼンダの虜』。監督はイングラムで、『鉄血鴛鴦[23]』に主演していた者。作品の特徴は：（一）皇帝の位に就く際、神父に向かって王冠を戴く時、すべての儀式は極めて盛大荘重で、その様子は豪華壮大（二）人馬の数も多く、まるで車馬が雲集するがごとく、馬車と馬が折り重なるがごとし。歌曲が鳴り渡り、黄塵は地を巻き、その賑やかなさまを見事に描きつくす（三）筋は意表を突き、人の心を動かす。武勇伝もあれば、義侠心もあり、恋を語るもあり、不思議な話もあり、すべてがよろしく展開し、悲喜いずれも兼ね備える（四）背景も見事で、上品さも美しさ

図像93　ゼンダの虜2

図像94　ゼンダの虜3[25]

もみな完備。宮殿を描けば壮麗そのもので、王宮楼閣の艶やかさも真に迫る▲毎晩九時一五分開演。予約席お求めの方は午前一〇時から午後一〇時の間カールトン西洋飯店にてご購入ください。料金：優等一階席一元、特等一階席六角、二階特別席二元、桟敷席一元五角。[24]」

『ゼンダの虜 The Prisoner of Zenda』は、レックス・イングラムが監督した作品で、一九二二年米メトロ・ピクチャー・ゴールドウィンの制作だ。原作小説は、アンソニー・ホープ（Anthony Hope）の同名『ゼンダの虜 The Prisoner of Zenda』で、三〇年前の一八九四年に出版されており、広く読者を獲得していた。広告文にもあるとおり、すでに商務印書館から翻訳が出版されていた。ルリタニヤ王国の戴冠式見物に出かけたイギリス男爵で有閑階級のルドルフ・ラッセンディル（Rudolf Rassendyll）が、実は先祖が同じで瓜二つの顔に育ったルドルフ五世を巡るお家騒動に巻き込まれ、替え玉になったり、フラヴィア王女と恋に落ちたり、最後にはゼンダ城に監禁されたルドルフ五世救出に向かい、剣の腕前を存分に披露する一種の冒険物語だ。その一人二役をルイス・ストーン（Lewis Stone）が演じ、フラヴィア王女役をアリス・テリー（Alice Terry）が演ずる。

一九二〇年代初め、すでに勢力を伸張しつつあったアメリカ映画の中でも大がかりな作品に属し、総予算三二万三〇六二ドルといわれる[26]超大型巨編で、卡爾登影戯院の華々しいこけら落としにはうってつけの作品だった。二一世紀の今日観ても、映画らしい危機と冒険に満ち、主人公の活躍とお決まりの恋の展開に心惹かれる思いがさせられ、見る者をして映画の楽しさを堪能させる作品だ。こういう作品を、当時の上海の観客はどのような思いで観たのだろう。隣国日本において『ゼンダ城の虜』と題してこの作品が公開されたのは、大正一二〈一九二三〉年三月一五日浅草電気館からなので[27]、上海での公開はそれより一ヵ月早く、アメリカ映画の魅力をいち早く採り入れていたことになる。

すでにこの二年半前の一九二一年九月からは、国産映画が上海の各影戯院で上映されるようになり、この年一九二三年には明星影片公司も本格始動し、国産映画が経常的に放映されるようにはなっていた（これについては第六章で取り上げる）。だが、その国産映画の表現力、そのセット造形の規模の違い、ストーリーの巧みさ、重層さ、いずれをとってもとても太刀打ちできそうにないスケールを備えた『ゼンダの虜』には、大きな驚きと賛嘆の眼を向けていたのではなかろうか。

さらに、この卡爾登開業の一週間後の二月一六日には、競馬場を挟んでほぼその対角線上南側に当たる六馬路（現北海路）に、申江大戯院が開館する。ここは、もともと京劇などの芝居を上演した申江亦舞台だったが、その舞台からの転換だった。そして、この申江大戯院は、開館当初から中国国産映画の上映に特色を示し、三年後の一九二五年からは中国国産映画上映専業へと特化してゆく。

こうして一九一〇年代までが数的充足だったのに対し、一九二〇年代に入ると上海の活動影戯院は、豪華さを競うものや特定分野に特化するものなど、各種の特性、個性を発揮しつつ、また地域的にも上海各地域に満遍なく網の目が細かくなるよう展開し、さらに数量、質量とも拡大、増大の方向に向かってゆく。その勢いがさらに増大して一九三〇年代を迎えるのだが、その後の活動影戯院の展開と、すでに影戯院、大戯院へと名称を変更しつつあった各映画館の新設、発展情況は第三節で再度詳細に見ることとして、次には、一九一〇年代半ばから一九二〇年頃にかけて、各影戯院でどのような作品を放映していたのかを検証してゆこう。

第二節　何を観ていたのか

(1)　一九一〇年代放映長篇作品

活動影戯が、観客の心を射止め、集客力を高める上で大きな効果を上げたのは、影戯院で次々と新作、新片が提供できたことによるはずだ。一九一〇年代半ばの上海の影戯院では、一本の映画が二週間に渡って上映され続けることはなく、長くても一週間程度、通常は三、四日で一劇場を終え、次の影戯院に回される配給形態だった。

そこで、このように頻繁に上映作品を更新し、新しい作品で観客の足を呼び込むことができた影戯院では、どのような作品を放映していたのかを探究しなければ、当時の観客が何に心惹かれ、眼を奪われていたのかを知る術がない。この探索に有力な手がかりとなるのは、新聞に掲載される毎日の影戯院の上映広告だ。上海では一八七二年以来『申報』が発行されており、一八九〇年代以降は芝居の広告が毎日の紙面に載るようになっていた。すでに第三章第二節で見たとおり、活動影戯放映興行では、一九一三年五月から東京活動影戯園が、それまでの広告方式と興行形式を刷新する方策を採り、それ以降活動影戯興行において先導的役割を果たしてきた。すなわち、毎日放映する作品を新聞紙上で告知する、活動影戯のみで番組を構成する、定期的にフィルムを入替える、この三点だった。この方式は、すでに見たとおり他の活動影戯院も追随し、着実に定着していったことは間違いないが、必ずしも活動影戯院のすべてが、毎日欠かさず興行広告を新聞紙上に掲載できたわけではなかった。そこでは、新聞広告掲載料と活動影戯放映興行で得られる収益とのバランスが考慮されただろうし、新聞社側では、一九二〇年代初めまでは、紙面を増頁してまで各活動影戯院の興行広告を掲載するほど活動影戯興行の公共性は高くなく、読者からの要請も高まっていなかっただろう。このため、一九一〇年代半ばから末にかけての活動影戯放映情況は、すべての活動影戯院の放映実態を網羅することは出来ず、まさしく一斑を窺うことにしかならない。しかしそれでも、その一斑こそ確かな事実を汲み取る道であるし、当時の活動影戯放映の実体を掌握する有力な術であることは間違いない。

すでに、活動影戯院開業の内容に触れる中で、各活動影戯院での放映作品を見たが、一九一三年に東京活動影戯園が新装開園するに際して打ち出した新たな広告宣伝から、東京活動影戯園の放映作品がだいぶ明らかになっていた。その中、短篇コメディでは、パテ社製マックス・ランデ（Max Linder／中国語訳「麦克司《マックス》」「林達《ランデ》」等／図像95参照）シリーズやゴーモン社製のベベ（Bébé／中国語訳「琶倍《ベベ》」／図像96参照）シリーズ、エクレール社製ゴントラン（Gontran／中国語訳「供脱林《コントラン》」等）シリーズ等、フランス製コメディは軒並み上海に持ち込まれていたことが明らかになった。これに止まらずイタリア、パスクェリ社製のポリドー（Polidor／中国語訳「鮑利士《ポリド》」等）シリーズ、チネス社製トントリーニ（Tontolini／中国語訳「湯脱氏《タントー》」等）シリーズ、アンブロジオ社製ロビネット（Robinet、またはMarcel Fabre／中国語訳「衛夫爾《ウェイフル》」「恵夫氏《ウェイフ》」等）シリーズ等世界中の短篇コメディが活動影戯院を賑わせていたことも見て取れた。

図像95　マックス・ランデ[28]（Max Sets The Style）

図像96　ベベ[29]（Bébé's Masterpiece）

こうした短篇フィルムが、徐々に長篇作品に移行してゆく時期が、世界的にはちょうど第一次世界大戦前の一九一〇年代中期に当たっていた。そしてその長篇映画の先鞭を付け、世界中に長編映画移行の気運を誘発したのが、すでに前章で触れたとおりイタリア映画だった。この間の事情を、ジョルジュ・サドゥールは、以下のように述べている。

「イタリアにおける偉大な喜劇役者はフランス人（アンドレ・デード、マルセル・ファーブル、フェルディナン・ギヨーム）であった。この一派はイタラ社やアンブロージオ社やチネス社にとっては優れた売物であったが、大して独創性を持っていなかったようだし、フランス喜劇を質的に越えたものではなかった。これに対して文芸シリーズの領域では、フランスはあっという間にイタリアに追い越されてしまった。このジャンルにおけるイタリア最初の大成功作は一九〇八年の『ポンペイ最後の日』であった。製作はアンブロージオ、演出はルイジ・マッジ、出演はリディア・ディ・ロベルティとミルラ・プリンチーピであった。この作品の撮影をしたロベルト・オメーニャは、その中でトリック撮影を行った。このことはこの映画の世界的大成功を保証し、到るところで傑作と呼ばれる結果になった。[30]」

また、筈見恒夫はその著『新版映画五十年史』[31]で、次のように叙述する。

「〈第一次世界〉大戦前の歐米映画界の王座をしめてゐたのは、イタリイ映画である、と云へば、今日の不振のみを知る人々にとつて奇異の感を抱かれるかも知れない。……〈中略〉……殊に一九〇八年に至つて、一撮影技師から身を起

（上）図像97　ポンペイ１
（下）図像98　ポンペイ２

こしたアルツロ・アンブロジオの創立になるアンブロジオ會社がチネス、イタラ兩大會社とともに全盛を誇るに及んで、イタリイ映画の名聲は世界を壓した。情緒豊かな文芸映画、豪壮なる歴史映画と云へば、イタリイをおいて他に求めることが出來なかつたの

図像99　ポンペイ3[33]

である。[32]」

すでに東京活動影戯園の放映作品を見る中で触れたとおり、ダンテ『地獄篇』も『クォ・ヴァディス』も上海では上映されていたし、『ポンペイ最後の日』も、一九〇八年アンブロジオ社製ではなく、一九一三年製作パスクェリ社版（図像97—99参照）が、以下の表7に掲示するとおり、東京活動影戯園、愛倫活動影戯院で上映されている。また本章第一節で見たとおり、夏令配克《オリムピック》影戯院の開幕興行演目もイタリア製『ナポレオン一代記』だった。

　イタリア製歴史文芸長篇映画が、第一次世界大戦前の時期、大いに映画の評価を高め、芸術表現として映画の可能性を開拓し、それを観衆が受け入れ、従来の短篇主義や見世物的活動写真から、見応えのある文芸作品を享受するように移った

のが世界の趨勢だった。このことは、隣国日本においてもまったく同様だった。

『日本映画発達史』の中で、田中純一郎は、この事情を次のように述べている。

「明治時代から活潑だったヨーロッパ映画の輸入が、第一次世界大戦勃発頃までは、加速度的にその数を増した。ことに、知名な文芸作品を映画化した、フランスやドイツの文芸映画、イタリアの史劇ものなどが歓迎され、なかでも、壮大華麗なセットや、大群衆を登場させて撮影したイタリア史劇映画は、至るところで日本の見物を驚嘆させた。日本の映画業者は、乏しい財布から資金を出して、出来そこないの活動写真を作るよりは、眼もあやな素晴らしい規模をもつ外国映画を買い入れる方に、採算上の安全性が高いというので、自社映画は二次的となり、興行映画の七〇パーセント以上を、輸入映画でまかなうという現象を呈した。

そのために、日本の心ある映画観客は、年々変貌しつつある外国映画の新しい表現に魅せられ、停滞気味の日本映画からは次第に足を遠ざけた。そして、彼我の内容的、技術的距離は、日ごとに引き離され、いまは好意ある比較さえも聞かれなくなった。この国の文化の中で、ひとり日本映画のみがインテリゲンチャの支持を受けず、久しい間、孤児のように路傍に見捨てられていたのも、相次ぐ外国映画の魅力の方に、彼等の興味が集注されていたからであった。[34]」

つまり、日本ではインテリ学生層は外国映画に惹き付けられ、その文芸的質の高さを愛でたのに対し、一般庶民大衆層が日本映画に快哉の声を挙げ続けた、その分水嶺がこの第一次世界大戦前時期にある。ところが、活動影戯伝来後一〇年以上を経たこの時期に到っても、なお満足な国産映画を生み出すに到らなかった中国上海においては、イタリア製歴史文芸映画は、こうした活動影戯の機能分化を促すことには繋がらなかった。知識人層も庶民層も、いずれも外国映画を観る以外に活動影戯との接点はなく、ただあるのは外国映画内のジャンル分けのみだった。しかし、世界の映画の潮流から無縁でいられたはずもなく、また隣国日本での映画鑑賞趣味の変転と隔絶していたはずもない。上海でのイタリア長篇文芸作の放映は、興行時期について見るかぎりでは、日本での上映と極めて近接した関係にあることが見て取れる。

たとえば、『クォ・ヴァディス』が上海で上映されたのは、第一回目は、一九一三年一二月一日から四日までの東京活動影戯園と、同じく一二月一日から三日までの中国青年会だった。一方、それが日本で初放映されたのは、二ヵ月前の同年一〇月二一日東京帝国劇場だった。[35]また、『ポンペイ最後の日』が、上海で初めて上映されたのは一九一四年三月一三日から

表７　1910年代放映主要長篇作品

中文題	原題	原制作	放映館	放映時期
羅馬教皇故事始由該皇設燕賜羣臣起殘暴之心害盡耶蘇教人命…	Quo Vadis?	1913：伊チネス社	東京	1913 12/01-12/04
羅馬王殘害教會如縱獸食人火燒羅馬城等無不逼肖當時情景…	Quo Vadis?	同	中國青年會	1913 12/01-12/3
羅馬教皇殘殺耶教耶蘇顯聖教皇自盡	Quo Vadis?	同	東京	1914 10/27-10/29
哥拔祈史	Quo Vadis?	同	東和	1916 7/31-8/06
意國大名士鄧德君夢遊地府鄧君一日睡夢中偶遇仙人引入地府…	L'inferno	1911：伊ミラノ社	東京	1913 7/29-8/01
埃及國淫女皇	Marc' Antonio e Cleopatra	1913：伊チネス社	東京	1913 6/28 -7/04
羅馬征伐埃及皇后	同上	同上	東京	1914：2/10-2/12
羅馬古京旁貝城之末日	Jone o Gli ultimi giorni di Pompei	1913： 伊パスクェリ社	東京	1914 3/13-3/16 1914 12/01 -12/03
同	同	同	愛倫	1915 12/03-12/06
何等英雄	Napoleone, epopea napoleonica	1914： 伊アンブロジオ社	夏令配克	1914 9/08-9/14 開幕興行
何等英雄法皇拿破崙戰史	同	同	東京	1914 9/18-9/21
巾幗英雄	Giovanna d'Arco ?	1913： 伊サヴォイア社	中國青年會	1914 5/29-5/30
法蘭西戰事聲中之女豪傑	同上	1913： 伊サヴォイア社	中國青年會	1914 10/31-11/03
幼女爲何離家	Why Girls Leave Home	1913： 米エジソン社	虹口	1915 4/13-4/15
男女騙子	The Swindler	1915： 米カーレム社	虹口	1915 12/28-12/30
三十年以賭爲命	Trente ans ou La vie d'un joueur;	1914：仏パテ社	愛倫	1915 11/28-11/29
孝女萬里尋親	En famille	1915：仏パテ	共和	1916 4/25-4/28
孤女尋親記	同	同	東和	1916 6/27-6/29
珀琳萬里認親記	同	同	愛倫	1916 7/24-7/27

一六日にかけて東京活動影戯園においてだったが、同じパスクェリ社製の『ポンペイ最後の日』が日本で公開されたのは、やはりその二ヵ月前の一九一四年一月三日から東京帝国劇場だった。また一九一四年の六月二八日から七月四日まで東京活動影戯園で『埃及《エジプト》国淫女皇』と題するクレオパトラものが上映されているが、これも以上の関連から見ると、同年三月二二日に東京常盤座[36]で初公開された『アントニーとクレオパトラ』（一九一三年伊チネス社製作、テリビリ・ゴンザレス〈Gianna Terribili-Gonzales〉がクレオパトラを、アムレット・ノヴェル〈Amleto Novelli〉がアントニーを、それぞれ主演）が、これに当たると推測する手がかりを与える。

　これは、もちろん東京活動影戯園という日本人が支配人を務める影戯院だったことによるが、日本での評判を聞きつけて興行に踏み切ったのかとの推測を容れる余地を生む。あるいは、一歩進めて、日本の活動写真興行と上海の活動影戯放映興行とを結びつける興行師か配給者が介在したのかと疑うことも可能かも知れない。少なくとも、一九一〇年代前半におけるイタリア製長篇歴史文芸作品についていえば、日本でのこれらの放映と上海での興行に一定の関連を読み取ることは、あながち的外れではないと思える。

　この当時の、上海での活動影戯配給については本節(4)項でさらに考察するが、この長篇作品の放映時期の接近からは、未だ確証は得られないものの、当時の日中、上海との間に活動影戯配給の面である種の架橋ができていたのではないかとの推測が成り立つ。

　なお表7末尾の『En famille』は、今日いうところでは『家なき娘』で、日本では小説『雛燕《ひなつばめ》』として、五來素川により雑誌『新少女』に連載され、一九一八年に翻訳出版されていたが[37]、その映画化作品が日本に輸入されたのかは未詳。

(2) 探偵犯罪ものから連続活劇へ

　イタリア製長篇歴史文芸作品以外で、この時期を代表する活動影戯作品としては、探偵犯罪ものとそのエピソード連続から派生した連続活劇を挙げることができる。『ジゴマ Zigomar』（第三章第二節(1)項参照）に始まり、『ファントマ Fantômas』へと続いた探偵犯罪ものは、『シャーロック・ホ

（上）図像 100　ファントマ 1
（下）図像 101　ファントマ 2

ームズ Sherlock Holmes』（エクレール英国製）まで広がって行く。その上海での放映影戯院は、これも東京活動影戯園（一九一五年三月二三日より再度「虹口活動影戯園」に名称復帰）が主体だった。

　探偵犯罪もの映画の鼻祖といえる『ジゴマ Zigomar』が日本で上映されたのは、一九一〇〈明治四三〉年だったので[38]、上海での公開より三年ほど前になる。一方、エクレール社のこれらの成功に刺激されたゴーモン社がルイ・フイヤードに撮影させた『ファントマ Fantômas』シリーズは、ルネ・ナヴァル（René Navarre／ファントマ）とエドモンド・ブレオン（Edmund Breon／ジューヴ警部）の主演で一九一三年に出品されたが、上海ではその翌年の一九一四年五月に公開されたのに対し、日本での公開はさらにその翌年一九一五年五月になってからだった[39]。

図像102　ファントマ3[40]

　ルイ・フイヤード監督、ルネ・ナヴァル主演の「ファントマ」は、通常『ファントマ：ギロチンの影 À l'ombre de la guillotine』『ファントマ対ジューヴ警部 Juve contre Fantômas』『殺人屍体 Le mort qui tue』『ファントマ対ファントマ Fantômas contre Fantômas』『ファントマの偽判事 Le Faux Magistrat』の五作が連続するものと数えられるが、上海での「ファントマ」は、しかし「ファントマ」ということが分かるだけで、この中のどれが上映されたのか定かではない。

　「ファントマ」は、上海での興行では次のとおりの題名で広告放映されていた。

1　靈魂盜黨偵探奇案　東京活動影戯園　一九一四年五月一五日—二二日
2　方得睦《ファントマ》案　中国青年會　一九一四年五月二九日、三〇日
3　同上　同上　一九一四年一一月四日、五日
4　販擋末司《ファントマ》五次脱逃靈魂盜黨偵探奇案　東京活動影戯園　一九一四年一一月六日—九日
5　方東買司《ファントマ》偵探奇案　虹口活動影戯園　一九一五年三月二三日—二五日
6　法国劫珠大盗方登馬司《ファントマ》　海蜃樓活動影戯園　一九一六年三月一七日—二三日
7　法国大盗方登馬士《ファントマ》　法蘭西影戯院　一九一六年七月四日—六日

　1の「靈魂盜黨」は、“Fantômas”を“phantom”と誤認した結果と推定されるが、その他はすべて、その音の取り方に異同はあるものの音訳で表現している。3のように、キリスト教団体の中国青年会でも放映作品に採用しているところから見て、それほど不正義、不道徳とは意識されなかったも

のと思われる。
「ジゴマ」では日本が先行し、上海ではこれにだいぶ遅れて公開され、一方「ファントマ」では上海が先行し、これに遅れること一年にして日本に輸入された。この探偵犯罪もの映画公開の後先に関しては、先のイタリア長篇歴史文芸作品放映の際のような系列性、上流下流の関係を見出すことができない。つまり、先のイタリア製長篇作品の際に想定した共通の配給者の存在という仮定は、ここではもはや成り立たないように見える。上海におけるフィルム配給元と日本の輸入配給元とは、ここでは完全に独立独行、別の系統だと考える方が妥当なようだ。
ジョルジュ・サドゥールの『世界映画全史』では、探偵犯罪ものとしての『ファントマ』に触れ、次のように記述する。

「一九一三年から一九一四年にかけてフイヤードはこのシリーズ(『ファントマ』)の五つのエピソードを映画化した。それは『ファントマ第一篇ベルタム事件』、……〈中略〉……『ファントマ第五篇偽りの長官』である。パテ社は無力ながらジョルジュ・ドゥノラに委託してこのシリーズに対抗し、「ローカンボー」の現代版を作った。一九一四年の第一次世界大戦の宣戦によって『ファントマ』のシリーズは中止され、しばらくして連続映画はアメリカで流行の蘇生をみせ、出版物と結合して〈連続活劇《シーリアル》〉に変身した。[41]」

探偵犯罪ものが一段落した後、世界の映画市場はアメリカ製の連続活劇(serial)に移行してゆくが、上海の活動影戯放映興行界でも、まさにこの切替えが行われていた。『ファントマ』放映が途切れた一九一五年五月、虹口活動影戯園で『秘密女子 Lucille Love, Girl of Mystery』が公開された。これが、上海の影戯院におけるアメリカ製連続活劇放映の嚆矢といえる上映だった。そしてこれにすぐ続いて、同六月に中国林発影戯公司が謀得利《モートリー》劇場(前章第一節(2)項参照)で新たな興行を始め、連続活劇の先駆といわれる『カスリーンの冒険 The Adventures of Kathlyn』を放映した。中国林発影戯公司は、もとは鳴盛梨園を買い取って愛倫活動影戯園を興したランヒャー(中国名林発)の会社だった(前章第一節(4)項参照)が、この時すでに経営は中国人の手に移っていた。開幕予告で、次のとおり紹介する。

「中国林発公司予告　南京路謀得利外国劇場跡に開設　本社は完全に中国人により組織されたもの。特に海外より各種新式躍動フィルムを取り寄せ、連日入替放映。上海ご婦人紳士方に見聞を広める機会をご提供。しかも、このフィルムはこれまで未公開のもの。海外でも滅多に眼にできぬもの。あらゆる事実が人の感興を惹き、人の心を開き、通常のものとはまったく異なる類。六月一六日に開幕と決定。各界皆さまこの特色をご観覧いただきたく格別のおもてなしでお迎えいたします。開演時刻：毎晩九時一五分。料金：一等一元二等七角三等五角。初日は、美女危急を脱するの一話を上映。このフィルムは長さ二万七〇〇〇フィートに達し、米国女性カスリーン女史が土人に捉えられ、何とかそこから脱出。数々の艱難の中、野獣や猛虎の中から命からがら逃げ出す情景は真に迫り、まことに見応えあるもの。[42]」

かくして上海にもアメリカ製連続活劇放映の機運がもたらされ、この後五、六年にわたって連続活劇放映隆盛の時代を迎えることになる。この連続活劇放映においても、上海と日本では、その放映作品と放映時期で、作品ごとにそれぞれ食い違いを示し、統一的系列性は見出せない。たとえば、『マスター・キー The Master Key』の日本での上映は、上海とは異なり他のどの連続活劇よりも先行したが、[43]『ルシル・ラブ（日本初公開時の題名は『国寶』）Lucille Love, Girl of Mystery』は、上海では前述のとおり『秘密女子』の題名で一九一五年五月に公開されているが、日本ではこれに遅れること一年数ヵ月、一九一六年七月になってようやく放映されている。『マスター・キー』は、上海では日本公開の五ヵ月ほど後に行われており、もはや連続活劇としては先陣でも何でもなく、数ある連続活劇作品の中の一作にすぎない位置だ。どちらも米ユニバーサル社の作品だが、一方では『マスター・キー』が優先され大入りを取り、一方では『ルシル・ラブ』が優先されたわけだが、この選択の基準や時間の先後に何を読み取ることが可能なのだろう。こうした作品ごとに、何が先行し何が後回しになるか、何が先陣を切り何が後塵を拝するか、この間に何らかの系列性や法則性のようなものがあるのだろうか。目下のところ、有力な根拠を示し得ないが、以下の本節(4)項で見る配給元の自立、独行と関連するとも考えられるが、あるいはこれらが放映された一九一四年から一九一六年頃にかけて、上海では独自の活動影戯供給態勢が調い始めた証といえるのかも知れない。

『日本映画発達史』では、日本での連続活劇上映の事情を以下のとおり記している。

「アメリカ連続活劇は『マスター・キー』の輸入にはじまり、『名金』は最も評判高く、日本でも翻訳出版されたほどであった。これにつづいては、『カスリンの冒険』『黒い箱』『拳骨』『百萬弗の秘密』『国寶』『獣魂』『ポーリン』『快漢ロロー』『金剛星』『赤輪』『紫の覆面』『護る影』『鉄の爪』『電話の声』『潜航艇の秘密』『灰色の幽霊』等が知られ、大正七〈一九一八〉年頃まで盛んに流行した。どこの映画館でも、そのプログラムの一部には、必ず連続活劇の第何篇かが加えられてあった。[44]」

表８　上海・日本連続活劇封切り時期対照

年月	上海	日本
1915年5月	秘密女子 Lucille Love, Girl of Mystery 5/14	
1915年6月	柯絲倫遇險記(凱世倫女士) The Adventures of Kathlyn 6/16	
1915年7月	雙美復仇記(又名三心牌／三心牌雙美報仇記) The Trey o' Hearts 7/02	
1915年9月		マスター・キー The Master Key
1915年10月		名金 The Broken Coin
1916年2月	黑箱(案) The Black Box 2/07	
	開鑛之總鑰(開鑛鑰匙) The Master Key 2/15	
1916年3月		カスリーンの冒険 The Adventures of Kathlyn
		拳骨（エレーヌの勲功）The Exploits of Elaine
		黒い箱 The Black Box
1916年4月	賀(愛)倫女冒險捕盗 The Hazards of Helen 4/01-	
1916年5月	寶蓮遇(歷)險記 The Perils of Pauline 5/05	拳骨（エレーヌの新勲功）New Exploits of Elaine
1916年6月		百萬弗の秘密 The Million Dollar Mystery
		ヘレンの大冒険 - 女電信技手の危難／同 - 急行列車の危險／同 - 放れた列車　／同：7月／ヘレンの冒険No.13 1917/1/20／同延長工事の巻 4/10／同危機一髪 No.102 1917/5/13／同誰が罪 1917/6/18／同貨車逸走・贋造紙幣・十四号列車・はね橋の危險・ヘレン・行止りの巻 1917/7/25／同荒馬 1917/7/31／同駅の猛犬　1918/5/11
1916年7月	半文錢 The Broken Coin 7/07	国寶（ルシル・ラブ）Lucille Love, the Girl of Mystery
1916年8月	貴族旅館奇巧偵探大案 Mysteries of the Grand Hotel 8/04	
1916年9月	逃走新娘娘 Runaway June 9/01	拳骨（エレーヌ物語）The Romance of Elaine
	百萬金秘密偵探案 The Million Dollar Mystery 9/09	獣魂（曲芸団のペックの冒險）
	(掌上)紅圈記 The Red Circle 9/22	
1916年10月		第二遺産 The Perils of Pauline eps.2 10/14／第一遺産 10/17／第三遺産 10/21
		ポーリン（遺産改題）10/2／第五ポーリン 11/04／第六 11/11／第七 11/18／第八 11/25／第九 12/02／第十 12/09
		グラフト Graft 10/25
1916年11月	空中金鋼鑽大偵探案 The Diamond from the Sky 11/13	快漢ロロー Liberty-A Daughter of the U.S.A.
1916年12月	鐵手(爪) The Iron Claw 12/11	女ロロー The Girl from Frisco
1917年1月		金剛星 The Diamond from the Sky
1917年3月		赤輪 The Red Circle 3/01
		紫の覆面 The Purple Mask 3/10
		護る影 The Shielding Shadow 3/24
1917年4月		名玉 Zudora 4/05
1917年5月	妖黨 The Mysteries of Myra 5/17	鐵の爪（アイアンクロウ）The Iron Claw of Laughing Mask 5/08
	女偵探蘇都勒 Zudora 5/22	黄禍／宗旨信狂 The Yellow Menace 5/12

1917年6月		電話の声 The Voice of the Wire　6/23
1917年7月	黄禍 The Yellow Menace　7/12	
1917年8月		グロリア物語 Gloria's Romance　8/11 ／グロリア譚 1919/5/27
		潜航艇の秘密 The Secret of the Submarine　8/27
1917年9月	紅眼睛 The Crimson Stain Mystery　9/13	ミラの秘密 The Mysteries of Myra　9/29
	雙十記 The Mystery of the Double Cross 9/24	
1917年11月	紫面具 The Purple Mask　11/26	灰色の幽霊 The Gray Ghost　11/10
	(大偵探)是非圏鑽石奇縁 The Fatal Ring 11/22	
1917年不詳		覆面の呪 The Neglected Wife ／ 1918/11/09
1918年1月		大秘密 The Great Secret　1/08
1918年2月	電話怪聲 The Voice on the Wire　2/18	ダイヤの1（赤骨牌）The Red Ace　2/09
	七粒珠 The Seven Pearls　2/18	秘密の王国 The Secret Kingdom　2/28
1918年3月		赤目 The Crimson Stain Mystery 3/15
1918年4月		亜米利加娘 American Girl, Black Rider of Tasajare 4/01
1918年5月		七真珠 The Seven Pearls　5/27
		幽霊船 The Mystery Ship　5/31
1918年11月		運命の指輪 The Fatal Ring　11/02
		的の黒星 The Bull' Eye　11/30
1918年12月		婦人記者 The Active Life of Dolly of the Dailies 12/31
1919年1月		戦闘の跡 The Fighting Trail　1/18
		獅子の爪 The Lion's Claws　1/25
1919年2月	黑衣盗 The House of Hate　2/03	
	奇怪船 The Mystery Ship　2/06	
1919年4月		呪の家 The House of Hate　4/14
1919年5月		伯林の狼 Wolves of Kurtur　5/02
		真鍮の砲弾 The Brass Bullet　5/31
1919年7月		佳人の復讐 Vengeance and Woman　7/26
1919年8月		曲馬團の囮 The Lure of the Circus　8/01
1919年9月		人間タンク The Master Mystery　9/26
1919年10月		赤手袋 The Red Glove　10/18
1919年11月		ナムバー・ワン Who is "Number One"?　11/15
		強力エルモ Elmo, the Mighty　11/24
		鐵の手袋 Hidden Hand　11/30
1920年1月		深夜の人 The Midnight Man　1/24
		電光石火の侵入者 The Lightning Raider　1/31
		幽霊騎手 Hands Up　1/31
1920年2月		虎の足跡 The Tiger's Trail
1920年3月	紅手套 The Red Glove　3/22	曲馬團の秘密 The Iron Test　3/06
1920年4月		星の魂 The Great Gamble　4/10
		沈黙の秘密 The Silent Mystery　4/24
		ラヂウムの大秘密 The Great Radium Mystery 4/24
1920年5月	德国大秘密 The Black Secret　5/31	空中魔 The Carter Case　5/08
		闇黒の秘密 The Black Secret　5/21
		運命の財宝 The Fatal Fortune　5/29
1920年6月		蛸の手 The Trail of the Octopus　6/12
		蛮勇旅行 Bound and Gagged　6/15
1920年7月	羅蘭歴險記 The Adventures of Ruth 7/19	ライオン・マン The Lion Man　7/01

年月	上海	日本
1920年7月		鷹の追跡 The Hawk's Trail 7/03
		鐵腕の響 A Fight for Millions 7/03
1920年8月	怪十三 The Mystery of 13 8/28	大旋風 The Whirlwind 8/13
		百萬弗懸賞 One Million Dollar Reward 8/13
		鐵火プライス Lightning Bryce 8/20
		無敵エルモ Elmo the Fearless 8/28
1920年9月		猛虎の脅威 The Tiger Band 9/27
1920年10月		13の秘密 The Mystery of 13 10/01
		雲岳の危難 The Perils of Thunder Mountain 10/20
		ルスの冒険 The Adventures of Ruth 10/20
		剛勇ジャック Daredevil Jack 10/29
1920年11月		消ゆる短剣 The Vanishing Dagger 11/05
1920年12月		肉弾の響 The Man of Might 12/31

連続活劇の上海と日本における初公開、封切り時期の相違、後先の関係を見るため、上海と日本での初公開[45]を時系列に対照したのが、表8（一七六〜一七八ページ）だ。

上海での連続活劇の放映作品が完全には特定できていないため、また一九二〇年以降の追跡調査が十分ではないため、数量としては日本での公開上映の方が、特に一九二〇年では上回って見える。しかし、一九一五年から一九一六年にかけての早い時期では、上海の方が逆に先行しており、日本で放映されなかった作品も『雙美復仇記（三心牌雙美報仇記）The Trey o' Hearts』『貴族旅館奇巧偵探大案 Mysteries of the Grand Hotel』『雙十記 The Mystery of the Double Cross』等いくつも見出せる。上海での連続活劇放映は、実際には日本での盛行と遜色なく、数量的にも大きな差はなかったものと推測する。表8から見ても、上海での連続活劇放映のフィルム選択と日本でのそれとの間に、何らかの法則性を見出すことは難しい。

上海での連続活劇放映には、しかし本国とも日本とも異なる上映方式が生まれていた。それは、毎回二集分四巻（または五巻）ずつ放映する方式だ。それをフィルム交換期に合わせて、三日ないし四日（週二回交換）放映する。時には、すぐに接続せず、しばらく間を置くことも珍しくない。前節(2)項で見た共和活動影戯園が『三心牌（ハートの3）The Trey o' Hearts』を放映した際、九月二八日から一〇月二一日まで、ほとんど間断なく一気に上映していたことは、むしろ稀な事例といえるのだ。原産国アメリカでは、毎週一話、元々は新聞小説と連動して連載分をその週に映画化して見せ、それによって新聞の売上げ向上に資する商業戦略の下に企画された映画作りであったことを考えると、上海での放映方式は、すでに新聞の連載小説から切り離されたとはいえ、毎回二集四巻ずつ、しかも週に二回フィルム入替えを行うため、毎週四集八巻ずつ進展することになり、フィルムの消費速度は相当速くなる。途切れ目なく連続して放映するなら、一五集三〇巻の標準的長さの連続活劇は、一ヵ月で上映が終わってしまう計算になる。このことは、連続活劇フィルムが一括して持ち込まれ、一気に連続放映することが可能な状態であることを示唆する。だが、すべてのフィルムがそのような情況でなかったことを窺わせるのが、非接続放映という事態だ。間に他作品を挟み、フィルム交換のサイクルで一〜三クール空けて、次の集を再度放映する方式を採ることだ。このため、毎回二集四巻放映しても、一五集三〇巻の作品を放映し終わるのに二ヵ月ほどかかることになる。

具体例を見てみよう。愛倫活動影戯園は『寶蓮遇險記（ポーリンの危難）The Perils of Pauline』の放映を一九一六年五月五日（金）から開始（表8参照）したが、同八日（月）までこの番組放映を一旦終了し、九日（火）からは別の番組で三日間放映を行っている。次のフィルム交換日である五月一二日（金）から、再び『ポーリンの危難』第三集、第四集をそれぞれ二巻ずつ計四巻放映し始める。この五月一二日の上映広告では、以下二集ずつ全二〇集四二巻を「決して間断なく連続して放映[46]」と告知するが、それが達成されたとはいえない。『寶蓮遇險記 The Perils of Pauline』放映の全行程を整理すると、以下のとおりとなる。

五月五日（金）—八日（月）　第一集、第二集
五月九日（火）—一一日（木）　別番組
五月一二日（金）—一五日（月）　第三集、第四集
五月一六日（火）—一八日（木）　別番組
五月一九日（金）—二二日（月）　第五集、第六集
五月二三日（火）—二五日（木）　別番組
五月二六日（金）—二九日（月）　第七集、第八集
五月三〇日（火）—六月一日（木）　別番組
六月二日（金）—五日（月）　第九集、第一〇集
六月六日（火）—八日（木）　別番組
六月九日（金）—一二日（月）　第一一集、第一二集
六月一三日（火）—一五日（木）　別番組
六月一六日（金）—一九日（月）　第一三集、第一四集
六月二〇日（火）—二二日（木）　別番組
六月二三日（金）—二六日（月）　第一五集、第一六集
六月二七日（火）—二九日（木）　別番組
六月三〇日（金）—七月六日（木）　第一七集、第一八集

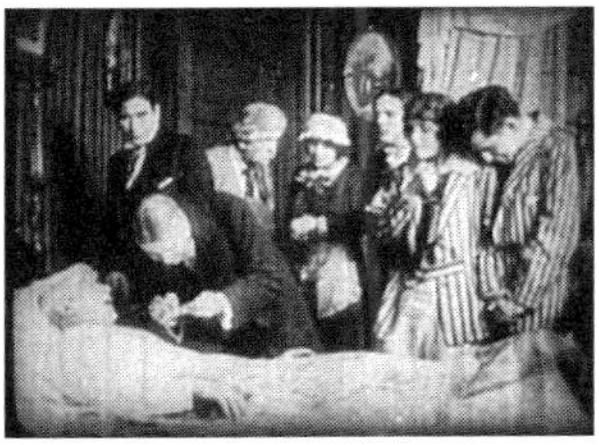

（上）図像103　ポーリンの危難第１集１
（下）図像104　ポーリンの危難第１集２[47]

七月七日（金）―一〇日（月）　別番組
七月一一日（火）―一三日（木）　別番組／愛国偵探蒲露娣《プロテア》放映
七月一四日（金）―一八日（火）　第一九集、第二〇集三九―四二巻放映完了

毎週金曜日から翌週月曜日までの四日間が放映日として、規則的といえばいえないこともないが、「間断なく」に観客が期待するのは、もっと近接した接続上映なのではあるまいか。この事例は、まだ「定期的」といえる方で、もっと間延びした放映の例も珍しくない。こうした放映方法は、その後連続活劇が増加し、各影戯院で競うように放映が行われるようになると、複数の連続活劇を同時並行で放映するまでにいたる。つまり、上記の放映日程の別番組のところに、他の連続活劇が挟まる格好だ。特に、前節⑵項で見た上海大戯院の場合は、愛倫活動影戯園と系列関係を取るため、上海大戯院を上流として先行上映を行い、その数日後から一週間後くらい後から愛倫が放映を始め、まるで歌曲の「輪唱」のように二館が追いかけながら同一の作品放映を続ける例も出てくる。観客からすれば、上海大戯院で見逃した場合、その集の部分を愛倫でフォローすることも可能で、利点がないわけではない。

探偵犯罪ものから連続活劇への移行期が、フランス、イタリアを主とする欧州映画からアメリカ映画進出への分水嶺ともいえるが、上海において一九一五年五月から始まった連続活劇放映は、その後も各作品の放映が経常的に続けられた。それは、『寶蓮遇險記（ポーリンの危難）』の放映方式に見られるとおり「細水長流」（細く長く）の方法で放映し、一影戯院に長期間一篇の作品を掛け続けられたことにその理由を見出せる。影戯院としては、観客が見込める連続活劇を一定期間掛け続けることができれば、その期間の観客は安定して獲得できるからだ。ただ、同時期に連続活劇が同じように大人気を博した隣国日本の映画市場とは、その好みの差も示しつつ、微妙に交錯しつつ微妙に遊離する関係で、日本で先に上映される作品もあれば、上海の方が半年も一年も先に上映される作品もある。上に見た『ポーリンの危難』は、上海では大いに人気を博し、その後繰り返し何度もスクリーンに呼び戻される、いわばレパートリー・フィルムとなり、一九二

（上）図像105　ヘレンの冒険13集1
（下）図像106　ヘレンの冒険13集2[48]

四年頃まで観客を呼べる作品となったのに対し、隣国日本ではあまりパッとした評価は得られずじまいだった。これに対し、日本ではパール・ホワイトは『拳骨（エレーヌの勲功）The Exploits of Elaine』が評判となり、立て続けに『拳骨』の続編『エレーヌの新勲功 New Exploits of Elaine』『エレーヌ物語 The Romance of Elaine』が放映されたが、上海では「エレーヌ」シリーズは放映されたのかどうか確たる証拠が得られないほどで、あまり大きな評判を博したようには見えない。

鉄道活劇の『ヘレンの冒険 The Hazards of Helen』は、一九一六年のほぼ同時期（四月と六月）に上海と日本でそれぞれ上映されたが、どちらもシリーズものとして連続して放映されるのではなく、それぞれのエピソードが単発の個別作品として放映されていた様子が窺える。こうした共通性も、また日本と上海の活動影戯放映には存在していたのだ。

こうした同一性を見せながら、しかし放映作品の個々の事情では、微妙な相違を示し、それは上海では米パテ社の作品が圧倒的に優勢で、ユニバーサル系の作品が極めて少数だといった相違として現れているわけではない。上海も日本も、どちらもほぼ偏りなく、ユニバーサルと米パテの寡占状態に変わりはない。筈見恒夫は、当時の日本での連続活劇事情を以下のとおり記している。

「我国で連續映画が人氣を博したのは、大正四〈一九一五〉年、ユニヴァーサル支社開設に先だつて、『名金』“The Broken Coin”が公開されたのに始まる。……〈中略〉……『名金』『マスターキー』『拳骨』等が、スケールも大きく、當時の連續映画の代表作であつたが、連續映画の代表會社は、ユニヴァーサルとパテであつた。[49]」

表8に掲げた連続活劇の出品元を見ると、どちらかといえば、上海の方がユニバーサルとパテ以外の出品も一定の地歩を占めていたように見え、日本の方が寡占状態が高いといえるかも知れない。日本においては、ユニバーサルの支社が開かれた時と連続活劇が放映され始めた時期がほぼ一致し、そのことが日本での連続活劇ブームの基盤をなしているが、上海においてはどうだったのか。本節⑷項で、配給元や配給業者について考察することとするが、ユニバーサルとパテが連続活劇の牽引役であり、逆にいえばユニバーサルとパテがなければ連続活劇はフィルムの供給が滞り、貧弱で痩せ細ったジャンルとならざるを得なかったはずだ。実際は、表8に見えるとおり、これだけ多数の連続活劇が上海でも放映されたのであり、このことは、上海において一九一五、一六年頃には、ユニバーサルとパテとの業務関係を有する配給業者かフィルム取扱業者が存在していたことを示唆するものといえる。

(3) 喜劇—台頭するアメリカ作品

第一次世界大戦は、一九一四年六月のサラエボ事件を発火点とするが、その余波が極東上海の地にも大きく及び、帰国参戦するものが続いたことは先に述べた。戦場となった欧州では、開戦当初はクリスマスまでには終熄すると考える楽観論もあったが、事態は想像を絶する惨禍をもたらすものへと発展してしまった。その中、ようやくビジネスとして軌道に乗りつつあった欧州の映画産業にも極めて大きな打撃を与えたのだった。ジョルジュ・サドゥールの『世界映画全史』では、その映画界への致命的な打撃について、次のとおり記している。

「フランスにおける動員は、国民全体に及び、撮影所からあらゆる健康な男たちを奪い去った。マクス・ランデーも『一九一四年八月二日』という時宜にかなった寸劇にガビー・モルレーと出演した後、前線に赴いた。技術者、監督、俳優の大多数が入隊した。軍当局は撮影所を徴発し、そこに倉庫や兵営施設を備えた。ヴァンセンヌにあるパテ社の生フィルム工場は、軍需工場に姿を変えていた。配給会社やレンタル会社は、従業員の一部がいなくなり、仕事がうまくいかなくなった。戦時国家においては、取るに足らない娯楽にすぎない映画は休業を余儀なくされたのだ。映画製作は一夜のうちに完全に中断してしまった[50]……。」

こうして中断されたフランス映画製作の影響は、アジア地域においても甚大だった。中国上海の隣国に位置する日本においては、輸入映画が途絶え休業に追い込まれる映画館が現れるほどだった。この事情を『日本映画発達史』で、田中純一郎は以下のように記す。

「この年〈一九一四年〉、第一次世界大戦がはじまると、それまで全盛を誇ったヨーロッパの映画界は、たちまち火の消えたような寂しさになり、横浜の貿易商に到着する新映画は激減し、今まで外国映画を専門に興行していた浅草のキリン館、朝日館、御国座等は、八月中旬からついに休業の状態に入った[51]。」

ただ、上海においては日本ほど極端なフィルム不足は、目立つ形では現れていない。第一次世界大戦開戦にともない、フランスで「映画製作は一夜のうちに完全に中断してしまった」としても、日本で「たちまち火の消えたような寂しさになり、横浜の貿易商に到着する新映画は激減」しても、上海の活動影戯興行は依然続けられていた。

たとえば、本章第一節で見た夏令配克影戯院の開幕は、ちょうど第一次大戦が勃発した直後の一九一四年の九月八日だつたし、そこでこけら落としに放映された作品は、伊アンブロジオ社製『何等英雄』(『ナポレオン一代記』)だった。また、第三章第三節(2)項で見た大陸活動影戯院の開幕も、一九一四年九月四日だった。しかも、定期的にフィルム入替えを行い、開幕翌週の九月八日からは仏パテ社製の『ニック・ウィンターの夢 Le songe de Nick Winter』や伊アンブロジオ社製『ロビネットと魔法の杖 Astuzia di Robinet』を放映するなど、依然として仏伊の作品が中心を占めていた。不定期に活動影戯上映会を開催していた中国青年会(キリスト教青年会)も、同年一〇月三〇日には伊サヴォイア社製『ジャンヌ・ダルク Giovanna d'Arco』を『法蘭西《フランス》戰事聲中之女豪傑』と題して放映しているほどで[52]、仏伊活動影戯の牙城は揺るぎないものに見えていた。

大戦の波紋は、しかし数ヵ月する中に着実に現れ始めた。年を跨ぎ一九一五年に入ると、フィルム供給の源泉は徐々に移行せざるを得なくなる。もちろん先述の通り、それは上映フィルム本数の絶対的減少としてではなく、フィルムの供給元がアメリカへとシフトする形で現れていた。前述の探偵犯罪ものから連続活劇への移行が、まさにその現れの一つだったし、活動影戯のもう一方の大きなジャンルであったコメディ作品においても、その移行は明らかに現れていた。

すでに第一節(2)項の影戯院のところで見たとおり、上海における活動影戯院では仏ゴーモン社製べべ(Bébé)シリーズ、伊アンブロジオ社製ロビネット(Robinet)シリーズが毎日放映される様相だった。また本節(1)項で見たとおりパテ社製マックス・ランデ(Max Linder)シリーズやエクレール社製ゴントラン(Gontran)シリーズ等のフランス製コメディ、さらには伊パスクェリ社製のポリドー(Polidor)シリーズ、チネス社製トントリーニ(Tontolini)シリーズ等、欧州製コメディがスクリーンを占めていた。こうした上海のスクリーンを占め続けた欧州製コメディ独壇場の時代に、ようやく翳りが見え始めるのだ。第一次世界大戦が勃発して一年ほど経過した時期、つまり一九一五年の初夏頃から、徐々にその気配は濃厚になる。たとえば、一九一五年に新聞広告で上映作品を広報していた虹口活動影戯園、東和活動影戯園、夏令配克大戯園、愛倫活動影戯園、維多利亞外国戯院、共和活動影戯園、幻影電光影戯院(旧県城内新舞台斜め向かいと福州路青蓮閣東隣の二ヵ所に設置)、中国林発影戯公司/謀得利影戯園(南京路)、海蜃樓活動影戯園(第三章第三節(3)項参照)の常設九館の他、新劇団(民興社、民鳴社、春柳劇場)が客引きとして演目に加えていた活動影戯放映と、不定期に上映会を開催する中国青年会(キリスト教青年会)が掲げた広告を拾ってみると、フランス製コメディでは、パテ社のマックス・ランデが以下の作品までで途切れている。

煤氣絏漏(Max et la fuite de gaz)一九一〇仏パテ　東京　一九一四年一一月一〇日—一二日

図像 107　恋の 20 分間 1

図像 108　恋の 20 分間 2

麥氏與狗（Max et son chien Dick）　一九一二仏パテ　虹口　一九一五年四月六日―八日

麥克氏之約請（Le rendez-vous de Max）一九一三仏パテ　虹口　一九一五年四月一六日―二〇日

林達氏滑稽結婚（Un mariage imprévu）一九一三仏パテ　愛倫　一九一五年四月二〇日―二二日

同じ仏エクレール社製のゴントランシリーズも、虹口活動影戯園で一九一五年六月八日―一〇日に放映された『供脱氏定婚（Gontran se marie、一九一二）』まで確認できるだけだ。

一方、イタリア製コメディでも、やはり虹口で一九一五年三月三〇日―四月一日放映の『衞夫氏愛粉（Robinet、伊アンブロジオ社）』あたりまでで消息が途切れている。

図像 109　恋の 20 分間 3[53]

いずれももちろん新作ではなく、一種のストック・フィルムを細々繋いで放映している様子で、それも一九一五年の夏頃までに命脈が尽きた格好だ。

これに対して新興のアメリカ製コメディは、以下のキーストン社製諸作品が先鞭を付けた形だ。

李別克氏之結婚日（「レベッカの結婚式」Rebecca's Wedding Day 一九一四）東京　一九一四年一一月二四日―二六日

愛情與汽油（「愛情とガソリン」Love and Gasoline 一九一四）東京　一九一五年二月九日―一一日

二十分鐘之愛情（「恋の二〇分間」Twenty Minutes of Love 一九一四）東京　一九一五年三月五日―八日

「レベッカの結婚式」は、"Fatty"ロスコー・アーバックル主演で、「愛情とガソリン」はメイベル・ノーマン主演、そして「恋の20分間」はチャールズ・チャップリンのキーストン社時代の作品だ。まだそれぞれのキャラクターの記名性は高くなく、ただ作品名のみが告知される形の広告だが、間違いなくアメリカ製コメディが上海に一歩を踏み入れた足跡だ。欧州製コメディが一九一二、一三年頃の旧作ストックであるのに対し、できたて新作フィルムの投入だった。

欧州製コメディは、一九一五年の初夏までは放映が残ったものの、その後はすっかり影を潜め、一方のアメリカ製コメディは、キーストンを先陣として、一九一四年末頃から翌一九一五年春頃までに上海への進出を果たしたことが見て取れる。第一次世界大戦の開戦が必ずしも截然たる分け目とはなっていないが、しかしマックス・ランデの従軍により撮影が停頓したフランス製コメディに対し、新興アメリカ製コメディがその隙間を埋める形で浸食したことでは、第一次世界大戦の余波であることに違いはない。第一次世界大戦が上海社会生活に残した、大きな波紋といえるものだった。

こうして上海活動影戯興行の世界には、第一次世界大戦開戦後一年ほどにして、そのフィルムの供給源が、イタリア、フランスからアメリカへと移行する大転換がもたらされた。そこから、放映されるフィルム自体にも大きな転換が生じ、フライタリア長篇歴史文芸作品のような長大作は影を潜め、フランス製探偵犯罪ものはアメリカ製連続活劇へ、コメディでもマックス・ランデやべべ、ゴントラン等のフランス製コメディやロビネット、トントリーニ、ポリドーのイタリア製コメディからロスコー・ファッティ・アーバックル、メイベル・ノーマン、チャールズ・チャップリンが活躍するキーストン製コメディへと置き換えられていった。そしてその大転換期は、上海で活動影戯院が大増殖する時期を控えて、まさに潜在力を蓄積する時期と重なっていた。パテ、ゴーモン等フランス製作品とイタリア長篇文芸作品とが先導してきた上海活動影戯放映の第一幕が幕を閉じ、アメリカ製の映像に人々が眼を輝かせる活動影戯上映第二幕の黄金期がまさに到来しようとしていた。その幕間といえるこの時期に、毎日放映興行を展開する各影戯院に安定的にフィルムを提供する業者は、どのような陣容だったのか、次に眼を向けることにしよう。

(4) 興行配給会社の存在—フィルムの調達

上海での活動影戯放映は、すでに見たとおりその始まりは、独立興行師による一種の巡回興行だった。ハリー・クックとモーリス・シャルベがもたらしたフィルムを、上海の西洋人向けホテルの禮査飯店や西洋人向け劇場であるライシアム・シアター等で興行した後、中国人向け劇場の天華茶園等で「活動電光影戯」興行が行われたのだった。この際のフィルムは、すべてこの興行師が持参したもの、または興行師間で融通し合ったと推定されるものだ。その後、上海の夜花園、張園、徐園、愚園等で定期的に園遊のアトラクションの一つとして活動影戯が放映される時期が続いた。この時期も、その放映フィルムは、興行師とともに渡来したものと推測するのが妥当なところだ。

だが、一九〇八年に虹口活動影戯園が常設館として開業して以来、こうした巡回興行師にフィルムの供給を依存する形態は、終わりを告げざるを得なくなった。虹口活動影戯園の放映興行実態は、当初の五年間ほどは不明ながら、少なくとも一九一三年に日本人支配人が切り盛りするようになり東京活動影戯園となってからは、毎日放映作品を告知する広告を掲載、映画だけで番組を構成、定期的にフィルム入替えという映画館らしい興行方式が定着し、それはその後各影戯院にも広まっていった。上海のフィルム入替えは、この頃からすでに定式化し、毎週火曜日金曜日に入替えを行う影戯院が多かった。もちろん、その後月曜日木曜日という組合せも生まれるが、いずれにせよ一回の放映期間は四日か三日ということになる。こうしたフィルムの「消費」を支えるためには、頼れる供給元、ないしは配給網が必要なことはいうまでもないのだが、これがどのような組織、または個人によって支えられていたのかは不明な部分が多い。フィルムの供給源については、残念ながらこれまでのところ確かな研究が進んでいないのが実情だ[54]。

ここでは、上海活動影戯放映を支えたと思われるいくつかの断片的史料を繋ぎ合わせて、そのフィルム供給を探ってみるしかない。

まず、最も早くに活動影戯放映の「後方支援」を匂わせる記述は、以下の新聞広告だ。一九〇八年一二月に掲載された会社の広報広告だ。

「英仏資本盈昃《えいしょく》影片会社　各界諸氏へ　新規開設英仏資本盈昃影片会社広告

本社は絶大な資本を有する三大会社が一体化したもので、巨資を惜しみなく投じ英国仏国等より著名理化学博学の士を招聘。新規なるフィルム製作を模索。その精妙さは他に比類なきもの。たとえば医学解剖では人体五臓六腑悉く描き尽くし、顕微鏡で学を深め衛生学に裨益する等。その他各国の戦争情景大砲軍艦気球飛行艇、宮殿楼閣車馬園林山水樹木、人物鳥獣及び人を笑いに誘う図像等どれも潑剌この上なし。筋は入り組み真に迫り、目の前に現れそうな巨編ばかり数万点、いずれも格別なもの。さらに中国語題目追加により内容は一目瞭然。あれこれ思い煩う必要もなし。五〇万フィートを用意する他、彩色フィルム、発電機及び発電エンジン電線各種機器備品すべて完備。爾後上海にて不思議で珍しき出来事が起これば本社が一両日中に新片に撮影してご提供。また京劇安徽芝居の上海での見事なる上演あれば、撮影して顧客にご提供の予定。中外各影戯院で珍しき新作なき場合も、本社の新片さえあれば間違いなし。もしご興味ある場合、サンプル、もしくはご指定の地点にてお試し撮影に応じます。いかなる方式にても承りますので、お知らせ賜りますように。価格は格別廉価、広くお応えします。ご愛顧いただけるなら、泗涇路五号洋館にお越しを。本社では中国人担当者張長福が面談相談を承ります。電話一三五九。[55]」

これは、撮影された活動影戯の上映興行広告ではなく、活動影戯を撮影放映するためのフィルムや機材を提供するとの広告で、なおかつ中外から活動影戯を調達するばかりでなく、自製の活動影戯も提供する旨を伝えている。この会社がその後どれだけ発展したか、どのように推移したかは追跡し得ないが、上海で独立した専業館が誕生するかしないかの黎明期[56]、すでにこうした活動影戯院設置、運営のノウハウを提供する会社が名乗りを上げていた点は、特記しておいて良さそうだ。この告知広告は、翌年一月まで引き続き掲載している。

図像110　百代6月18日広告

この盈昃影戯公司は、しかし実際その後活動影戯興行のフィルム調達や放映諸設備の設営等を業務として行っていた痕跡を残している。この二年後に「亨白Alhambra」と称する徐家滙にあったいわく付きの花園[57]で、活動影戯興行が行われた際、連名で広告を掲げているのだ。[58]その興行実態は未詳ながら、「活動影戯」を放映する他に、従来の夜花園興行方式が踏襲され、戯法（手品、奇術）や地方演芸、そして花火も取り混ぜた興行だった。「亨白避暑花園Alhambra」は興行場所を提供、あるいはその興行を企画したのだろうから、その興行実施を請け負ったのが、この盈昃影戯公司ということになるはずだ。戯法や花火、地方演芸の手配まですべてプロモートしたのか、活動影戯の部分のみなのかは不明だ。ただ、「活動影戯は毎夜フィルム入替え、他とは比べようもなし」と掲げているところから見ると、フィルムは各種潤沢に用意していた模様だ。

図像111　百代1月12日広告

次に眼を引かれるのは、一九一三年に浮上する「百代」(Pathé パテの中国語訳）の活動影戯事業への参入公告だ。六月一八日に以下の広告を掲げる（図像110参照）。

「本社は影戯機器業務を兼務し、フィルムは三万余種保有。電気の通じていない場所でも発電機で上映可能。買取り賃貸いずれも可。[59]（下段小文字部分は蓄音機広告につき省略）」

これは一見すると、映写機器の販売、賃貸とフィルムの供給のようにも見えるが、実はこれに先立ち、一月に以下の広告を出していたことが伏線となる（図像111参照）。ここで百代社は、大きな図を添えて家庭用映写機器販売を告げている。広告文には以下のとおり記される。

「百代会社　地球上で最も簡便な影戯機器　この機械はいかなる人間でもいかなる場所でも自動で影戯上映が可能なもの。その優れた点は、いささかも危険がなく習得の手間も要らぬ点。起動させ手を触れれば電光は自然に発光し、五〇〇〇元の機械にも匹敵するもの。児童が手を触れても自然に発光し危険性は皆無。この機械一台一八五元。陽暦正月一五日まで限定で、期間内購入の方に影戯片一巻約三〇〇フィートのものを贈呈。お早めにお選びいただきたく、期限過ぎの場合は進呈できませんのでご注意を。…〈中略〉…上海電話二三八九」[160]

なおかつ画像右側の図の下には「此機完全有蓋之全圖（蓋をした機器全景）」、左図の下には「此已將蓋揭去全機圖式（蓋を取り去った機器全景）」と説明を付けている。

つまりこれは、家庭用簡易型映写機の販売であって、業務用映写機の供給広告ではない。中国の紳商層では、誕生祝いや祝儀開催の際、家庭で芝居や芸能一座を呼んで賑わいを添える習慣があり、これに代わる余興として活動影戯を採り入れる動きが、すでにあったものと推定される。それに向けての映写機販売と考えるのが妥当なところだ。そして、映写機を購入した際、フィルム一本はおまけにもらえたとしても、その後他にもフィルムがなければ話にならないから、ここに発生する需要に対する供給として六月の広告が生まれたのだろう。

これに加えて、映写機を購入するほどまでではなくとも、家族一族、友人知己が集う祝儀に、劇団を呼ぶのではなく活動影戯上映を企画する人士に対し、映写機の賃貸、上映会の設営等を引き受けるとの申し出を行っているわけだ。「電気の通じていない場所でも発電機で上映可能」というのは、おそらく出前で上映会を引き受けるとの申し出だろう。したがって、この六月の広告は、あくまでも個人向け活動影戯勧誘であり、活動影戯園の業務に対するフィルム供給とは異なるものと判断せざるを得ない。ただ、一九一三年、常設の活動影戯園が誕生して五年ほどしか経っていない頃、すでにこうした個人顧客が活動影戯を手にする動きがあったことが窺えるのは興味深い。

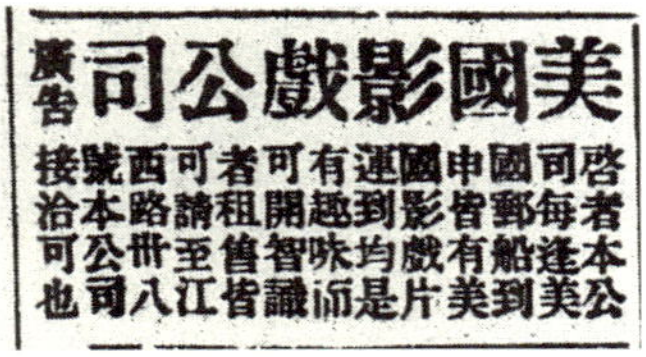

図像112　美国影戯

これよりも、「配給」に近い業務を窺わせるのは、同時期の六月六日から掲げられた次の「美国影戯公司」の広告だ（図像112参照）。小さく目立たぬ広告ながら、大きな内容を秘めている。

「お知らせ　本社では米国郵船上海到着ごとに米国製影戯フィルムを荷受け。いずれも感興尽きず、しかも見聞を深めるものばかり。賃貸買取りいずれも可。江西路三八番地本社までお問合せを。[61]」

これは、アメリカ製フィルムを提供するとの業務広告だが、アメリカのどの会社のフィルムなのか、数量がどの程度あるのか、実写記録画なのかコメディなのか等何も情報を伝えていない。しかし、米国郵船到着ごとに新入荷があるとのことで、それが定期的に保証されるなら「配給会社」となりうるだろう。だが、ここでは「賃貸買取りいずれも可」といい、フィルムを売ってしまったら次々と影戯院に回して配給することはできないはずだから、その後形成される「配給」観念はまだ芽生えていなかったようだ。ここでは、フィルム輸入業者が誕生した段階として見ておくべきだろう。この広告は、六月末まで掲載されているが、美国影戯公司がその後どれほど継続し、上海活動影戯院にフィルム提供の役割をはたし得たのか、今後のさらなる究明が待たれるところだ。

さらに、その翌年の一九一四年には「亞細亞製造影片公司」なる会社の業務広報が広告される。そこでは次のようにフィルムの提供を伝える。

「アジア製造影片公司　活動影戯放映者さま　弊社では現在フィルム多数を保有、中国もの外国ものの中、外国ものにはすべて中国語説明付き。中国ものでは弊社のみ所有のものあり。フィルムは買取り賃貸いずれも可。あらゆる影戯機器一切も取り揃え。ご用命の節は直接弊社へお越しいただき、ご相談くだされば価格は廉価、品物も良質とご理解いただけます。遠方の方は郵便のお問い合わせも可。住所お知らせくだされば、即刻フィルムカタログをお届けします。ここにお知らせまで。上海江西路電話会社内アジア製造影片会社敬白。[62]」

このアジア製造影片公司も、自ら活動影戯放映を行うのではなく、「買取り賃貸いずれも可」の形でフィルムを提供することを業務とすることを伝えている。それは、フィルムのみに止まらず活動影戯必要機器一式取り揃えてくれるというのだから、活動影戯院開設支援業務のようでさえある。実際、この会社がどこからフィルムを調達し、どの範囲で配給業務を行ったのか、すでに成立していた上海の常設活動影戯院に対してフィルム提供者としてどのように機能したか定かではないが、少なくとも「遠方」、すなわち蘇州や杭州、あるいは寧波辺りで活動影戯院設立を企図するものには、有力な支え手となったかも知れない。

以上までのところ、配給業務といえるかどうか不確かな部分が多く、いまだ断片的な情報ばかりだが、時間が下るにつれ、配給者の様相は少しずつ現れるようになる。

先に第三章第一節(1)項でも触れたとおり、百代公司は一九〇八年に「柏徳洋行」として設立後、一九一〇年から「百代公司」と改称して業務を続けたが、当初の営業の主力はレコード業務に注がれていた。一九一五年に入っても、この姿勢に変わりはなく、この時期販売の主力は蓄音機と、そのピックアップ用のダイアモンド針に置かれ[63]、かたわら個人顧客向けに簡便型映写機の販売とフィルム提供を行う程度だった。

これに対して、この頃から実際の活動影戯院での放映広告に、「百代」フィルムを宣伝文句に掲げるところが登場するが、活動影戯院の業務面で百代公司がパテ社フィルムを独占的に配給したのかは定かでない。たとえば、一九一五年二月に開業した幻影電光影戯院では、「パテ社破天荒の最新フィルム上映、連日フィルム入替え旧年式とはまったく異なるもの。嘘偽りあれば代金お返しします[64]」と広告で掲げ、パテ社のフィルムがすでに一定の看板となり得ていることを示している。しかし、そのパテ社フィルムの供給元が中国パテの百代公司である保証は見出せない。

一九一〇年代半ばまで、こうした不確かな断片的手がかりしか見出せない中、ようやく配給業務らしい姿を現すのが、翌年一九一六年に掲載された林発公司の次の業務広告だ。

「林発公司　彩色精巧活動影戯　本社は欧米各大会社の代理人として各種最新探偵もの歴史戦争愛情劇等長篇フィルム、たとえば黒箱案(The Black Box)、三心牌(The Trey o' Hearts)、インド宮殿秘史、最近の欧州大戦等のフィルムは、各地劇場で本社より先を争って賃貸を受けるほど。長らく各界にて好評いただき、その他キーストン社チャップリンの滑稽劇お笑い片も大いに眼を楽しませるもの。長篇から短篇まですべて完備。買取りもしくは賃貸ご希望の方は、老靶子路〈現武進路〉来安里口一三〇番地洋館内本社にて面談。高級電影機器の貸出しもあり。価格は他と比較にならぬほど低廉。　林発公司敬白[65]」

林発公司は、すでに本節(2)項で見たとおり、『カスリーンの冒険 The Adventures of Kathlyn』を初演した興行元(劇場は南京路の謀得利《モートリー》劇場)だが、ここで広告する配給業務から、さらに自前で興行に乗り出したのがこの連続活劇放映興行だったことが分かる。『三心牌 The Trey o' Hearts』も『黒箱案 The Black Box』も、表8から分かるとおり、『カスリーンの冒険』に引き続いて公開された作品だが、『カスリーンの冒険』が謀得利劇場で放映された以外は、いずれも愛倫活動影戯園で上映されており、林発公司本来の持ち小屋で興行する形に戻ったものと見える。ただし、愛倫活動影戯園では、以下の第三節に見るとおり、その劇場規模、施設設備で一九一〇年代末には相当見劣りするものとなっていた。このため、アメリカ直入の新作封切り上映を行うには、任に堪えない感が強かったものと思われる。そこで、前節(2)項で見た上海大戯院のような最新設備を誇る新規開業館と提携関係を作り、系列化した上で上海大戯院を上流として運営するにいたったものと推定できる。

また。ここに例示されるフィルムはいずれもアメリカ製だが、『カスリーンの冒険』がセリグ・ポリスコープ（Selig Polyscope）社製で、『三心牌ハートの3』と『黒箱案』がユニバーサル社製と分かれ、さらにキーストン社のチャップリンが掲げられるところから見て、まだこの段階では外国製活動影戯放映の製造元ごとの系列化は進んでいない様子だ。上海大戯院がこけら落とし興行に放映した『妖党（ミラの秘密）The Mysteries of Myra』は米パテ社配給であり、隣国日本に先駆けて放映した『寶蓮遇険記（ポーリンの危難）The Perils of Pauline』も米パテ社製だ。これに加えてユニバーサル社もキーストンもなんでも取扱いというところが、一九一〇年代後半期の配給業者としての林発公司だった。この米国製フィルム取扱いに止まらず、愛倫活動影戯園での放映実績を追うと、仏パテ社の『俠盗駱甘布（ローカンボーRocambole』を一九一五年一二月一七日～一九一六年一月二四日に、仏エクレール社の『愛国偵探蒲露娣（プロテア）Protéa』を一九一六年七月一一日～一三日に、さらに仏ゴーモン社『時鐵兒葛狄氏破獲無頭案（ジュデックス）Judex』を一九一六年一二月二一日～二五日に上映していて、フランス主要映画会社すべてを網羅している形だ。これがすべて親会社の林発公司の配給によるものだとすると、林発公司は米仏のあらゆる映画会社のフィルムを取扱っていたことになり、上海活動影戯院の最も力強い支え手だったと推測される。

すでに見たとおり、中国パテである百代公司は、一九一五、一六年の時点では、いまだ蓄音機業務と個人向け活動影戯機器とフィルム供給に止まっていた。一部活動影戯院で「パテ」ブランドが通用し始めたものの、それを中国パテの百代公司が独占的に供給し配給する態勢であったかは疑問が残る。その分、林発公司が米仏に跨がって一手に外来フィルムを取扱い活動影戯院に供給していた構図が浮かび上がった。

米主要映画会社が上海に支社を設立して直接フィルム配給を始めるのは、『上海電影志』によれば、以下のとおりだ。

・環球影片公司（ユニバーサル）一九二六年八月一四日
・派拉蒙影片公司（パラマウント）一九二九年一二月
・米高美影片公司（ＭＧＭ）一九三〇年七月二二日
・二〇世紀福克斯影片公司（二〇世紀フォックス）一九三一年四月二一日
・華納影片公司（ワーナー）一九三二年
・哥倫比亞影片公司（コロンビア）一九三四年五月

・雷電華影片公司（RKO）　一九三五年
・聯美電影公司（ユナイテッド・アーティスト）　一九三七年八月[66]

一九一五、一六年の時点からユニバーサルが支社を設けて直接配給業務を手がけるまでの一〇年間、林発公司が一手に外来フィルム導入業務を取り仕切ったのか、その後パテが配給業務にいつ頃から参入するのか、まだ未解明な部分は多いが、これらを解きほぐして追究する上で、有力な手がかりとして林発公司は特記に値するものだ。特に、縮小した欧州映画に対し、一気に参入度合いを強めたアメリカ系映画会社作品の配給取扱いでは、見過ごすことのできない存在だ。

また、いわゆる米八大映画会社の中、直接上海に支社を設立して配給業務を始めた最初の会社が、隣国日本と同じユニバーサルだった点は共通するが、日本でのユニバーサル支社設立は一九一六年七月一日と、上海とは一〇年もの時差がある[67]。この一〇年の時差の中、連続活劇の導入などで、日本ユニバーサル支社が上海での放映供給、配給に対して何らかの連携、統括系統を持ち得たのか探究すべき課題は残る。本節(1)で見たとおり、イタリア長篇歴史文芸作品の放映では、明らかに日本での配給、ないしは評判との連動が感じられる興行だった。だが、上海と日本の活動写真放映興行、特にイタリア長篇もので見られた近接時期の興行に関し、この両者の興行を結びつける確たる根拠は、今のところ見出せず、あく

表9　1931年の影戲院（『良友』第62期グラビア頁[68]による）

No.	館名	英語名	所在地
1	光陸大戲院	Capitol Theatre	博物院路 Museum Road
2	新光大戲院	Strand Theatre	寧波路 Ningpo Road
3	夏令配克大戲院	Embassy Theatre	靜安寺路 Bubbling Well Road
4	大光明影戲院	Grand Theatre	靜安寺路 Bubbling Well Road
5	北京大戲院	Peking Theatre	北京路 (Peking Road
6	巴黎大戲院	Paris Theatre	霞飛路 Avenue Joffre
7	上海大戲院	Isis Theatre	北四川路 North Szechuen Road
8	百老滙大戲院	Broadway Theatre	百老滙路 Broadway
9	光華大戲院	Kwang Wah Theatre	愛多亞路 Avenue Edward Ⅶ
10	卡爾登大戲院	Carlton Theatre	靜安寺路 Park Road
11	南京大戲院	Nanking Theatre	愛多亞路 Avenue Edward Ⅶ
12	奥迪安大戲院	Odeon Theatre	北四川路 North Szechuen Road
13	虹口大戲院	Hongkew Cinema	乍浦路 Chapoo Road
14	浙江大戲院	Chekiang Theatre	浙江路 Chekiang Road
15	黄金大戲院	Crystal Palace	八仙橋
16	新東方劇場	New Eastern Theatre	北四川路 North Szechuen Road
17	東海大戲院	未記入	茂海路
18	國民大戲院	People's Theatre	乍浦路 Chapoo Road
19	九星大戲院	Kui Sing Theatre	福煦路 Avenue Foch
20	福星大戲院	Foh Sing Theatre	西藏路 Tibet Road
21	山西大戲院	Shansi Theatre	山西路 North Shansi Road

までも推論の域を出ない。日本における映画興行、特に外国製フィルムの配給に関する調査と連動して究明される必要がある問題だ。

第三節　急増する影戯院

(1)　一九二〇年代以降の急速な増加

こうして放映館数だけでなく、放映フィルムの面でも充実増加を続けた上海の活動影戯院は、本章第一節(3)項で見たとおり、一九二二（民国一一）年一二月末の時点で一二館に達していたが、その後の一〇年間で、上海租界内での館数が倍増する。それは、一九〇八年から一九二二年までの二五年間に増加した足取りとは異なり、単純な数的増加だけでなく、質的向上と地域的拡散の両面を伴ったものだった。たとえば、『良友』一九三一年一〇月号第六二期のグラビア頁には二一館が掲載紹介されており、活動影戯院館急増の趨勢が窺える（表9参照）。

ここでは、二一館の活動影戯院が紹介されているが、この二一館の所在地をみても、相当拡散分布の様子が窺える（口絵「上海老電影院分布図」参照）。かつて初めて常設影戯院が開設された頃には、海寧路から北四川路界隈に集中していたが、すでに公共租界の中心地ともいうべき静安寺路〈現南京西路〉から北京路、寧波路、博物館路〈現虎丘路〉にも開設され、さらに南の仏租界との境界である愛多亞路〈現延安東路〉から仏租界のメインストリートである霞飛路〈現淮海路〉まで、満遍なく展開している。さらには旧米租界であった百老滙《ブロードウェイ》路〈現東大名路〉にまで及び、おおむね当時の上海全区域に行き渡った格好だ。

ただ、ここに掲げられたとおりに一九三一年にはたして二一館だけが営業していたかというと、そこにはもう少し視野を広げて探究する余地が残る。たとえば、一九二九年の春節（旧正月）期間に、新聞広告を掲げ上映告知を行った影戯院数を見ても二九館に達し[69]、とても『良友』が紹介する二一館に収まるものではないからだ。また、一九三〇年の春節になるとこれが三四館にまで増加しており[70]、前年までにすでに三四館開業していた活動影戯院が、その翌年一九三一年ににわかに二一館にまで縮減するとはどうにも考えにくいのだ。

この点を考える上で、有力な情報を提供するのが一九三二年に出版された蒋信恒による「觀影指南」（『影戯生活』一九三二年第一巻五二期・五三期掲載）だ[71]。この「指南」では、上海で活動影戯を観覧できる劇場の紹介と、その格付け、各劇場の特徴を紹介するが、ここでは休業中、夏場のみの露天映画場を含めて活動影戯放映館が四四館登載される。さらに活動影戯を観覧できる遊戯場、娯楽施設としてデパート屋上や大世界なども残らず挙げている（表10参照）。おそらく、これが想定される限りの「映画館一覧」なのではないかと思われる。『良友』が紹介する二一館から、わずか一年の間に四四館へと倍増するはずはないし、また一九二九年、三〇年の春節興行に上映広告を掲出していた活動影戯院の館数が、それぞれ二九館と三四館だったことを考えると、むしろ合理性を感じさせる館数といえる。つまりこれは、集計の基準、網羅するか主要影戯院のみに限るかによって生じた差違と考えるべきものだ。また、「観影指南」の排列は、ほぼそのまま当時の評価ランク順なので、表10における二三位の山西大戯院までを、『良友』では特に順位付けせずに取り上げたことになる。要するに、『良友』がグラビア頁に写真入りで紹介した上海活動影戯院は、上位主要二一館のみの紹介にすぎなかったと見るべきなのだ。

　さらに、『良友』が紹介する影戯院と、「観影指南」が評する各影戯院では、評価の高い影戯院と低評価の活動影戯院の順位がほぼ一致しており、すでにして上海の活動影戯院は、上から下まで順位が付けられるほどに数量的に充足し、なおかつそこには各館の優劣、格付けが発生し、しかもその評価は定着していたことが分かる。一九〇八年に上海で初めて開業したとされる虹口大戯院は、もともと設備としては優秀な部類ではなかったが、それでも「観影指南」の順位では二八位と中位に付けていることが意外ではある。これに対して、海寧路沿いの簡陋なる影戯院と一線を画すべく開設された最

表10　1932年「觀影指南」の映画館

No.	館名	所在地	No.	館名	所在地	No.	館名	所在地
1	光陸	二白渡橋南堍	18	東南	民国路	35	福安	中華路
2	蘭心	邁而西愛路口	19	百老滙	滙山路	36	新愛倫	虹口海寧路
3	南京	愛多亞路中	20	黄金	八仙橋	37	城南通俗	大南門小東門南
4	卡爾登	派克路口	21	明珠	老靶子路福生路口	38	閘北	閘北大統路
5	大光明	静安寺路中	22	九星	福煦路	39	奥飛姆	曹家渡
6	新光	寧波路	23	山西	北山西路	40	蓬莱	小西門蓬莱市場
7	巴黎	霞飛路	24	東海	華徳路茂海路	41	武昌	武昌路
8	上海	北四川路	25	恩派亞	霞飛路口	42	大東	小東門
9	奥迪安	北四川路	26	卡徳	卡徳路新聞路口	43	西海（露天）	新聞路大通路西
10	北京	北京路貴州路口	27	萬國	虹口荘源大街	44	大華（停映）	戈登路大華飯店内
11	中央	六馬路雲南路口	28	虹口	乍浦路	45	永安天韵樓	＊南京路
12	夏令配克	静安寺路	29	浙江	浙江路	46	先施樂園	＊南京路
13	愛普廬	北四川路	30	中華	三洋涇橋	47	新新屋頂花園	＊南京路
14	威力	海寧路乍浦路口	31	世界	閘北青雲路	48	大世界	＊愛多亞路
15	明星	青島路口	32	中山	四卡子橋	49	小世界	＊城里
16	光華	孟納拉路	33	共和	西門方浜橋	計44館＋5施設		
17	新中央	北四川路海寧路	34	長江	平涼路			

高級影戯院であった夏令配克《オリムピック》戯院は、もはや全上海の影戯院の中で一二位に後退して、最上位の位置を明け渡さざるを得なくなっていた。それほどに、上海での影戯院増加と規模施設の向上は長足の進化を遂げていたのであり、烈しい競争が進んでいたことを示すものといえるだろう。

もう一つ注目したいのは、『良友』で紹介された二一館は、すでにすべて活動影戯院ではなく、「大戯院」と称するにいたっていることだ。一九一七年五月一七日に開業した上海大戯院（本章第一節(2)項参照）が最も早く「大戯院」を名乗ったが、一九三〇年代には、すべての活動影戯院が「大戯院」へと名称変更したことが分かる。しかしこれは、単に名称を変更したことを示すだけに止まらず、活動影戯院が質的に変貌をとげ、施設だけでなくより高い品質の「電影」を提供する娯楽施設へと更新されつつあったことを物語るものでもあった。

本書でも、これ以降の記述では、活動影戯から「映画」へ、活動影戯院から「映画館」へと呼称を変更する（固有名詞は除く）こととする。

(2) 格付けと盛衰浮沈

『良友』で紹介された二一館と「観影指南」で品評される映画館を、それぞれ個別に見てみると、一九〇八年に専業映画館が開業して以来の盛衰浮沈が顕著に見て取れる。

すでに触れた虹口大戯院や夏令配克戯院だけでなく、海寧路界隈にできた開業の時期が早い映画館は概して分が悪い。一九一〇年に開業した「老舗」館である維多利亞《ヴィクトリア》活動影戯院は、その後名称を新中央影戯院と改称していたが、「観影指南」のランクでは一七位、『良友』では紹介する映画館の対象から外されてさえいる。同じく一九一三年末に開業した愛倫《アイリーン》活動影戯院も、その後新愛倫と名称を換えていたが、この「観影指南」では三六位のお薦め度の低いランクに止まり、『良友』ではランク外扱いに甘んじねばならない境遇となった。

「観影指南」では、新愛倫を次のように評価紹介している。

「新愛倫　虹口海寧路、国産映画専門、フィルムの選定は中山と類似。建物が良くない。最低料金四角。[72]」

また、これよりは上位にランクされる「新中央」についても、やはり設備の古さ、簡陋さが評価の足を引っ張っている。

「新中央　北四川路海寧路。中央影戯公司傘下の第二館、放映フィルムは中央で上映した後の二番館。建物施設は光華に及ばない。最低料金三角。[73]」

一方、本章第一節でその開幕の事情を詳細に見た上海大戯院と卡爾登は、比較的上位を保っており、その評価も悪くない。上海大戯院は、次のとおり紹介されている。

「上海　北四川路。ＭＧＭ、ユナイテッド・アーティスト、ワーナー、ユニバーサル等の二番館トーキー専門、卡爾登と連携関係にある。設備、内装、装飾良い方。ただ、立地地点の関係で営業は良好ではない。最低料金四角。[74]」

卡爾登《カールトン》の方は、次のとおり紹介する。

「卡爾登　パーク路口。ＭＧＭ、ウーファー、ワーナーの封切り館トーキー専門。映画界の巨頭羅根の設立。建物、内装、装飾とも甚だ美観に欠け、新光とは比較にならない。ただ、フィルム選定がていねいで他館を凌駕する。最低料金六角。[75]」

以上からも了解できるとおり、映画館の優劣の基準は、設備だけでなく放映される映画自体にも置かれ、封切り一番館か二番館か、洋画館か国産映画放映館かも評定の尺度に組み入れられている。そして、当然のように洋画館、なかでも洋画封切り一番館が最も高いランクを勝ち得る傾向にある。最高ランクに位置付けられる光陸と新光は、次のように設備、劇場内の雰囲気、スクリーン、音響、そして上映される映画作品の質などが総合的に勘案され評価されるが、新光のように国産映画上映を行うからといって評価が下がることはなかった。

表 11　上海年次別映画館開館数

（『上海電影志』「大事記[79]」及び『申報』掲載開幕広告により集計）

年	館数	年	館数	年	館数	年	館数	年	館数	年	館数
1908	1	1915	1	1922	0	1929	4	1936	0	1943	1
1909	1	1916	0	1923	4	1930	8	1937	0	1944	0
1910	1	1917	3	1924	2	1931	3	1938	0	1945	1
1911	0	1918	0	1925	1	1932	6	1939	5	計 65 未確定不明 13	
1912	0	1919	0	1926	2	1933	3	1940	2		
1913	1	1920	1	1927	1	1934	1	1941	1		
1914	2	1921	2	1928	3	1935	1	1942	1		

「光陸　二白渡橋〈現乍浦路橋〉南岸畔。パラマウントの封切り専門。観客は西洋人が多数を占める。セキュリティーボックスを備え、暖冷房装置を備える。劇場内部は広くないが室内設備は上品で　装飾も申し分ない。座席は快適。最低料金一元。[77]」

「新光　寧波路。パラマウント、ユニバーサル、フォックス、ＲＫＯの封切り専門。及び国産トーキーフィルムの封切り。建物が優美で装飾も美しい。スクリーンは美しく音響も明瞭。劇場内部はまるで一六世紀スペイン宮殿のよう。最低料金六角。[78]」

一九二二年までの増加に比べ、一九二〇年代の一〇年間の映画館新規開館は、上海の各地区にわたり、それこそ上海中に満遍なく行き渡り、なおかつ豪華で最新設備を備える充実の様相を呈する。特に、一九二八年一一月一一日に、一等地である競馬場近辺に新たに開館した大光明影戯院（静安寺路）は、先行の卡爾登大戯院のすぐ南隣に位置し、上海随一の規模と豪華さを誇る映画館として、その後長く君臨し続けて行く。

　映画館の開館を年次ごとにまとめると表11の通りとなる。最盛時に営業していた映画館は五〇館程度と推計されるが、それぞれ盛衰浮沈があるため延べ数ではもっと多く、八〇館近くが開館したことが記録として確認できる。その中には、夏場だけ営業の露天映画館も含まれ、たとえば虹口に開設された消夏露天電影場と雨園露天電影場が、それぞれ一九二三、二四年頃に開館しており、静安寺路（現在の南京西路）には聖喬治露天影戯院と大華飯店露天影戯場が、それぞれ一九二四年二五年に開館しているが、ここではそれを計上していない。

図像 113　光陸大戯院跡現況

図像 114　新光大戯院現況[76]（営業中）

　一九〇八年から一九一九年までの一二年間に一〇館が開業し、二〇年二一年に三館が開業したはずだが、すでに見たとおり、一九二一年末に営業していた映画館は一二館であった。続いて一九二〇年から二九年までの一〇年間には新規に二〇館が開館したが、一九三二年の『観影指南』の紹介では営業館は四四館であった。さらに一九三〇年から三九年までの一〇年間には二七館が開館している。単純な開館数としては、一九三〇年代の方が上回っているが、一九二〇年代の二〇館開館は、多様な可能性（たとえば上記の露天映画館など）を探求した上昇期の勢いを示すものと見られる。

　こうして上海の映画館は、一九三〇年代半ばには四一館、公共租界内二六館、仏租界内一一館、華界内四館に達する。

(3)　先行した映画館

　一九〇八年に虹口に誕生した映画館は、当初は海寧路周縁部で、当時の主流であった京劇等の上演興行とは離れたところで営まれた。その理由については、すでに本章第一節(1)項で分析を試みたが、簡陋な設備で効率よく収益を上げるために工部局の規制が緩い「越界 beyond limits」地域が好都合だったこと、他に競合上演小屋が乏しく上演芸能の「過疎地」だったこと、そして電気の供給が得やすかったことの三点に理由を見出した。

ただ間違いないことは、その後急速に租界中心部に進出し、豪華で高級な映画館が誕生するにつれ、娯楽文化の中で市民権を獲得していったと想定されることだ。

一九二〇年代後半から三〇年代にかけて、映画館の序列化は進み、夏令配克《オリムピック》大戯院や卡爾登《カールトン》大戯院は、もはや頂点に君臨することが許されず、後発の光陸大戯院や南京大戯院などが、新たな頂点に立つようになる。上海大戯院は立地条件ゆえに営業はあまり振るわず、近隣に開業した奥迪安《オデオン》（一九二五年一〇月開館）と並んで「上の下」クラスを維持するだけだった。さらに一九三〇年代に入ると大光明影戯院（一九二八年一一月開館）、国泰大戯院（一九三二年一月開業）等も一番館として一流の列に加わる。また、場末の三流小屋が相場だった中国国産映画も、中江大戯院（一九二五年から中央大戯院と改称）を専門館として地位を高めて行く。そして、この映画館の序列化、階層分化は、当然観客の底辺裾野拡大を生むとともに、より高品位の作品と劇場環境を求める趣味の増長につれて進展する。一九三二年に映画監督の沈西苓は、当時の観客を以下の四種類に分類し、第一種に欧米映画に親しみ高い審美眼を備えるために中国映画に失望する観客がいると指摘している。

第一種：欧米映画に慣れた一級の観客

第二種：チケット代三角四角の二流映画館の一部の観客と外国語が分からぬか外国映画を好まぬ知識人

第三種：二流三流の映画館の遅れた観客。

第四種：国内の演芸場や南洋華僑の大多数。[80]

沈西苓は、上の第一種、第二種に照準を合わせて映画を撮ると水準は高くなるが観客が減る、下の三種四種に合わせると後戻りしてしまい芸術レベルは永遠に高まらないと苦衷を述べるのだが、ここから窺えることは、一九三〇年代半ばにはある程度中国国産映画が成長しつつあったというものの、それよりもっと先行していた映画を見慣れた観客層がすでに形成されていたということだ。つまりそれは洋画であり、この時期にはすでにほとんどハリウッド映画に独占された形だが、そこに映画の醍醐味を見出す階層が厳然と存在し、なおかつその洋画の基準で中国映画に厳しい視線を向ける観客層がいたことを示している。そして、それは一九三〇年代半ばに突如出現した現象であるはずはない。

第一次世界大戦を挟んで次々誕生していった映画館は、一九二二年末までに営業中の影戯院、大戯院が一二館に達していた。本章でみた放映作品は、そのほとんどがこの一二館で放映された作品だ。その後の大成長、大増加に比べるとまだまだ寥寥たる状態というべきだが、それでもこの一二館で毎日映画は放映されたのだから、その放映作品は相当数に上る。そしてこの放映作品について注意が必要なことは、中国国産作品はまだ含まれないという点だ。以下の第五章で中国国産映画の誕生と展開を考察するが、少なくとも経常的に一定数の国産映画が生み出される一九二〇年代初頭までは、本章で明らかにしたとおり、外国映画の独壇場だった。つまり、上記のような洋画に醍醐味を見出す観客を育て、中国国産映画に失望する審美眼を養ったのは、ほかでもなく、中国国産映画抜きのまま外国製映画を放映し続けた上海の映画環境そのものだったといえるのだ。

　シャルベとジョンソンが組んだシネマトグラフの興行やクックのアニマトスコープ興行はいうに及ばず、その一〇年後にラモスが海寧路という辺境地域に常設の活動影戯園を開いた時でさえ、放映された活動影戯は外国製であり、中国国産映画は登場がずっと遅れていた。したがって、毎晩放映される映像に観客が見たものは、上海人にとっては身近な風習や生活方式ではなく、異国の異習の上に築かれるストーリーばかりだった。イタリア長篇歴史文芸作品はいうに及ばず、探偵犯罪ものも、寶蓮《ポーリン》が毎回危機に遭遇する連続活劇でも、マックス・ランデからチャップリンへと主役が変わったコメディでも、いずれも異国の生活環境に繰り広げられる外国人の物語を、固唾をのんで見守ったのだった。

　上海に映画館が定着発展し、その後放映作品は欧州製からアメリカ製へと切替えが進み、数量も大幅に拡充していった。こうした切替えは起きても、その銀幕に映し出される作品は、しかし一九二〇年代初頭まではすべて外国製であり、映画といえば外国製以外にあり得ない状態が二〇年続いていた。しかもその外国製映画は、すでに相当の表現力と観客を魅了する技倆を十分蓄積していたのであり、もはや夜花園で興行された物珍しさだけを売り物とするアトラクションのレベルではなかった。観客の側からすれば、すでに相当発達し芸術的にも高いレベルを示す映画を見慣れていたのであり、沈西苓が分類する実態は一九三五年に始まったことではなく、一九二〇年代にすでに形成されていたものだ。

　映画館が先行し、そこで数多くの外国製映画が放映され続けたことが、こういう結果をもたらしたのだ。そして、それにより眼の肥えた観客層が十分形成されたその後で、ようやく遅れて中国国産映画は生まれ出ねばならなかった。

　次章では、中国国産映画の誕生と、誕生したその時から先行する映画作品の水準が高いという負荷を負わされ、それと競合しながら、その重圧の下で自らの道を模索せねばならなかった国産映画製作の行く手を追究してゆく。

【第四章注】

1　『申報』一九一四（民国三）年九月八日

2　『工部局董事会会議録』第一九册、原文は九三ページ、中国語訳文は五四八ページ

3　二〇一五年八月筆者撮影

4　『日本映画発達史』（田中純一郎著、中央公論社、一九七五年中公文庫版）第一巻「活動写真時代」二四九ページ

5　『日本映画発達史』第一巻「活動写真時代」二五〇〜二五一ページ

6　『中国無聲電影』一三一四ページ

7　『上海市地方志・虹口区志』第一一編城市基礎施設、第四章水・電・燃氣、第二節供電。同書は、以下のサイトにて閲覧：http://shtong.gov.cn/node2/node4/node2249/node4418/node20206/node21296/node62875/userobject1ai8777.html

8　たとえば、一九一五年の人口調査では、公共租界・仏租界合わせて一四二五人いた居住者が、一九二〇年の調査では、五分の一の二八九人にまで減少していた。人口の数値は、『上海租界志』一一四〜一一五ページによる

9　『上海市地方志・上海外事志』上編、第五篇重大戦争期間上海的中外交渉、第八章第一次世界大戦及江浙戦争、第一節第一次世界大戦期間対外交渉。ウェブ公開の「地方志」のため、次のサイトにて閲覧：http://shtong.gov.cn/node2/node2245/node69969/node69978/node70058/node70165/userobject1ai69839.html

10　『申報』一九一五（民国四）年八月二九日日曜日（旧暦乙卯七月一九日）

11　『申報』一九一五（民国四）年九月二八日火曜日（旧暦乙卯八月二〇日）

12　ＩＭＤｂによれば、ウィルフレッド・ルーカスは、その後脚本のベス・メレディスと結婚している。Wilfred Lucas の項参照：http://www.imdb.com/name/nm0524306/?ref_=fn_nm_nm_1

13　『Serials and Series—A World Filmography, 1912-1956』(Buck Rainey, McFarland & Company,Inc., Publishers, 1999) p.245（同書の作品番号では No. 688）

14　『Serials and Series—A World Filmography, 1912-1956』によれば、第一集のみ三巻で、残りは各集二巻ずつというから、この回の興行は正確には七巻でなければならないはずだ

15　ともに小説版『The Trey o' Hearts』(Louis Joseph Vance,Grosset & Dunlap Publishers, New York, 1914; Cornell University Library）挿図より。原書は、同図書館のサイトで公開：http://www.archive.org/details/cu31924021713320。

16　『上海市地方志・虹口区志』第三十編文化第一章文化娯楽場所第一節電影院による。同区志は、以下のサイトにて閲覧：http://shtong.gov.cn/node2/node4/node2249/node4418/node20225/node24701/node62957/userobject1ai11039.html。

17　『申報』一九一七（民国六）年五月一四日月曜日（旧暦丁巳

三月二四日)

18 『申報』一九一七(民国六)年五月一七日木曜日(旧暦丁巳三月二七日)

19 いずれもIthaca College Library Collection “Wharton Studio Photographs”中の“Mysteries of Myra”による。同コレクションは以下のサイトで公開:http://ithacalibrary.net/omeka/items/browse?tag=Mysteries+of+Myra。

20 『Serials and Series—A World Filmography, 1912-1956』によれば、エピソードは以下の一五集(第一集のみ三巻で、他は各集二巻):1. The Road to Yesterday 2. Poisoned Flowers 3. The Mystic Mirrors 4. The Wheel of Spirit 5. The Fumes of Fear 6. The Hypnotic Clue 7. The Mystery Mind 8. The Neither 9. The Invisible Destroyer 10. Levitation 11. The Fire-Elemental 12. Elixir of Youth 13. Witchcraft 14. Suspended Animation 15. The Thought Monster

21 『申報』一九二二(民国一一)年一二月三〇日土曜日(旧暦壬戌一一月一三日)

22 『申報』一九二三(民国一二)年一月三〇日火曜日(旧暦壬戌一二月一四日)

23 『Hearts of the World(世界の心)』(D.W.グリフィス監督、リリアン・ギッシュ主演、フェイマス・プレイヤーズ・ラスキー配給、一九一八年作品)中国では、一九二〇年一月初めに新愛倫影戯院、一月下旬(旧正月期間)に上海大戯院にて公開。日本では、『世界の心』との題名で一九二〇年六月三日から公開された。ただし、この映画にレックス・イングラムは出演していない

24 『申報』一九二三(民国一二)年二月八日木曜日(旧暦壬戌一二月二三日)

25 いずれもDVD『The Prisoner of Zenda』(Warner Bros. Archive Collection, Warner Home Video, 2010)よりキャプチャー

26 IMDb、“The Prisoner of Zenda”の項:http://www.imdb.com/title/tt0013515/?ref_=fn_tt_tt_4

27 『日本映画発達史』第一巻「活動写真時代」四〇一～四〇二ページ

28 DVD『Laugh with Max Linder』(ID0508DSDVD、Film Preservation Associates, Inc. 2003)よりキャプチャー

29 DVD『Gaumont Treasures Vol.2 1908-1916』(KINO International Corp. 2011)よりキャプチャー

30 『世界映画全史』第六巻「4 イタリアの黄金シリーズ1908～1911」一五三ページ

31 筈見恒夫著、鱒書房、一九四七年一〇月刊

32 『新版映画五十年史』三七～三八ページ

33 いずれもDVD『The Last Days of Pompeii』(KINO International Corp. 2000)よりキャプチャー

34 『日本映画発達史』第一巻第三章過渡期第一二節アメリカ映画の擡頭、二四六～二四七ページ

35 同上『日本映画発達史』第一巻第三章過渡期第一二節アメリカ映画の擡頭二四九ページ

36 日本での初公開時、劇場は、いずれも『日本映画発達史』第一巻二四九〜二五〇ページによる

37 『雛燕』（佛國エクトール・マロ原作、五來素川訳、婦人之友社、一九一八）。国立国会図書館デジタルコレクションにより閲覧可能：http://dl.ndl.go.jp/info:ndljp/pid/932997

38 『新版映画五十年史』四〇ページ

39 『日本映画発達史』第一巻「活動写真時代」二五四ページ

40 いずれもＤＶＤ『Fantômas』（KINO International Corp. 2010）よりキャプチャー

41 『世界映画全史』第六巻「17 連続映画の殺人 1908-1915」二四五〜二四六ページ

42 『申報』一九一五（民国四）年六月一六日水曜日（旧暦乙卯五月初四日）

43 『二〇世紀アメリカ映画事典１９１４〜２０００日本公開作品記録』（畑暉男編、カタログハウス、二〇〇二）によれば、『マスター・キー』の日本での封切り上映は、一九一五年九月（同書三五ページ）だが、上海では新聞に掲載された広告から見るかぎり一九一六年七月七日放映の『半文錢』が最初だ

44 『日本映画発達史』第一巻「活動写真時代」二五四〜二五五ページ

45 日本での初公開時期は、前掲『二〇世紀アメリカ映画事典１９１４〜２０００日本公開作品記録』による

46 『申報』一九一六（民国五）年五月一二日金曜日（旧暦丙辰四月一一日）

47 いずれもＤＶＤ『The Perils of Pauline (1914) in 9 Episodes』（Grapevine Video）よりキャプチャー

48 いずれもＤＶＤ『Treasures III Social Issues in American Films 1900-1934』（National Film Preservation Foundation, 2007）「Program 2 New Women」よりキャプチャー

49 『新版映画五十年史』五〇〜五一ページ

50 『世界映画全史』第七巻「2 フランス映画の衰退１９１４〜１９１９」四三ページ

51 『日本映画発達史』第一巻「活動写真時代」二五二〜二五三ページ

52 『申報』一九一四（民国三）年一〇月三〇日金曜日（旧暦甲寅九月一二日）

53 いずれもＤＶＤ『Chaplin at Keystone』（Flicker Alley LLC、FA0018, 2010）よりキャプチャー

54 わずかに近代社会史研究の汪朝光が「早期上海電影業與上海的現代化進程」（『檔案與史学』二〇〇三年第三期）で、一九一〇年代初頭の上海におけるいくつかの映写機、フィルム貸出し広告を列挙し、当時の「電影放映相関的商業活動」として多少関心を示している程度だ（同論三一ページ）

55 『申報』一九〇八年一二月一六日水曜日（旧暦光緒三四年一一月廿三日）

56 『上海電影志』によれば、上海最初の専業活動影戯院、虹口活動影戯園の開業は、一九〇八年一二月二二日となるが、すでに第三章第一節(3)項で示したとおり、幻仙戯園の方が開幕時期は早く、一九〇八年一二月四日だ。この点は、前掲汪朝光「早期上海電影業與上海的現代化進程」にも指摘があるが、日時を

特定するにはいたっていない（同論文三〇ページ）

57 『工部局董事会会議録』では、「Alhambra」は、一九〇四年九月以来「租界外」賭博案件としてスペイン領事の関与を追及し、アメリカ総領事などを仲立ちとして、賭博追放に向け観察、調査、訴追を行うなど、一九〇九年八月頃まで長年の案件となっていたことが記録されている（同書第一五冊～第一七冊）

58 『申報』一九一〇年七月二七日水曜日（旧暦宣統二年庚戌六月廿一日）

59 『申報』一九一三（民国二）年六月一八日水曜日（旧暦癸丑五月一四日）

60 『申報』一九一三（民国二）年一月一二日曜日（旧暦壬子一二月初六日）

61 『申報』一九一三（民国二）年六月六日金曜日（旧暦癸丑五月初二日）

62 『申報』一九一四（民国三）年八月二八日金曜日（旧暦甲寅七月初八日）。なお、この「亞細亞製造影片公司」と次章第二節で見る「亞西亞影戲公司」とその配給子会社である「亞西亞影片公司」と関連があるのかは、今後の考証に待ちたい

63 『申報』一九一五（民国四）年三月二一日日曜日（旧暦乙卯二月初六日）以降、四ヵ月ほどに渡りダイヤモンド針の広告が掲載されている

64 『申報』一九一五（民国四）年二月一九日金曜日（旧暦乙卯正月初六日）

65 『申報』一九一六（民国五）年三月二四日金曜日（旧暦丙辰二月廿一日）

66 『上海電影志』「大事記」二八～四三ページ。及び「第六編発行放映 第一節欧美影片輸入和壟断 二 美英影片公司発行機構」五九七ページ

67 『日本映画発達史』第一巻「活動写真時代」第三章過渡期第一二節アメリカ映画の擡頭。二五七～二五八ページ

68 『良友』（良友圖書印刷有限公司編／複印版）一九三一年一〇月号第六二期、三二～三三ページ

69 『申報』一九二九年二月一四日木曜日から二月一九日火曜日（この年より旧暦表示廃止／正月初四から初十）まで一週間分の広告による

70 『申報』一九三〇年二月二日日曜日から二月八日土曜日（旧暦表示廃止／正月初四から初十）まで一週間分の広告による

71 『中国無聲電影』（中国電影出版社、一九九六）一九一～一九八ページ

72 『中国無聲電影』一九六ページ

73 『中国無聲電影』一九四ページ

74 『中国無聲電影』一九二ページ

75 『中国無聲電影』一九一ページ

76 光陸は二〇〇六年三月、新光は二〇一五年八月、いずれも筆者撮影

77 『中国無聲電影』一九一ページ

78 『中国無聲電影』一九二ページ

79 『上海電影志』二〇～五四ページ

80 沈西苓「怎様看電影」（『大衆生活』第一巻第四期、一九三五年一二月）一〇五ページ（頁数は上海書店一九八二年影印合訂

版のもの）

第五章　中国国産映画の幕開けに向かって
――前門の洋画、後門の教育主義――

第一節　豊泰照相館言説

(1)　中国国産映画の産声

すでに見たとおり、中国上海では一八九七年にアニマトスコープとシネマトグラフが独立興行師と思しきハリー・クックとモーリス・シャルベにより興行され、動く写真技術が伝来された。その後、夜花園でのアトラクションとして人気を博し、各庭園で毎年夏場、そして中国の節句ごとに戯法（手品・奇術）や「灘簧」（蘇州・杭州等の地方音曲芸能）、また夏場には花火などと組合わされ興行として定着していった。さらに一九〇八年からは常設の活動影戯園として幻仙影戯院と虹口活動影戯園が開業し、活動影戯院の時代を迎えていた。そこでは、当初はフランス、イタリアの欧州製映画から、一九一〇年代半ばに第一次世界大戦を挟む時期に、アメリカ製へと切替っていった。しかし、中国国産映画は一向にその銀幕に登ることがなかった。

隣国日本では、シネマトグラフの輸入は、上海よりも確実な痕跡を残して記録されているが、[1]その後の自製の動きも間髪を入れず動き出していたことが明らかにされている。興行用活動写真の撮影は、一八九九年の駒田好洋（日本率先活動写真会を率いる）が企画し浅野四郎が撮影した新橋芸者の手踊りで、着実に一歩を踏み出していたのだ。その公開は、この他の撮影作品と併せて一八九九年六月二〇日から東京歌舞伎座で行われた。[2]

その後、小西写真機店がフランスゴーモン社製カメラを輸入し、浅野四郎の跡を継いで柴田常吉らがこれを使って、新演劇むつみ一座の俳優を使って撮影した「稲妻強盗」の一節や歌舞伎『紅葉狩』（九代目市川團十郎と五代目尾上菊五郎）を活動写真に撮るなど、[3]動く写真技術の伝来と、これを使って独自の撮影に進む機運には、あまり大きな時差がなかった。

一方、中国上海では、アニマトスコープ、シネマトグラフ興行が行われた後、夜花園で電光活動影戯がアトラクションとして放映はされるが、映画自製に取り組む動きは遅々として進まなかった。もちろん、映画史的記録としてはいくつかの事例が発掘され、中国国産映画の起源として定説化しているものがないわけではない。それが、一九〇五年の秋、北京においてようやく中国人による「活動影戯」の撮影が行われたとする言説だ。

この年（当時の年号では光緒三一年）秋、北京瑠璃廠《るりしょう》土地祠（現北京市宣武区南新華街二一号〈通りの西側〉、北京市宣武区実験幼児園所在地／図像115、116参照）にあった豊泰照相館（写真館）で、主人の任景豊が当時人気のあった京劇の老生譚鑫培《たんしんばい》が演ずる『定軍山』の一節を撮影したことが、中国製映画撮影の先鞭を付けたとされるものだ。そして、これをもって中国映画百年の歴史の源流とするのが定説となっている。

『中国電影発展史』では、譚鑫培演ずる『定軍山』の写真を掲げて確定証拠のように扱うが、これが映画の一コマである保証は、実は乏しい。杜雲之の『中華民國電影史』では、後年梅蘭芳が回顧した一文を引用し

（上）図像115　豊泰照相館跡
（下）図像116　豊泰照相館跡レリーフ[4]

て、譚鑫培が演じた『定軍山』の撮影模様を描いてみせる。[5]だがその記述は、実は前掲ジェイ・レイダの『Dianying』の翻訳引用からの再翻訳であり、[6]『Dianying』の注記によれば、梅蘭芳の『舞台生活四十年』に基づくものという。出典元の『舞台生活四十年』では、次のように記している。

「[按語：許姫傳による考察] 中国演劇が映画に撮影されたものは、私の知るところでは、おそらく譚鑫培の『定軍山』が最も早いものだろう。このことを知る人は少ないが、友人の呉震修氏がふとしたことでその撮影を目撃していた。それは、京劇の歴史的意義ある貴重な一シーンを実見したものといえる。彼はこういっていた。「光緒の末、私は京師大学堂師範部で教鞭を執っていた。放課後、廠甸《しょうでん》〈現在の南新華街の東側、琉璃廠東街の北側にある路地。古くから旧正月の縁日で賑わう。ただしここでは、琉璃廠一帯を指すものと思われる〉に行くのが好きだった。各種書店に足を踏み入れ、いろいろな本をめくっていると、もう出ていく気がしなかった。おそらく秋の頃だったと思うが、ある日私は例によって琉璃廠に足を運んでいた。豊泰写真館近くの広場を通りかかると、遠くから白布を臨時に張り巡らせ、写真を撮っているのが見える。近づいて見れば、写真どころではなく、まるで活動写真を撮影しているようだった。しかも、それは我々が最も崇拝する老芸人――譚鑫培だった。黄色い鎧の衣装姿で、手には金色の刀を執っていた。『定軍山』の立ち回りの一場を演じていたのだ。脇で見ていたのは、みな譚氏の家族や友人で、数は多くなかった。写真館の主人は巨漢で、私は親しい間柄だった。その男が、脇であれこれ差配していた。残念なことに撮影の場数は多くなく、すぐに終わってしまった。その後、これは大観楼映画館で公開放映された。おそらく京劇がカメラに収められた最も早い一場だろう。[7]」

日本の場合も、活動写真撮影の試行段階は、新橋芸者の手踊りや九代目市川團十郎と五代目尾上菊五郎による歌舞伎『紅葉狩』を記録することから始まったので、京劇の一齣を撮影したからといって、それを理由に豊泰照相館の『定軍山』撮影を中国国産映画撮影の始原と認めることに懐疑的になるわけではない。これを先駆と認めることを躊躇わせるものは、別のところにある。それは、この譚鑫培撮影が、日本の場合と比べて、写真館主人のあくまでも個人的な試行の域に止まり、しかもほとんど後続のない孤立的な営みではないかとの疑念が拭えない点にある。

　そこで『中国電影発展史』では、こうした疑念が生ずるのを意識したのか、翌年一九〇六年に同じ場所で京劇武生（立ち回り専門役）の兪菊笙、朱文英による『青石山』と兪菊笙による『艶陽楼』、そして許徳義による『收關勝』、兪振庭に

図像 117　大観楼現況内部

図像 118　大観楼現況

よる『白水灘』『金銭豹』等の一部が撮影されたと記す。さらに、一九〇九年に豊泰照相館が火災で焼失するまで撮影は続き、一九〇八年にも小麻姑による『紡棉花』を撮影したと、継続的展開を強調する。そしてこれらのフィルムは、北京大柵欄の大観楼（図像１１７、１１８参照）と王府井の東安市場（図像１１９参照）内の吉祥戯院で一般公開放映されたと、公開性の面でも疑いがないと念を押す。[8]

　しかし、明言こそしていないが『中国電影発展史』も参照しているはずの上記『舞台生活四十年』の回想は、「按」とあるとおり、梅蘭芳自身の述懐ではなく、彼の回想を聞き書きした許姫傳による「解説」だ。したがって実見見聞の記述でないことはもちろん、梅蘭芳本人が直接伝聞したものでもない。梅蘭芳の『舞台生活四十年』は、第一集、第二集の初版が一九五二年五月だから、[10]『中国電影発展史』も『舞台生活四十年』の記述を拠り所として不思議はないのだが、呉震修からの伝聞を中国国産映画最初の撮影の動かぬ証拠としては取り上げていない。呉震修が勤めていた「京師大学堂師範館」は、まさに豊泰照相館と通り（現南新華街）を隔てた向かい側（現北京師範大学付属中学）にあり、「廠甸」のすぐ北側に位置する。この界隈を毎日のように歩いていたとする呉震修の証言に違和感は少なく、いかにも現場を目撃したような臨場感に溢れ、情況証拠として相当魅力的なエピソードのはずだ。それにも拘わらず、

『中国電影発展史』は、これを証拠として採用していないのだ。採り上げているのは、撮影されたとする京劇作品の情報のみだ。

⑵ 豊泰照相館自製説の綻び

こうした『中国電影発展史』の不整合に対して、二〇〇五年の中国映画百周年記念を契機に中国映画史再考の機運が湧き起こり、特に中国国産映画の先駆は、はたして譚鑫培による『定軍山』か否かの探究が数多く明らかにされた。

図像119　吉祥戲院跡現況[9]

こうした中、中国国産映画の嚆矢解明に精力的に挑んだ『南方周末』紙の「尋找中国電影的生日（中国映画の誕生日を尋ねて）」という優れたルポルタージュが公にされている[11]。

このルポルタージュでは、『中国電影発展史』の前に、主編者程季華による「中国電影萌芽時期簡述1899〜1921」[12]があり、ここでは『定軍山』撮影は一九〇八年と記されていたこと、さらに同書編纂の中、程季華、李少白、邢祖文三人の編者の影に隠れた王越が、重要な調査、インタビューを担当し、かつて豊泰照相館で働いた劉仲明から供述を得ていたこと、しかし彼の貢献は公に知られることなく、同書の原稿料八〇〇〇元も四対二対二の比率で三者に配分され、後に李少白と邢祖文が自らの配分額から多少の金額を譲ろうとしたほどだったこと、王越の署名記事である「中国電影的揺籃—北京豊泰照相館拍攝電影訪問記」[13]が、一九〇五年撮影説の起源をなす証言であることなどを明らかにしている。やや王越の顕彰に傾きすぎるきらいは残るが、従来表に現れなかった事情をよく追究して、中国国産映画起源説の不明に切り込んだ功績は大きい。

これらの再考の動きを整理し、さらに精緻に究明すべく論究を進めたのが、第一章中国映画伝来の検証で参照した黄徳泉だ。彼は、「戯曲電影『定軍山』之由来與演變」[14]の中で、これらの豊泰照相館による『定軍山』撮影を、それが言説として流布し始める源流から、その後の変遷とこれに合わせた辻褄合わせ、史実考証の三段階に渡って検証し、次のように整理している。

源流

「旧劇の映画化：梅蘭芳に始まるものではない、三〇年前にすでに撮影者がいた」（『電影』週刊一九三八年第一四期所載）に、清末に北京大柵欄大観楼で映画放映が行われ、それが北京の映画放映の最初期であり、その中にすでに譚鑫培の『定軍山』の記載がある。そしてこれと兪菊笙の『艶陽樓』などが吉祥戲院で放映されると「有萬人空巷來觀之勢（町中が総出で見に押しかける勢い）」だったと記述される。その後の程季華の「中国電影萌芽時期簡述」[15]でも、王越の「中国電影的揺籃」[16]でも、「有萬人空巷來觀之勢」がそのまま引用されていることから、情報の発信源はこの「旧劇の映画化」という一文であることが明らかだという。なおかつ、それぞれ所説に都合よく、あるいは都合の良くない箇所には取捨選択、加工削減が施されているという。

変遷と辻褄合わせ

『中国電影発展史』でも、この「有萬人空巷來観之勢」は踏襲され、なおかついくつも補充がおこなわれていった。たとえば「この年は、ちょうど彼の六〇歳の誕生の歳に当たり、これは譚鑫培の芸術生活にあって記念すべきものだった。[17]」などが加えられた。ところが、程季華の前論「中国電影萌芽時期簡述」で、もともとは一九〇八年と記述していたのに、一九〇五年に繰り上げたことから、この記述に齟齬が生じてしまった。譚鑫培は、一八四七年生まれのため、一九〇五年ではいかに数え年で算出しても五九歳にしかならず、六〇歳の祝いの映画撮影にはなり得なくなってしまったのだ。[18]また、これは先の呉震修の目撃談とも矛盾を来すこととなる。呉震修が教鞭をとっていた京師大学堂師範館は、一九〇二年一〇月に設置され、景山東馬神廟（現北京市東城区景山東街・沙灘後街近辺）に開設されたが、その後一九〇八年五月に京師大学堂から分離独立し京師優級師範学堂となり廠甸に移転したのだった。つまり、呉震修が放課後に琉璃廠界隈を徘徊するためには、一九〇八年（つまり光緒の末年）五月以降でなければならないという。

ところが、王越説を採り入れて『中国電影発展史』が一九〇五年説を採用して以降、これに足並みを揃える記述が続出した。まず梅蘭芳は、一九六二年に著した『我的電影生活』[19]の中で、「古典演劇が銀幕に上がったのは、歴史的に最も早いものとしては清代光緒三一年〈一九〇五年〉、北京琉璃廠内豊泰照相館が京劇界立ち回りの名優譚鑫培を撮影した『定軍山』[20]」と追従する記述を行い、先の『梅蘭芳舞台生活四十年』で「光緒の末」としていた許姫傳も、『許姫傳七十年見聞録』(中華書局、一九八五）で同じ呉震修からの伝聞を「一九〇五年秋のある日」と変更していった。つまり梅蘭芳も『中国電影発展史』を参照して辻褄を合わせ、許姫傳も『中国電影発展史』を参照して同調するという連鎖で、一九〇五年説が増幅したのだという。

史実

豊泰照相館が譚鑫培演ずる『定軍山』を映画に撮影した件

では疑義が百出するが、この両者には確かな接点がある。それは、一九一三年九月一三日（第三五三六号）の『順天時報』に記録が残るとおり、譚鑫培の十八番を豊泰照相館主人の任景豊がプロデュースしてレコードに吹き込んだことだという。このため、任景豊は三〇〇〇元を投じたという。レコードに三〇〇〇元も投じておきながら、なぜ映画撮影を行わなかったのか。その理由は、当時の豊泰照相館には映画を撮影する設備も技術力もなかったこと、サイレント映画しかなかった時代、芝居の歌曲を偏重する北京では、立ち回りや舞踊を愛好する上海とは異なり、立ち回り主体の『定軍山』など撮影しても市場性がなかったのであり、それゆえ『定軍山』の撮影は行われたはずがないというのが黄德泉の推論だ。

(3) 解消されぬ疑問

かくして、豊泰写真館言説は完膚なきまでに『定軍山』撮影そのものが否定されたかに見えるが、それでもなお、いくつか解消されない謎は残る。その一つが、この言説の発信源である「旧劇映画化」で指摘された撮影の存否だ。一九〇八年（光緒の末）から一九〇五年へと繰り上げられ、これに伴う齟齬が露呈し、その後の牽強、追従は否定できるとしても、そのことをもって撮影そのものが存在しなかったと主張する根拠にはなり得ないのではないか、という点だ。そしてもう一つは、フィルムのその後だ。黄德泉は、撮影そのものがなかったとの説だから論述する必要さえ感じないだろうが、この言説についても確認しておく必要がありはしないだろうか。

ジェイ・レイダは上記の呉震修のエピソード紹介に続けて、以下のように記している。

「このキーフィルムのプリントは、一九四九年後まで残存していたが、中国電影資料館が一九五七年に創設された時には、そのコピーは消失していた。補注：それは、長さが三巻あったといわれるが、三〇分というのは、その当時としては異常な長さだったはずで、「三つのシーン」が実際に一巻ごと別々に収められていたとすれば、それは驚異的なこととなる。豊泰の仕事の一部は、江西省と福建省で公開されたが、その映示や配給についてはいかなる記録も残っていない。（補注：おそらく、程季華が一九五三年に豊泰写真館従業員の生存者に取材した六ヵ月ほど前に、焼却処分されたようだ）[21]」

前掲の『中華民國電影史』は、ジェイ・レイダの上記記述を鵜呑みにして「愚かでものを知らぬ者が、〝廃棄物〟と思い込み焼却処分してしまった可能性が高い。実に残念で恥ずかしい極みだ[22]」と慨嘆するが、ここでは、いかにも不都合な証拠を隠滅してしまうかのごとき「焼却処分」説をこそ疑うべきところだ。ジェイ・レイダ自身は『定軍山』を三巻三〇分とすることに疑問を呈しているほか、焼却処分についても、伝聞を半信半疑のまま、わずかに補注として記す程度であることから判断して、この言説への信頼感は堅固ではなさそうに見える。

「豊泰の仕事の一部は、江西省と福建省で公開された」とジェイ・レイダは記すが、これらの撮影作品は、すでに活動影戯が興行として放映されていた上海でも、スクリーンに掛けられた痕跡を見出すことはできないし、話題になった様子を示す証拠さえ見ることはできない。「その映示や配給についてはいかなる記録も残っていない」のであって、北京の大観楼と吉祥戯院で公開放映されたとの『中国電影発展史』の記述はあるにせよ、それに根拠を与えるためには、物証を掲げる必要が依然として残る。つまり、公開の興行として放映されたのか、その後の継続性および国産映画撮影にどのように継承されたかの点では、依然として満足な証拠資料が得られていないのだ。豊泰照相館の撮影試行をもって中国国産映画の源流と認めることは、この公開興行が行われた否かの不確かさ、そしてそれがその後の中国国産映画撮影にいかに継承されたかの曖昧さゆえに、甚だ心許ないと考えざるを得ない。

以上の言説整理と解読から明らかなとおり、現状では豊泰照相館の映画撮影試行については、大きな疑問符を付けざるを得ない。ただ、事物が存在することを立証するより、存在しないことを証明する方が数十倍の証拠や手順を必要とするため、豊泰照相館による『定軍山』撮影が絶対に存在しないと断定するにはいたらない。その反面、撮影された京劇の作品情報が検証されることなく流布していることと、大観楼ほかいくつかの劇場で公開放映されたとの伝説が、これも実証を経ぬまま伝わっているのが実情だ。こうした薄弱な史料に依拠したまま豊泰照相館の映画撮影試行が言説として一人歩きし、いつの間にか事実視されることに対して、黄徳泉の論証が有力な反証を行ったことは認めるべきだが、存在そのものを否定するまでにはいたっていないのも事実だ。もっと確実な根拠、史料の発掘とそれによる検証が必要なはずだ。ただ、新たな史料を発掘してこれを立証したり、逆に反証したりする余裕も意欲も今のところないので、この件については既知の事項を整理、確認するに止め、これ以上深入りしないでおくこととする。

第二節　亞西亞影戯公司の試行

(1) 中国国産映画としての信憑性

中国国産映画製作で確かな根拠が見出せる事例としては、亞西亞影戯公司（当時は「亞西亞」と表記されたが、その後映画史記述などでは「亞細亞」が用いられ錯綜する。本書では引用原文が「亞細亞」の場合を除き、以下「亞西亞」を用いる）を真っ先に挙げなければならない。中国国産映画の起源とする上で、文献史料に確かな記録があり、当事者の証言など有力証拠が揃う点で、豊泰照相館よりも合理性があるからだ。豊泰照相館よりも、組織の設立では四年、実作品の公開では八年下ってしまうので、中国国産映画製作の起点を後年にずらさねばならず、このためなかなか認知が得られにくい。

まずは、中華人民共和国建国後ようやく態勢が整ってきた一九五六年に、この亞西亞影戯公司の当事者だった銭化佛の証言資料が公表された。「亞細亞影戯公司的成立始末」[23]がそれで、『中国電影』創刊号を飾る中国映画史史料発掘事業の一つだった。この回想記は、この種の回顧にありがちな記憶違いや事実誤認なども散見するほか、証言として信頼を置きかねるとの指摘もあるが、それでも当事者にしか知り得ない情報（ギャラの額等）を多く含み、有意な証言資料といえる[24]。

ここで銭化佛は、亞西亞影戯公司設立の経緯を語り、主としてベンジャミン・ブロツキー[25] Benjamin Brodsky から、会社の経営権が「依什爾（イスラー？）」と「薩弗[26]（サファー？）」に移って以降の事態を素描する。それは、一九一三年に当たるが、当初の資本金が三万米ドル、会社の所在地が上海香港路五番地だったこと、そして、当初の俳優は鄭正秋の関係から文明新戯の劇団民鳴社の団員を採用したことなどが綴られる。その後、以下の一〇本の映画を撮影したこと、その各作品の内容紹介を詳述する。その作品は、①『難夫難妻（婚姻の災難）』②『活無常（死に神）』③『五福臨門（五人和尚の色事）』④『二百五游城隍廟（うすのろの縁日遊び）』⑤『一夜不安（一夜の不安）』⑥『殺子報（子殺しの報い）』⑦『店伙失票（店員の宝くじ）』⑧『脚踏車闖禍（自転車騒動）』⑨『打城隍（城隍廟であぶり出し）』⑩『瞎子捉奸（盲人悪党を捉える）』の一〇作だという。ただし、⑩は、撮影にかかる際に第一次世界大戦が勃発してしまい、フィルムが入らなくなり、撮影できなかったと述べる[27]。

銭化佛は、この中②、③、⑤に主演し、笑いを取る役回りだったが、⑥のような報復劇は残虐で見ても楽しくないため、撮影そのものに反対したが阻止できなかったと述懐する。

この回想により、亞西亞影戯公司が撮影した作品の内容が明らかとなり、短期間ながら撮影を行った国産映画会社としての実態が明るみに出たのだった。もちろん、亞西亞影戯公司が撮影し公開放映した作品の中、『貪官榮歸（汚職官吏故郷に錦）』が忘れられている等の漏れはあるものの、この「亞細亞影戯公司的成立始末」によって亞西亞影戯公司が中国映画史の中で再認識され、以降の中国映画史にとって不可欠の頁を占める存在となったものだ。

こうした証言だけでなく、亞西亞影戯公司を中国国産映画撮影の先駆と認める上でより大きな拠り所となるのは、当時の放映広告に示される興行実態だ（図像120、121参照）。『申報』『時報』ともにほぼ同一の版下で、この他上海各紙に同時に一斉広告を出していた。

「上海戦争活動影戯をご覧あれ　亞西亞影戯公司新新舞台にて未曾有の中国影戯を開演

　期日　夜の部：陽暦九月二九日三〇日一〇月一日　陰暦八月二九九月初一初二　八時開場九時開演　昼の部：陽暦九月三〇日一〇月一日　陰暦九月初一初二　一時開場二時開演

　亞西亞影戯公司お知らせ　活動影戯は欧米電学の大家が発明したもの。それが撮影するフィルムは各国の風景から社会事情やあらゆる不思議な話まで選ぶところなく何でも揃うほどで、さらには全世界で智識を交流させるものとして行き渡る。ここ数年、中国の地にも伝来し皆が讃美の声をあげるほど。中国のさまざまの事情にいたっては、いまだフィルムに収めるにいたらず残念なところ。本社はこの状況に鑑み、最近の淞滬戦闘〈辛亥革命の一九一一年一一月、上海で起義した陳其美が清朝側に捕らえられ、これを李燮和が救出する戦闘が繰り広げられた〉及び社会新劇をフィルムに撮影。これをまずは試演し、上海各方のお目にかけたく存じます。二大特色は、以下のとおり。

　特色1淞滬戦闘　上海は万国通商の巨大港。製造局〈江南機器製造総局／一八六五年に清朝末期の洋務運動で設立された軍需工場のひとつ〉と呉淞砲台の二ヵ所での戦闘では、商業取引の前途に大きな影響を及ぼした。在上海西洋人は、武漢での起義よりも大きな関心を寄せた。実に中国空前絶後、全世界を震撼させた記念すべき出来事。本社では撮影専門家を派遣し危険を顧みず戦地にて撮影したもの

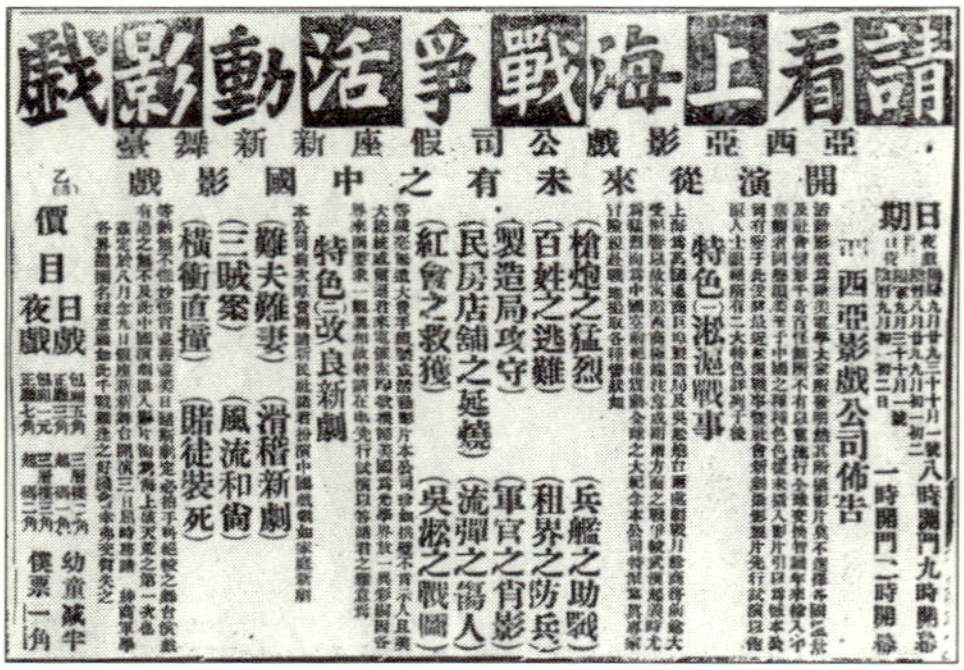

請看上海戰爭活動影戲

亞西亞影戲公司假座新新舞臺

開演從來未有之中國影戲

亞西亞影戲公司佈告

特色(一)淞滬戰事

(槍炮之猛烈)(兵艦之助戰)

(百姓之逃難)(租界之防兵)

(製造局攻守)(軍官之宵影)

(民房店舖之延燒)(流彈之傷人)

(紅會之救護)(吳淞之戰圖)

特色(二)改良新劇

(難夫難妻)(滑稽新劇)

(三暎案)(風流和尚)

(橫衝直撞)(賭徒裝死)

價目　日戲　夜戲

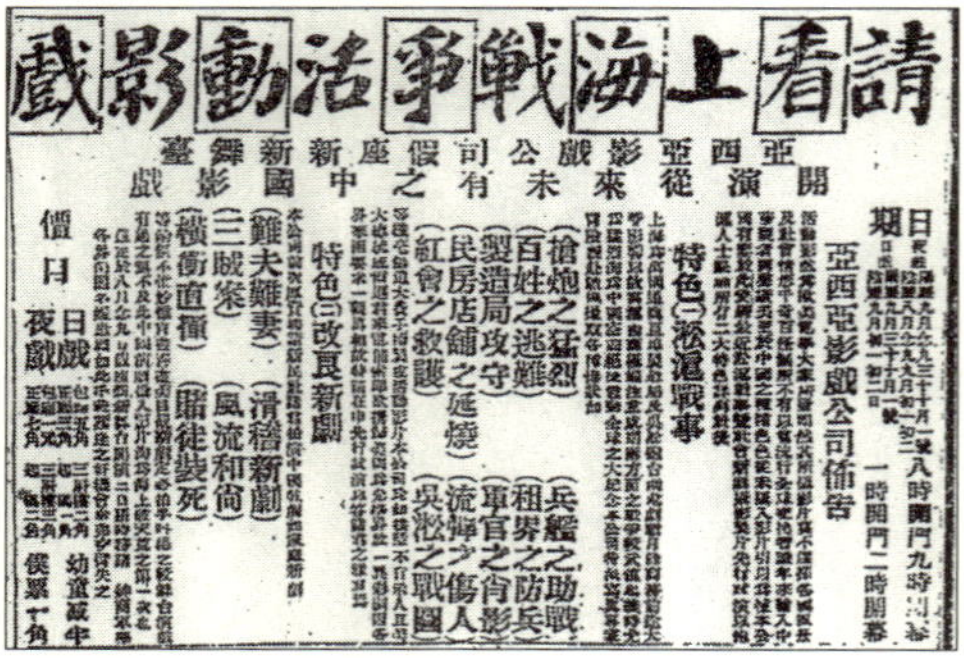

請看上海戰爭活動影戲

亞西亞影戲公司假座新新舞臺

開演從來未有之中國影戲

亞西亞影戲公司佈告

特色(一)淞滬戰事

(槍炮之猛烈)(兵艦之助戰)

(百姓之逃難)(租界之防兵)

(製造局攻守)(軍官之宵影)

(民房店舖之延燒)(流彈之傷人)

(紅會之救護)(吳淞之戰圖)

特色(二)改良新劇

(難夫難妻)(滑稽新劇)

(三暎案)(風流和尚)

(橫衝直撞)(賭徒裝死)

價目　日戲　夜戲

（上）図像 120　『申報』1913 年 9 月 27 日広告
（下）図像 121　『時報』1913 年 9 月 29 日広告

は以下のとおり：「大砲の猛烈さ」「軍艦の助勢」「庶民の避難」「租界の防衛兵」「製造局の攻防」「軍人の肖像」「民家商店の焼失」「流れ弾の被害」「赤十字の救護」「呉淞の戦闘配置」等大金を投じて撮影した自製活動影片。本社としては至宝のフィルムなれどアメリカ大統領ウィルソン氏の求めに応じて渡米し光学界に異彩を放つ予定となり、一方各界の真相を知りたいとの求めにより、これに先んじ上海にて試演し、各方のお求めに応えんとする次第。

特色2改良新劇　本社では巨資を投じ新民社諸氏を特に招聘し、中国戯劇、以下の家庭新劇を演ずる次第。「難夫難妻（婚姻の災難）」「滑稽新劇」「三賊案（三人の盗賊）」「風流和尚（和尚の色事）」「横衝直撞（辺り一面ぶつかり放題）」「賭徒装死（死んだふりの博徒）」等真に迫り善美を極めるものばかり。これを見れば、拍手喝采間違いなし。舞台上演に比べ遜色なく、中国演劇がフィルムに収まることとなり、これは実に上海破天荒で初のこと。

八月二九日新新舞台にて三日間上映。なにとぞ各界軍人界ご婦人令嬢各位千載一遇の好機にご光臨くださり、この機会をお見逃しなきよう。

料金　昼の部：桟敷席五角一階席三角三階席二角最低一角。夜の部：桟敷席一元一階席七角三階席三角最低二角。小児半額、従者一角。」[28]

この広告からは、記録フィルムの淞滬戦闘の方により大きな価値を打ち出していることが見えるが、それはカメラマンとしても手腕を発揮したベンジャミン・ブロツキーが残した資産で、アメリカでの公開も決まっていたため新たに撮影した劇映画各本より評価が固いと踏んだからだと思われる。ブロツキーは、一九〇九年に亞西亞影戯公司を興し、『西太后』や『不幸児』『偸焼鶏（焼き鳥泥棒）』等を撮影した後、一九一二年に会社の名義、資産を「依什兒（イスラー？）」と「薩佛（サファー？）」に売却したとされている。[29]

一方、特色2で改良新劇とされるものは、中国国産映画の先駆と目される諸作だが、先の銭化佛が回想した諸品と比べて一致する題名は『難夫難妻（婚姻の災難）』だけで、後は異なる題名で示されている。『三賊案（三人の盗賊）』は、銭化佛が挙げる『打城隍（城隍廟であぶり出し）』のことであり、『風流和尚（和尚の色事）』は『五福臨門（五人和尚の色事）』を指し、『横衝直撞（辺り一面ぶつかり放題）』は『脚踏車闖禍（自転車騒動）』に当たることが照合推定できる。ただ一つ『賭徒装死（死んだふりの博徒）』だけは、銭化佛の記録から該当する作品を見出すことができない。

『中国電影発展史』では、『難夫難妻』撮影後、張石川と意見が合わず鄭正秋は亞西亞影戯公司を離れ、以降張石川が一人で以下の作品を撮影したと記すが、そこには『賭徒装死』も収まっている。『中国電影発展史』が亞西亞影戯公司撮影

の作品として掲げるのは、『難夫難妻』以外では次の作品だ。⑴『活無常』（二巻）⑵『五福臨門（別名『風流和尚』）』（二巻）⑶『二百五白相城隍廟』⑷『一夜不安』⑸『殺子報（別名『家庭血』）』⑹『店伙失票』⑺『脚踏車闖禍（別名『横衝直撞』）』（一巻）⑻『打城隍（別名『三賊案』）』⑼『老少易妻』⑽『賭徒装死（別名『死人偸洋錢』）』⑾『新茶花』（四巻）⑿『荘子劈棺』（一巻）⒀『長板坡』⒁『祭長江』⒂『貪官榮歸』⒃『瞎子捉奸』[30]。

『中国電影発展史』では、銭化佛の回想にはない⑼⑽⑾⑿⒀⒁が加えられて一七本となっているが、「査對一些材料的結果（いくつかの資料を照合した結果）」とだけ記され、その依拠する史料は明示されない[31]。

この興行で会場となった新新舞台は、九江路（二馬路）と湖北路の東北角に、一九一二（民国二）年に開場した劇場で、上海初の遊技場樓外樓がこの屋上に開設されていた。その発起人として、後に新世界や大世界を設立する黄楚九や經潤三、孫玉聲などがいたが[32]、この中經潤三が張石川とは親戚関係（母方のおじ）に当たることから、その縁で借用にいたったものと推測できる。上海初の洋式劇場として南市十六舗（現中山東二路）に一九〇七（光緒三三）年に開業した新舞台は、夏月珊、月潤の夏氏兄弟や潘月樵らが京劇革新、上海京劇を生み出す拠点となったが、これの向こうを張るように新式劇場として開幕したのが新新舞台だった。開幕のその日から、京劇と当時隆盛途上の文明新戯を同一番組として組み入れるなど（前半を京劇、後半を文明新戯）、斬新な劇場運営を行ったといわれるが[33]、文明新戯の劇場とだけ限定できるほど文明新戯一辺倒だったわけではない[34]。その後、新舞台が十六舗から九畝地（第三章第三節⑶項参照）に移った後、一九一四（民国三）年に新新舞台に合流するなど、上海京劇（海派）界とも連なっていた。現地は、現在復興営業するデパート永安公司の西南角周辺に当たる。

興行広告に戻ると、この中の『難夫難妻（婚姻の災難）』は、その後明星影片公司の重鎮となり、張石川とともに初期の同社を支えた鄭正秋が脚本をまとめたもので、これは本人の回想記[35]からも裏付けが得られるもので、『中国電影発展史』などもこれをもって中国国産劇映画の実質的嚆矢と位置付ける。中国伝統の結婚式で、婚礼の時になって初めて相手の顔を見た新郎新婦が、これも中国伝統の風習である「鬧房〈新婚最初の晩に友人親戚がその部屋へ押しかけ大騒ぎする〉」に難渋させられる筋立てで、鄭正秋も「社会諷刺劇[36]」と称するところからシリアスなストーリーを想定しがちだ。だが、これはその他と同様コメディーだったと推定すべきではないだろうか。『中国電影発展史』では、「旧民主主義革命の時期にあって、鄭正秋が当時からすれば進歩的意義を備えた資産階級民主主義の思想から出発して、一組の青年男女が封建的売買婚制度の下で味わう不幸を通じて、諷刺的筆致で封建的婚姻制度の不合理を攻撃できたとするなら、より一層珍重なものと見る価値がある」[37]と革命思想的意義から高い評価を与える。だが、『中国電影発展史』ではこれを四巻ものと認定するが、その長さといい、四巻もののシリアス・ドラマを編み撮影する力が、初めて撮影に従事した鄭正秋と張石川たちにあったのか大いに疑問とせざるを得ない。

(2) 亞西亞影戯公司言説の真相

第一節の豊泰照相館言説のところで、その撮影が存在しないものとの論証を繰り広げた黄德泉は、亞西亞影戯公司についても「亞西亞中国活動影戯之真相」[38]を著していて、『中国電影発展史』の亞西亞影戯公司に関する記述の不整合、事実誤認への糾弾を行う。そのいちいちはここでさらに追認するまでもなく、黄德泉の論証に尽くされていて、説得力を持つ指摘が多い。たとえば、『難夫難妻』を四巻とする『中国電影発展史』は、その後一九二三年に香港でリメイクされたものと混同しているとの指摘は首肯できるし、会社設立の経緯やその人物に関する記述は鄭君里の「現代中国電影史略」[39]と程樹仁「中華影業史」からの引き写しであり独自性はないとの指摘も、その原書と照合すれば明らかとなる。また、一九一四年七月一日発行の『新劇雑誌』掲載の王瘦月による「中国最新活動影戯段落史」に紹介される以下の一六作品から、亞西亞影戯公司の撮影作品を確定している点も注目される。

(1) 難夫難妻 (2)滑稽偵探 (3)老少易妻 (4)三賊案 (5)滑稽愛情 (6)風流和尚 (7)賭徒裝死 (8)亞西亞之新劇活無常 (9)横冲直撞 (10)熊嚇人 (11)慧兒 (12)救女得妻 (13)頑僕戯主 (14)滑稽決鬬 (15)孤兒恨 (16)苦力人發横財。

これを『中国電影発展史』が掲げる一七本、また銭化佛が回想する一〇本と比較対照すると、大幅な異同があることが判明する。これらの細部の考証については、「亞西亞中国活動影戯之真相」その他の研究に譲ることとし、ここでは、亞西亞影戯公司がその後これらの作品をどう放映し、また亞西亞影戯公司自体がどのように推移したかを確認することにしたい。注目するのは、一九一三年一〇月末に『申報』に掲載された歌舞台での以下の上映広告だ。

図像122と123は、画像と縁取りが加わる以外本文は同文で、以下のとおり告知する。

「仏租界歌舞台の中国活動影戯をご覧あれ　亞西亞影戯公司が開設以来撮影の中国時事フィルムは数百種を下らぬほど。奇々怪々にしてないものはないほど。以前新新舞台にて三日間試演したところ、たとえば製造局の攻防及び滑稽新劇等は大好評を博す。その上映期間があまりに短期間だったため、上映できなかった良品が十分の八ほど未公開に終わった次第。中国西洋の各界皆さまから、ご覧いただけず残念との声を各所よりお手紙でいただくほど。そこで本社は、この声にお応えすべく今般特に仏租界歌舞台にて影戯会社を発起した次第。陽暦一一月一日夜、すなわち土曜日より日夜上映。次々新作新着フィルムを増加し連日フィルム入替えの予定。その目新しさは他に比べようがなく、上海のお客様の目を楽しませ、中国西洋各界の皆さま、ご婦人ご令嬢皆さま、どうぞお誘い合わせの上ご来観いただければ本社は格別のおもてなしをいたします。開幕時刻昼の部二時一五分より、夜の部九時一五分より。料金昼の部桟敷席五角、一階席三角、三階席一角。夜の部桟敷席六角、一階席四角、三階席二角。児童従者半額。[40]」

（右）図像122　10月30日
（左）図像123　10月31日

歌舞台は、一九一〇年一一月仏租界吉祥街（現延安東路と江西南路東南角）に開業した劇場で、もとは京劇を主としたが営業はあまり振るわず、一九一三年からは男女合演に踏み切るなどしたが、一九一四年頃から当時徐々に隆盛していた文明新戯劇団の開明社や民興社、民鳴社などの定番小屋となっていた。[41]また、この後一九一六年からは法蘭西影戯院、法界影戯院として映画放映劇場に転身して行くが、この当時はまだ歌舞台として京劇を主とした営業だった。

この歌舞台で亞西亞影戯公司は、その後一一月二五日まで自製（国産）映画の放映興行を行ったことが確認できるが、その放映作品は、「次々新作新着フィルムを増加し連日フィルム入替え」と口上にいうほどには広告に反映されておらず、ずっと図像124に見える作品ばかりの広告だ。一〇日経った一一月一一日から図像125のとおり「今日更換新片[42]（本日新フィルム入替え）」と広告するが、どのフィルムに差替えられたのか具体的には示さぬまま月末までいたる。したがって、広告に掲げられた作品名として確認できるのは、初日に示された作品、すなわち『難夫難妻』『横衝直撞』『製造局戰事』『老少易妻』『活無常』の五作品のみだ（後述のとおりその後さらに数本の上映が確認できる）。これを新新舞台での「試演」の際に広告された作品と対照すると、『風流和尚』と『三賊案』『賭徒裝死』が削除され、『活無常』と『老少易妻』が差替えられた形だ。『難夫難妻』と『製造局戰事』は、新新舞台だけでなくその後の歌舞台でも引き続き放映され、当時からすでに重点作品として扱われていたと推測される。

亞西亞影戲公司の作品放映は、すでに見た銭化佛の回想、黄德泉が発掘した「中国最新活動影戲段落史」、従来定説をなしていた『中国電影発展史』、そして新聞広告に掲げられる実際の上演の中、新新舞台での「試演」でのものとその後歌舞台で上映の際に掲げられた作品とが錯綜し、相当数の出入りが見られる。そこで、確認のためこれを整理すると表12のようにまとめることができる。

この表12から明らかなとおり、『難夫難妻』はすべてのソースで名が挙がり、史料と同時代者による証言の双方から裏付けが取れることにより、こ

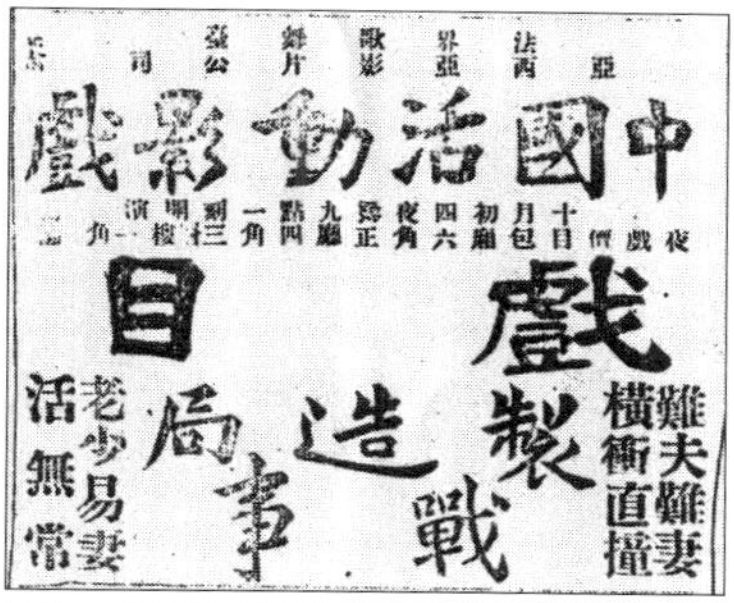

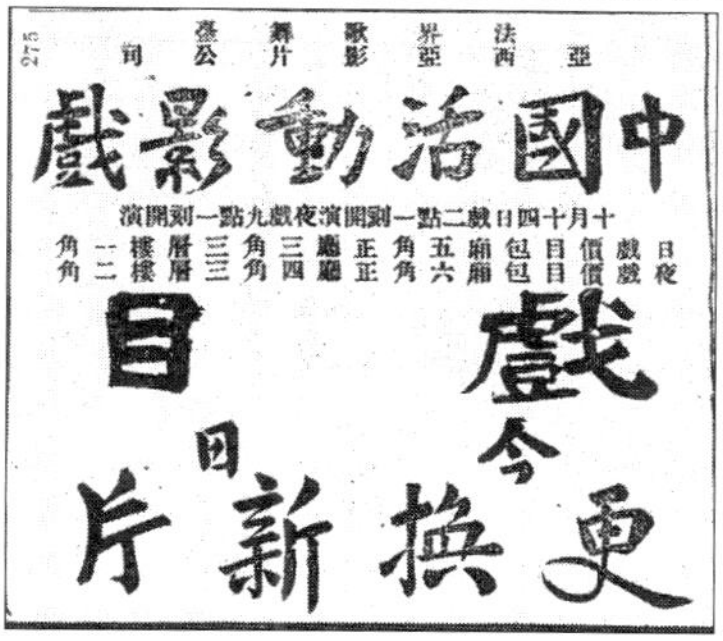

(上) 図像124　11月1日
(下) 図像125　11月11日

表12　亞西亞影戲公司放映作品対照

	A．銭化佛回想	B．活動影戲段落史	C．電影発展史	D．新新舞台	E．歌舞台
1	難夫難妻	難夫難妻	難夫難妻	難夫難妻	難夫難妻
2	活無常	亞西亞之新劇活無常	活無常		活無常
3	五福臨門（風流和尚）	風流和尚	五福臨門（風流和尚）	風流和尚	
4	殺子報	孤兒恨？	殺子報（家庭血）		*殺子報*[43]
5	店伙失票	苦力人發橫財？	店伙失票		
6	脚踏車闖禍（横衝直撞）	横冲直撞	脚踏車闖禍（横衝直撞）	横衝直撞	横衝直撞
7	打城隍（三賊案）	三賊案	打城隍（三賊案）	三賊案	
8	瞎子捉奸	滑稽偵探	瞎子捉奸		
9		老少易妻	老少易妻		老少易妻
10	二百五游城隍廟	滑稽愛情	二百五白相城隍廟	*製造局戰事*	*製造局戰事*
11		賭徒裝死	賭徒裝死（死人偸洋錢）	賭徒裝死	
12	一夜不安		一夜不安		
13		熊嚇人	新茶花		
14		慧兒	莊子劈棺		
15		救女得妻	長板坡		
16		頑僕戲主	祭長江		
17		滑稽決鬬	貪官榮歸		

れは間違いなく放映されたと信じてよさそうだ。また、『中国電影発展史』がその多くを銭化佛の回想に依存していることも明らかで、「中国最新活動影戯段落史」が掲げる作品も、一〇作品ほどはおおむね銭化佛の回想と一致する。こうしてみると、銭化佛が残した作品情報は、意外なほど大きな位置を占めていることが分かる。ただし、これらの証言資料は証言にすぎず、裏付けがある証拠とはいいかねる。

　黄徳泉が絶対的信を置く「中国最新活動影戯段落史」が掲げる作品にしても、実際の放映に基づくとしても、これも王瘦月の証言であり傍証というべきものだ。史料として確認できるところでは、新新舞台で放映されたものと歌舞台で放映された諸作品、そしてその後文明新戯劇団の新民社、民鳴社の公演に附帯して放映された作品があるに過ぎない。すなわち、『難夫難妻』『風流和尚』『横衝直撞』『三賊案』『賭徒装死』『活無常』『老少易妻』、さらに一二月に上映された『殺子報』[44]（図像126、127参照）、そして『製造局戦事』他の記録フィルムがそれだ。しかし、第一次史料から確認できる作品が、記録フィルムとコメディ作品七本と『殺子報』一本にすぎないとしても、亜西亜影戯公司が国産映画を世に生み出したことは紛れもない事実であることが確認でき、これだけ証拠が揃えばむしろ十分といえるだろう。

(3) 亜西亜影戯公司頓挫の本質

　さて、こうして中国国産映画は出発した。この亜西亜影戯公司を中国国産映画撮影の先駆とすることに異論を差し挟む余地はないし、事実として確かな証拠により裏付けがなされていることは以上に見たとおりだ。しかし、この亜西亜影戯公司が、その後いつまで営業を続けたのか、口上にいう「数百種を下らぬ」撮影の中国時事フィルムと「十分の八ほど未公開に終わった」作品はどこへいったのか、

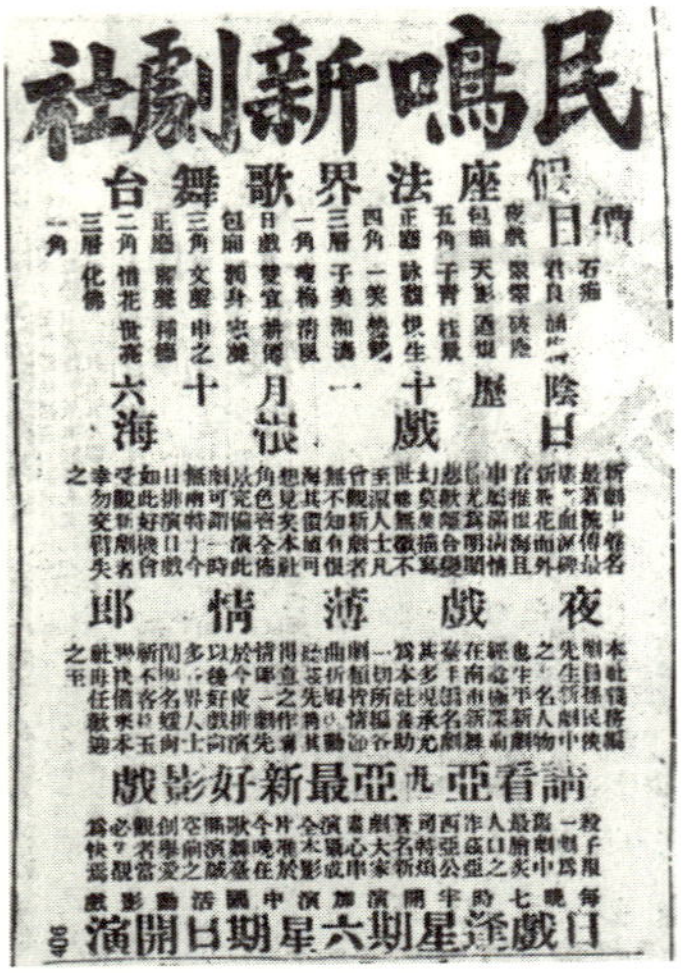

図像126　1913年12月13日

図像127　1914年5月14日

未解明な点が多い。『中国電影発展史』は、「一九一四年第一次世界大戦が勃発すると、ドイツからのフィルム供給が途絶え、亞西亞影戲公司もこうして終焉を迎えた」[45]と、戦乱にこと寄せて、後はいうまでもないとの口吻で史実の究明を疎かにしている。

確かに、第一次世界大戦前まではフランスパテ社が、生フィルムの生産も含めて映画器材の製造販売を行っており、これを供給することが大きな事業の柱でもあった。そのパテ社の工場が第一次世界大戦開始とともに軍需工場に転換されるなど、映画産業に大きな皺寄せがもたらされたことは、すでに第四章第二節(3)項でも見たとおりで、上海への映画供給も大きな停滞を来したことは事実だ。だが、亞西亞影戲公司が使用した生フィルムがドイツ製だったとする根拠はどこにあるのだろうか。ドイツ製としては、この当時Agfa社がフィルム生産を行っていたが、それが上海にもたらされ、亞西亞影戲公司がその生フィルムを使用していた証拠を得ることはできないのだ。

黄德泉の「亞西亞中国活動影戲之真相」では、一九一三年九月の試演に始まった亞西亞影戲公司の作品放映は、その後「亞西亞影片公司」との配給会社を別に設け、文明新戲劇団の新民社、民鳴社の公演と組み合わせて一九一五年半ばまで続いたと論証する。[46]だが、亞西亞影戲公司（あるいは影片公司）が、いつまで続き、どのような経緯で解散にいたるのかについては関心が薄い。『中国電影発展史』は、亞西亞影戲公司の解散はドイツ製生フィルムの途絶が主要な原因とみなすが、これがはたして映画撮影と放映を分社化した中国初の映画会社が解散する理由となるかは疑わしい。なぜならば、まずはドイツ製フィルムを使用していた証拠が見出せず、またフランスパテ社製のフィルムを使っていたとすれば、その供給が途絶えるのは一九一五年以降になってからのはずだからだ。次に、放映部門が分社化されていたのであれば、すでに撮影製作されたフィルムを放映、ないしは配給することで業務は続けられたはずなのに、そうしなかったのは、フィルム供給以外に理由があると考えざるを得ないからだ。

亞西亞影戲公司が長続きできなかったのは、実はこうした生フィルム供給の途絶よりも、活動影戲放映興行の方式においてすでに出遅れていたこと、そしてもう一点としては撮影された作品そのものの質が十分な集客力を備えるものでなかったこと、さらに放映作品がしばらく収益を上げられない間、それを持ちこたえるだけの資金力を備えていなかった、この三点によると見る方が妥当だろう。すでに見たとおり、一九一三年九月末に試演を行い、一〇月末からは歌舞台で興行を行った。だが、その歌舞台での興行は、確かに映画だけで番組を組み、毎日広告を新聞紙上に掲載していて、この年新たな興行方式を打ち出して上海活動影戲興行界に新風を吹き込んだ東京活動影戲園（第三章第二節参照）と同様の方式を採つたように見える。だが、前掲図像124と125から明らかなとおり、一一月一日から二五日までの興行の間、放映作品が告知されたのは当初の一〇日間だけで、それ以降は「本日新フィルム入替え」と示すだけで、その当日何が放映されるのかまったく明らかにしていない。しかも、東京活動影戯園とは異なり、定期的な入替えのサイクルも確立しておらず、興行宣伝方式としては相当見劣りするものに映る。すでに半年以上前の一九一三年五月から、東京活動影戯園では毎日放映作品を掲げ、活動影戯のみによって番組を構成する、定期的にフィルムを入替えるという方式を打ち出していた。さらに、放映作品の「記名性」にも配慮し、ベベシリーズであれ、トントリーニであれ、マックス・ランデであれ、そのキャラクターによる作品イメージによって観客に対する訴求力を積み上げていった。これに対して、亞西亞影戯公司（または影片公司）の興行方式は、「活動影戯」としか広告しなかった一時代前の興行方式と変わりなく、観客にしてみれば新鮮みが乏しかったに違いない。

図像128　1914年6月17日

次に作品そのものの質の問題だ。亞西亞影戯公司（もしくは影片公司）は、一九一三年一一月末までの歌舞台興行以降、図像126、127、128（覚民社興行広告には具体的な映画作品名は明示されない）に見えるとおり、民鳴社や覚民社等の文明新戯劇団と組む形で作品放映を行っていき、その動きは翌年一九一四年の夏まで続く。黄徳泉の「亞西亞中国活動影戯之真相」では、この合併上映の中で、都合三六本が放映されたことが確認できるとする。だが、その放映方式そのものが物語るとおり、活動影戯のみで番組を組む方式とは異なり、他のアトラクションとの組み合わせで放映を行う一時代前の方式に逆戻りしているのだ。そのことは、別の面から見れば、活動影戯のみで番組を組むに耐える作品が乏しかった、活動影戯だけでは客を呼べなかったことを物語るともいえるはずだ。

銭化佛の回想では、亞西亞影戯公司が撮影した作品は評判が良く、観客に受け入れられて業績は好調だったとするが、その主たる観客層は「南洋群島」の華僑だったとも述べており、[47] これは裏を返せば、外国映画で眼が肥えた上海の観客には、あまり魅力的な作品とは映らなかったということではなかろうか。

第三の資金力の面は、次章で見る明星影片公司が、まず資金の確保のために株式公募から着手していることから見ても、亞西亞影戯公司では中軸であり、明星でも枢要な地位を占めた鄭正秋と張石川の反省が込められた措置と理解することができるのではないか。

すでに第三章及び第四章で見たとおり、第一次世界大戦前の一九一〇年代前半には、フランス映画、イタリア映画が上海の映画放映事業の中で大きな地歩を占めており、中国国産映画は誕生したその時からすでに強大なライバルに取り囲まれ、これを向こうに回して活路を開かねばならなかった。そのライバルを前にして、亞西亞影戯公司の国産映画は、残念ながら十分に力を発揮して生き残ることができなかった、これがその頓挫の本質といわざるを得ない。

第三節　商務印書館活動影片部設立と二〇年代初頭の国産映画

(1)　商務印書館の映画製作参入

次に、亞西亞影戯公司に続く国産映画製作胎動の過程を見ておこう。まずは第一次世界大戦終結間際の一九一七年に設立した商務印書館活動影片部だ。この商務印書館影片部に関しても、黄德泉が「上海商務印書館之電影事業」[48]として詳細な考証を進めており、ここでもその研究成果を参照しつつ実像を追うこととする。

商務印書館は、そもそもは一八九七年に夏瑞芳らが中心となって設立した中国を代表する近代的出版社で、その後一九〇一年からは開明派官僚の張元済（一八六七～一九五九）らが中心となり、海外の近代思想、文化を採り入れ普及する役割を担った。小中学校の教科書から辞書類、さらには近代思想名著の翻訳出版、現代文学作品の出版、『小説月報』『東方雑誌』等近現代文化推進の論壇形成にも貢献していた。その事業分野は多岐にわたり、一九一四年からは教材提供の一環としてスライド製作販売も手がけていたが、黄德泉も指摘するとおり、こうした事業展開が国産映画の試行を進める上での基盤となったのは間違いなかろう。多くの言説が、一九一七年の秋に米国人から撮影機材を格安で入手できたことが契機となり、突然降って湧いたかのごとく影片部が立ち上げられたと見なすが、[49]実態はそれほど伝奇的な偶然性に彩られたものではなく、むしろ業務拡大が行き着く必然の結果として取り組まれたと見るべきだろう。

商務印書館の映画製作は、一九一七年二月の映画製作着手決定に始まり、一九二六年組織を再編し映画事業部を国光影片公司に引継ぎ、これが一九二七年三月に整理解散されるまでの一〇年間の期間にわたる。この一〇年間は、黄德泉によれば、さらに一九二〇年七月一五日の商務印書館活動影片部成立までの草創期、その後一九二五年一二月八日に同影片部が分離整理されるまでの第二期、そして一九二六年一月一日に国光影片公司として分離独立して以来これが廃止される一九二七年三月一九日までの第三期の三つの時期に分けられるという。[50] その最初の撮影作品は、一九一九年始めに上海で行われたアヘン焼却活動を記録した『焚土』と題する記録フィルムという。[51] 続いて、同年五月に、派遣されて欧米映画事業を視察して帰国した鮑慶甲（その帰国年は一九一七年と一八年の二説に分かれる）を浙江杭州に派遣して撮影した『蚕織』という。こうして記録映画の撮影を手始めに映画撮影に参入した商務印書館は、活動影片部が設立されるまでに、すでに一九二〇年五月には梅蘭芳の舞踊を収めた『天女散花』撮影にまで進んでいた。『天女散花』は、元々仏教説話によるものだが、梅蘭芳の優美な舞踊により京劇女形の芸風を刷新した新機軸の演出だった。これをフィルムに収めた商務印書館の『天女散花』も、黄德泉によれば公開以来好評を博し、年末まで『新聞報』等からその動静が確認できるという。[52]

一九二〇年七月に活動影片部が成立すると、商務印書館は設備投資に多くの経費を注ぎ、一九二二年九月頃までには、それまで所属していた商務印書館印刷所配下の写真（製版）部から独立して影片製造部となり、いよいよ映画製作に本腰を入れてゆく。だが、急速に映画製作に参入し、撮影作品も一気に増加したものの、すでに上海の活動影戯院で作品が毎

表 13　「商務印書館館所出影片之統計」所掲作品[53]

	題名	尺数	価格（元）
	（一）劇情影片		
1	天女散花	1,000	240
2	春香鬧學	1,000	240
3	死好賭	900	190
4	柴房女	900	200
5	兩難	900	195
6	李大少	1,000	226
7	車中盜	1,000	218
8	猛回頭	900	200
9	得頭彩	700	170
10	清虚夢	800	175
11	呆徒捉賊	2 本	未詳
12	孝婦羹	8 本	2,000

	題名	尺数	価格（元）
	（二）時事影片		
13	女子體育觀	1,000	180
14	盲童教育	1,000	190
15	養眞幼稚園	1,000	180
16	技擊大觀	1,000	195
17	東方六大學運動	600	108
18	約翰南洋比賽足球	600	108
19	軍艦下水	500	75
20	第五次遠東運動會	1,000	240
21	陸軍教練	1,000	240
22	霞飛元帥游上海	800	未詳

	題名	尺数	価格（元）
	（三）風景影片		
23	普陀風景	1,000	180
24	長江名勝	1,000	180
25	西湖風景上	1,000	180
26	西湖風景下	800	144
27	廬山風景	800	144
28	南京名勝	750	135
29	浙江潮	400	78
30	北京風景	1,000	200
31	濟南風景	800	150
32	泰山風景	1,000	200
33	曲阜風景	1,000	200
34	上海風景上	1,000	180
35	上海風景下	1,000	180

日放映されていたフランス、イタリア、そして第一次世界大戦中から急増したアメリカ映画に太刀打ちできるほどの水準には達していなかった。一九二三年五月一〇日の『申報』紙上に「商務印書館所出影片之統計」と題する記事が掲載されているが、これによれば商務印書館活動影片部は、すでに表13のとおり三五作品を撮影公開するにいたっていた。

この統計から分かるとおり、いずれも概ね一〇〇〇フィート前後の作品（時事影片は短めのものも含む）で、現在のフィルム扱いでは大体一巻ものとなり、一〇分程度の長さだ。ただし、この当時は四〇〇フィートものが主流だったので、二巻ものと数えた可能性は高い。価格は、記事の中で「售價」と記しているので売値のことを指すが、一本（二巻）の完全な売り渡し価格なのかどうかは不明だ。作品では、（一）に分類される「劇情影片」は、今風にいえば劇映画にあたるが、1の「天女散花」と2の「春香鬧學」は、いずれも梅蘭芳の京劇上演を収めたもので、厳密には舞台記録映画というべきだ。純粋に劇映画と呼べるものは、3の「死好賭」以降の一〇本となる。作品の内容については、あまり確かな情報はなく、人民共和国に入って以降の言説では、『中国電影発展史』を始めとして肯定的な評価がない。本章注49で触れた楊小仲の「憶商務印書館電影部」でも、11の『呆徒捉賊』を「低級趣味の滑稽片」と一蹴し、3の『死好賭』、4の『柴房女』、5の『兩難』、6の『李大少』、8の『猛回頭』を「やや警世的意義のある教育片」として分類するが[54]、実際の内容はなお明らかではない。

(2) 撮影作品の評定

ただ、ここで掲げた「商務印書館所出影片之統計」記事自体も、商務印書館製作の映画に対しては、芳しい評価を与えていない。記事は、次のように述べる。

「商務印書館が活動影戯を撮影して以来、時事風景教育に偏重するばかりなので、世間でこれを知る者は少なく、その滑稽作品でもストーリーの展開も俳優も輝きがなく、多くの人の注目を集めるにはいたらない。近年の作品である『孝婦羹』『呆徒捉賊』等でさえ、上海の規模の小さな映画館で数回放映されはしたが、それでも観客からは多くの不満が出ている。作品中に挿入が多すぎて映画の原理と合致しないとか、たとえば長旅に出る際、衣装箱を開けて衣類を揃えた後、さらに時間を費やして脚絆を巻き始めるなど、みな不合理そのものだ。思うに、無駄な延長であり、いたずらにフィルムを消費しているのみだ。[55]」

また、黄德泉が『新聞報』で評判となったことが確認できるとする『天女散花』も、決して芳しい評価ではない。一九二〇年に中国初の映画雑誌として誕生した『影戯雑誌』（中

表14　中国国産映画放映軌跡1（『申報』掲載上映広告による）

始期	終期	作品名	放映館	備考
1921				
9.22 四	9.25 日	兩難 (1919 商務)	新愛倫影戲院	猛回頭＋春香鬧學＋卓別林と併映
9.22 四	9.25 日	猛回頭 (1921 商務)	新愛倫影戲院	兩難＋春香鬧學＋卓別林と併映
9.22 四	9.25 日	春香鬧學 (1920 商務)	新愛倫影戲院	兩難＋猛回頭＋卓別林と併映
9.29 四	10.5 三	閻瑞生謀害蓮英	新愛倫影戲院	1本立て
10.6 四	10.9 日	車中盗 (1920 商務)	新愛倫影戲院	盲人黨と併映
11.14 一	11.16 三	天女散花 (1920 商務)	共和影戲院	柴房女＋滑稽2本と併映
11.14 一	11.16 三	柴房女 (1921 商務)	共和影戲院	天女散花＋滑稽2本と併映
11.24 四	11.27 日	柴房女 (1921 商務)	新愛倫影戲院	弱女復仇と併映
11.28 二	11.30 三	死好賭 (1921 商務)	新愛倫影戲院	九劍俠＋卓別林と併映
12.1 四	12.4 日	李大少 (1921 商務)	新愛倫影戲院	神勇孝子1,2集と併映

國影戲研究會）の第一巻第一号[56]に掲載された管大による「中國影戲談」では、手厳しい批判が加えられている。

「今年〈一九二〇年〉商務印書館は、梅蘭芳上海来演の際にその著名な芝居を数齣撮影した。そこには、天女散花や春香鬧學等が含まれる。梅蘭芳の芝居自体は、ここでとやかく論じない。しかし天女散花は、もともと舞踊と歌曲がともに重要な位置を占める作品だ。これを活動影戲に撮影したとしても、せいぜい芝居の精髄の半分を得るのみだ。しかも、花を散らす場面で、カメラの追従が遅く踊りの動作が極めて速いため、芝居を知らぬ者には時代劇の扮装をした美女が発狂したかのようにしか見えず、その美を伝えることにならず甚だ遺憾だ。春香鬧學では、芝居の立場からすると、決して影戲と考えてはいけない代物だ。もし撮影するならば、これに挿話や物語の挿入が必要だ。しかもこの芝居の価値は、女形が演ずる滑稽劇の映画化というにすぎず、文芸的価値をいうには当たらない。撮影者が、なぜこの春香鬧學を素材としたのか理由が分からないのだ。これゆえ、商務印書館による中国影戲は、梅蘭芳を見たことがない者及び梅蘭芳信奉者に仰ぎ見る対象を提供するにすぎず、中国影戲の輝きといえるものではない。[57]」

「中国影戲の光」どころか、梅蘭芳という一九一〇年代後半に中国演劇界が獲得した新しいスターの精華を写し取ることさえできず、歌曲を盛り込むことができないのはやむを得ないとしても、「芝居を知らぬ者には時代劇の扮装をした美女が発狂したかのようにしか見えず」なのでは、失敗作としかいえないありさまだ。中国的特性を発揮させるべく梅蘭芳の絶技に飛びついたのだろうが、映画の技法、作品構成の基礎についても未熟さが露呈してしまい、管大が指摘するところからは、カットバックによって春香鬧學がいたずらする底意を解き明かすなどの技倆も未習得のままだったことが分かる。春香鬧學は、もとは『牡丹亭還魂記』の一プロットで、花嫁修業として家庭教師の陳最良に学問を習う杜麗娘が主人公で、その侍女が春香だ。そしてこの侍女が、陳最良との仲を取り持つべく花園に誘い出そうとあれこれ仕掛けるのが「春香鬧學」の一節だ。侍女役の軽快でありつつ機知に富んだ仕草を、絶妙な身のこなしで演じてみせるのが妙味であったはずだが、それが十分伝わる撮影ではなかったというのだ。

最初期の『天女散花』と『春香鬧學』が、手始めのため不手際が多かっただけなのかというと、その後の最新作『孝婦羹』『呆徒捉賊』でも、「商務印書館館所出影片之統計」の記事が指摘するとおり、カットとカットの繋ぎが稚拙で、ストーリー展開を損なってしまっている始末だ。さらには、無駄な展開、挿話が多く「思うに、無駄な延長であり、いたずらにフィルムを消費しているのみだ」と酷評されるほどで、映画製作としては行く末が案じられる状態といわざるを得ない。

これら商務印書館製作の作品が、上海の一般の上映館にかかるのは、表14の通り一九二一年下半期以降のことだ。亞西亞影戲公司の作品は、その俳優の供給元だった民鳴社等文明新戲劇団の公演と抱き合わせで付随的に放映されていたことが見えたが、商務印書館の映画は、こうした特定の劇場との関係を持っていたわけではないので、一九二一年の下半期が作品放映開始時期の上限と見るしかない。資本から製作者、俳優まで含んで純国産といえる映画は、一九二一年の秋から観客の前に登場することとなったのだ。

(3) 教育主義の枠組み

こうして一九二〇年代に入って、商務印書館の映画製作並びに放映は始まったが、その船出は甚だ頼りなく、足元が覚束ない製作だった。これに比し、その機器設備は相当の水準のものを備えたようで、一九二三年一月九日『申報』の報道[58]によれば、ガラス張りのスタジオに加えて、撮影機ではドイツ製のIca(イカ/International Camera Aktiengeselshaft)と米国製Powers(Nicholas Powerが開発した映写機Powers Cameragraph projectorsが知られる)の撮影機と映写機を、現像機器では米国Bell & Howell(ベル・ハウエル)を備えていたという。

こうした優れた設備と器材を擁しながら、作劇法、シネマトグラフィーは未熟なまま満足な作品を撮影できないでいた。この事情は、楊小仲が回想記の中で述べるとおり[59]、社内でも認識が共有されていた。そこでこの両者の懸隔を埋めるため、商務印書館は二つの方策を採ることにする。一つが映画撮影及び現像編輯処理の「請負い」で、もう一つがシナリオ公募による脚本作成の強化だった。前者は設備投資の有効活用であるとともに技術的習熟の機会を設けることになり、後者は演劇界を含めて広く作劇法を吸収習得する機会を得るもののはずだった。

前者の「請負い」撮影は、実はすでに一九二〇年初めから打ち出されており、商務印書館活動影片部の隠れた収益源でさえあった。

　商務印書館は、一九二〇年には中国初の映画雑誌『影戯雑誌』に広告[60]（図像129）を掲載し、「中国自製的活動影戯出現了（中国国産映画現る）」と国産映画の誕生を高らかに謳ったが、その広告の中でもすでに「ご家族の嘉宴、会社組織のご宴席、新式劇場にも適用可」「撮影上映請負いもご希望どおり引受け。遠方での上演の際は事前にご相談を」と告知している。ここでの想定は「嘉宴」や「宴席」での余興に供する出前上映の方にありそうだが、それでもそれらの催しを「代撮」すると申し出ていることにも注目する必要がある。自製映画だけでは設備機器を十分稼働しきれないため、言い換えれば設備に余裕があるため、これを活用して個別記録撮影の用命に応じる方針を採ったと理解できるからだ。

図像129　影戯雑誌広告

　しかし、楊小仲の先の回想によれば、自社で撮影するものには及ばないものの、数ヵ月分の支出に匹敵し、これで大きな利潤を上げることができたそうで、事業収益としては十分採算が取れるものだった。また、一九二一年に中国影戯研究社が製作した『閻瑞生』と、一九二二年五月に新亜影片公司名義で製作された『紅粉骷髏』も、こうした事情で同じく商務印書館活動影片部に所属した任彭年とともに楊小仲が、いわば人員派遣の形でそれぞれ脚本と監督を担当したという[61]。自社で脚本から撮影制作までを行うのではなく、他の映画会社（にわか仕立ての組織にすぎないとしても）のために脚本を書き、撮影し、なおかつ現像編輯製作一切を代行しているのでは、商務印書館活動影片部の存在意義が問われかねないが、自製作品が満足いくように製作されない状態では「請負い」も次善策としてやむを得なかったはずだ。

　ところがその後、商務印書館の「請負い」方針はより一層明瞭になる。『電影雑誌』一九二四年第一巻二号に掲げた広告[62]（図像130）からは、自ら撮影するだけでなく、映画撮影の請負い及び代行を大幅に売り込むにいたる。

「主旨・沈信卿〈沈恩孚〉先生が、本誌第一号でいわく「我らは映画の内容を識別すべきだ。国民の善良さを引き出せるか、一般社会の俗悪なる風俗を矯正できるかの点だ。それができるなら、映画を借りて教育の一大助手となすべきだ」と。弊館の映画の価値についての認識は、まさに沈先生と一致する。弊館が映画を製作する主旨も、まさにこの一点にある。しかも、弊館が映画を製作する主旨も、まさにこの一点にある。しかも、弊館が最も先んじている。概況：我が国の映画事業は、弊館が最も先んじている。当時は写真部内に附属するに過ぎなかったものの、現在では独立した一部署を構成し、大規模なスタジオを建て、最新の撮影機器を設置し、脚本、訓練、背景道具、演出監督、撮影各部をそれぞれ専門家により管理している。出品：本館の出品は、以下の四大類に分かれる。教育、社会、時事、風景の各部だ。すでに五〇作余りを出品し、最近では『大義滅親』『蓮花落』等を完成させた。これまで国内各地及び国外で上映し、いずれも観客に高く受け入れられている。さらに『好兄弟』も間もなく完成し、

図像 130　電影雑誌広告

近日中に上映の予定。撮影中のものに『患難交情』『母之心』そして『亂世鴛夢』がある。副業：弊館では、映画自製の他、他の映画会社に代わりネガフィルム製作も請負う。また各大会社の求めがあれば広告映画撮影、各界にて慶祝事に際し記念映画撮影の意向あればこれも請負う。この他、映写機も備え、自製映画とともに貸出しに応ずるので、ご予定の向きは前もってご相談を。」

ここでは『影戲雜誌』掲載の広告が「撮影上映請負いもご希望どおり」だったところから一歩進めて、「他の映画会社に代わりネガフィルム製作」を行うと言明しており、「広告映画撮影」や「記念映画撮影」どころではなく、まさに映画製作請負いのありさまだ。自前の撮影現像設備は備えたものの、それをフル稼働して自作撮影に邁進できるほど映画作りの方向性は定まっておらず、アイデアも乏しかったというところだろう。なおかつ、人材も十分ではなかったようだ。ここに、商務印書館活動影戲製作がまずもって直面する課題があったことは明らかだ。何でも好きな作品を、思いつくままに次々撮影できる環境ではなかったともいえそうだが、それをもたらしたのがもう一方の課題である映画作りの基本方針だ。

主旨に見えるとおり、映画は社会感化に役立たねばならないとの教育主義が色濃く打ち出されているのだ。なりふり構

わず撮影現像設備機器の有効活用を図る一方で、社会感化、社会教育の旗印を掲げて自社の映画製作の方向を枠組みに嵌め込もうとする。この制約は、商務印書館活動影片部では、早くから顕在化したジレンマのようで、先の楊小仲は次のように述懐している。

「商務印書館は教育の推進を看板としていたから、その附属組織である映画部も、当然その求めに合致していなければならない。そこで、それ以後の脚本は、外部からのものであれ内製のものであれ、編訳所長高夢旦の審査を経ることと決められた。しかし、映画の中で監督が占める重要さについてはまだ理解が及ばず、脚本さえ良ければ何も問題はないと思い込んでいたのだ。[63]」

だが、映画に対して教育的効果を求める声は、商務印書館ひとりに限るものではなく、当時の外国映画の対極として国産映画に強く求められた条件の最大のものでもあった。広告の「主旨」で言及する沈恩孚(一八六四〜一九四九)は、開明派の教育家であり、普通教育と社会教育の普及により中国を近代化させる方策を追求していた。この当時、すでに上海を取り巻く江蘇省の教育行政、社会教育運動の重鎮の立場にいた。まだ新興の芸能娯楽領域でしかない映画界を盛り立てようとする『影戯雑誌』では、この社会教育の重鎮から「平民教育」の推進に有効とのお墨付きをもらって後押しの一助にしようと目論んだのだろう。ここでの沈恩孚の論説も、現代の教育は平民教育が重要であり、そのために平民精神に富む映画にその役割を果たさせるべきとの主張だ。[64] そのためにも「国民の善良さを引き出せるか、一般社会の俗悪なる風俗を矯正できるかの点だ。それができるなら、映画を借りて教育の一大助手となすべきだ」と主張している。商務印書館は、この沈恩孚の主張に双手を挙げて賛同し、自らの映画製作の拠り所を再確認した格好だ。楊小仲が述懐するとおり、「教育の推進を看板」とする商務印書館の附属組織である活動影片部としては、これが大きな柱であるとともに、大きな足枷でもあったに違いない。

このことは裏を返せば、それだけ活動影戯の社会的地位が不安定で胡散臭い存在でしかなく、なおかつ当時の主流だった外国映画に対し、「風俗紊乱」「道徳頽廃」と目くじらをたてる倫理主義が跋扈していた証でもあるだろう。後述するとおり商務印書館内部でも、こうした教育主義は、映画製作の展開に向けた路線分岐の指標でもあった。

隣国日本においては、一九一一(明治四四)年一一月に公開された『ジゴマ』に影響され、さらにこれに続く模倣作品が横行したことにより、青少年に犯罪が増加したと目され、警視庁がジゴマものを一切禁映処分にするなどの挙に出たことがあった。[65] これに対して社会学の先駆者権田保之助が当時の少年院の入所者に対して聞き取り調査を行い、これに基づいて「活動写真の映画其の物が直ちに観衆の心に影響して、之が不良行為又は犯罪の原因となった事実は、未だ曾て一つも無かったという事に一致したのである」[66]と実証する動きまで現れた。これと時を同じくして、中国においてもこうした映画の犯罪助長風説が伝播し、映画即ち外国映画は、青少年を不良行為に導くとの観念が広まっていた。

中国新劇運動の先駆春柳社の一員だった李濤痕は、一九一九(民国/大正八)年、天津で発行した『春柳』に「論電影與新戲之於社會上關係」[67]と題する一文を掲げ、新劇の優位を唱える一方、映画の劣等性を糾している。この中で、映画の欠点として挙げるのは以下のとおりで、これは日本での『ジゴマ』騒動が念頭にあることは明らかだ。

「映画の欠点　一、青年子弟に良からぬ観念を生み出す：映画を観るものは、多くは青年たちだ。特に小学校児童が最も多い。窃盗、放火、詐欺等いずれも青年に益するところはない。かつて日本では、映画のため全国の不良少年が窃盗放火詐欺に走るもの日に日に増加する始末。その後警察が取締り、Z号【引者注：ジゴマ】映画をすべて焼却処分としたが、まさに善政というべきだ。二、無理解の者が多く出る。三、良い映画を選べない。四、映画を自製する会社がない。五、毎日フィルム入替えが難しい。」

かくして、社会全体で、映画に社会教育の役割を期待する風潮が生み出されていたとはいえ、商務印書館製作の活動影戯は、この社会教育に貢献する教育主義が足枷として災いしていたというより、その教育効果さえ十分に機能させることができなかったところに致命的欠陥があった。「商務印書館所出影片之統計」が評するとおり「滑稽作品でもストーリーの展開も俳優も輝きがなく、多くの人の注目を集めるにはいたらない」事態だった。楊小仲の回想でも語られるところだが、部長(経理)の張元済は、活動影片部の成果が不十分で、編訳所の審査を経てもその脚本は質が上がらないことに不満を抱いていた。特に活動影片部の責任者である陳春生と任彭年が撮る作品では他の新興映画会社に太刀打ちもできず、かといって教育効果の面でも何ら役に立つところがなく、商務印書館の名を汚すものだと感じてさえいた[68]というありさまだった。

(4) 脚本募集と商務印書館の彷徨い

こうした西洋映画に対する倫理的糾弾の風潮が社会的に醞醸されていた一九二〇年前後、国産映画に期待されるのは、中国的道徳に立脚し、青少年を善導する作品に他ならなかった。商務印書館は、もとより中国近代化の理想を目指し、高尚なる文芸を提供し、社会教育に資することに注力した出版社だった。そのため「商務印書館館所出影片之統計」が指摘するとおり、「時事風景教育に偏重するばかりなので、世間でこれを知る者は少なく、その滑稽作品でもストーリーの展開も俳優も輝きがな」いものしか撮影できていなかった。つまり、コメディにせよ恋愛ものにせよ、道徳的準則を踏み外すことが許されなかったのだろう。荒唐無稽なコメディも、ジゴマやファントマのように犯罪者が主役となるサスペンスも、財産を得るため女性を危難に陥れる連続活劇のような作品にも手を出すことはできない。こうした金縛り状態から脱するため、シナリオ公募に踏み切ったものと思われる。

シナリオ公募は、しかし商務印書館が最初ではなかった。次頁表15に見えるとおり、すでに上海では一九二一年に中国影戯研究社が成立し『閻瑞生』という実録ものが公開され、一九二二年一月二三日に上海影戯公司が結成され、画家と将来を誓いながら裕福な男性に惹かれて画家を裏切る女性の負心の物語である『海誓』が、同年五月には新亞影片公司が立ち上げられ、アメリカ連続活劇の模倣作『紅粉骷髏』が公開されていた。こうした映画会社が次々誕生する中、一九二二年七月九日から、中国影片製造股份有限公司が以下の脚本公募を懸賞付きで行っていたのだ（図像131）。商務印書館がシナリオ募集を行う二ヵ月半ほど前のことだ。商務印書館が求めるシナリオ募集とは大きな相違があり、これを比較対照することで、商務印書館活動影戯の抱える問題点が浮かび上がってくる。

まずは中国影片製造公司の懸賞付き脚本公募から見よう。これは、審査員の一人に名を連ねる洪深が執筆したとされるものだ。

「早速ながら、影戯は文明を伝える利器である。奥深い科学であれ、錯綜する物語であれ、過去の歴史であれ、悉く表し尽くすことができる。世に読書ができぬ者はいても、影戯を見ることができぬ者はいない。欧米と我が国は大きな海に隔てられ、ことばも大きく異なる。華人で西洋の語に通じる者は少なく、西洋人で華語に通じるはさらに少ない。それぞれの風習嗜好は互いに通ぜず、たまたま交流があっても互いに分かり合うことができず、国の交わりに影響すること大である。しかるに中国の書を読めぬ西洋人はいても、中国影戯を見ることができぬ西洋人は存せぬ。前

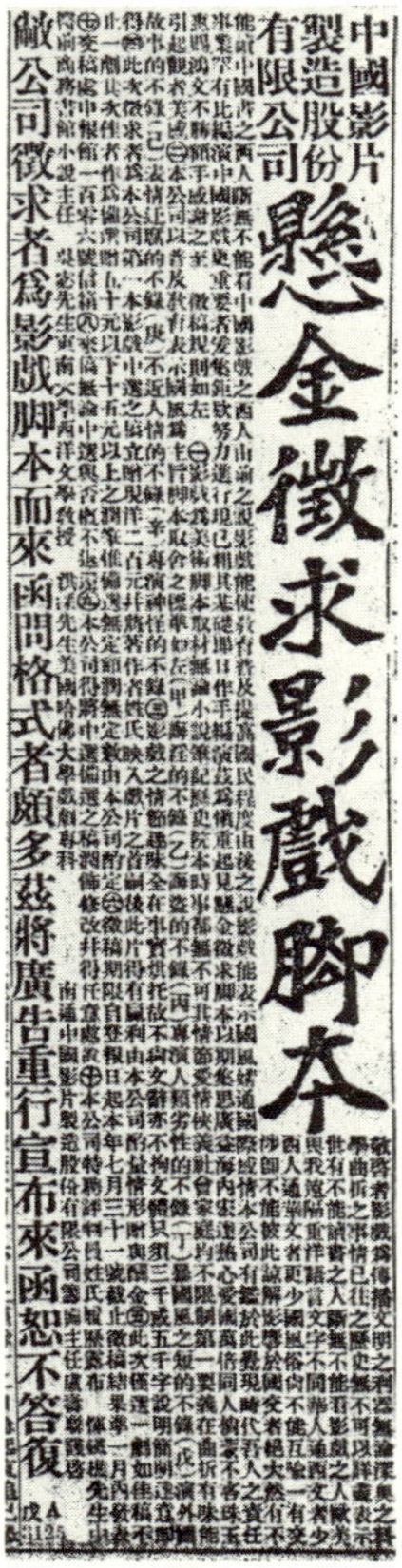
中國影片製造股份有限公司
懸金徵求影戲脚本
敝公司徵求者爲影戲脚本而來函問格式者頗多茲將廣告重行宣布來函恕不答復

図像 131 中国影片公司脚本募集

者からすれば、影戯は国民水準を高め教育普及の役を果たし、後者からすれば、影戯は風習を表し異なる国の感情を橋渡しする役を果たし得る。本社では、ここに鑑み、当今我らの責務は、中国影戯を編むより重要な事業はないと考える。そこで巨資を募り相努めていたところ、ようやくその基礎が固まり、間もなく作成に着手する段となる。ここにいたり、慎重を期するため懸賞により脚本を募り、広く衆人の智恵を集めより大きな成果を得んと期す。天下の博識にして愛国の熱意数万倍の人士に、我らにその玉稿を惜しみなくご提供いただき、ご大作をご下賜くださりますれば、恐懼この上なく拝謝申し上げる次第。募集規定は以下のとおり。一、影戯は芸術で、脚本の来源は小説でも随筆でも歴史事件でもよく、古典演劇でも時事ものでもいずれも不可とするも

表15　中国国産映画放映軌跡2（『申報』掲載上映廣告による）

始期	終期	作品名	放映館	備考
1922				
1.23 一	1.24 二	海誓 (1921 上海)	夏令配克影戯院	魯克 (Harold Lloyd) 併映
1.30	2.1	海誓 (1921 上海)	夏令配克影戯院	魯克 (Harold Lloyd) 併映
2.7	2.10	海誓 (1921 上海)	寧波同郷會館	魯克・卓別令併映
2.22	2.24	北京風景 (大總統府) ／猛回頭／春香鬧學／死要賭／李大少	寧波同郷會館	中國影戯友誼社
5.10 三	5.14 日	紅粉骷髏 (1921 新亞)	夏令配克影戯院	全部 14 本今夜演 7 大本
5.15 一	5.18 四	紅粉骷髏 (1921) 下集	夏令配克影戯院	今開演下集 7 大本
6.5 一	6.6 二？	紅粉骷髏 (1921 新亞)	維多利亞影戯院	全部准一夜演完
6.21 三	6.22 四？	紅粉骷髏 (1921 新亞)	卡德路影戯院	全部一夜演完
6.26 一	7.2 日	紅粉骷髏 (1921 新亞)	恩派亞大戯院	全部一夜演完
7.10 一	7.16 日	紅粉骷髏 (1921 新亞)	滬江影戯院	離滬在即留別紀念
10.2 一	10.5 四	紅粉骷髏 (1921 新亞)	滬江影戯院	10.5 八月十五中秋節加演日戯
10.5 四	10.8 日	労工之愛情 (1922 明星) 滑稽大王游滬記	夏令配克影戯院	
10.16 一	10.22 日	労工之愛情 (1922 明星) 滑稽大王游滬記	恩派亞大戯院	
10.23 一	10.25 三	得頭彩 (1921 商務)	新愛倫影戯院	黎總統南苑大閲兵 + 共和國魔王
10.23 一	10.29 日	労工之愛情 (1922 明星) 滑稽大王游滬記	萬國影戯院	
10.30 一	11.5 日	労工之愛情 (1922 明星) 滑稽大王游滬記	虹口大戯院	
12.25 一	12.28 四	閻瑞生 (1921 中国影戯)	法國大影戯院	雪山俠客等と併映
12.27 三	12.27 三	労工之愛情 (1922 明星) 滑稽大王游滬記	共和影戯院	只於星期三日演映一天
12.30 六	1.1 一	労工之愛情 (1922 明星) 滑稽大王游滬記	中国影戯院	白馬俠と併映

図像 132　商務印書館脚本募集

商務印書館徵集中國影戲脚本

吾國影戲事業日漸發達徒以影片來自外國風俗人情多所不合其內容鄙陋事實怪誕者貽害尤多敝館特派員赴美研究製造方法編撰中國事實演成影片已數十種流行中外膠承教育家獎許以爲此種影片實教育上至有價値之工具無論學校教育社會教育皆極需要關係旣如此重大敢不力求進益爰向海內著作家徵集中國影戲脚本略定規則如下

(一)內容以教育 歷史 社會 滑稽 四種爲最歡迎
(二)必須中國事實適合中國人心理及環境
(三)畫幕中之布景脚色情節均宜分類述明字幕中之說明插白特寫均宜另行書寫
(四)每篇以四五千字爲宜但長篇亦可選錄
(五)徵集期陽歷十二月十五日截止
(六)錄取者最優酬洋五十元至少五元
(七)已選之稿得隨意修改或處置不合用者寄還
(八)應徵稿件請寄至上海寶山路商務印書館編譯所

のはなく、そのストーリーは、愛情ものでも侠義ものでも、社会的事件でも家庭物語でもいずれも制限はない。第一の要点は、錯綜して味わい深いストーリーで観客に快感を与えるもの。二、本社は、我が風俗を表し教育普及を本旨とし、脚本採択の基準を以下のとおりとする。甲、淫蕩に導くものは不採択。乙、窃盗に導くものは不採択。丙、人類の劣性を専ら描くものは不採択。丁、我が国風習の欠点を暴き立てるものは不採択。戊、外国の物語は不採択。己、古臭い観念を描くものは不採択。庚、人の情からかけ離れたものは不採択。辛、神仙妖怪を専ら描くものは不採択。三、影戯の筋と情感は、すべて具体的事柄によって浮き彫りにするもの。したがって文飾は求めず、美文体か否かも問わない。三〇〇〇あるいは五〇〇〇字程度で簡単に説明し意を尽くせればそれで結構。四、今回の募集は本社初の影戯作品であり、当選の原稿には二〇〇元の現金贈呈と、影戯の巻頭に作者氏名を写し込むこととする。その後、影戯作品が利益を上げた場合、その具合に応じて報酬を提供する。五、今回は一作のみの選定ながら、秀作が一作に限らぬ場合、これに次ぐものは補欠として五〇元以下一五元以上の原稿料を提供。ただし補欠は、作品数、金額とも不定とし、本社の裁量により決定する。六、応募受付期間は、本広告掲載当日から本年七月三一日までとし、結果は一ヵ月以内に公表する。七、送付先は申報館私書箱一〇六号。八、応募原稿は、当落に拘わらず一律返却せず。九、当選原稿に対し、本社では自由に加筆修正、並びに処置できるものとする。十、本社特約審査員氏名とその肩書きは以下のとおり。惲鐵樵氏：漢方医、前商務書館小説主人。呉宓氏：東南大学西洋文学教授。洪深氏：米国ハーバード大學演劇専科修了。南通中国影片製造股份有限公司準備室主人盧壽聯謹啓。弊社が募集するのは影戯脚本のため、形式等のお訊ねの書翰が多数参ります。ここに改めてお手紙でのお訊ねにはお答えできかねる旨お伝えします。[69]」

この中国影片公司の懸賞公募は、さすがに格調高い文体であり、訴える事情も現今の中国国産映画製作の課題も十分踏まえており、説得力あるものとなっている。これに対し、商務印書館が掲げた脚本公募

（図像132）は、その文体といい、訴える内容といい、ずっと控え目で、意気揚がらぬものだ。そして、その懸賞額も些少で、いわば気合いの入り具合が格段に違うものだ。この募集広告は、『新聞報』にも掲載したようだが、『申報』への掲載は、九月二四日と三〇日の二回だった。

「〈前文省略〉一、内容は、教育、歴史、社会、滑稽の四種を歓迎。二、中国の事柄で中国人の心理と環境に適合していること。三、画面中の背景と脚本の筋書きは分けて書いても可。字幕中の説明と挿入、クローズ・アップも別に書写して可。四、それぞれ四〇〇〇〜五〇〇〇字程度が最適。ただし長篇も採用する。六、採用者は最優秀が五〇元、最低でも五元。七、採択された原稿には、本社で適宜修正を加え、あるいは処置する。不採択のものは返却する。八、応募原稿は上海宝山路商務印書館編訳所まで郵送のこと。[70]」

この商務印書館の脚本募集では、劇映画のアイデア、内容を求めるはずなのに、「教育、歴史、社会、滑稽の四種を歓迎」している。中国影片製造公司が、明確に「錯綜して味わい深いストーリーで観客に快感を与える」ことができるアイデア、筋立てを求めるのとは大きく異なる。商務印書館では「中国の事柄で中国人の心理と環境に適合していること」を求め、中国固有のストーリーを求め、一方の中国影片公司も「外国の物語は不採択」として、この点では両者の方向は一致する。だが、中国影片の脚本募集が、甲から戊まで、すなわち「淫蕩」「窃盗」「人類の劣勢」「我が国風習の欠点」を喧伝することを禁則として、社会教育的善導主義の実体を明示するのに対し、商務印書館はその社会教育への貢献という大義は、前文で「映画は教育上、実に価値ある道具にして、学校教育でも社会教育でも極めて必要とされる」との認識を示すだけで、どのような教育方向なのか、何を教育目標とするのかを示せずにいる。

社会教育主義の旗印を掲げる一方、その社会教育の目指す方向を明らかにできないまま、何でも自由に製作する自由は与えられない。これが、商務印書館活動影戯製作が陥ったジレンマだったといわざるを得ない。

こうした商務印書館の活動影戯製作における彷徨いに比べて、これを遡ること八年、第二節で見た亞西亞影戯公司が掲出した脚本募集（図像133）からはもっと明瞭な指針が打ち出されていることが読み取れる。

前文で、欧米で発達した映画は、いまだ中国独自の作品がなかったこと、亞西亞影戯公司が初めて中国影戯を生み出し各界から好評を博したこと、しかし自分たちだけではアイデアにも見聞にも限りがあるため、広く各界に映画の素材提供を求めるとして、以下の具体的内容の指針を提示する。

「（一）種類　滑稽もので人を最も笑わせるコメディを採用する。高尚真っ当なもの（愛情悲劇等）の筋立ても可。
（二）等級　甲級五〇元、乙級二五元、丙級一〇元。本社が撮影に採用したものにより判定。
（三）要点　実際に身体で表現し演技に移せるもので理解しやすいものが肝心。台詞は重視しない。
（四）提出先　上海江西路二四号本社まで
（五）附則　採択不採択を問わず原稿は一律返却しない。
亞西亞影片公司敬白」[71]

徵求影戲情節
亞西亞影片公司　徵求影戲情節資料
影戲一道在歐美各國其發達之度昌盛之勢幾莫可擬倫惟俱係西洋之姿勢派別從未聞有中國影片也
本公司首先發明中國影片
業蒙觀者一致歡迎幸何如之祇是同人思想與見識有限究未免有掛一漏萬之誚爰登廣告
徵求影戲情節資料（辦法詳後）海內不乏深邃博達者其亦有意于斯乎請一覩後列之各則
（一）種類　聽取滑稽的最足引人解頤之趣劇如有高尚正當（如愛情悲劇等）之情節亦可
（二）等次　甲等五十元酬金乙等二十五元酬金丙等十元酬金　本公司攝爲影片者爲準
（三）要點　完全以表情易於演作能使人瞭然者爲要點並不以說白爲重
（四）收稿處　上海江西路廿四號本公司
（五）附則　無論合與不合原稿概不退還
上海　亞西亞影片公司謹啓布

図像133　亞西亞影片募集

亞西亞影戯公司では、社会教育やら平民教育、善導などの崇高な旗印は掲げず、「人を笑わせる」ことを第一に求め、「実際に身体で表現し演技に移せる」ことを肝心な点としている。この亞西亞影戯公司の単純明瞭なコメディ第一主義、映画的表出法への基本認識の獲得（台詞は重視しない）と、商務印書館の中途半端で定まらぬ社会教育主義は、天と地の隔たりというべきだ。同じく国産映画製作を目指しながら、その目指す方向と用いる手法の違いが如実に表れているところだ。

商務印書館の懸賞募集は、結局内部の人間、先に触れた楊小仲が『好兄弟』で当選し、五〇元を獲得した。なおかつその台詞ダイアローグも書き上げ、これに対しては二〇〇元の報酬が与えられたと本人が回想している。兄弟二人が一人の女性に恋し、女性が自分に心を寄せていることを察知した弟は、兄に譲るため投身自殺をはかる。これを命がけで救出した兄は、弟に女性との恋を成就させるため身を引いて行方をくらますというストーリーだ。これが、「教育的意義が非常に高い」と評価されたという。[72]商務印書館が掲げる教育主義も、実際にはこの程度のものに過ぎなかったのだ。

商務印書館活動影片部は、先に見たとおり、その後一九二六年に国光影片公司を設立して分社化され、翌一九二七年三月には活動を停止する。その終焉の大きな理由を、黄徳泉は、商務印書館上層部の意見対立に求める。[73]楊小仲の回想にも見えるとおり、学術出版を推進する張元済と社長（総経理）の高鳳池とでは、活動影戯製作の事業を巡って対立があったというのだ。高鳳池（字翰卿一八六四―一九五〇）は、夏瑞芳、鮑咸恩、鮑咸昌とともに商務印書館を起こした創始者の一人で、長い間発行部門を統括していた。張元済が、清朝の官僚出身の知識人で、『四部叢刊』影印や学術書の企画に熱心だったのに対し、高鳳池は夏瑞芳らとともに印刷工出身で、出版社よりも印刷現場に近い立場の人間だった。この両者に代表される形で、上層部において映画を巡る意思統一が形成されないままだったことが、活動影片部の彷徨いをもたらした原因のようだ。楊小仲の回想ですでに見たとおり、教育効果を果たす面において十分な成果を上げられずにいると不満を募らせる張元済と、そういう作品しか撮れない陳春生と任彭年の二人ながら、それでも高鳳池と同じ教会閥に属していたため、その後ろ盾のおかげで地位は万全だったという始末で、[74] こうした人脈も、活動影戯製作を推進する上では負の連鎖として働いてしまったようだ。張元済の右腕である編訳所長高夢旦に脚本の審査を任せたものの、近代小学校教本の編纂には一大見識を発揮し、辞書編纂にも才覚を示した高夢旦ではあったが、映画脚本に求められる社会教育の具現の仕方が容易に見出せたとは考えにくい。近代教育を推進する側も、映画における教育的効果発揮の仕方については、まだ十分な力量を蓄積してはいなかったのだ。

目指す方向の意思不統一、人員とその系脈、そして大衆娯楽である映画に社会教育効果を性急に求めるだけで実質的力量を備えていなかったこと、しかも社会教育、平民教育にとってどのような映画が効果を果たしうるのか実践的な蓄積も見識もなく、せいぜいが兄弟がお互いに女を譲り合う話に「教育的意義」を見出す程度だったこと。これらが重なり、錯綜して商務印書館活動影片部の映画作りは、思うに任せぬ状態のままだった。そして、思うような成果を挙げられぬまま終焉を迎えるに到るが、ここで培われた映画製作の経験とそこで培った人材は、その後の中国国産映画を支える基盤となっていった。

商務印書館活動影片部でジレンマに悩まされたであろう楊小仲と任彭年は、一九二〇年代半ばに急成長する中国国産映画の主要な担い手に育っていった。先に触れたとおり、中国影戯研究社製作の実録もの映画『閻瑞生』の脚本を楊小仲が、監督を任彭年が担当しており、その現像製作は商務印書館が代行していたのだ。それぞれに活躍の場を与え、そのところを得ていたのだから、商務印書館の映画製作「請負い」も、決して無益なものではなかったといえるだろう。

作品製作ではめぼしい成果を挙げ得なかったとしても、シナリオ執筆から撮影、道具立て、編輯、現像、発行の一連映画製作を自社内製する仕組みを調えた点では、商務印書館活動影片部は、中国国産映画製作の先駆者と評される資格が十分にあると考えられる。

【第五章注】

1 『日本映画発達史』第一巻「活動写真時代」では、エジソンのキネトスコープの初輸入を一八九六年一一月の神戸、リュミエール社のシネマトグラフ輸入の初演を一八九七年二月の大阪戎橋通り南地演舞場とする（同書二八ページ、三八ページ）

2 『日本映画発達史』では、この歌舞伎座での興行を報じた『報知新聞』明治三二年六月二〇日付記事を掲げて、「これがともかくにも、日本製活動写真の最初の公開記録となるのである」とする（同書七四ページ）

3 『日本映画発達史』では、「稲妻強盗」の撮影は一八九九（明治三二）年九月であり、「これが、日本の俳優を使った劇映画の第一作である」（同書七八ページ）とする。また、團十郎、菊五郎による『紅葉狩』の撮影は、一八九九（明治三二）年一一月、東京歌舞伎座裏の芝居茶屋梅林前の露天で行われたという（同書七九ページ）

佐藤忠男『日本映画史Ⅰ増補版』（岩波書店、二〇〇六）では、田中純一郎の説をほぼ踏襲しているが、「稲妻強盗」は、『ピストル強盗清水定吉』と名付ける（同書九八ページ）。いずれにせよ、一八九九年には初の日本製映画が撮影されたことは間違いなく、『紅葉狩』は一般公開目的でなかったにせよ、「稲妻強盗」等が初の日本製劇映画と考えられる

4 いずれも二〇一一年三月筆者撮影

5 『中華民國電影史』上二一ページ。ただし、梅蘭芳の回想記の引用元を注記していない

6 『Dianying; Electric Shadows — An Account of Films and the Film Audience in China』p.10

7 『舞台生活四十年』第二集（『梅蘭芳全集』第一巻〈河北教育出版社、二〇〇〇〉所収）二九五～二九六ページ

8 『中国電影発展史』一四～一五ページ

9 いずれも二〇〇九年八月筆者撮影

10 当初、北京中国図書発行公司、その後上海平明出版社により刊行

11 『南方周末』二〇〇五年五月五日掲載。以下で閲覧可能：http://www.southcn.com/weekend/culture/200505050017.htm。

12 『中国電影』一九五六年第一期（同年一〇月刊）七〇～七五ページ

13 『影視文化』一九八八年第一輯（中国芸術研究院影視研究室『影視文化』編輯部編、一九八八年九月）所収。二九五～三〇一ページ

14 『中国早期電影史事考証』（中国電影出版社、二〇一二）所収

15 『中国電影』一九五六年第一期七一ページ

16 注13に同じ

17 『中国電影発展史』第一巻一四ページ

18 『尋找中国電影的生日』（『南方周末』二〇〇五年五月五日所載）

19 初版は、一九六二年中国電影出版社

20 『梅蘭芳全集』第四巻八三ページ

21 『Dianying; Electric Shadows — An Account of Films and the Film Audience in China』p.10

22 『中華民國電影史』上二二ページ

23　『中国電影』一九五六年第一期（一二月刊）七六～七八ページ。銭化佛口述、鄭逸梅筆録。現在『中国無聲電影』に収載される（同書一四五五～一四五八ページ）

24　後掲の黄德泉は、筆記者である鄭逸梅が一九四七年に『三十年来之上海』を銭化佛の口述を基にまとめた際、枝葉末節細部の話が多く、主題が掴みにくくまとまりを欠く話ばかりで、これを整理するために銭化佛が所蔵する現物史料に当たらねばならなかったと記述する（「重印前言」〈『三十年来之上海』複印版、上海書店、一九八四〉所収）ことから、一九五六年の聞き書きも同様に信憑性が乏しいと断ずる。だが、同じ鄭逸梅が記す『清末民初文壇軼事』（學林出版社、一九八七）の中では、銭化佛が収蔵品の分類に独特の方法を編み出していたことや並々ならぬ蒐集の範囲と見識を持つことを記して一定の評価を与えている（同書「銭化佛的奇怪行徑」三一〇～三一四ページ）。これらを総合するならば、銭化佛の回想は、証言としてむしろ有意のものと認めてよかろうと判断する

25　『中国電影発展史』ほかでは、「賓傑門・布拉斯基（Benjamin Brasky）」と記述し、ジェイ・レイダはPolaskiと記述する。ここでは、近年の研究成果である前掲『Hong Kong Cinema―A Cross-Cultural View』が明らかにしたところに基づき、Brodskyと綴る。これによるとブロツキーは、一八七五（七七?）年生れで一九六〇年没。ロシア・オデッセ出身で米国サンフランシスコを拠点として活動していた。ただ、一九一二年以前に彼が香港と上海で何らかの撮影作品を残しているかについては、同書では否定的だ（同書三六ページ）。また、ブロツキーが残した作品としては、『A Trip Through China』（三〇〇〇メートル一〇巻、一九一七）と『Beautiful Japan』（一三三メートル、一九一八）をIMDbのデータベースが収録する

26　「亞細亞影戲公司的成立始末」で銭化佛は「依什爾」という米国人と「黄毛」と呼ばれた英国人と回想するが、張石川の『自我導演以来』（『明星』半月刊一九三五年第三期以降連載）では、「我的兩位美國朋友、叫做依什兒和薩佛」と二人とも米国人とする（同誌第三期一〇ページ）。また『Dianying』では、"the American managers (Essler and Lehrmann) of the Nanyang Insurance Company"（同書一五ページ）とする。ジェイ・レイダの記述法であれば「イスラー」と「レーマン」と読むところだろうが、「依什兒」はともかく、「薩佛」は中国語の音訳表示とは大きく異なる。前掲『近代上海城市研究』では、「薩佛」をT.H.Suffertと記すが、いずれも確証を見出しかねる

27　『中国電影』一九五六年第一期七八ページ。『中国無聲電影』一四五八ページ

28　『申報』一九一三（民国二）年九月二七日土曜日（旧暦癸丑八月廿七日）

29　『中国電影発展史』一六ページ。ただし、前掲『Hong Kong Cinema―A Cross-Cultural View』によれば、ブロツキーが亞西亞影戲公司を起こした時期については、なお解明の余地が残る（注25参照）

30　『中国電影発展史』二〇～二一ページ注記

31　これについても黄德泉は、疑義を呈し、以下に記すとおり、「中国最新活動影戲段落史」に掲げる一六作品こそ実際に放映され

た作品とする

32 『中国戯曲志・上海巻』（同編輯委員会編、中国ＩＳＢＮ中心、一九九六）六四一ページ

33 『上海市地方志・上海文化芸術志』第七編文化娯楽場所、第一章劇場、書場（曲芸場）、第二節茶園、新式舞台、戯院：http://www.shtong.gov.cn/node2/node2245/node72149/node72160/node72233/node72237/userobject1ai78448.html

34 『中国電影発展史』では、「演出文明新戯的上海新新舞台（文明新戯を上演した新新舞台）」（同書一九ページ）と断定するが、その根拠は明示されない

35 「自我導演以来」（鄭正秋著、『明星』半月刊第一巻第一期一九三五年四月）一四ページ

36 鄭正秋「自我導演以来」一四ページ

37 『中国電影発展史』一九ページ

38 『中国早期電影史事考証』所収四六〜八一ページ

39 もと良友圖書印刷公司一九三六年刊『近代中国芸術発展史』所収。『中国無聲電影』所収（同書一三八五〜一四三二ページ）

40 『申報』一九一三（民国二）年一〇月三〇日木曜日（旧暦癸丑十月初二日）

41 『中国戯曲志・上海巻』六四一〜六四二ページ

42 『申報』一九一三（民国二）年一一月一一日火曜日（旧暦癸丑一〇月一四日）

43 『申報』一九一三年一二月一三日土曜日（旧暦癸丑一一月一六日）掲載の「民鳴新劇社」広告「請看亞西亞最新好影戯」による

44 『申報』一九一三年一二月一三日土曜日（旧暦癸丑一一月一六日）掲載の「民鳴新劇社」広告「請看亞西亞最新好影戯」及び同一九一四年五月一四日木曜日（旧暦甲寅四月二〇日）「民鳴新劇社」広告「加演改良殺子報」に『殺子報』上映の告知があり、『殺子報』は『難夫難妻』の一群より少し遅れて放映されたと推測できる

45 『中国電影発展史』二三ページ

46 「亞西亞中国活動影戯之真相」では、『上海戦争』『上海万国商団体操』の記録ニュース映画、『杭州（西湖）風景』の風景映画を含み、前掲諸作の他『新茶花』『黒籍冤魂』等の放映も確認でき、合計三六本が製作されたことが確認できるとしている（『中国早期電影史事考証』七一〜七七ページ）

47 「亞細亞影戯公司的成立始末」（『中国電影』一九五六年第一期）七六ページ

48 『中国早期電影史事考証』所収、八二〜一二七ページ

49 源流としては徐恥痕「中国影戯之遡源」（原載『中国影戯大観』〈上海合作出版社、一九二七〉／『中国無聲電影』〈中国電影出版社、一九九六〉所載、一三二六〜一三二八ページ）に発し、継いで谷劍塵「中国電影発達史」（『中国電影年鑑』〈中国教育電影協会編、一九三四〉／中国広播電視出版社二〇〇八影印版三二一〜三四六ページ）が、これに補充、修訂を加え、さらに鄭君里「現代中国電影史略」（原載『近代中国芸術発展史』〈良友圖書印刷公司、一九三六〉／『中国無聲電影』所載、一三八五〜一四三二ページ）がこれを上書きするとともに、梅蘭芳に

よる『天女散花』や『春香鬧學』等の演目を追加して継承されてきた。また、人民共和国に入ってからは、商務印書館で監督を務めた楊小仲の回想録「憶商務印書館電影部」（『中国電影』一九五七年第一期所載八〇～八四ページ／『中国無聲電影』に収録一四五九～一四六六ペー）が公にされ、米国人からの購入説がさらに増幅、補強されることとなった。そしてこの言説は、止まることなく『中国電影発展史』まで引き継がれていく

50 『中国早期電影史事考証』八二ページ

51 『中国早期電影史事考証』一〇九～一一〇ページ

52 『中国早期電影史事考証』一一〇～一一一ページ

53 『申報』一九二三（民国十二）年五月一〇日木曜日（旧暦癸亥三月二五日）

54 「憶商務印書館電影部」（『中国電影』一九五七年第一期）八〇ページ

55 「商務印書館所出影片之統計」（『申報』一九二三〈民国一二〉年五月一〇日木曜日〈旧暦癸亥三月二五日〉第一七面）

56 『影戯雑誌』の創刊号（第一巻第一号）の発行期日は、雑誌本体に発行期日の記載がなく特定が難しい。編輯者の顧肯夫による「發刊詞」には、「九、一、十」との記載があり、『中国早期電影画刊』（下記注57参照）はこれをそのまま適用して「一九二〇年一月」とするが、後記に当たる「本會啓事」（同書第一冊八一ページ）では出版を告知して以来、発行までに数ヵ月を要したとの記載もあり、はたして一九二〇年一月に発行できたのかは疑わしい

57 『中国早期電影画刊』（姜亞沙・經莉・陳湛綺編、全国図書館文献縮微複製中心、二〇〇四）所収の複印版による。同画刊第一冊、三九ページ

58 『申報』一九二三（民国一二）年一月九日火曜日（旧暦壬戌十一月二三日）第一八面「商務印書館影片製造部近況」

59 「憶商務印書館電影部」八一ページ

60 『影戯雑誌』第一巻第一号（中国影戯研究會）七五ページ。『中国早期電影画刊』第一冊七九ページ

61 「憶商務印書館電影部」八一ページ

62 『電影雑誌』第一巻第一号（上海晨社、一九二四）『中国早期電影画刊』第一冊、三八五ページ

63 「憶商務印書館電影部」八一～八二ページ

64 沈恩孚「影戯與教育」（『電影雑誌』創刊號〈第一巻第一号〉、一九二四／『中国早期電影画刊』第一巻所収）二九九～三〇〇ページ

65 『日本映画発達史』「一 活動写真時代」一八四～一八五ページ

66 權田保之助「民衆娯楽問題」（『權田保之助著作集』〈文和書房、一九七四〉第一巻所収）四五ページ

67 『春柳』〈春柳雑誌事務所、天津〉第四期、一九一九年三月、三一五～三一六ページ

68 「憶商務印書館電影部」八二ページ

69 『申報』一九二二（民国一一）年七月九日日曜日（旧暦壬戌閏五月一五日）

70 『申報』一九二二（民国一一）年九月二四日日曜日（旧暦壬戌八月初四日）。『新聞報』掲載の広告は、黄德泉「上海商務印書館之電影事業」によれば、同年九月二六日という

71 『申報』一九一四（民国三）年一一月三日 火曜日〈旧暦甲寅九月一六日〉
72 「憶商務印書館電影部」八二ページ
73 「上海商務印書館之電影事業」（『中国早期電影史事考証』所収）一〇七ページ
74 「憶商務印書館電影部」八二ページ

第六章　明星影片公司とその作品
――大衆志向と教化主義の結節点――

第一節　明星影片公司の旗揚げ

⑴　国産映画の認知

商務印書館活動影片部が、十分な成果を上げられずにいる中、表15に示したとおり、一九二二年に入ると、上海では陸続と映画会社が設立され、映画製作の機運が湧き起こる。その契機が一九二一年の『閻瑞生』の成功だった。その事情を、徐恥痕の「中国影戯之溯原」は、次のように述べる。

「全国を騒がせた閻瑞生殺人事件が、ちょうどこの頃発生した。新舞台では時流におもねり、舞台に仕立てたが、開幕の当日は街中の人通りが消えるほどの人気で、半年過ぎても客入りは衰えなかった。商務の社員はこれに心動かされ、任彭年、邵鵬、徐欣夫、施炳元等が別の中華影戯研究社を組織し、『閻瑞生』脚本をまとめ、商務影片製造部に委託して撮影製作した。完成すると、夏令配克戯院を借りて放映した。その借り賃は一日二〇〇元。その他、広告雑費などが二〇〇元必要だった。切符代は、一元二元三元と定めた。事前に任彭年も邵鵬も誰もが思うに、当時中国映画で客を呼び金を取れるなどとは、まったく初めてのことで、ましてや価格がこれほど高いにも関わらず失敗しなかったのは珍しいことだった。これは閻瑞生の三文字の魔力に他ならず、実に常人の予想を覆すものだった。当日、開演前にすでに桟敷席は予約で満杯、平土間席も満員だった。一日の売り上げは、一三〇〇元余に達し、任たちは望外の喜びようだった。これに続いて一週間上映され、合計洋銀で四〇〇〇余元を稼ぎ出した。これ以来、中国映画が十分利益をあげられるとの印象が、深く中国人の脳裏に刻まれることとなった。」

大いに稼ぐことができるとの思いが脳裏に刻まれたものの、それをなし遂げる作品は遅々として生み出せずにいた。それは、すでに前章第三節で見たとおり、商務印書館のジレンマの中に表れていた。

閻瑞生は実在の人物で、一九二〇年六月に妓女の王蓮英を殺害、死体を遺棄して逃亡、徐州駅附近で検束逮捕されるという事件を起こしていた。その閻瑞生が、もともと震旦大学の学生で外国語にも堪能ながら無類の遊び人で、賭け事で身を持ち崩したことが事件の背景をなしていたため、大衆紙の恰好の話柄となっていた。まず初めに文明新戯の笑舞台（和平社）がこれを舞台化し[2]（図像134参照）、嗣いで、ほとんど時を同じくして京劇がこれを素材に芝居を仕立て、次々と劇場を換えて上演が続けられた。一九二〇年一一月二七日から上海大舞台[3]（図像135参照）で上演が開始され、年明けの一九二一年二月一八日までこれが断続的に続き、そして同年二月二一日から上海新舞台[4]（図像136参照）でこれを引き継ぐ形で上演が行われていた。新興の文明新戯の方が、現代劇として新奇の事件を舞台化するには適していたが、当時の上演芸能界ではメジャーの京劇舞台に載せられたことによって、この話柄はより幅広く、話の内部も充実した形で観客に伝えられていった。徐恥痕が述べるとおり「新舞台では時流におもねり、舞台に仕立てたが、開幕の当日は街中の人通りが消えるほどの人気で、半年過ぎても客入りは衰えなかった」のだった。

だが、この事件を素材に映画製作することは、商務印書館の「主旨」からすれば許容されざる問題点を孕んでいた。それは、いうまでもなく果たすべき社会教育効果とは相反する反社会的

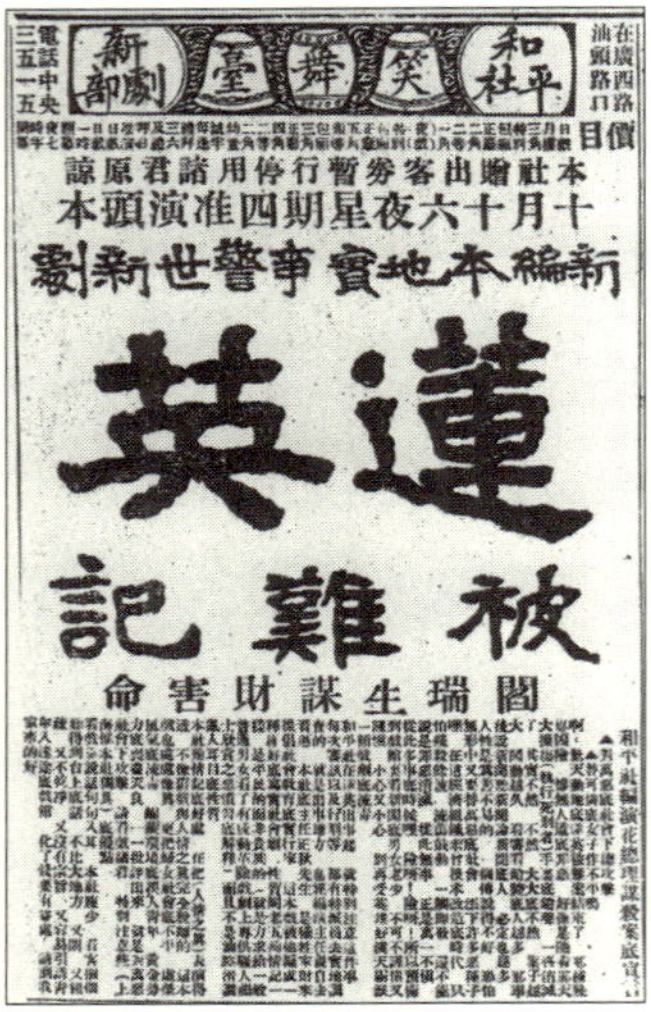

図像134　笑舞台初演広告

図像135　大舞台初演広告

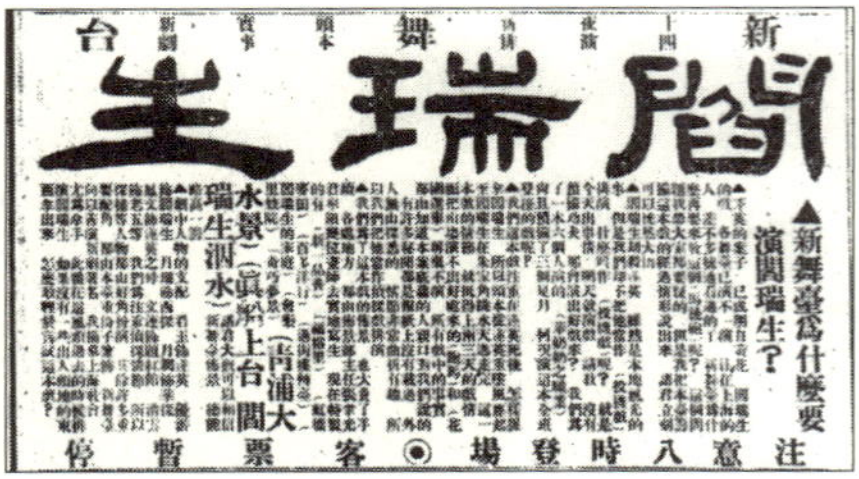

図像136　新舞台初演広告

行為であり、主人公の不道徳と見なされる行状の数々が展開されるからだ。賭け事に現を抜かし学校は退学処分となり、勤めた会社の金は使い込み妓女を騙して金をむしり取り、挙げ句の果ては殺人死体遺棄にまでいたる。その一齣一齣は、覗き見趣味を満足させる裏話や扇情的なエピソードに富むが、所詮は放蕩者の転落の物語だ。ここにはいかなる意味においても、社会教育として顕彰の対象となる亀鑑は見出せない。もちろん、教訓話として扱い、反面教師とする描き方もないではない。だが、当時すでに流布し、文明新戯や京劇に編まれた閻瑞生逸話は、その対極の悪行の数々にこそ関心が注がれていたため、商務印書館の映画製作にとっては、これは受け入れがたい内容だったはずだ。

しかし一方で、大衆はこうした醜聞、裏話には目がない。犯罪を起こした放蕩者、しかもそれが妓女と浮き名を流しながら猟奇的殺人まで犯す。興味本位の話柄としては、恰好の素材だ。反社会的背徳行為であろうと大衆が好む素材なら何でも劇化し映像化に踏み切れるなら、巨額の利益が得られる。まさに「中国映画が十分利益をあげられる」のだが、商務印書館活動影片部は、そこを踏み越えることができなかった。

だが、大衆が中国国産映画に求めるものは、この『閻瑞生』の成功によって如実に示された。前章第三節(4)項で見た中国影片製造公司の脚本募集では「錯綜して味わい深いストーリーで観客に快感を与えるもの」と想定したが、現実には、高尚な趣味に基づく「味わい深いストーリー」よりも、背徳的な「毒」を含んでハラハラドキドキさせて、なおかつ複雑に絡み合うストーリー展開と、おもしろおかしく尾鰭が膨らむ挿話、そして扇情的な裏話や暴露話が好まれることが、興行成績として歴然と示された格好だ。社会教育の鑑よりも、犯罪や背徳であっても覗き見趣味を満足させる奇々怪々なストーリー展開こそ、当時の国産映画愛好者に受け入れられるものだった。

(2) 組織作りと資金調達

こうして国産映画に求められる内容の輪郭が、多少なりと形成されつつある時、後の中国映画界を支える大きな組織が誕生した。それが明星影片股份有限公司だった。この会社は「股份(株式)」公司とその名が示すとおり、まずは株式公募を行うことで、世間にその存在を知らしめ、なおかつ組織作りと資金の充実を図っていった。ここには、亞細亞影戲公司が長続きできなかったことへの反省が、当然盛り込まれていたはずだ。それは、発起人の顔ぶれからも察しが付くことだった。一九二二年二月一八日『申報』に以下の広告(図像137)が掲載された。

「全世界に普及せんとする映画の潮流は、我ら中国人に問いかけている。世界の芸術界に一地歩を占める必要があるのかないのかと。我らは考え、そして認識した。映画は確かに大衆の心を代弁することができ、確かに新しい人生の真の意義を表現できるものだと。映画は家庭教育、社会教育、そして学校教育の足らざるを大いに補うものと認める。我らはその上、こう見通す。もし中国人自身が行わなければ、外国映画が全中国に破竹の勢いで蔓延するのではないかと。そこで我らは速やかにこの会社を組織し、中国人の面目を取り戻さんとするものの、映画製作は実際には容易くない。ストーリーを構想着想する人材と演出監督する人材、さらに撮影する技術者、すべて人材が適切に揃って初めて着手できるものだ。さもなければ、再び先人の轍を踏むことになりかねない。いま、万に一つの好機として、内部的に映画製作の人材がすでに揃ったばかりでなく、対外的に営業を進め、公衆娯楽にも精通した財務の達人が揃っている。そこで、断乎として設立準備に取りかかる。皆さま、共感を覚えられるか？　もし共感にとどまらず、投資くださるなら、大いに歓迎これに勝るものはない。資本金は一〇万元とし、二万株に分け一株五元とし、一次全額払いとする。発起人により半数の株、合計五万元を引受けとし、その他を一般株式として各界での引受けを求める。詳細は、本公司準備所に請求されたい。準備主任丁伯雄、副主任張石川、準備員鄭正秋、任矜蘋、舒慰萱、何懋堂、張偉濤、鄭介誠、周劍雲、張巨川、詹松山、丁治新　本公司籌備所所在地貴州路民康里、電話中央五五八番」

明星影片股份有限公司招股啓
籌備主任　丁伯雄　副主任　張石川　籌備員

図像137　明星株式公募

ここでは、外国映画を対極として明確に意識するとともに、商務印書館と同じく社会教育への貢献を謳っているが、それでもなお映画の文芸作品、芸術表現としての側面も忘れていない。しかも、映画製作が一人や二人の人材でなし遂げられるものではなく、脚本、監督、カメラマンの他、営業や財務等の部門が必要であり、会社組織として体制を整えることにも眼が行き渡っている。これこそ、副主任に座る張石川や準備員に名を連ねる鄭正秋の、亜西亜影戯公司での教訓が生かされたものに違いない。「すべて人材が適切に揃って初めて着手できるものだ。さもなければ、再び先人の轍を踏むことになりかねない」とは、この点を踏まえたものといえるだろう。

張石川（一八九〇～一九五四）は、亜西亜影戯公司ですでにその名を見たが、ここでの想定では「演出監督する人材」だ。鄭正秋（一八八九〜一九三五）も、亞西亞影戲公司で張石川と組んで『難夫難妻』を撮ったが、「ストーリーを構想着想する人材」に位置づけられる。周劍雲（一八八三〜一九六〇年代？）は、本名亞父といい、字が劍雲。上にいう「公衆娯楽にも精通した財務の達人」が彼で、鄭正秋、張石川と「明星三足鼎」と称され、主に配給、営業を担い明星影片公司の重鎮の一人となってゆく。鄭介誠（一八八〇〜一九二五）は、芸名を鄭鷓鴣といい初期の明星作品に出演していて、次節に見る『労工之愛情』で主役の一人を務めている。明星では、劇務（演出部）主任であり、以下に見る俳優養成学校の教務主任だった。[6]また任矜蘋も脚本から監督まで担える人材で、明星設立後は配給発行業務も担った。張偉濤が「撮影する技術者」で、明星影片公司初期の作品はほとんど彼がカメラを担当している。明星影片公司は、開設準備の段階からこうした人材を揃えるばかりでなく、会社設立後も次々と人材を取り込み、近代劇関係者や欧米留学からの帰国者を積極的に取り込み、人材の拡充と多様化を図った。[7]

設立準備の段階に戻ると、株式募集を掲げた翌日、これに加えて、さらにそこで活躍すべき俳優を養成する影戲学校の学生募集も行う（図像１３８参照）。

明星影片股份有限公司招股啓

籌備主任　丁伯雄　副主任　張石川　籌備員

明星影戲學校招生

図像 138　明星影戲学校募集

「映画事業は、世界ではすでに第一流の位置を占める。我ら中国の映画は、発達の時を迎えすでに旭日東昇の勢いであり、もし人材がないなら、真の芸術を目指し最大の努力を払わねば、中国芸術の価値が低下せざるをえない。本社はそこで、まず人材養成から着手することとし、映画学校を開設することとした。昼間部は女子学生専門とし夜間部は男子学生専門とする。中国人西洋人の校長、男女教員はすべて著名人。時代は動いている、志あるもの急ぎ来たれ。▲欧米の映画俳優は、男女間では一種の非常に厳格な道徳律を持ち、皆尊重し合う。撮影時には芸術の犠牲となるが、撮影のない時は高尚な人格を保つ。これは、我らが大いに模範とすべきところだ。そこで、我らはまずって以下の制限条項をいくつか示しておく。色恋の犠牲にならぬ決心なきものはお断り。高尚な志なきものはお断り。貞節を守る〈男性も〉ことを知らぬものはお断り。女性の人格を尊重せぬものはお断り。放蕩の悪習あるものはお断り。かつて身を持ち崩した経歴を誠実に懺悔できぬものはお断り。〈授業時間〉女子学生は午後四寺から六時。男子学生は夜八時から一〇時。〈申込受付〉志望の意あるものは、毎日午後四時から一〇時までに南京路貴州路民康里本校まで申し込むこと。詳細要項は直接請求されたい。」[8]

先の株式募集では、「映画は家庭教育、社会教育、そして学校教育の足らざるを大いに補うものと認める」とともに「映画は確かに大衆の心を代弁することができ、確かに新しい人生の真の意義を表現できるものだ」と認め、社会教育の鑑を目指すだけの一辺倒ではなかった。一方、この俳優学校募集でも、まずは俳優になろうとする人間に必須の条件として自らを律することを求め、「色恋の犠牲にならぬ決心」「貞節を守る〈男性も〉こと」「女性の人格を尊重」することを求める。さらに「放蕩の悪習あるもの」を排除するが、もう一方では「かつて身を持ち崩した経歴を誠実に懺悔できぬもの」を除外する。これはつまり、「かつて身を持ち崩した経歴」があるだけで排除するのではなく、それを「誠実に懺悔できぬもの」を忌避していることだ。ということは、品行方正で聖人君子ばかりの人材だけが俳優にふさわしいと認定しているわけではない。師範学校の生徒募集ではないのだから、人品の正しさだけを求めても現実的でないはずだし、むしろ、かつて少々「ワル」で世間の裏側も見て来た人間の方が、俳優としては使えるに違いない。「映画は家庭教育、社会教育、そして学校教育の足らざる」を補う作品を撮るにしても、こういう非行を経て更生した人間にも使い道があると認めていることになる。

前章第三節(4)項で見た中国影片製造公司の脚本募集と商務印書館の募集に比べ、これより八年前の亜西亜影戯公司の脚本募集の方が、「人を笑わせる」ことを第一に求め、「実際に身体で表現し演技に移せる」ことを重視し、映画のおもしろさを第一に置く姿勢が見えたが、明星影片公司でもその人脈が引き継がれたこともあり、これに連なるところがあるように見える。もちろん自堕落な芸能人、世間の人気を博して有頂天になり浮かれてしまう人材は不要だが、かといって品行方正だけが取り柄で、社会教育に邁進することに命がけの人材も、俳優としては使い物にならない。すでに中華民国となり一〇年が過ぎ、新しい時代の幕開けを告げる新文化運動も湧き起こっていた。これに従事したこともある任矜蘋らにしてみれば、旧来の演劇界のように女性の地位が極端に貶められることは許容しがたかったことだろう。

新時代の新気風は尊重しながら、しかし映画のおもしろさを失って社会教育だけを唱えることには陥らない。こうした、新しさとともに現実主義と大らかさ、許容度の幅広さを備えたことが、明星影片公司が娯楽芸能の映画会社として存立し得た所以ではないだろうか。

こうした株式募集により会社組織を整備する一方、人材養成を行う準備期間を経て、明星影片公司は、いよいよその作品を世に問うこととなった。

(3) 第一回公開作品

明星影片公司は、一九二二年一〇月五日、夏令配克戯院《オリムピック》で開幕旗揚げ公演として『滑稽大王游滬記』と『労工之愛情』[9]の二本の公開を行ったが、これに先立つ先触れ広告を一〇月三日から掲載した上で、引き続き上掲の当日広告（図像139、140）を掲げた。

（右）図像 139　明星影片初公開当日広告 A
（左）図像 140　明星影片初公開当日広告 B

先触れ広告と当日広告B（図像140）では、作品の概要を知らせ、放映作品への関心を惹き付けようとする。当日広告では、以下のとおり記されている。

「八月一五一六〈旧暦〉二日間、明星影片公司製作中国滑稽映画滑稽大王游滬記、労工之愛情上映。二作品の優れた注目点。一、滑稽大王が自転車二台で女性二人と語らいつつ、危ない筋運び、とてもおもしろい。二、滑稽大王が会社に出向き、デブとひと悶着。見事な蹴り上げが何回も、見事にもんどり打つこと何回もで、とてもおもしろい。三、滑稽大王が田舎に出向き、竹椅子を載せた輿に鎮座するが、大きな革靴が下からはみ出し、パタパタ歩むところ、なおおもしろい。四、田んぼの中の子供が、牛小屋の水牛を笛で操るところ、とてもおもしろい。五、滑稽大王が足踏み水車を動かす農民夫婦に蛙をぶら下げられ、とてもおもしろい。六、滑稽大王が有力者の客となり、食事をしても大騒ぎ、眠りについても災難続き、衣装タンスの中で眠るところ、とてもおもしろい。七、滑稽な夫婦、奇想天外にも滑稽大王と瓜二つが鉢合わせして、とてもおもしろい。

一、鄭大工が果物屋の主人となり、大工道具で甘藷を削り西瓜を鋸で切る。さらに墨壺を振り子がわりに使い、祝の娘にいつも果物を送り届けるところ、とてもおもしろい。二、劇中の祝医師、いかにも胡散臭い易者まがいの風情ながら、実によく似ていて、これが次々と不運にぶつかるところ、筋の運びがとてもおもしろい。三、大工が茶館の厨房で大暴れ、給仕が熱い鍋に落ちて、とてもおもしろい。四、子どもの一群が果物店を襲う、笑うもの、泣くもの、これもとてもおもしろい。五、鄭大工があれこれ考えた末、踏み板が動く階段を懸命に作ること、及びナイトクラブの客の結末、祝医師が怪我人を治療するところ、いずれもとてもおもしろい。六、背景セットもよく、上海の風景も採り入れ、いずれも人を惹き付けるところ、見ていてとてもおもしろい。七、俳優は仕種上手もいれば立ち回り上手もいて、一枚目もいれば三枚目も、おきゃん娘もいれば、利発な子供もいてみな芝居になり、とてもおもしろい。時間：昼の部二時半から四時半、五時半から七時半。夜の部九時から一一時。料金：昼の部一階席六角二階席九角桟敷席一元二角。夜の部一階席八角二階席一元二角桟敷席一元五角[10]」

この内容紹介からも多少の輪郭は窺え、『滑稽大王游滬記』は、チャプリンまがいのキャラクターが、上海やその近郊で繰り広げるドタバタ喜劇と推測できる。『労工之愛情』の方は、大工から転職した果物屋が、祝医師の娘といい仲になり、これを巡ってすったもんだの挙げ句、祝医師が怪我人を治療に当たる内容だろうと見当が付く。

ところで、ここで公開された二作の中、『労工之愛情』は中国国産映画最古の作品として残存し、なおかつＤＶＤ等で一般販売[11]もされているので、その影像を確認することができる。上記の「優れた注目点」では触れていないプロットもあるので、あらすじをもう少し細かく見ておこう。

冒頭、広東人の鄭大工が商売替えして果物屋となったと字幕で示される。ついで鄭大工が鉋《かんな》で甘藷をけずり、墨壺で線を引いた上で西瓜を鋸で切るシーンが続く。ふと顔を向け、祝医師の娘と視線を交わす。墨壺に果物を入れて、糸を渡して果物を送り届ける。何回か往復する中に、祝医師が墨壺に眼鏡を置いてしまい、それが鄭大工の許に戻る。鄭大工が、牛乳瓶の底のように分厚い眼鏡をかけると視界がまるで変わる。眼鏡が見つからず難儀する祝医師を見て、眼鏡を送り届ける鄭大工。そうこうしていると、果物屋の隣の茶館にたむろする無頼の一人が、祝の娘をからかう。これを見た鄭大工は果物を投げつけて撃退する。祝の娘が、茶館に湯を買いに来た際、呼び止めて祝の娘に自分と結婚してくれと申し出る。だが、父親の許可がないと結婚できないと娘はいう。娘が茶館に戻ると薬罐が消え失せた。無頼の男たちが悪さをして隠したのだ。そこへ鄭大工が乗り込み、無頼の男も茶館の主人ももろとも退治する。娘の気持ちを確かめた鄭大工は、手土産を下げて祝医師に娘を嫁にくれるよう申込みに出かける。だが、祝医師は家業が上がったりで、とても娘を嫁がせることはできない、商売を繁盛させてくれたら娘をやろうという。断られた鄭大工は、傷心のまま家に帰る。ところが、家の階上にあるナイトクラブが騒がしく、ゆっくり眠ることができない。その時、鄭大工に名案が浮かんだ。翌日、祝医師の許へ向かい、商売が繁盛すれば娘を嫁にくれるとの言に相違ないことを確かめ、鄭は妙案を実行に移す。彼はナイトクラブに上がる階段に、踏み板がすべて動いて平らな滑り台になるよう仕掛けを作ってしまったのだ。そうとは知らぬナイトクラブの客が、全夜の悶着の仲直り、手打ちの宴会を終えて階段を降りるその時、鄭大工は階段の踏み板をすべて平らに操作し、客を悉く滑り落とすことに成功する。翌日、祝医師の許へ階段を滑り落ちたナイトクラブの客が次々治療に訪れ、祝医師は大繁盛。鄭大工は晴れて結婚の許しを得て、めでたしめでたしとなる。

株式募集広告で「映画は確かに大衆の心を代弁することができ、確かに新しい人生の真の意義を表現できる」「映画は家庭教育、社会教育、そして学校教育の足らざるを大いに補うもの」と高らかに歌ったほどには、それを達成し世に問いかける重厚な作品というわけではなく、社会教育や家庭教育に関わる要素もほとんどなく、他愛のないドタバタ喜劇に過ぎないところに、少々肩すかしを食らった印象は否めない。

だが、明星影片公司では、この二作のコメディを撮影するのでさえ容易なことではなく、また観客に受け入れられるか恐る恐るの手探り状態だったようだ。この二作を第一回作品として撮影するにいたった経緯を、当事者である張石川が、一三年後の一九三五年にエピソードとして次のように語っている。

「この頃、外国映画は飛躍的な発展を遂げていた。それ以前は、もんどり打ったり後ろ足で蹴りを入れるくらいしかできなかったチャールズ・チャップリンが、すでに喜劇王としての輝きをひときわ優れた形で現し始めていた。長いこと考えた末、我々は第一回作品を『チャップリン上海に遊ぶ』と題する短篇コメディとすることに決めた。この当時、中国映画界では長篇を撮る可能性はなく、一般の観客も短篇コメディへの興味しかなかったのだ。[12]」

第四章第二節ですでに見たとおり、一九一五年を境にフランス、イタリア製コメディが勢いを失い、これと入れ替わるようにアメリカ製コメディが擡頭していた。しかし、一九一五年当時は、まだキーストン製の、それこそドタバタ喜劇が主流で、チャップリンも初期の『恋の20分間 Twenty Minutes of Love』（一九一四／第四章第二節(3)項／図像107、108、109参照）が放映される程度だった。まさに「もんどり打ったり後ろ足で蹴りを入れるくらい」がいいところで、細やかな仕草による哀切感や、後にチャップリンの持ち味となる「永遠の放浪者」としての悲哀を湛えた優しさは、まだ表わされていなかった。ところが第一次世界大戦終結を経て、映画製作の重心がハリウッドに移るようになった頃、つまりミューチュアルを経てファースト・ナショナルに加入する頃から、その喜劇表現はより一層悲愁感を漂わせ、笑いだけでなく涙を誘うようになる。一九一八年の『犬の生活 A Dog's Life』や一九二一年の『キッド The Kid』、そして一九二二年には『給料日 Pay Day』など、初期の名作が生み出されつつあった。

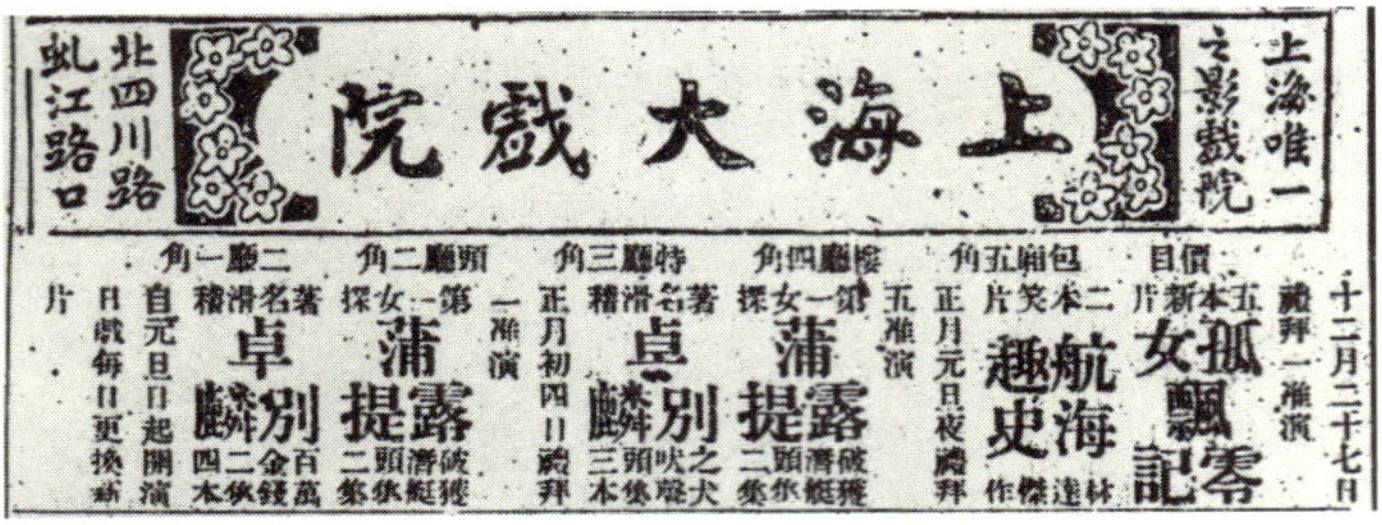

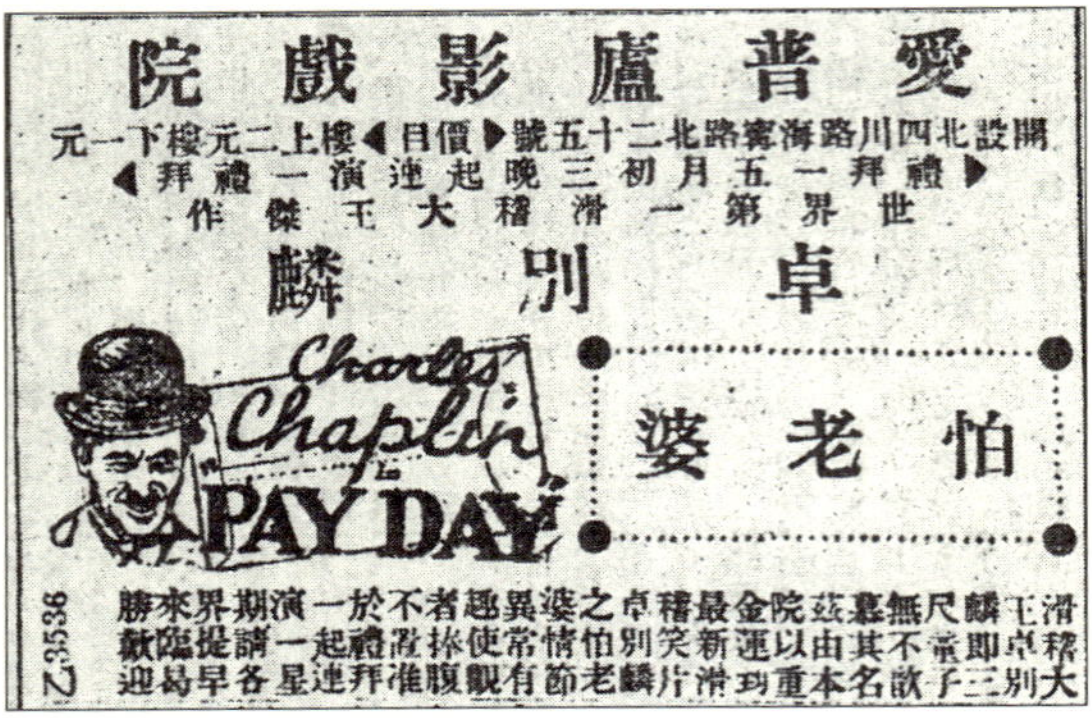

（上）図像 141 『犬の生活（犬吠聲）』広告
（下）図像 142 『給料日（怕老婆）』広告

上海の映画館では、『犬の生活』は、一九二〇年の旧正月元日から四日（一九二〇年二月二〇日～二三日）にかけて、上海大戯院にて『犬吠聲（犬の声）』（図像141）と題してすでに放映されており、[13] その後一九二一年一〇月三〇日には寧波同郷会館で『影戯雑誌』主催による「滑稽影片大會」が開かれ、ここでも『従軍夢 Shoulder Arm』[14]『一日之遊 A Day's Pleasure』とともに上映されている。また、一九二〇年代後期にも、その名を『狗生活』[15]と原題に近い形に改め、繰り返し放映されるなど高い評価を得た作品だった。

『給料日』も、一九二二年五月二七日土曜日から六月四日日曜日までの八日間愛普盧《アポロ》影戯院で『怕老婆』[16]（図像142）と題して公開された後、六月一七日土曜日から二一日水曜日まで五日間上海大戯院で放映されていた。『キッド』は同年三月二日から五日にかけて総合遊戯場である新世界でも放映[17]（図像143）されたが、その広告によると前年（一九二一）秋にすでに公開したが、半分の三巻しか放映できず、ここでようやく全六巻が放映できたという。

放映時期からすれば、張石川らは、『労工之愛情』撮影前に『キッド（尋子遇仙）』を含めて『給料日（怕老婆）』もすべて鑑賞可能だったことになり、特に『犬の生活（犬吠聲）』から『担へ銃（從軍夢）』『サニーサイド（百萬金）』『一日の行楽（一日之遊）』を見ていた可能性は高い。一九二一年一〇月三〇日の「滑稽影片大會」[18]は、『影戲雑誌』主筆の顧肯夫ばかりでなく、その周辺にいた任矜蘋と周劍雲が企画に携わり、この両名はすでに見たとおり後に明星影片公司の準備人にともに加わるほどの関係だから、これに張石川らが誘われないはずはなく、この機会に鑑賞した可能性が非常に高いといえる。これを踏まえての、「もんどり打ったり後ろ足で蹴りを入れるくらいしかできなかったチャールズ・チャップリンが、すでに喜劇王としての輝きをひときわ優れた形で現し始めていた」との認識だろうから、まさにチャップリン喜劇の神髄を十分体得した見解と想定できる。そして、それは張石川一人の受け止め方だけでなく、明星影片公司の中核をなす集団に共有された認識だったはずだ。

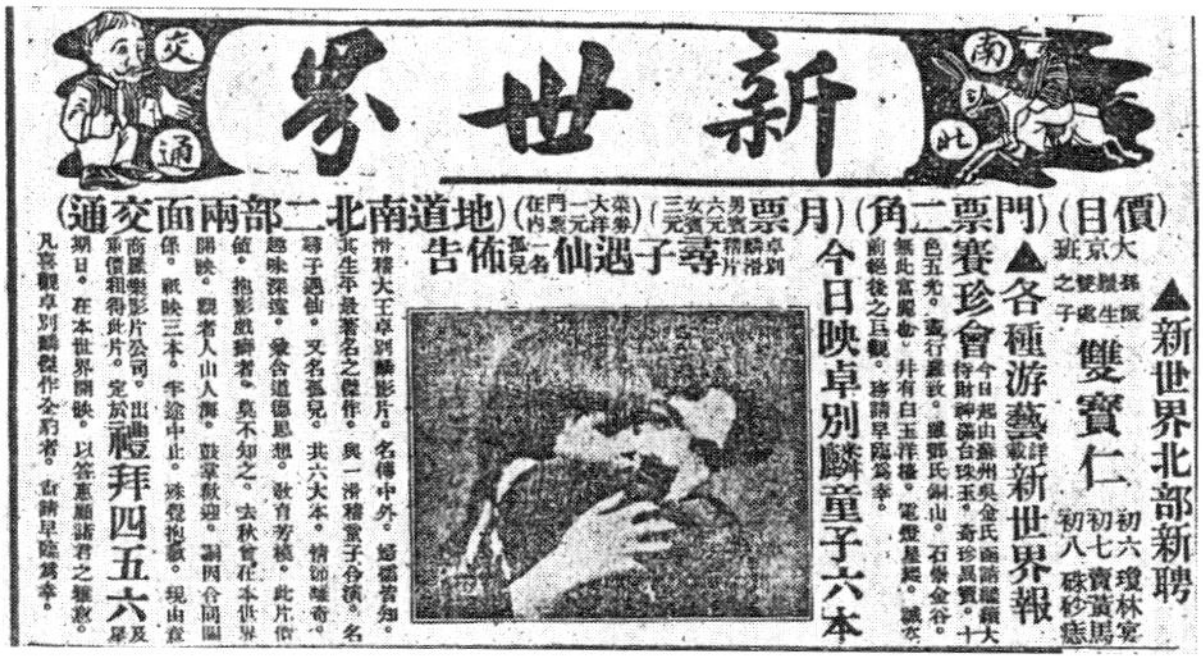

図像 143　『キッド（尋子遇仙）』広告

『影戲雑誌』では、上記の「滑稽影片大會」の模様を伝える中で、上記三作に加えて『サニーサイド Sunny Side（百萬金）』も上海ですでに上映されていたとして、これらへの評価を次のように下している。

「その四篇は一九一九年に中国へ渡り、最初に上海で公開されたのは、『犬の生活』『担へ銃』だった。これに続いて『サニーサイド』『一日の行楽』も順次上映された。この四作を通観するに、『担へ銃』と『犬の生活』が最も精彩を放っている。筋立てがうまくできており、含む寓意も正しい。『担へ銃』は戦地での実写が多く、撮影はことのほか困難なものだった。『サニーサイド』がこれに次ぎ、『一日の行楽』はさらにその次だ。[19]」

すでに映画作品として一段高い段階に進みつつあったチャップリン喜劇に比べ、「長篇を撮る可能性はなく、一般の観客も短篇コメディへの興味しかなかった」中国国産映画を取り巻く環境の中、製作側もそれを受容する観客側も含めた映画体験が十分熟成されぬ中で、いわば周回遅れであることを製作の当事者でさえ認めざるを得ない条件の下で、明星影片公司の作品撮影は始められねばならなかった。ここから生み出された明星のコメディ作品は、どのような方策を採るにいたるのだろう。次に現存するフィルムで確認できる『労工之愛情』を採り上げ、これを検証してみよう。

第二節 『労工之愛情』の作品世界

(1) 映画作品の参照と模倣

映画は、それが生まれたその時から、模倣と追従の標的に曝される運命にあった。リュミエールが撮影したフィルムの評判が良ければ、ゴーモン社もパテ社も、躊躇なくこれを模倣するのが、むしろ当たり前でさえあった。ジョルジュ・サドゥールは、次のように述べる。

「リュミエールの作品は、一八九六年から一八九七年にかけて、最も当たった映画であった。そのためこれらの映画は世界中のあらゆる国ではばかるところなく剽窃された。『水をかけられた撒水夫』、『工場の出口』、『列車の到着』、『カルタ遊び』などはそれぞれ十本ずつもある。メリエスやその他二、三人の人々は別にして、こうした臆面もない模倣者たちは、リュミエールの公式を少しでも改良しようという考えはもたなかった。[20]」

さらに、ジョルジュ・ブリュネルの言を引用して次のようにも記す。

「ゴーモン社にもパテ社にも彼らの映画をリュミエール社製の並の作品と区別してくれる物は何もない。剽窃は往々にしてあからさまなものであった。『パナールとルヴァッソールの工場の出口』は『リュミエールの工場の出口』に対応するものである。パテ社の最初の映画は『ヴァンセンヌ駅への列車の到着』であった。『駅への列車の到着』に対するこの作品の唯一の革新は、急ぐあまり一人の旅行客を転倒させてしまう自転車乗りがいるぐらいのものであった。[21]」

この当時から二〇年を経た後でも、剽窃まがいの模倣や参照は、あからさまな形は減ったものの、基本的にはオリジナル性の尊重よりも、二番煎じでも三番煎じでも受ければよいとする体質だったといえる。前述のチャップリンにしても、その作風の模倣者としてビリー・ウェスト Billy West がつとに知られるが、模倣を回避するためには、チャップリンは新作のアイデアを秘匿するとともに、模倣者の先を行くアイデアと展開でこれを振り切る以外に手はなかった。

一般に、完全な剽窃は別として、模倣や参照には次のいくつかの位相が考えられる。

第一の位相では、ストーリーや人物関係の大筋を踏襲しつつ、その全部または一部のプロットを他の社会や環境に移し替えて展開させるものが考えられる。これは、あるいは「移植」とか「翻案」とも呼ばれる。または、もう少し洗練させていうならば「本土化 naturalization」ともいえる。

第二には、作品に登場する主要人物の個性、キャラクターの模倣や応用展開がある。コメディの分野でいえば、マックス・ランデは数々の状況を設定して作品をその都度構成するが、キャラクターは変わらずにマックス・ランデであり、しかもそのキャラクターらしくストーリーを展開させる。もちろんチャップリンも、徐々に変遷を見せつつ「永遠の放浪者」キャラクターを確立してゆくが、どの作品もチャップリンのキャラクターが貫かれる。近年の日本映画でいえば、「男はつらいよ」シリーズの寅次郎も毎作同じ設定ながら、寅次郎のキャラクターを振りまくことで観客を魅了する。中国国産映画には、こうしたキャラクターが生み出されることはなく、その後も、いくつかの試みは現れたものの[22]、結局固定客を惹き付けて放さぬキャラクターの樹立には成功してこなかった。このため、あるキャラクターがストーリーを替えて次々と別の作品を展開させるシリーズ映画を生み出すことができずにきた。中国国産映画にはシリーズ作品が欠如し、固定的観客を確保する力が弱く、そのため商業的に安定度を欠くとの指摘もあるが[23]、その根幹は個々の作品を離れてもイメージが一人歩きできる、そういう強固なキャラクターを生み出せなかったことにこそ見出すべきだ。こういう意味でのキャラクターが、国や地域、民族を超えて遷移しているかどうかも、登場人物の個性とキャラクターの参照、応用展開として考えねばならない。

第三の位相としては、コメディ内で笑いを取る手段としてのアクションや仕草だ。誇張されたものであれ抑制的なものであれ、それぞれのシーンを成り立たせる笑いの源泉としての動作が、どれほど時空を越えて模倣され、あるいは参照されているかを考える必要がある。ただしこの位相は、参照側と参照元を直接照合することが容易ではなく、これを立証するには困難を来す場合が多い。たとえば、マック・セネット率いるキーストン社のコメディで出現したパイ投げアクションのように、その後繰り返し模倣され、スラップスティック・コメディの定番となり、もはや模倣とか参照とか誰も思わなくなるほど共有されたものもある。一方、独自性が高いと考えられがちなチャップリンの有名なブカブカ靴を履いてゆらゆら歩く風変わりな歩き方でさえ、それはオリジナルの発案ではなく、明らかに模倣されたものであると究明されているアクションもある[24]。

第一の位相の例としては、日本と同じく近代文芸が西洋文学や演劇の衝撃の下で出発した中国では、その事例は演劇作品にも少なからず見出せる。たとえば、中国現代話劇（新劇）の三大創始者の一人に数えられる洪深（一八九四〜一九五五／第五章第三節(4)項参照）は、その名手でさえある。

洪深は、アメリカ留学から帰国した翌年一九二三年に自ら演出して『趙閻王』を世に問うが、この『趙閻王』は、ユージン・オニールの『皇帝ジョーンズ』（The Emperor Jones、一九二〇）をそっくりそのまま中国に移し替えて見事に成立させた作品だ。原作では、ジョーンズが西インド諸島の島で、皇帝として君臨していた島民の叛乱に遭いジャングルの中を逃亡するが、その中で自らの経歴の幻影が現れその都度弾を撃ち、最後に神話の根幹だった銀の弾丸まで撃ち尽くして、結局島民に撃ち殺されてしまう。次々眼前に現れる幻影は、かつての朋輩やアフリカで奴隷として売買された先祖であり、ジョーンズの心の負い目の表出である。ジャングルの奥へ奥へとジョーンズが入り込む過程が、彼の思考が心の奥底へ沈潜する過程と重なる等、重層的な象徴性が駆使されている。

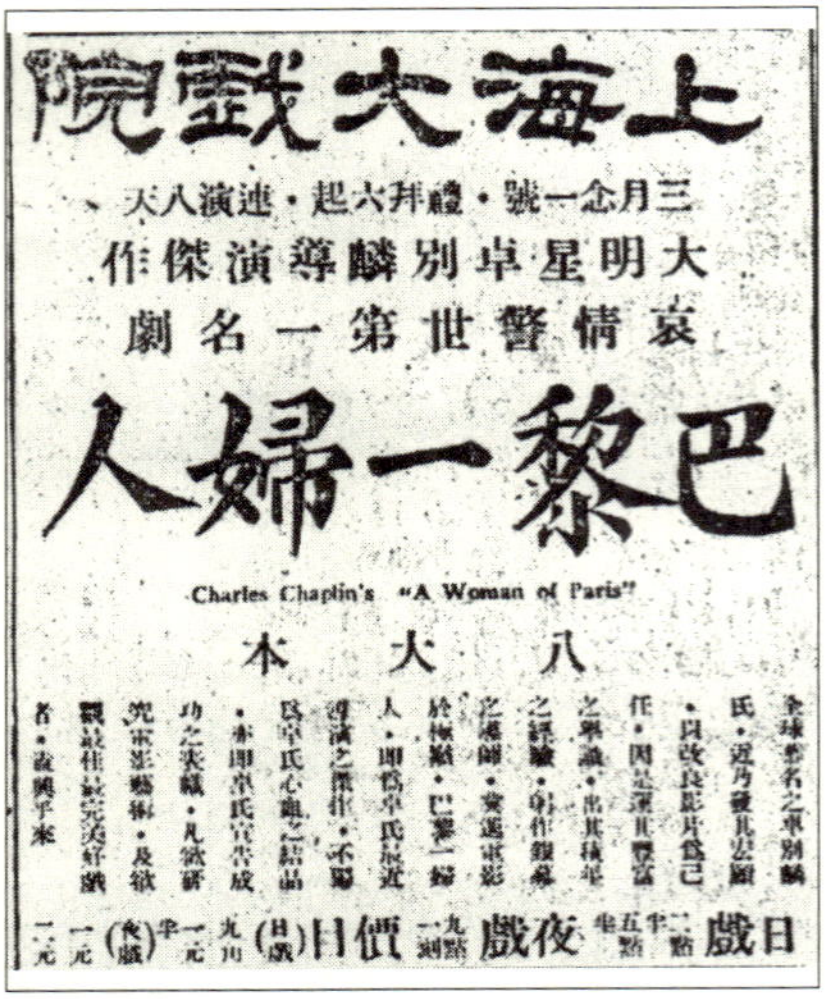

図像144　巴黎一婦人封切り広告[31]

こうしたオニール流の象徴性に富んだ現代演劇を、洪深は中国という地域に、そして一九一〇年代の軍閥抗争の時代に置き換えた。軍閥兵士たちの給料を隊長が着服しているとの疑いから、この隊長を殺害して逃亡する趙閻王が逃亡の最中に次々幻影に見舞われ、結局追討の兵士に撃ち殺されるまでの芝居に仕立てたのだった。その幻影の場面が当時の中国観客にはまったく理解されず、興行成績は散々だったものの、この上演で従来の文明新戯とは一線を画す画期的な新劇上演方式を樹立したのだった。[25]

さらに洪深は、オスカー・ワイルドの『ウィンダミア卿夫人の扇』（Lady Windermere's Fan、一八九二）を、そっくりそのまま中国に移し替えた『少奶奶的扇子（若奥様の扇）』（一九二三）を編み出したが、こちらは相当の好評を博した上ほどなくして映画化[26]されるほどの人気作となっていった。これらを、当時の洪深は「改譯 adaptation」と呼んだが、まさに翻案であり、イギリス貴族社会の物語を貴族制度のない中国で見事に成立させた手腕は、実に見事なものだ。しかも、口さがない有閑階層が飛びつく筋立てを、当時すでに成立しつつあった都市中上層階層の環境に落とし込み、身近に起こりうる話柄で、そして楽しめる新劇（現代話劇）作品となった点では、画期的な成功作でもあった。[27]

　こうした演劇作品における「本土化 naturalization」に対して、中国国産映画作品では数多くの類似作や参照、模倣が見出せる。すでに指摘されるところだが、[28]『上海一婦人』がそのひとつだ。これは、チャールズ・チャップリンが脚本、監督、製作した『巴里の女性 A Woman of Paris』（一九二三、ユナイテッド・アーティスト配給）が上海で『巴黎一婦人』と題して一九二五年三月に公開（図像144参照）された四ヵ月後、ほとんど同一のストーリーで、場所を上海に置き換えただけの『上海一婦人』（鄭正秋脚本、張石川監督、一九二五年出品）を明星影片公司が製作公開したのだ（図像145参照）。当時の映評でも「ストーリーの大方は、チャップリンが監督した『巴里の女性』とほぼ同じ」[29]と評されたほどで、当時から類似性が取り沙汰されていた。

図像145　上海一婦人封切り広告[32]

洪深の『少奶奶的扇子』でも、オスカー・ワイルドの原作とストーリーも登場人物もほとんど同じながら、それを中国での出来事、中国人の間に起こりうるストーリーへと転換できた点において、見事な改譯 adaptation と見なすことができるのであり、ストーリーを借用したからといって即模倣や盗用と決めつけることは適切でない。オニールの『皇帝ジョーンズ』を『趙閻王』に変換する場合でも、『皇帝ジョーンズ』の骨格を借用する形で、中国独自のストーリーを紡ぎ出すことができていれば、それは立派な翻案であり適合化作品と認めるべきだ。問題は、翻案、適合化の出来不出来にあり、この点を見極めることなく翻案や適合化を思議することはできない。その意味では、『上海一婦人』は題名から筋立てまで『巴里の女性』の模倣に見えるが、内実は中国的環境に大きく置き換えられている。たとえば登場人物は、『巴里の女性』ではマリーとジョン・ミレーで、二人の愛が誤解とすれ違いによって達成されぬ個人の次元の悲恋であり、マリーが真実の愛を取るか虚飾の世界を取るかの選択が問われる。だが『上海一婦人』は、主人公の愛宝と貴全を引き裂く要因は、貧富の差を背景とする社会悪であり、社会悪から苦海に身を落とした女性が、実は清らかで社会正義を貫く高邁な人格を備えるとの観点を貫く。[30] 悲恋の要因を社会化して糾弾することだけが芸術的進化とはいえないが、社会悪の訴追という中国化された観点が注入された点では、翻案作品の力作といえよう。

日本においても、すでに周知のものとして、第二次世界大戦後の名作『君の名は』(菊田一夫原作、大庭秀雄監督、岸惠子・佐田啓二主演、松竹製作一九五三）と『哀愁 Waterloo Bridge』（マーヴィン・ルロイ監督、ヴィヴィアン・リー、ロバート・テイラー主演、MGM配給一九四〇／日本での公開は一九四九）との類似性が挙げられる。ウォータールー橋での巡り会い、戦火での離散を挟んで再会を果たすが、結局その橋がまた二人を引き裂いてしまう。悲恋にとって不可欠の出会いと別れの場を、『哀愁』ではウォータールー橋に置くが、『君の名は』では東京数寄屋橋に置き換えて代替させた格好だ。ストーリーは大幅に入れ替えられたものの、その根幹をなす巡り会いを与える場も、そして別れをもたらす場もそれぞれの橋であり、出会いと別れ、此岸と彼岸を結ぶ結節点としての橋を象徴的に機能させている点では、『君の名は』は『哀愁』を参照し、これに啓発を受け、そのプロットを本土化した作品と見なすことができるはずだ。

ストーリーそのものの参照と適合化だけでなく、こうした部分的プロットの踏襲、参照も第一の位相として考えておく必要があるだろう。

第二の位相としては、先の『滑稽大王游滬記』など、まさにその代表例といえるが、ジョルジュ・サドゥールの言を借りれば「臆面もない模倣」であり、「そっくりさん」による焼き直しといえるものだ。場所を上海やその郊外の田園地帯に移し替えたとはいえ、登場するのはチャップリンの「そっくりさん」であり、チャップリンと同じようなアクションとアイデアで展開するものと見える。本国アメリカにおけるビリー・ウェストのチャップリンイメージ盗用と比べると、まだ他愛ないレベルの模倣だったともいえそうだが、その後このキャラクターは応用展開されることなく、この一作のみで命脈がつきてしまう。

中国国産映画では、コメディのキャラクター、パーソナリティが決定的に欠落するが、女性を主人公にした活劇作品では、むしろいくつもアメリカ映画の影を見出すことができる。一九二〇年代後半に入り、国産映画が隆盛を迎える中、中国版チャンバラ映画、武侠映画が一つのジャンルとして人気を博すが、その中で生み出される女侠（女性侠客）は、実は一九一〇年代半ば以降に上海で盛んにもてはやされた連続活劇（第四章第二節(2)項参照）の女性主人公の中国化応用発展型と見ることができるからだ。

ジェンダー論の視点から中国映画作品分析を行う戴錦華は、これら女侠ものをアメリカ映画のヒーローを中国的文脈で独自に反転させたキャラクターと位置付けて次のように述べる。

「ヨーロッパの歴史には、ジャンヌ・ダルクのような女性英雄の物語はほとんど登場しないと言ってよい。それに対し、中国の民間文化史には〝巾幗英雄〟の物語の伝統が古代より連綿と続いている」[33]

「初期中国映画における女侠は、アメリカ映画の典型的なジャンルである西部劇のヒーロー、カウボーイとある意味類似した社会機能を持つ。……それは一種の自己放逐の姿であり、同時に一種の社会からの放逐、あるいは少なくとも宙づりの儀式である」[34]

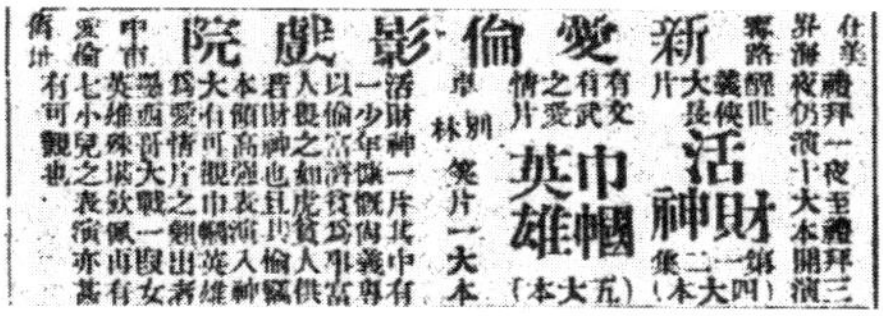

図像146　『巾幗英雄』広告[35]

戴錦華が想定する「アメリカ映画の典型的なジャンルである西部劇のヒーロー、カウボーイ」が、いつの時代のヒーロー像なのか定かではないが、一九二〇年代までの西部劇のヒーローとすれば、ウィリアム・S・ハート William S. Hart であるはずだが、そのヒロイズムは「一種の自己放逐の姿であり、同時に一種の社会からの放逐」とは異なり、悪行を悔悛し変化して静かに立ち去るヒーローだ。それは、武侠映画の根本理念の「路見不平、抜刀相助（通りがかりに不正を眼にし、やむにやまれず人助けする）」とは大きく外れてしまう。こういうカウボーイ的ヒーロー像を無理に反転させるまでもなく、欧州製映画と異なるアメリカ大陸製映画らしい独自性を特徴付けた連続活劇における女性の活躍の方が、直接的に参照されたのではないか。この男勝りの女性が活躍する連続活劇を視野に入れることで、中国国産映画が女侠誕生に向けて参照した筋道は、より合理的に跡づけることができるはずだ。寶蓮《ポーリン》（パール・ホワイト Pearl White）が活躍する連続活劇、たとえば『ポーリンの危難（中国題名：寶蓮遇險記）』は、第四章第二節ですでに見たとおり、これは早くも一九一六年六月には上海で放映されており、またキャスリーン・ウィリアムズの『カスリーンの冒険（中国題名：柯絲倫遇険記）』もヘレン・ホームズの『ヘレンの大冒険（中国題名：賀倫女冒険捕盗）』も、すでに一九一五年から一六年にかけて上海の映画館にかかっていた。鉄道女ヘレンなどは、強盗を追って貨車の屋根の上で格闘するほどの男勝りで（図像106参照）、新大陸映画の面目躍如だった。こうした女性上位、男性と同等以上に奮闘、格闘してみせるのが連続活劇のひとつの見せ場であり、欧州映画には存在しないキャラクターだった。さらに一九二〇年代に入ると、「寶蓮」はキャラクターとして独り歩きを

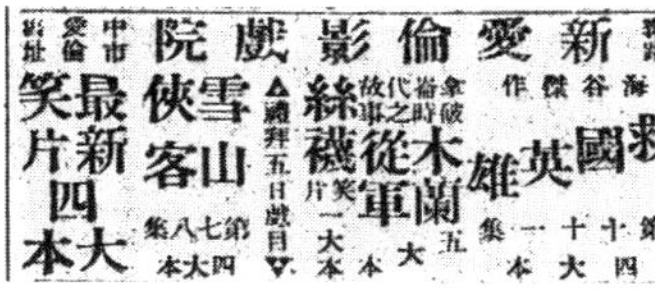

図像147　『木蘭従軍』広告[36]

始め、本来Paulineの訳語だった「寶蓮」が、パール・ホワイトそのものを指示する名称とされていった。

その「寶蓮」パール・ホワイトが、連続活劇から次の芸域を開拓すべく取り組んだ作品に『山の女The Mountain Woman』（アシュレイ・ロックAshley T. Locke脚本、チャールズ・ギブリンCharles Giblyn監督、パール・ホワイト主演、一九二一米フォックス）がある。パール・ホワイト演ずる主人公は、その名もアレクサンダーと男性風の名で、ケンタッキーの山中で気性も男勝りで育った娘だった。ある時、怪我を負った父に代わって筏で木材を街まで運び代金を持ち帰ることになるが、そこに悪徳男性が跋扈し種々の抵抗が待ち構える。結局、恋仲となる男性の助けを借りながら無事仕事をなし遂げる。この作品も、一九二四年には上海の映画館で『荒山俠女』と題して上映されているが[37]、この筋立てや人物設定から、中国人なら誰しも『木蘭從軍』を連想するはずのものだ。西部劇のヒーローの役割を反転させて女性英雄を生み出すなどという厄介な手順を経ずとも、うってつけの参照例が提供されていたことが知れるのだ。

さらにいえば、アメリカ映画の女性豪傑ものを上海で公開する際、すでに「巾幗英雄（頭巾を被った英雄=女性英雄）」（図像146）や、その名も「木蘭從軍」（図像147）としているものもあり、すでに女性豪傑のキャラクターを中国的に置き換える仕掛けは、十分用意されていたといえる。元作品を特定できないが、いずれも国産映画でないことは明らかで、こうした置き換え、読み替えがすでに広く行われていたことに注意を向けず、一九二八年に侯曜監督により突如民新から『木蘭從軍』が生み出されたと思い込むのは、早計といわざるを得ない。むしろここで注目すべきは、女性豪傑のキャラクターに焦点が当てられ、「巾幗英雄」なり「木蘭」と置き換える発想が広まり、国産映画が生み出された一九二〇年代前半からすでにキャラクターとして認識されていた点にあるはずだ。

第三の位相としては、以下に『労工之愛情』の作品構造を見る中で具体的に検証していこう。

(2) 『労工之愛情』の仕掛けと参照

『労工之愛情』は、すでに見たとおりの筋立てで、これに対して類似のストーリーがすでに参照できる範囲で存在したことを指摘したのは、秦喜清『欧美電影與中国早期電影一九二〇～一九三〇』だ。秦喜清によれば、それはハロルド・ロイドHarold Lloydの『落胆無用Never Weaken』だという。

『落胆無用』は、概ね次の筋立てだ。ロイド（The Boy）は、ビルの同じフロアで開業する整骨治療医osteopathyに勤めるミルドレッド（The Girl）と恋仲だ。ところが、医院の営業不振により彼女が解雇されることになってしまう。これを救わんと、同じフロアに事務所を構えるアクロバット師に頼み込み、街頭でもんどり打って倒れるアクロバット師を見事治療してみせるいかさま芝居を演じる。これに気をよくして再度試みると、例によって警官に見とがめられ、うまく事が運ばずに逆に本物の昏倒者が出る始末。これも何とかこなした後、街路の散水車の前に粉石けんをまき散らし、滑って転んで怪我をする人間を大量に生み出す。こうして見事患者を大量に生み出し、整骨医は繁盛したものの、ロイドが戻るとミルドレッドは、別の男性と抱擁し、結婚式がどうのと話している。落胆したロイドは、自殺を考え、千枚通しや毒薬、拳銃といろいろ試みるが、どれも踏み切れない。そんな時、隣のビル建設の鉄骨が窓から侵入し、ロイドは鉄骨むき出しのビル建設現場に連れ出される。次々動き、揺れる鉄骨を渡り歩いて、命からがら下へ降りると、ミルドレッドと先ほどの男性が迎える。この男性は、実はミルドレッドの兄で、牧師の資格が取れて結婚式を主宰できるようになったと話していたことが分かり、ロイドとミルドレッドは手を携えビルから逃げ出す。

このストーリーの中、前半部分の患者を増やすために怪我人を造り出す筋立てが、『労工之愛情』と類似性が高いと指摘される。なるほど、参照した可能性はありそうに見える。愛する女性のため、患者を増やし医者を繁盛させるべくあれこれ画策する筋立ては、少なくともヒントを得たといってよい程度には類似性がある。ストーリー全体ではなく、プロットの借用や応用というべき性質のものだ。しかも、娘が雇われの身ではなく実の娘に置き換えられる点などは、中国社会の実態にうまく適合させている。患者を生み出す具体的方策に相違はあるが、彼女のために医者を繁盛させたい一心で、他人の迷惑などお構いなしに奮闘する点は、『労工之愛情』も『落胆無用』も一致しているといえそうだ。

大きな相違は、アメリカコメディにはキーストン・コップ以来すでに不可欠となっている警察官の存在だ。『落胆無用』でも、アクロバット師と示し合わせた最初のいかさま芝居は見事成功し、街頭での集客宣伝に奏功する。だが、再度これを行おうとすると、今度は警察官に見とがめられ、手筈どおり進まずに逆に本当に落下物で昏倒した男を手当てする羽目に陥る。この最初の成功と二度目の不発の落差、あるいはバリエーションが、単線的繰り返しに陥ることなく次なる進展を生み、笑いに発展を作り出す。『労工之愛情』には、その展開のひねりが欠けているため、階段から滑り落ちる人間が単純に増えるだけで、それ以上の笑いの発展を生み出さない。こうした優劣に繋がる相違はあるものの、『労工之愛情』の患者を増やして結婚を認めてもらうという筋立ての着想そのものは、確かに『落胆無用』から借用したと見て良いかも知れない。

だが、この参照関係を認証する上では、大きな弱点がある。それは秦喜清自身が認めるとおり、『落胆無用』がはたして『労工之愛情』撮影より前に上海で放映され、明星のスタッフ、脚本の鄭正秋、監督の張石川らがこれを見て、ヒントを得て参照する役に立てたのかどうか確証が得られない点にある。『落胆無用』がアメリカでリリースされたのが一九二一年一〇月二二日とされるので[38]、これより後、明星が『労工之愛情』撮影に取りかかるまでに公開されていなければ、この参照、借用の関係は成り立ちようがない。秦喜清

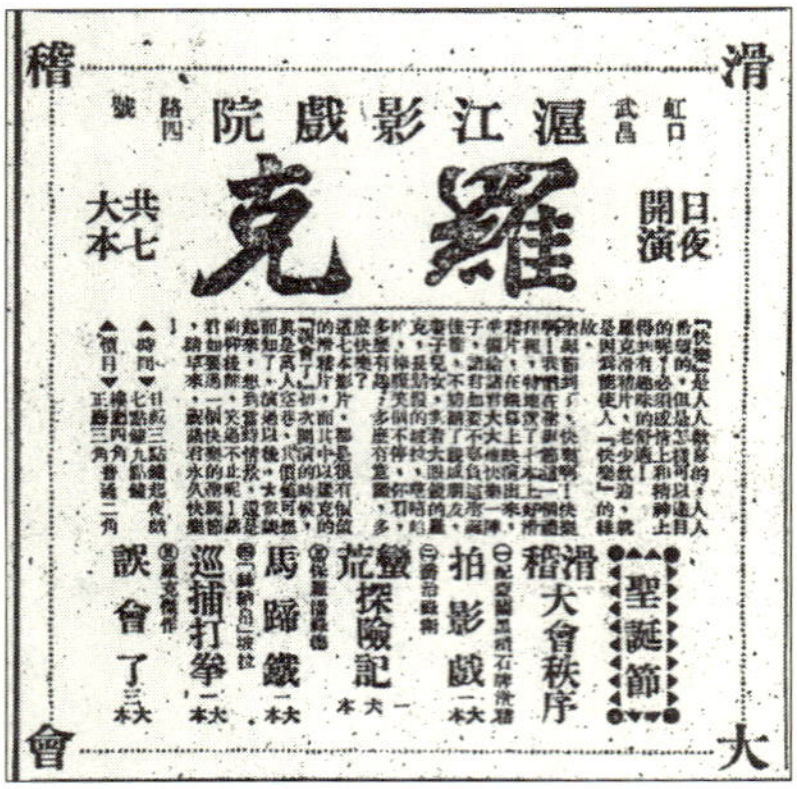

図像148　12月21日広告

図像149　12月23日広告[40]

自身は、上海での上映時期がまだ確定できないため、目下のところ断言は難しいとしているが[39]、まるで手がかりがないわけではない。同年一二月に下ってしまうが、滬江影戯院がその年のクリスマス向けにコメディ特集を組み、ロイドの『誤會了』、つまり『落胆無用 Never Weaken』を放映しているのだ。

図像148と149は、双方似たような版下ながら、一二月二三日の方（図像149）では、『落胆無用』の上記筋書きが簡略に記されているので、ここでいう『誤會了』が『落胆無用 Never Weaken』だと確定する根拠となる。その前々日二一日の広告（図像148）では、次のように紹介している。

「…〈前略〉…この七巻ものは、いずれも価値の高いコメディで、しかもその中羅克（ハロルド・ロイド）の『誤會了（落胆無用）』は、最初に公開された当時、まさに街中の人通りが消えるありさまで、ここからもその価値が推し量れる。上演後も、皆で話題に上らせ当時を思い起こしては、腹を抱えて笑い出し、笑い出すと止まらぬほど。[41]…〈後略〉…」

つまり、この一二月のクリスマス時期よりもだいぶ前に、一度上映されたことがあり、大人気を博したというのだ。「萬人空巷（街中の人通りが消える）」は誇張があるとしても、

以前の人気にあやかろうとしているのだから、まったく不人気作品というわけでもないだろう。ここでの問題は、その放映時期だ。思い出しては腹を抱えて笑い出すほどおもしろかったというのだから、遥か昔のことではなく、しかしまたつい先日という書きぶりでもない。当時の上海でのフィルム配給体制がいまだ明らかでないため、確定的なことはいえないが、一度上映した後すぐその後一、二ヵ月後に再演という事態は、あまり例を見ない。たとえば、先の新世界におけるチャップリン『キッド（尋子遇仙）』の場合、一九二一年秋に一度上映したが、その際は半分の三巻しか放映できなかったにもかかわらず、これを再映できたのは、その半年後の一九二二年三月になってからだった。フィルムの配給、やり繰りはそう簡単にいかないのが実情だった様子だ。この例から見ても、『誤會了（落胆無用）』の場合も、最初の上映は、少なくとも三、四ヵ月前、もしくは半年くらい前が想定される。そうなると明星影片公司が『労工之愛情』撮影に取りかかった時期に重なることになり、鄭正秋や張石川らの明星関係者がこれを参照、模倣した可能性はあながち否定できない。ましてや、興行広告のため誇張があるとしても、評判は悪くなかったのだから、その可能性は低くはないだろう。

だが、以上に見たプロットの参照よりも、もっと『労工之愛情』と『落胆無用（誤會了）』の近似性を如実に示すものがある。それが、先に述べた第三の位相で、笑いを引き起こすアクション、所作の部類だ。

前節(3)項で見た第一回公開作品の広告（図像140参照）では、「一作品の優れた注目点」をいくつか挙げていたが、その中『労工之愛情』に関する第五に「鄭大工があれこれ考えた末、踏み板が動く階段を懸命に作ること、及びナイトクラブの客の結末、祝医師が怪我人を治療するところ、いずれもとてもおもしろい。」という項があった。階段に細工してナイトクラブの客を転げ落としてしまうことは、もちろん新奇でおもしろい仕掛けだが、それに加えて「祝医師が怪我人を治療するところ」もおもしろいと宣伝する。その治療は以下の図像に見える通り、相当荒っぽい治療だが、これがおもしろいというからには、中国の新劇である文明新戯などの舞台の所作とは異なり、なにがしかの新奇さを備えた動作だということになるだろう。そのおもしろい所作はどこにあるのか、フィルムから見てみよう。

図像150では、両手で頭を挟み左右に強く振り動かし、痛めた首筋を無理矢理解きほぐして動くようにさせる。図像151では、痛めた肩を強引に回し動かすことで逆に痛みを緩和させてしまう。図像152では、股関節を有無をいわせず推し広げ、叩き揉むことで痛みを分散させ、腰と腿を動かすよう仕向ける。この荒っぽい仕草、素人的で乱暴な「治療」が、その場に相応しいものではない意外性がおかしみを生む。だが、こうした荒っぽい「治療」は、『労工之愛情』の独壇場ではなかった。プロットを参照した可能性がある『落胆無用（誤會了）』も、これまた荒っぽい素人的「治療」で笑わせる仕掛けなのだ。

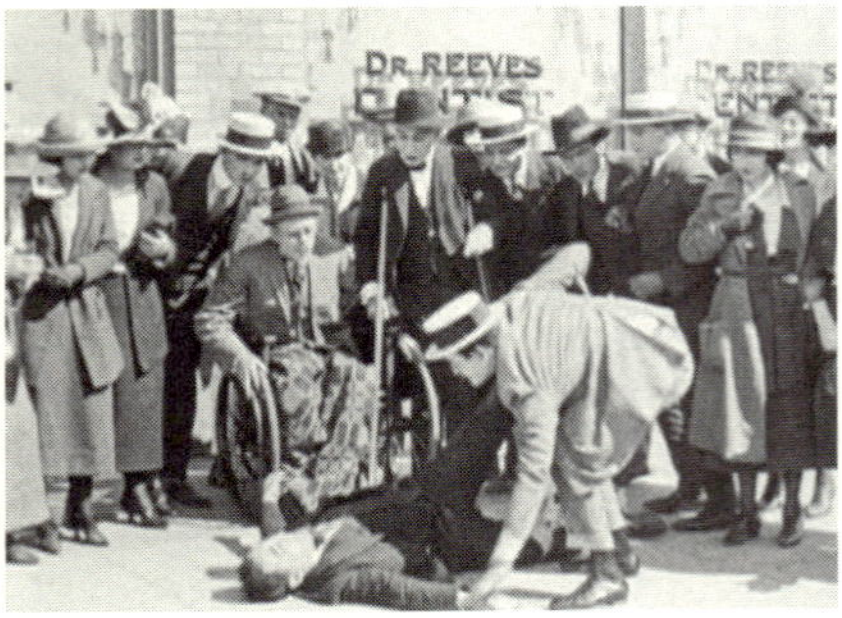

図像 153　落胆無用 1

　図像153では、もんどり打って倒れたアクロバット師のところに駆けつけたロイドが、腕を取り足を伸ばしむちゃくちゃに回し動かす。図像154では、次に身体を起こし首を左右に振り回し、ついには柔道の裸絞やレスリングのバックドロップのように背後から首を抱え込み、力尽くに気合いを入れる。図像155では、本当に昏倒した者とは知らず、得意になって「治療」し、足のマッサージに始まり両腕をボート漕ぎのように取って振り回す。次に身体を起こして、背後から羽交い締めの格好で揺さぶり気合いを入れるが、本物の昏倒者なので効果は現れない。

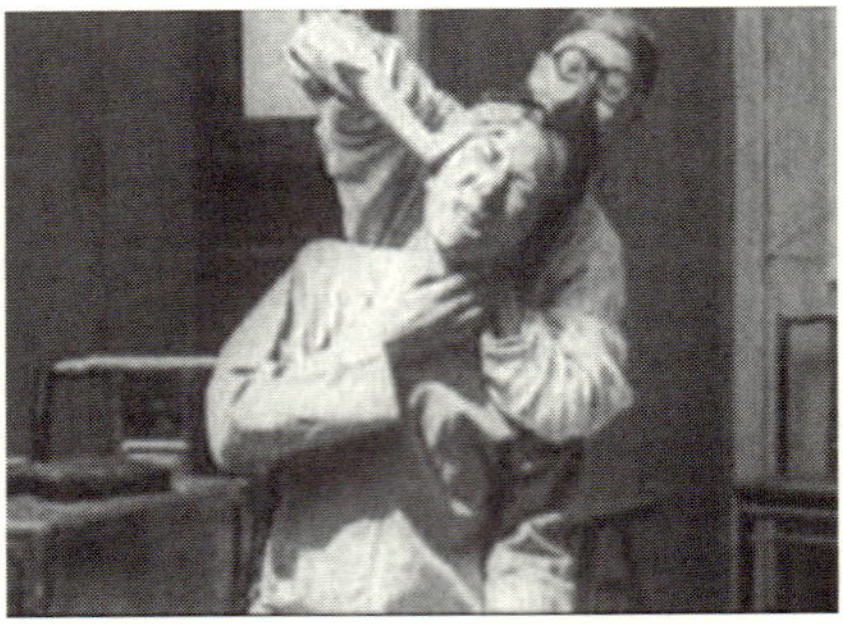

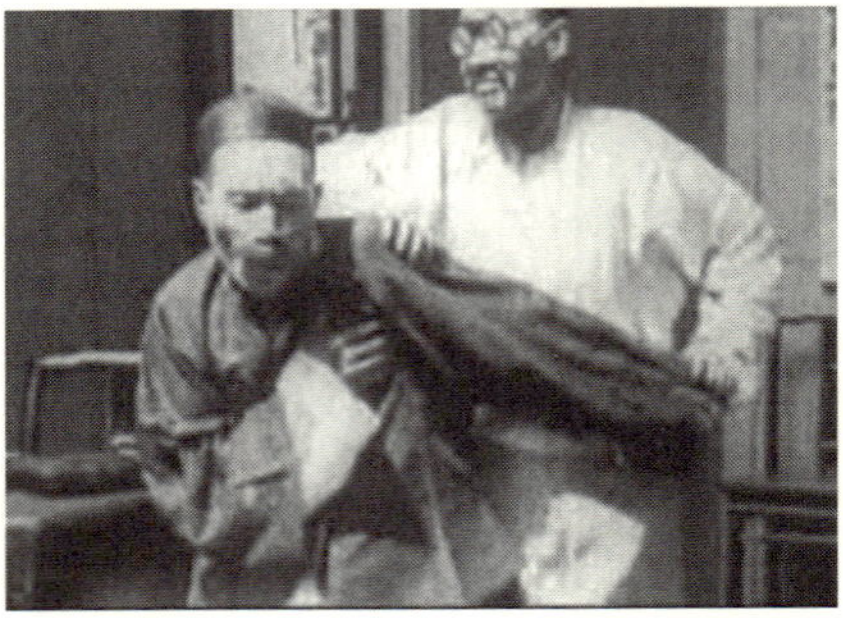

（上）図像 150　労工治療 1
（中）図像 151　労工治療 2
（下）図像 152　労工治療 3[42]

　両者は、ともにフィジカルな処置を施し、しかも相当乱暴な扱いなので、まるで武術やレスリングの絞め技か、痛みを増幅しそうな荒療治のように映る。その大袈裟な仕草と、患者の痛みを意に介しない乱暴さで笑いを取るものだが、一方は漢方医で、一方は整骨治療 osteopathy を謳う治療で、はたしてこれが正しい治療法なのかは見る者には分からない。それらしくもあり、それらしくもない、そのどちらをも含む仕草が展開するところにこのシーンの妙味があるといえる。『労工之愛情』が、一つ一つのアクションすべてで『落胆無用』

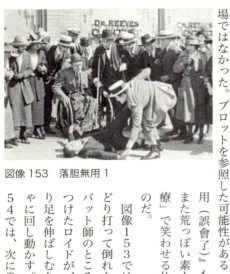

図像154　落胆無用2

図像155　落胆無用[43]3

を完全に模倣したとはいえないが、その乱暴な扱い、処置を行うことで「治療」とする面で着想を得たと見ても、あながち遠く外れてはいないといえよう。

　もう一つ、アクションに関わる点で類似性、近縁性を窺わせるシーンが見られる。それは、同じく「二作品の優れた注目点」に挙げられている中、『労工之愛情』の第一点に「鄭大工が果物屋の主人となり、大工道具で砂糖黍を削り西瓜を鋸で切る。さらに墨壺を振り子の重りがわりに使い、祝の娘にいつも果物を送り届けるところ、とてもおもしろい」と掲げら

図像156　労工道具1

図像157　労工道具2

れたシーンだ。

　ここで主人公の鄭大工は、以下の図像に見えるとおり本来使われるべきものとは異なる道具で異なる対象を処理する。つまり、冒頭に字幕で示される、元大工で果物屋に転業したという経歴が生かされる。果物を切り分け、処理するために通常の包丁やナイフではなく、大工道具を使うのだ。西瓜は曲尺で寸法を測ろうとするがうまくいかず墨壺で線を引き（図像156）、その後鋸で切り分ける（図像157）。間に隣の茶館の賑わいを挟んで、今度は砂糖黍を鉈《なた》で切り分け、節の出っ張りを鉋《かんな》で削

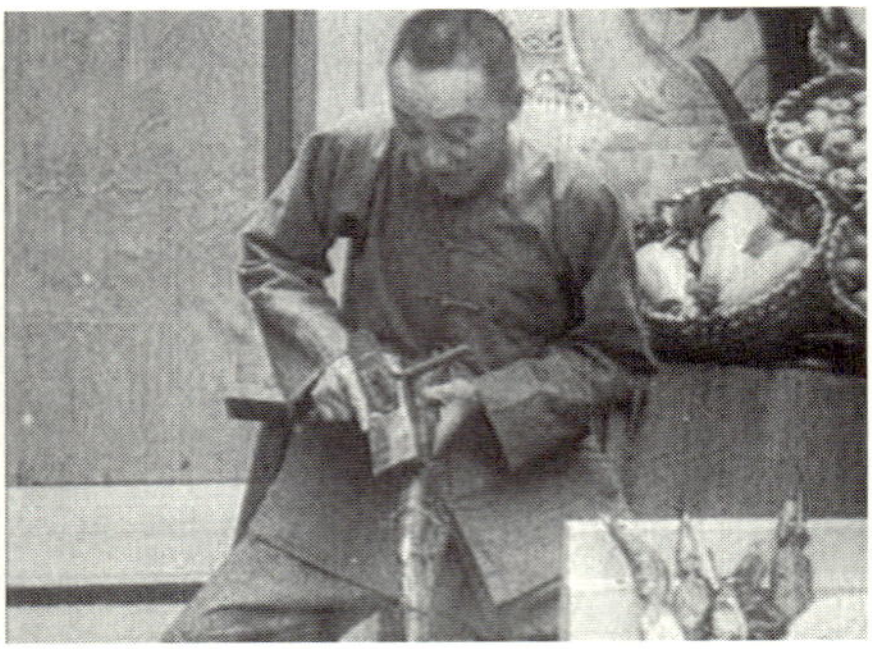

図像 158 労工道具[44] 3

図像 159　給料日 1

る（図像158）。

　いずれも、本来それを扱う道具とは異なる工具で処理して、その意外性や違和感を絶妙の仕種で融和してみせるところにおかしみと演技の見せ所があるものだ。これを、特に取り立てて宣伝に謳うということは、それまであまり見られなかった種類の演技だということになろう。その新奇さが、この作品の「優れた注目点」のひとつだとすれば、それはまったく新たな創意工夫により生み出されたものなのか、あるいは何かを参照して加工変形されたものなのか、探ってみる価値がありそ

図像 160　給料日 2

図像 161　給料日[45] 3

うだ。そこで、当時の参照可能範囲で探ると、先に見たチャップリンが浮上してくる。『犬の生活（犬吠聲）』から『担へ銃（従軍夢）』『サニーサイド（百萬金）』『一日の行楽（一日之遊）』を見ていた可能性は高く、『給料日（怕老婆）』も『キッド（尋子遇仙）』もすべて参照可能だったことをすでに見たが、この中の以下のシーンはどうだろう。

　チャップリンは建築現場で働くが、昼食時、弁当を用意できなかったため無聊を託つ。ところが、作業用エレベーターから次々と他の作業員の食べ物が上がってきたり降りてきたりで、にわかに活

気づく。そのシーンの中、図像159では上がってきたパンにドリルで穴を開けているところ。図像160ではさらに上がって来たソーセージをこの穴にはめ込もうとするが、太さが合わずうまく嵌らない。そこで、図像161では金槌を使ってそのソーセージを叩き入れる。ここでも大工道具を使って食べ物を処理するが、それがいとも自然に何気ない仕種で演じられるところに妙味がある。建築現場で手近なところにある工具を使っただけといえばそういえるものだが、道具とその使われる対象のミスマッチのおもしろさを醸し出しており、笑いを取る新しいアイデアといえるものだ。

『労工之愛情』が使う道具は曲尺や墨壺、鉈と鋸であって、ドリルや金槌とは異なるが、本来使うはずがない大工道具を食品に対して使うミスマッチの点では共通しており、そのミスマッチの道具を軽妙に使いこなす点でも近似性があるといえよう。『給料日』の中で大工道具を巧妙に使いこなして笑いの種とするチャップリンに啓発され、これを参照し応用したのではないかと疑わせる。しかも『労工之愛情』では、わざわざ主人公を、大工から転業した果物屋と設定しているところも、実はこの大工道具を使いこなすための伏線ではないかと勘ぐりたくなる。

もう一つ、『労工之愛情』の終盤、階段に細工してナイトクラブの客を転げ落としてしまうシーン、つまり「階段落とし」がある。これは、バスター・キートンの『化物屋敷 The Haunted House（一九二一）』や『電気館 The Electric House（一九二二）』等に頻出するもので、ここからヒントを得た可能性は排除できない。

ここでも、主人公鄭が、元は大工であることが力を発揮することになるが、その点ではこうした仕掛けを合理化するために主人公に与えられた設定が、大工から果物屋への変換と見られる。だが、こうした設定を取ったため、不合理な一面も露呈する。ナイトクラブが自宅の二階にあるという設定だ。通常、人が多く出入りする店舗が一階にあり、その二階が住宅というのが中国南方都市において多く見られることだが、その逆に一階が住居で二階が店舗という例は、まずあり得ない。「階段落とし」を成り立たせるためにこのように設えられたのだろうが、この種のコメディでそこまで目くじらを立てる観客も多くはあるまい。

ただし、この「階段落とし」が、バスター・キートンの作品から借用、ないしはそれを参照したとの蓋然性は、公開時期からしてありうるものの、確かな証拠は得られない。バスター・キートンの作品が、『労工之愛情』撮影より前に上海で放映された確証が見出せないのだ。チャップリン（却潑林、または卓別麟、ないし卓別林）、ハロルド・ロイド（羅克、ないしは魯克。中国でこう称されるのは、ロイドの当初の作品がチャップリンを模倣したLonesome Lukeとのキャラクターだったため。その後眼鏡をかけた独自のキャラクターを生み出した後もLukeの音訳である「羅克」「魯克」と呼ばれ続けた）とは異なり、バスター・キートンの記名性は低く、その名が「裴斯開登」ないし「裴斯凱登」として顕在化するのは、一九二四年頃からだった。上海での映画興行の多くが、フィーチャー映画方式を取り出した第一次世界大戦後、つまり一九一〇年代末から、五巻ないし六巻ものと組み合わせて、一巻ものが数本放映されるようになったが、その付け合わせの併映フィルムは一巻ものコメディが多かった。通常、これらは作品名を掲げぬまま「滑稽笑史一本」とか「滑稽趣劇二本」「最新笑片三本」等と表示されることが多く、誰の何が放映されたのか判別しかねる場合が多い。キーストン作品は、早くから「開司東」と称されたが、「卓別麟」「羅克」と「開司東」以外はほとんどその名を知るよしもなかったのだ。こういう記名性が低いコメディ作品の中に、あるいはバスター・キートンの上記作品が混ざっていた可能性も否定できないが、現在のところそれを立証する術がないのが実情だ。したがって、バスター・キートンの「階段落とし」の参照、『労工之愛情』への遷移は、仮説として留めおくしかない。

(3) その後の放映経過と評判

こうして第一回作品を公にした明星影片公司の中国国産映画は、その後どのように推移したのか。まずは、放映の経過を追ってみよう。

初演は、前節(3)項ですでに見たとおり『滑稽大王游滬記』と抱き合わせで、一九二三年一〇月五日に夏令配克戯院で開幕旗揚げ公演として放映された。当初は五日六日の二日間の予定だったが、急遽二日延長されて八日までの興行となった。その後一週間ほどして、一〇月一六日から二二日までの一週間、今度は小屋を移して八仙橋霞飛路口（現淮海中路）にあった、これもラモスが経営する豪華映画館である恩派亞《エムパイア》影戯院（一九二一年開業）で上映が行われた。さらに、一日置いて二三日から二九日までの一週間、虹口の東熙華徳路荘源大街道（現東長治路）に開設されていた萬國大戯院（一九一七年九月開業）に移って興行が続けられた。そして、さらにまた一日置いて一〇月三〇日から一一月五日までの一週間、ラモスが最初に興した常設映画館である虹口大戯院（乍浦路海寧路角）で興行が行われた。こうして、ほぼ一〇月一ヵ月の間、上海公共租界、仏租界に跨がり数館を股にかけて放映されたのだが、その後はぱったり上映広告は姿を見せなくなる。

各映画館での上映期間は、初演の夏令配克がプレミア上映だったことを除けば、すべて一週間の興行で、これは当時の上海映画館で一週間二回のフィルム交換が定着していた興行方式からすれば破格の扱いであり、それを行うだけの集客力があった証ともいえる。だが、一方では三館三週間で第一クールが終了という実態は、それほど人気を博したわけではないことを物語るものでもある。つまり、そこそこに客は呼べたが、それほど大好評を得たとはいいかねるもので、ほどほどの評判とみるべきところだろう。

このことは、初演直後に掲載された映評にも如実に表れている。初演二日後の一〇月七日と九日の二回に分けて、『申報』の「自由談」というコラム欄に観後評が公表されているのだ。〝呆〟と署名される執筆者は、『滑稽大王游滬記』と『労工之愛情』を対象に観後記を記すが、以下には『労工之愛情』に言及した部分を中心に見てみよう。

「中秋〈旧暦八月一五日〉に、明星公司第一回作品として『滑稽大王游滬記』と『労工之愛情』が放映された。私もこれを見たが、大変完成された作品と見えた。どこも欠点はなく、最初の試みとして、ここまで成果を上げるのは並大抵のことではない。当事者の苦労は、尋常のものではなかっただろう。これを見て、少しばかり感想を抱いたので明星公司に提供したく考えた。『滑稽大王游滬記』との題名は、実に味わい尽きぬおもしろい命名だ。…〈中略〉…『労工之愛情』の末尾では、どうして字幕をもう一枚加えないのだろう。なぜかといえば、末尾で医者はたくさんの患者を得て娘を大工に嫁がせることになるが、演者が一人〈ひょっとして私の見落としか、だが多くがそうだった〉漏れており、患者一人一人が〈私の見たところでは、何人かは支払ったが〉代金を支払っていない。祝医師が娘を大工に嫁がせ、自分は大忙しの目に遭いながら、びた一文手に入れられなかった。そうだとするなら、ここに字幕を一枚加えて「祝医師の机の上の代金を見ると一文もない。医者は大いに落胆する」とした方がよい。これにより、ありきたりの大団円式の結末で終わることを回避し、滑稽作品を滑稽に終わらせることができるからだ。[46]」

その続き「下」では、さらに具体的場面につき見解を披瀝する。

「もう一面では、大工が果物屋を開いているので、〝労工〟の二字はやや不適切ではないかと思う。ここも、字幕を一枚加えて補うべきだ。

演ずる二人の鄭〈鄭鷓鴣と鄭正秋〉は、名うての芸達者で、特に言うべきことはない。茶館の主人を演ずる厳氏が、むしろ活き活きとしてさまになっていた。ただ、大鍋に落とされた後少しも動かずにいるのは、いかにも硬直した演技だ。また、周囲の若者たちが自分たちだけで笑い過ぎで、やや興ざめのところがある。

この他、いくつかの問題点を指摘するが、これはあら探しをしたいがためではない。それは、ここで指摘しておくことが、将来次の作品を撮る際に参考になると考えるからだ。…〈中略〉…脇役は、あの文明戯の悪習にゆめゆめ染まらぬようにして欲しい。大勢の登場退場の場面では、特に気を付けるべきだ。登場しない場面では一人も登場せず、登場するとなると七、八人がこぞって登場するのは、いかにも不自然だ。したがって、果物屋の店先に出てくる子供たちは、茶館に湯をもらいに来る人間より自然さが足りない。医者に来る客も、一人が去り一人が来るが、まるで申し合わせでもあるかのようで型にはまり過ぎだ。一人がまだ立ち去る前に次が来る、あるいは一人が去ってしばらく間を開けて次が来てこそ自然になる。末尾に来る患者は、おそらく皆同じクラブに出入りするものなのだから、互いに挨拶するべきだろう。以上の諸点は、鄭正秋の演技入門の第一項にあることなので、遠慮なく指摘させてもらった。[47]」

実際の映画と対照すると、患者が金を払っていないとか筆者の見落としによるところも見受けられるが、おおむね善意ある建設的提言といえる。大鍋に落とされた茶館の主人が身動き一つしないのは不自然とか、医者に訪れる家賃の取り立て人や、壺を売りに来る人間の出方がぎこちないとかは、まさに指摘どおりで、『労工之愛情』の拙さが表れているところだ。また、最後に一文も残らない結末にする方がコメディとしておもしろいといった提言も、傾聴に値するものといえる。この観後記は、第一回目の作品ということを考慮して、改善すべき箇所を指摘し、より良い作品撮影を生むため今後の参考に供するとの姿勢だ。

すでに見た明星の宣伝項目で掲げられた、「優れた注目点」で謳ったそれぞれのおもしろさについては、特に何も言及されておらず、これらの点が新奇な表現だったかどうか、この批評からは確認しようがない。また、大工道具で果物を処理する仕種が新鮮なものだったか、医者の治療の仕方がおもしろおかしい特徴を発揮したか、印象深く受け入れたかどうかも定かではない。しかし、何も触れていない点からは、少なくともこれらの表現方法が、突飛もない不自然なものと受け止められたのでないことは窺えよう。その背後にチャップリンがあり、ロイドがいることは、ここでは察知されていないし、そうした参照や踏襲については、まだ理解が及んでいないというところだろう。ただ間違いのないことは、『労工之愛情』が、とりわけ優れたコメディとして評価されたわけではなく、また意表を突く傑出した作品と認められて絶賛を博したわけでもない、ということだ。

明星影片公司第一回作品は、かくして映画市場に送り出されたが、先の放映経緯からも窺えるが、その評価は可もなく大過も少ないという程度のものだった。三館で各一週間放映されたが、第一クールはそこまでで、それ以上放映する映画館は現れず、映画批評でも建設的な提言を受けるものの、格別高い評価を受けたわけではない。いわばご祝儀混じりの評価を受けただけで、すでに定着していた上海の映画放映興行

表16　『大鬧怪戲場』放映推移

上映館	上映期日（新暦）	上映期日（旧暦）	上映期間
夏令配克戲院	1月26日(金)～28日(日)	十二月初十至十二	3日間
恩派亞影戲院	1月29日(月)～31日(水)	十二月十三至十五	3日間
虹口影戲院	2月1日(木)～2日(金)	十二月十六至十七	2日間
萬國大戲院	2月3日(土)～ 4日(日)	十二月十八至十九	2日間
卡徳影戲院	2月5日(月)～6日(火)	十二月二十至念一	2日間

の中で、明星影片公司の作品がどれだけ受け入れられるのか、本当に値踏みされるのはもう少し先のことになるのだった。

第三節　『孤児救祖記』――「孝」の世界という鉱脈

(1) その後の明星影片作品

第一回作品を世に送り出した明星影片公司は、間髪おかずに第二回作品を世に問う。それは、『大鬧怪戲場』と『頑童』の二作で、年明けすぐの一九二三年一月二六日に夏令配克戲院でのプレミアム初演から始まった。その放映の経緯を見ると上掲表16のとおりだ。

第一回目の『滑稽大王游滬記』『労工之愛情』の時のように初演興行は延長されることなく、三日間のみで終わり、間断なく次の小屋に引き継がれて行く。第一回公演の際と比べると、わずかに卡徳影戲院一館が追加されたが、各館での興行はそれぞれ三日間（または二日間）ずつで、当時の上海での週二回のフィルム交換のスケジュールに沿った通常の放映方式であり、格別の優遇措置は採られなかったことが分かる。卡徳影戲院は、卡徳路《カーター》（現石門二路新聞路口）に一九一七年に開業した映画館で、夏令配克戲院の北五〇〇メートルほどの地点に位置する。

夏令配克戲院での初演の際の興行広告では、その内容を次のとおり告知する（図像162参照）。

「明星公司第二回新作コメディ、さらに本院を借り、一二月初十〈西暦一九二三年一月二六日〉より連続三夜上映。作品は合計三本。一本目は、『大鬧怪戲場〈不思議な劇場大騒ぎ〉』。料理人の眼前に浮かぶチャップリンとハロルド・ロイドに生きた魚と蟹、虫が芝居の中で活き活きと跳ね回る。さらに天下一の美男美女と自称する醜い男女が登場する。頭の上に頭が生える怪物も現れ、笑いを誘う大小の男児、しかも料理人は家族を脇役とし、芝居の稽古の際に見せる種々の滑稽な仕種、大いに見せ場を作る。もう一本は、『頑童〈いたずら小僧〉』。年端もいかぬのに、数々の手練手管を使い警察官をてんてこ舞いさせる。暴力的に無

図像162『大鬧怪戯場』上演広告

理矢理ただ飯を食い、卵を盗もうと木筒を転がしたり、支払いをごまかすため車に乗り込んだり、あれこれのおもしろきこと、観るものを魅了せざるものはない。さらに一本は上海ニュースと称し、工部局義勇軍〈Shanghai Volunteer Corps〉中国隊の双十節〈一〇月一〇日辛亥革命記念日〉での役所前儀礼（閲兵）、射撃場（野戦）及び各種体操技芸[48]…〈下略〉…」

『大鬧怪戯場』は、料理人が劇場に入り込み、大騒ぎを演ずるドタバタ喜劇らしいことが窺えるが、そこにチャップリンやハロルド・ロイドのイメージまで繰り出していることが分かる。すでに見た『滑稽大王游滬記』との近似性を連想させるが、ハロルド・ロイドも登場させているとなると、『労工之愛情』の背後にロイドが見え隠れすることとの関連性も示唆するといえるかも知れない。

一方、『頑童』は、子役を使ったコメディだが、その主役を演じたのが、鄭正秋の息子でその後の明星影片公司の名子役として活躍する鄭小秋であり、これを巧みに使って仕立てたものと推測される。三本目は、記録ニュース映画で、劇映画の不足を補っていると見える。翌日一月二六日の広告[49]では、『大鬧怪戯場』を三巻とし、『頑童』を一巻と示しているが、これだけでは一回の放映興行を満たすことができないため、記録ニュースを併せて上映したものだろう。さらにそれでも一回の興行時間を埋めるには足りず、「童子團」（ボーイスカウト）による「柔術」の「驚人絶技」の短篇を付け加えている。

この『大鬧怪戯場』と『頑童』は、第二回作品とはいうものの、第一回公演の『滑稽大王游滬記』と『労工之愛情』とほぼ同時進行で撮影されたもののようで、いわば一連の同じ企画による撮影で、それが時期をずらして放映されたものと推測できる。これらの撮影を監督として主導した張石川は、後に明星影片公司創設当時を振り返って、まず初めに『滑稽大王游滬記』を撮影し、これが自分にとっての「処女作」だと認めた上で、それに続いて『労工之愛情』と『大鬧怪戯場』を監督したと述懐しているからだ。[50]つまり、第一回公演として『滑稽大王游滬記』と『労工之愛情』が一組のものとして公開されたが、撮影の順序としては『滑稽大王游滬記』が先行し、これに続いて『労工之愛情』と『大鬧怪戯場』『頑童』が続いたと見られる。したがって、第一回上映と第二回上映には、作品作りの上での進展や前作を省みて新たな創意工夫を加えるという改善発展の軌跡を追うことはできそうにない。

(2) 明星影片公司初の長篇映画『張欣生』

これに続いて、翌月二月一六日の旧正月（春節）元旦から、再び夏令配克戯院でプレミアム初演が始まった『張欣生』（一二巻）は、明星影片公司が初めて着手した長篇作品だった。これは、前年一九二一（民国一〇）年に発生した父親殺し事件を映画化したものだが、放蕩息子が父親を毒殺し、それが露見してすでに埋葬された屍体を蒸籠で蒸して毒薬の成分を検出したという、当時の世情を震撼させる事件だった。[51]

この事件を、現場の臨場感溢れる実写で再現したのが明星影片公司の『張欣生』だが、その概要を上演広告（図像163参照）は、以下のように伝える。

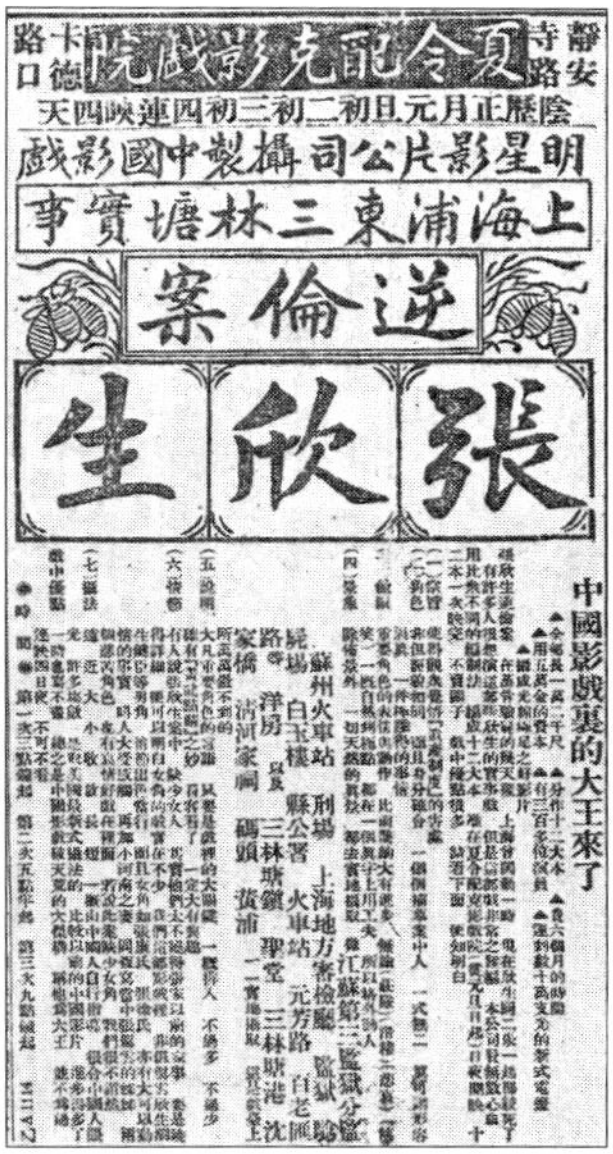

図像163 『張欣生』上演広告

「張欣生の尊属殺人事件、屍体を蒸して毒物検分した数日間、上海は一時大騒ぎとなった。今、〈首謀者の〉張欣生も〈共犯の〉二人の朱〈茶館の給仕の朱潮生と漢方医の朱〉もともに絞殺刑となった。多くの人間がこの張欣生実録ものを演じたいと考えたが、この芝居は極めて脚色しにくい。本社では、多大の心血を注ぎ、他とは比べようなき脚色法で一二巻の作品を完成。夏令配克影戯院にて〈元旦より〉日夜上映。一二本一度に放映。途中で、以下は次回のお楽しみと区切ることはしません。内容の特長は以下をご覧いただければ一目瞭然。（一）趣旨　観衆に「遺産制度」の不合理を認識させること（二）配役…〈中略〉…（三）演技…〈中略〉…（四）情景　背景セット以外、すべて実景によるもの。現地で実地に撮影。たとえば江蘇第三監獄分院・蘇州駅・刑場・上海地方検察庁・監獄・屍体検分現場・白玉樓・県役所・駅・元芳路（Yuenfong Road 現商邱路）・百老匯路（Broadway Road 現大名路）[52]等・洋館及び三林塘鎮・聖堂・三林塘港・沈家橋・清河家祠・埠頭・黄浦、いずれもすべて現地で実地に撮影したもので、これは舞台では決してできないもの。（五）説明…〈中略〉…（六）ストーリー　張欣生事件には女性が乏しいという人がいる。それは、張家のそれまでの家内事情を知らなすぎることによるもの。詳細を知れば、女性の役どころも実に多いことが知れる。我らの作品では、駕雲〈張欣生の父親〉と欣生、潮生、健臣〈漢方医の朱〉等の男性配役だけでなく、物語の展開の中、女性役、たとえば張康氏、張徐氏〈それぞれ張家の妻たち〉も、人の心を動かす事情があり、大いに感銘を与えるものがある。さらに小河南の妻と、回想場面での張駕雲の姉の二人が悲嘆の役回りで、涙に暮れる悲劇の好芝居が満載。もしこの作品に女性役が乏しいというなら、我らはそれに賛同しかねる。（七）撮影法　遠近、大小、接写遠景、長短、いずれも中国人が自ら指揮するため、中国人の目線に合致するものとなっている。かなりのシーンで、アメリカ最新式の撮影法を採り入れ、以前の中国映画に比べ、進歩が大きい。作品の特長　一言では語り尽くせぬほどで、要するに中国映画では前代未聞の大傑作。これを大王と称しても、決して過分とはいえぬもの。連続四昼夜放映、必見の作品[53]。……〈下略〉……」

張欣生が茶館の給仕の朱潮生に唆され、漢方医の朱の助力を得て父親を毒殺、その後、すでに死後二年を経過した屍体を掘り起こして毒薬検分という主線に、女性の悲劇を絡ませて「哀情（女性の苦難を描く）」ストーリーを挿入して作品を成り立たせていることが窺える。ただし、主眼は屍体検分シーンのおどろおどろしさに置かれていたようで、ショッキングなシーンも相当組み入れられたようだ。

事件の属性の点でいえば、第一節で見た中国影戯研究社製作の『閻瑞生』に類似した放蕩者の背徳物語だが、『閻瑞生』が妓女を殺して金品を奪った事件であるのに対して、この『張欣生』は、実の父親を毒殺した「逆倫（人倫悖逆）」物語で、たとえ清朝が終焉を遂げ中華民国に入っていたとはいえ、いわば尊属殺人として社会的に非難を受ける度合いははるかに大きい事件だった。しかし一方で、背徳の度合いが高いほど、反社会的であるほど、庶民は猟奇と好奇の眼を向けることは『閻瑞生』の例で実証済みだ。その猟奇の志向に乗り、劣情を煽って観衆を獲得する手法は、褒められたものではないが、これは一定の収益を上げうる方法であり成功が見込めるはずだ。事実、興行収益としては大きな成功を収めた。

作品の上映は、一九二三年の旧暦正月元旦に夏令配克影戯院で封切られて以来、表17のような経過を辿っている[54]。

『大鬧怪戯場』公開と

表17　『張欣生』放映推移

上映館	上映期日（新暦）	上映期日（旧暦）	上映期間	売上げ額
夏令配克戯院	2月16日(金)～19日(月)	正月元旦至初四	4日間	596.6元
恩派亞影戯院	2月22日(木)～27日(火)	正月初七至十二	6日間	3,182.6元
卡徳影戯院	2月28日(水)～3月3日(土)	正月十三至十六	4日間	1,562.3元
虹口影戯院	3月4日(日)～7日(水)	正月十七至二十	4日間	1,341.2元
萬國大戯院	3月8日(木)～11日(日)	正月廿一至廿四	4日間	
共和影戯院	3月12日(月)～15日(木)	正月廿五至廿八	4日間	

比べると、共和影戯院が加わり、放映映画館は六館に増加し、期間も一ヵ月に及んでいる。ほぼ間断なく次の小屋に引継がれていることから、おおむね順調に推移した興行といえるだろう。上記売上げ額を伝える報道によれば、三月五日（旧暦正月一八日）までの集計で、総計六〇〇〇余元の興行収入を得たという。夏令配克戯院が、映画館の地点と開演時期の点であまり有利とはいえずに集客力が芳しくなかった以外、その他の各館では「片到而客常滿〈フィルムの行くところ常に満席〉[55]」だったという盛況ぶりなのだ。「逆倫」もので、背徳の度合いが高く反社会的要因が強いものに、庶民は猟奇と好奇の眼を向けることがまたもや証明された格好だ。

表18は、この年の旧正月期間の各映画館での放映状況を『申報』上映広告によりまとめたものだが、名だたる洋画作品に伍して、明星影片公司の『張欣生』が興行界の一角を占め、十分健闘している様子が窺える。

『殘花涙（散りゆく花 Broken Blossoms）』が、卡爾登《カールトン》で打ち切りになり、上海大戯院ではポーリン・スターク主演の『掌珠重返記（マージ・オドーンの勇気 The Courage of Marge O'Doone）』から「アメリカの恋人」メアリー・ピックフォードの弟ジャック・ピックフォードが主演する『代表作賊（間違い泥棒 Burglar by Proxy）』までハリウッド作品を次々放映しており、

表 18 1923 年 2 月 22 日～ 3 月 1 日各影戯院放映状況

	恩派亞	愛普廬	卡爾登	上海	申江	卡徳	滬江	共和
2/22 四正月初七	張欣生	忠烈女	殘花涙影片因有特別原因不再開映／連床鴛鴦鬧醋潮	掌珠重返記 The Courage of Marge O'Doone (1920 米)	日：捨舊從新　夜：魯濱孫漂流記 The Adventures of Robinson Crusoe(1922)		羅克祖母之兒 / 滑稽 2 本 Grandma's Boy (1922)	傳家寶 / 滑稽 4 本等
2/23 五正月初八	張欣生	忠烈女	連床鴛鴦鬧醋潮	掌珠重返記	日：捨舊從新 夜：魯濱孫漂流記		羅克祖母之兒 / 滑稽 2 本	傳家寶 / 滑稽 4 本等
2/24 六正月初九	張欣生	忠烈女	連床鴛鴦	掌珠重返記	日：舟中敵國 夜：魯濱孫漂流記		羅克祖母之兒 / 滑稽 2 本	炸藥彈 / 滑稽 4 本
2/25 日正月初十	張欣生	忠烈女	連床鴛鴦	掌珠重返記	日：舟中敵國 夜：魯濱孫漂流記		羅克祖母之兒 / 滑稽 2 本	炸藥彈 / 滑稽 4 本
2/26 一正月十一	張欣生	破鏡重圓	避強権深山逃難	荒島良縁	日：舟中敵國 夜：魯濱孫漂流記		羅克祖母之兒 / 滑稽 2 本	中国風景片 / 趣劇
2/27 二正月十二	張欣生	破鏡重圓	避強権深山逃難	荒島良縁	日：舟中敵國 夜：魯濱孫漂流記		羅克祖母之兒 / 滑稽 2 本	中国風景片 / 趣劇
2/28 三正月十三		破鏡重圓	避強権深山逃難	荒島良縁	日：魯濱孫漂流記夜：鑽石縁 / 殺妻奇案	張欣生	羅克祖母之兒 / 滑稽 2 本	中国風景片 / 趣劇
3/1 四正月十四		因愛生疑	情海寄波 Nazimova 之傑作	代表作賊 Burglar by Proxy (1919 米)	日：魯濱孫漂流記夜：鑽石縁 / 殺妻奇案	張欣生	綠林豪俠	中国風景片 / 趣劇

申江大戯院では『魯濱孫漂流記（ロビンソン漂流記）The Adventures of Robinson Crusoe』が掛かり、滬江影戯院では『羅克祖母之兒（豪勇ロイド Grandma's Boy）』等が次々繰り出される中、『張欣生』は恩派亞影戯院から卡德影戯院にわたって正月興行の作品として十分その任を果たしている。もはや「ご祝儀」含みのお付き合い興行ではなく、採算が取れる自立した興行として成り立つ映画作品になったといえるだろう。

明星影片公司がその広告で謳うとおり、撮影も長足の進歩を遂げ、「アメリカ最新式の撮影法を採り入れ」たというのも、根拠のないことではない。

この作品の監督に当たった張石川は、『労工之愛情』『大鬧怪戯場』撮影の後、上海を訪問中だったコロンビア大学映画学教授の面識を得て、彼から多くの映画技法を修得するとともに、当時自己流で作成していた撮影台本がハリウッドで使用するものとほぼ同じであることを知り意を強くした等、暗闇の中を手探りで取りかかった映画製作に、まさに一粒の星の光が差し込んだかのようだったと述懐しているが、[56] これがちょうど『張欣生』撮影前の時期に当たるのだった。広告に謳う「アメリカ最新式の撮影法を採り入れ」とは、まさにこの事情を映したものと見ることができるのだ。

こうして「アメリカ最新式の撮影法を採り入れ」長足の進歩を遂げたはずの明星影片公司の作品は、興行としてはなかなかの好成績だった。第一回作品の『滑稽大王游滬記』と『労工之愛情』、第二回作品の『大鬧怪戯場』と『頑童』より上映館も増え、上映期間も延びたうえ、興行収益も好調だった。だが、興行成績は上出来だったとしても、この『張欣生』は社会風紀として問題視される要因を孕んでいた。それは、屍体検分を具に再現して衝撃的なシーンを現出するなど、映画表現として過度の刺激的場面を作っていた点だ。『中国電影発展史』では、この残虐シーンのため『張欣生』は初演後間もなく上海租界当局から禁映処分を受けたとするが、[57] 事実は検閲制度がまだ確立していなかったため、即禁映というような単純な推移ではなかった。当時、『張欣生』が公開された半年後に、江蘇省教育会が映画の社会教育への寄与の度合いの観点から審査を始め、ようやく同年七月二日に『張欣生』の審査を行っている。明星影片公司の任矜蘋が説明に出かけ、この作品は遺産制度の不合理、家庭教育、社会環境に眼を向けさせることに主眼があり、観客に父親殺しにいたった原因を知らしめ、社会改革の必要性を考えさせるためのものだと釈明したという。[58] これに対して、江蘇省教育会は、次のように評定したのだった。

「『張欣生』は、全篇一二巻にわたり事実を演じたもので、なおかつ因果応報を示しており、不適とするに当たらない。阿片吸引と賭博がもたらす罪過の因果関係につき説明が欠けていること、犯人が死刑執行される際、懺悔の言葉を語らせる補充を行うべきだが、この点が修正されるなら、本会が定める基準第二条に適合するものと認める。[59]」

社会文化史の角度から民国時代の映画環境につき実証的研究を続けている汪朝光は、『影芸的政治—民国電影検査制度研究』[60]の中で、この点に着目して、次のとおり述べている。

「『張欣生』の一作が、映画検閲への輿論盛り上がりの要因の一つとされるが、江蘇省教育会は上映禁止要求を出さぬばかりか、逆にこれを通過させたが、それは因果応報の道理とか〝不適とはしない〟等の表面的理由の他に、実は江蘇省映画審査委員会に強制的に禁止する権限が欠けていたことを表わすものだ。[61]」

権限がない江蘇省教育会が問題なしと通過させただけのことで、それが即ち『張欣生』の「逆倫」ものに何らクレームがつかなかったことを示すわけではない。実際、上海以外の地では、たとえば直隷省（皇帝の膝元の意、現在の河北省一帯）省長王承斌は、一九二三年六月に訓令を発して『閻瑞生』と『張欣生』を上映禁止処分にした[62]という点からすれば、やはりこの「逆倫」ものは、社会風紀の面で相当物議を醸す映画作品であったことは間違いない。

しかも、たとえ江蘇省教育会を通過させることができたとしても、またいかに実録ものとはいえ、父親殺しという背徳を描くことがはたして映画作りの道として正当かどうか、明星影片公司内部でも、これが世間に誇れる成果かどうか釈然としないものが残ったのではないか。第一節⑵項で見たとおり、明星影片公司の株式募集では「映画は確かに大衆の心を代弁することができ、確かに新しい人生の真の意義を表現できるものだ」と認め、社会教育の鑑を目指すだけの一辺倒ではなかった。だが、それでも「映画は家庭教育、社会教育、そして学校教育の足らざるを大いに補うものと認める」として、社会教育の一翼を担う立場も掲げていたはずだ。その明星影片公司が、「逆倫」、父親殺しの放蕩息子を扇情的に描いた作品で観客の評判を取ったとしても、それで胸を張って大成功と自ら満足できる作品だったのだろうか。

もともと中国国産映画製作者には、社会感化に役立たねばならぬとの教育主義への志向が色濃く流れていたことは、前章第三節⑶項の商務印書館の映画製作のところで見たとおりだが、張石川と手を携え共同で明星影片公司を支えてきた鄭正秋も、その主張を強く抱く一人だった。

鄭正秋は、最晩年の著述である「自我導演以来〈私が映画監督を始めてから〉」（『明星』半月刊、一九三五年第一巻第一期所載）の中で、一〇年余にわたり携わった映画監督業を振り返って、次のように記している。

「当初、私が監督する映画作品には、教訓的色合いが濃厚だと感じ、芸術は当然、芸術のための芸術であるべきで、娯楽の映画は教科書とは異なるという人がいた。教訓的意味合いを映画の中に込める必要はないというのだ。こういう言い分を聞いても、私は何も動じることはなく、一年また一年と引き続き監督してきたし、一本また一本と続けて監督してきた。それぞれの映画の中で、少しでも良心的主張を入れる余地があれば、それを注入してきた。この一貫した主張は、それは終始変わらなかった。ここ数年、芸術至上主義は次第に勢いを失い、芸術のための芸術という議論も、すでにめったに聞かれなくなった。映画はただ単に娯楽に止まるのみではなく、当然教育的意義を備えるべきだとの主張が、すでに大手を振って歩み出したことで、私は非常に愉快に感じている。[63]」

この「自我導演以来」は、『明星』半月刊に続編が掲載されるはずだったが、この一文が掲載された三ヵ月後、鄭正秋は帰らぬ人となってしまったため、この「回顧録」が映画監督に関する彼の遺稿となったが、最後まで映画の教育的役割を唱え続けた格好だ。一〇年以上に渡る監督業の中、映画の娯楽性との間に折り合いを付けつつも、それでもなお「少しでも良心的主張を入れる余地があれば、それを注入してきた」

のだが、その当初は「教訓的色合いが濃厚だ」と批評されたと自ら認めるとおり、教育主義はこの晩年の時期よりも強く備えていたはずだ。こうした鄭正秋が、背徳の父親殺しの実録ものを映画化し、悦に入っていたとは考えにくい。

先の『張欣生』初演広告においても、「(一) 趣旨　観衆に『遺産制度』の不合理を認識させること」と謳ってはいるが、実際に撮影された映画が、猟奇的で衝撃的場面に満ちたものだとすると、この謳い文句が作品の中で実効性あるものだったかは疑問を残すものだ。

国産映画において、興行成績と教育効果の折り合いをつけることは、依然として大きな課題であり、即座には達成しかねる高い目標であり続けたのだ。

(3)「逆倫」から「社会道徳」へ――『孤児救祖記』の新境地

興行的に良好な成績を上げた『張欣生』ではあったが、背徳的筋立てと猟奇的場面に抜き難い後ろめたさを抱える以外に、もう一つ大きな問題が横たわっていた。それは、映画興行市場の小ささだった。前述のとおり、上海での興行は、ほぼ一ヵ月で第一クールを終了しているが、この一ヵ月の放映だけでは、投下した資本の回収は十分とはいえなかった。そこで、監督の張石川は、配給・営業担当の周劍雲(第一節(2)項参照)と連れだって、天津へ配給路を拡大する旅に出る。さらに鄭正秋と連携するために漢口へ向かう旅途、彼は次なる作品の構想を練ったのだという。[64]

構想の中心は、『労工之愛情』で主役を演じ、『張欣生』でも張欣生の父親張駕雲役を演じた、明星影戯学校教務主任を務める鄭鷓鴣（同(2)項参照）と、『頑童』に起用され、『張欣生』でも張欣生の息子役を演じた鄭正秋の子息鄭小秋を据えることだった。さらに女優として、明星影片公司の配給担当の一人である任矜蘋（同(2)項参照）が発掘した王漢倫を起用することにした。王漢倫は、英美烟公司（ブリティッシュ・アメリカン・タバコ）のタイピストを務めていたが、当時すでに名を馳せる「摩登女郎（モダンガール）」だった。その上、当時眼鏡店で眼鏡の調整担当だった王献斎と、たまたま眼鏡を作りに行って知り合い、これも配役に据えることにしたという。[65]

これが『孤児救祖記』（一〇巻）の端緒だった。

『孤児救祖記』は、フィルもそのものは残存していないが、梗概と字幕原稿が残されており、これによって概略を知ることができる。[66]

【あらすじ】

裕福な老人楊寿昌（配役鄭鷓鴣）の息子道生が事故で不慮の死を遂げ、その妻余蔚如（配役王漢倫）が残されるところから始まる。楊寿昌の甥の道培（配役王献斎）は、道生が亡くなったと聞くや、楊家の莫大な財産が自分に転がり込むと目算を立てる。楊寿昌は、やむなく道培を養子にとり跡継ぎとすることにする。道培は思惑通りにことが運びそうになったところで、余蔚如が身ごもっていたことを知る。今にも手に入りそうな財産がその子に奪われてはならずと、道培はあらゆる手だてを講じて余蔚如を楊家から追い出す。家を追われた余蔚如は、数ヵ月後、無事男児を生み、名を余璞と名付ける。ほどなくして、楊寿昌は資金三万元を投じて「義務学校」（貧民学校）を設立し、自らも学校の隣に居を据える。一〇年後、余璞（配役鄭小秋）は成長し、「義務学校」で学んでいた。彼は聡明で機転が利き、楊寿昌もこの子を気に入っていた。楊寿昌は道培が不埒な遊びに耽っていることを知り、以後金を出さぬ決意を固める。これを知った道培は、楊寿昌を亡き者にせんと企む。彼が楊寿昌に手をかけようとしたその時、余璞が楊寿昌を救う。こうして祖父と孫、舅と嫁が再び一家に団欒できることとなった。最後に、楊寿昌がすべての財産を嫁に託し、余人には手を出させぬと宣告する。

これに対して、余蔚如が深い思いを込めて資産の一部を学校に寄付すると申し出、次のような会話が展開する。

「蔚如：今日こうして一家が一緒になれたのは、その源を辿れば、蔡先生の学校のおかげと感謝しなければなりません。

蔚如：今もっとも大きな問題は、貧困児童が学ぶ場を失っていることに尽きます。私は財産の半分を蔡先生に託して、もっとたくさん学校をつくっていただきたい。

蔡偉東：奥様が巨富を投げ出して、教育を奨励されるとは、私は当今の無数の学ぶ場を失った児童に代わって、感謝申し上げます。

寿昌：今私に命があるのは、お前のおかげ。偉大な人物に成長して楊家のために輝かしい歴史を記してくれ。」

ここから窺えるとおり、筋立ての主線は、『張欣生』と同じく放蕩息子が父親を殺害して財産を独り占めしようとする「逆倫」の背徳物語だ。しかし、その背徳者は、貧窮に耐えつつ実直に生きた健気な嫁とその息子によって打ち倒される。さらに、その息子は、貧困の中「義務学校」＝貧民対象の学費無料学校で学び、その教育により人として正しい道を進むことを知ったため、祖父の危難を救うことができたとの因果律が貫かれる。ここには、重層的な「徳行」がはめ込まれている。一つは、孫が祖父の危難を救うという私的な、かつ伝統的「孝行」であり、もう一つは貧民学校で学び、その教育の成果として善悪の判断を正しく行える少年が育ち、なおかつこの少年が「善行」を行い得た社会的位相での「徳行」だ。孝行息子は、祖父を救う「孝行」を成し遂げただけでなく、貧民教育の成果により善行が達成されたことで学校教育の有効性を顕彰するとともに、その学校作りに貢献する点でも大きな功績を上げ、これによって二重の「徳行」を達成したことになる。

王漢倫演ずる蔚如の存在も、中国戯曲などですでに伝統である「哀情（女性の苦難を描く）」ものとして、欠くことができない要因だ。艱難辛苦を強いられながら、しかし清く正しく健気に生きる女性像は、多くの女性観客を惹きつけるものだからだ。

民国期一九三〇年代から四〇年代にかけての中国映画製作を担った監督の程歩高は、一九六三年に記した「中国最早的五部故事長片」の中で、こうした「哀情」ものに長けた鄭正秋の特質を以下のように解きほぐしている。

「道徳的で濃厚な情緒があり、ドラマ性とストーリー性に重点を置き、これでもかこれでもかと力を込める。特に悲劇的部分では、観衆が最も共感する善人、とりわけ苦労という苦労を背負いつづける寄る辺なき女性主人公にまつわるストーリー性やドラマ性を強調する。この世の不幸の全てを、可能なかぎり、立て続けに、孤立無援のかわいそうなヒロインの身の上に降りかからせ、どこにも救いがないようにする。ヒロインは生贄の子羊のように他人にもてあそばれ、この世の苦しみをなめつくす。このヒロインに、観客は同情し、当然感情移入する。登場人物が苦しめば観客も苦しみ、登場人物が涙を流せば観客も涙を流す。」[67]

この評言は、直接的には一九三四年の『姉妹花』(鄭正秋脚本監督、胡蝶主演、明星影片公司出品)を対象としたものだが、その前段で述べた『孤児救祖記』との連関で語っていることなので、『孤児救祖記』も、ほぼ同じ手法、同じ仕掛けのものと意識されていたはずだ。観客が同化する善良なる女主人公には、「この世の不幸の全てを、可能なかぎり、立て続けに、孤立無援のかわいそうな」境遇を与え、登場人物と同化して観客に涙を流させる。『孤児救祖記』でいえば、夫に先立たれ、夫の弟に厄介者扱いされて婚家から追い出される余蔚如がこれに当たる。しかも、婚家を追われた後になって子を産み落とす。その子余璞を女手ひとつで育てる艱難辛苦は、まさに「生贄の子羊のように他人にもてあそばれ、この世の苦しみをなめつくす」存在であり、この余蔚如が「苦しめば観客も苦しみ」、余蔚如が「涙を流せば観客も涙を流す」という構図そのものだ。

だが、こうした女性の苦難物語は、前作『張欣生』にも挿入されていた。それは、本節(2)項に挙げた上映広告の「(六)ストーリー」からも明らかなとおりだ。女性の苦難の物語を挿入することは、明星影片公司の映画作りでは、すでに定式化していたとさえいるほどだ。ところが、こういう『張欣生』と『孤児救祖記』との最大の違いは、『孤児救祖記』では父親を亡き者にせんと画策する放蕩息子に対し、貧民教育の学校で人としての正しい道を学び、実の祖父とは知らぬ楊寿昌の危難を救うところにある。結果としては、私人郷党間の「孝行」にも当たるが、見ず知らずの老人の危難を救う「社会道徳」が少年余璞を動かした動機であり、この点において伝統的「孝」だけに止まらぬ近代的道徳性を巧みに盛り込むことに成功したといえる。こうした道徳心の近代的展開を、貧民学校を通じて顕現させたことに『孤児救祖記』の意義が見出せる。つまり、前章第三節(3)項で見た商務印書館活動影片部が早くから掲げた平民教育への貢献、沈恩孚ら開明派の教育家が唱える普通教育と社会教育の普及により中国を近代化させる、との方策を具現する一翼を担うものとなったのだ。『張欣生』から『孤児救祖記』への展開には、実は国産映画作りの上での理想を一歩前進させる上での大きな飛躍が潜んでいたと見ることができる。

もちろん、こうした社会教育面だけでこの作品が成り立っていたわけではない。『滑稽大王游滬記』や『労工之愛情』で蓄積した滑稽、スラップスティック・コメディの要因も忘れてはいなかった。後に「デブキャラ」として名を馳せる俳優黄君甫を使って、豚を追い回す場面を入れるなど仕掛は十分に込められていたのだ。この黄君甫は、もともと閘北の肉屋の息子で、豚の扱いに慣れていた点を見込まれ、このシーンがあえて考案されたという[68]。

社会道徳の提唱や貧民教育の重視で社会教育への貢献を達

成するだけでなく、伝統的な芝居の要因である女性の苦難物語「哀情」劇としても見応えがあり、さらにはドタバタ喜劇の要因もとりまぜて大衆を喜ばせることも忘れず、これらをほどよく調和させて成り立たせた『孤児救祖記』は、中国国産映画の中で、まさに新境地を切り開く作品といえるものだった。

『孤児救祖記』が完成するまでには、八ヵ月を要したという。一九二三年二月から三月にかけて『張欣生』が上映されて以降、明星影片公司は新作を公にしていなかったが、この年の一二月二三日から『孤児救祖記』を、いわば満を持して公開した。初演の二日前から、広告（図像164、165）を掲げたが、今度の初演は夏令配克戲院ではなく申江大戲院で行うと告知している。申江大戲院は、六馬路（現北海路）と雲南路の角に開設されていた申江亦舞台を、一九二三年二月に改装して映画館として再出発した劇場だった。映画館としては、まだ知名度も低く、何らかの呼び物を必要とする事情があり、明星影片公司の第二弾の長篇作を上映することになったようだ。なお、この申江大戲院は翌々年一九二五年からは、中央大戲院と改称し、明星影片公司、および中国国産映画専業放映館へと変遷して行く。

図像164
『申報』1923年12月21日第1面

図像165
『申報』1923年12月21日第17面

だが、最終的に申江大戲院に決したものの、初演に向けて放映劇場と交渉することは、明星影片公司の思惑に反し容易いことではなかった。当時配給を担当していた任矜蘋が、撮影が完成するやいなや上海大戲院支配人の曽煥堂と話をつけ試写会に持ち込んだという。ところが、まだ編輯過程で字幕も完成していなかったフィルムを観た曽煥堂は、途中まで観ただけでこういったという。

「笑わせるな！　こんなフィルムをうちに持ってきて上映できると思っているのか？」[69]

すでに第四章第一節(2)項で見たとおり、上海大戲院は、曽煥堂が設立した初の中国人経営になる映画館で、「上海唯一最大之劇場」を謳う第一級の映写効果と設備で優れた作品を提供することを目指した映画館だった。しかしそこで放映される映画は、この時点まで、すべて外国映画だった。こけら落としが、『妖党』（「ミラの秘密」The Mysteries of Myra／図像88、89参照）だっただけでなく、その後も当時の上海封切り作品、なおかつ当時の話題作、優秀作を次々上映して、上海映画興行界では格式ある「一番館」に位置していた。その上海大戯院で興行できるとなれば、明星影片公司が自信を持って送り出す『孤児救祖記』にとって、恰好のステータスを得る機会だったはずだ。こうした思惑から、曾煥堂に話を持ちかけ試写に及んだのだろうが、結果は惨憺たるものだった。曾煥堂に作品を見抜く眼力がなかったのか、あるいは当時上海で映画興行界の上層を占めていた外国映画と比べて、『孤児救祖記』が作品の完成度、表現力の点で見劣りしたのか、おそらくそのどちらでもあったのだろう。

ところで、この広告で注目されるのは、第一七面の上映芸能興行欄での広告（図像165）で、題字のすぐ上に次の一文が記されていることだ。

「本作は、すでに江蘇省教育会にて審査され教育の原理に合致すると認められ、社会に良好な影響を与える作品として第一等に選定されました[70]」

江蘇省教育会により、社会教育として人々を善導する効果がある作品と認証されたと唱えているが、この点こそが前作の『張欣生』とは大きく異なり、明星影片公司としては、前作の抜き難い後ろめたさを払拭して、自ら胸を張って誇れる新境地であることを顕示しているといえそうだ。事実、江蘇省教育会は、作品封切り前の『孤児救祖記』を一二月二一日に試写審査し、次のとおりフィルム上に「審査合格」を打ち込む許可を出している。

「さて、貴公司が試演された新撮影の『孤児救祖記』について、本会委員がすでに出向いて審査した結果、本作の題材は本邦国情にきわめてよく合致し、ならびに教育の本分に適うものと認めます。作中に若干の瑕疵があるものの、すでにお伝えしたとおり、また本日議事録の抄本にある点のほかは、このまま上映するなら審査合格と認めます。フィルムに江蘇省教育会映画審査員会審査通過の文字を打ち込み、本会が推奨する意をお伝え下さい[71]。」

かくして江蘇省教育会からお墨付きを得た『孤児救祖記』は、以下表19のとおりの放映軌跡を辿るが、これは明星影片公司始まって以来の大当たりの作品となり、放映が一クール終了した後も、再演する映画館が現れるほど引っ張り凧の作品となったのだった。

すでに一月九日から一三日にかけて五日間放映した滬江影戯院は、二月一二日から一四日まで三日間再映するが、その

表19 『孤児救祖記』放映推移

上映館	上映期日（新暦）	上映期日（旧暦）	上映期間
1923年			
申江大戲院	12月23日(日)～27日(木)	十一月十六至二十	5日間
恩派亞大戲院	12月28日(金)～1月3日(木)	十一月廿一至廿七	7日間
1924年			
卡徳大戲院	1月4日(金)～8日(月)	十一月廿八至十二月初二	5日間
滬江影戲院	1月9日(水)～13日(日)	十二月初四至初八	5日間
共和影戲院	1月14日(月)～17日(木)	旧暦十二月初九至十二日	4日間
中国大戲院	1月18日(金)～20日(日)	十二月十三至十五	3日間
	2月1日(金)～2月4日(水)	旧暦十二月廿七～三十	春節休館期間不詳
閘北大影戲院	2月5日(木〈元日〉)～10日(日)	甲子元日至正月初六	6日間
中国大戲院	2月11日(月)〈昼夜2回〉	正月初七	1日（2回）
滬江影戲院	2月12日(火)～14日(木)	正月初八至初十	3日間
恩派亞大戲院	2月19日(火)～26日(火)	正月十五至廿二	8日間
卡徳大戲院	2月27日(水)～3月4日(火)	正月廿三至廿九	7日間
虹口影戲院	3月5日(水)～11日(火)	二月初一至初七	7日間
南市通俗影戲社	3月13日(木)～16日(日)	二月初九至十二	4日間
閘北大影戲院	3月20日(木)～23日(日)	二月十六至十九	4日間
中国大戲院	3月24日(月)～26日(水)	二月二十至廿二	3日間

際、次のような告知を掲げて「弁明」している。

「『孤児救祖記』は、その価値は高尚で、すでに誰もが口々に称賛するほどで、これには誇張はない。本院が先に上映した際、観るものは皆、中国映画最高作と賛嘆の声しきり。今回『三劍客〈三銃士／The Three Musketeers／ダグラス・フェアバンクス主演〉』上映終了に伴い、もともとは『棄兒〈但杜宇監督、上海影戲公司一九二三年作品〉』上映を予定したものの、お客様よりさらに三日上映せよとのお求め。本院は、皆さまのご要望を蔑することはできず、ここに正月八日より連続三日間放映と決した次第。まだご覧いただいていないお客様は、お早めにご来観くださいますように。[72]」

この滬江影戲院の興行日程からすると、ダグラス・フェアバンクスの『三銃士』と並んで上映できるほど興行価値があったことになるが、客を呼べる作品なら臨機応変に予定を入れ替えることも辞さないのが、当時の上海映画興行界だったことも示している。

続いて、すでに初演直後に一週間放映した恩派亞影戯院も再度八日間の放映に踏み切ったが、ここでも再映にあたって、広告を掲載し次のとおり弁明を行っている。

「▲新春の楽しみは時を逃すまい▲良き芝居は何度観ても飽きぬ　一九二三年中に公開された中国映画を見渡せば、明星影片公司の『孤児救祖記』を第一とする。それは、皆が認めるところ。本院では昨年、この映画を上映したところ、観客が山をなし海のごとく大勢に及び、混雑の極み。放映期間が過ぎても、機会に恵まれぬと悔やまれるお客様が数多く、次々お便りで再映を求められるほど。確かにこの映画は、筋良く、光量も明瞭、その語る意図は高尚、演技も真っ当、背景は美しく、挿入話に滑稽もあり、他の作品はその足下にも及ばぬもの。今、再度本院にて上映となり即日放映いたします。良き芝居は何度観ても飽きぬもの、各界皆さま、何とぞお早めにご来観くださり、この機会を逃さぬようお願いいたします。[73]」

両館の再映に際しての口上からも、世上の評価は相当高く、興行的にも何度上映しても観客が途絶えない作品だったことが見て取れる。上海大戯院の曾煥堂の眼力に反して、明星影片公司は作品の製作思想としても何憚ることなく、なおかつ社会教育、平民教育に貢献するとの映画の社会的効用を達成し、胸を張って送り出すことができる作品を撮り得ただけでなく、興行的にも大きな収益をもたらす作品を生み出すことに成功したのだった。当時の世評でも、『孤児救祖記』が打ち出した近代的な社会道徳、社会教育を具現化させた効用は認識され、『張欣生』の苦し紛れの釈明とは大きく異なる点を見抜いていた。たとえば『申報』に掲載された映評では、「以前の『張欣生』と比べて、〈同じく〉社会教育を標榜するものの、数万倍優れている[74]」と評しているほどだ。『張欣生』が、たとえ遺産制度の不合理、家庭教育、社会環境に眼を向けさせることに主眼があり、観客に父親殺しにいたった原因を知らしめ、社会改革の必要性を考えさせるためのものだと釈明しようが、さらにこの釈明によって実効的権限がない江蘇省教育会に問題なしとして通過させることができたとしても、それでもやはり猟奇的関心を煽る要因を備える作品であることは隠しようがなかった。『孤児救祖記』のような、新しい時代の社会道徳を正方向に推し進める徳目を備えていなかったことは、すでに露呈していたのだ。映画評論界がこれを指摘するだけでなく、観客もその点で好感を寄せた結果が、興行的成功に現れたといえるだろう。『孤児救祖記』は、かくして国産映画初の成功作の盛名を獲得するにいたったのだった。

『孤児救祖記』にいたって、中国国産映画は独自の劇領域を発見し、しかも興行的に自立できる作品をようやく生み出したことになるが、このことはひとり明星影片公司のみならず、中国国産映画のその後の展開に大きな指針を与えるものとなったことは想像に難くない。

『孤児救祖記』は、中国国産映画がようやく辿り着き、発掘した中国式女性苦難劇「哀情（女性の苦難を描く）」物語と、社会道徳、社会教育を融合して切り開いた中国独自の劇領域分野で、数年来達成できずにいた社会教育への貢献にとって正方向の道筋を付けた作品だった。その意味では、いわば一つの到達点ではあるが、その後の中国国産映画の展開にとっては、まだほんの出発点に過ぎず、僅かに一つの領域を開拓したに過ぎないというべきものだった。

『孤児救祖記』の直後、上海の各映画会社は、『孤児救祖記』の中に中国国産映画の個性といえる鉱脈を探しあて、その一つである「哀情」劇の要素を膨らませた作品（『棄婦』〔長城畫片公司一九二四年出品、一一巻〕）や、もうひとつの要因である「孝」の徳目に特化して女性の苦難と健気さを顕彰する作品（『孝婦羹』〔商務印書館一九二三出品〕）等を生む。一方、明星影片では『孤児救祖記』の二番煎じである『苦児弱女』（明星影片一九二四年出品、一〇巻）を生み出すなど、同工異曲の類似作品が映画館に氾濫する事態を迎える。こうして、さらに新たな鉱脈を求めて次なる中国映画の持ち味が探究され、試行が繰り返されてゆく。

こうして、市場的には外国映画に席巻されていた上海映画放映興行の世界にあって、独自の特質を極め、個性を作り出しつつその劇領域を拡大し切り開いて行かねばならぬ中国国産映画にとって、その濫觴と目すべき『孤児救祖記』は大きな一里塚の位置を占める作品となったのだ。それは、大衆が求める志向と教化主義の絶妙なる合致であり、それが明星影片公司の持ち味となり、しばらくは上海国産映画の王道を切り拓いてゆくことになる。

【第六章注】

1 徐恥痕編纂『中國影戲大觀』（上海合作出版社、一九二七）原載。ここでは前掲『中国無聲電影』一三三七ページによる

2 『申報』一九二〇（民国九）年一一月二五日木曜日（旧暦庚申一〇月一六日）

3 『申報』一九二〇（民国九）年一一月二七日土曜日（旧暦庚申一〇月一八日）

4 『申報』一九二一（民国一〇）年二月二一日月曜日（旧暦辛酉正月一四日）

5 『申報』一九二二（民国一一）年二月一八日土曜日（旧暦壬戌正月二二日）

6 『中国電影大辞典』（上海辞書出版社、一九九五）、それぞれ一三〇九～一三一〇ページ、一三四三ページ、一三七七～一三七八ページ、一三四二ページ

7 菅原慶乃「一九二〇年代上海の映画制作会社について— 文芸関係者による人的ネットワークを基盤とした映画制作業の展開」（『関西大学東西学術研究所紀要』第四三輯、二〇一〇）一〇五ページ

8 『申報』一九二二（民国一一）年二月一九日日曜日（旧暦壬戌正月二三日）

9 『申報』一九二二（民国一一）年一〇月三日火曜日（旧暦壬戌八月一三日）

10 『申報』一九二二（民国一一）年一〇月五日木曜日（旧暦壬戌八月一五日）

11 『労工之愛情』（俏佳人VCD：〈ISBN7-88352-157-8〉、二〇〇〇／DVD：〈ISRCCN-E22-06-0064-0/V.J9〉、二〇〇五）

12 張石川「自我導演以來」（『明星半月刊』第一巻第三期〈一九三五〉）一二～一三ページ

13 『申報』一九二〇（民国九）年二月一五日日曜日（旧暦己未一二月二六日）、上海大戲院の広告による。『申報』は、旧暦年末の二七日から正月三日まで休刊のため、この広告は予告広告

14 「却利却潑林之四大傑作」（『影戲雜誌』第一巻第二号〈一九二二年一月二五日発行〉所載／『中国早期電影画刊』第一巻一二七～一三三ページ、一七七ページ

15 『申報』一九二九（民国一八）年二月一五日金曜日（旧暦正月六日）から一九日（正月一〇日）の共和影戲院広告による

16 『申報』一九二二（民国一一）年五月二七日日曜日（旧暦壬戌五月初一日）

17 『申報』一九二二（民国一一）年三月五日日曜日（旧暦壬戌二月初七日）

18 『影戲雜誌』主催の「滑稽影片大會」は、その後一二月二四日にも「滑稽影片大比賽」と題して開催され、『影戲雜誌』発行の遅れを詫びるとともに拡販を狙って、雑誌掲載の入場券持参で蓄音機等の景品があたる催しとなっていた（『申報』一九二一年一二月二四日土曜日旧暦辛酉一一月二六日）

19 注14に同じ。同書一二八～一二九ページ

20 『世界映画全史』第二巻「映画の発明　初期の見世物一八九五～一八九七」「13 一八九六年から一八九七年にかけての映画目録」一九六ページ

21 『世界映画全史』一九六～一九八ページ

22 たとえば、葉浅予の漫画のキャラクターを実写化した、湯傑による一九三〇年代末の「王先生」シリーズなどが挙げられる

23 『近代上海城市研究』文化篇「第六章大衆文化五彩繽紛」「新興芸術品種電影異軍突起」で、筆者の熊月之と許敏は、「中国国産映画は、一貫して観客との比較的固定的な関係を作り上げられずにきた。西洋〈特にハリウッド〉とは異なり、類似作品を打ち出すことによって比較的固定的な観客と結びつき、これを醸成し、映画の商品効果と利益を確保することがなかった。」（同書八九五ページ）と指摘するが、その実体としては、「類似作」よりも「系列片（シリーズ作品）」の未確立と考えるべきだ

24 『世界映画全史』第六巻「無声映画芸術への道　フランス映画の行方(2)一九〇九～一九一四」第1部「主導権を失ったフランス映画」、「16マック・セネットとチャプリンのデビュー一九一二～一九一四」では、フレッド・カーノが興行していたパントマイム劇『鳴かない鳥たち』から模倣されたものだとのカーノの証言を掲げている（同書二一六ページ）

25 『皇帝ジョーンズ』と『趙閻王』の改作と参照、翻案の仕組みについては、拙稿「洪深の戯曲表現―二つの中国版『皇帝ジョーンズ』を手がかりに」（『中国文人論集』〈明治書院、一九九七〉所収、三一六～三二九ページ）を参照されたい

26 『少奶奶的扇子』（洪深脚本監督、宣景琳主演、明星影片公司一九二八年出品）／一九三九年リメイク版（李萍倩監督、袁美雲、梅熹主演、新華影業公司一九三九年出品）

27 洪深『少奶奶的扇子』への改訳、適合化については、拙稿「洪深の扇―Lady Windermere's Fanから『少奶奶的扇子』へ」（『文教大学文学部紀要』〈第一一巻二号、一九九八年三月〉所載、七四～九三ページ）を参照されたい。洪深の改訳が、ほとんど翻訳に近いほどなのに、人物造形の面で原作への理解が不足している点を指摘している。原作のアーリン夫人（Mrs. Erlynne）を中国版では金女士と置き換えるが、前者では最後まで「悪女」として描かれ、実の娘を救ったことを唯一の気の迷いと弁解するのに対し、金女士の場合は娘を救ったことが本来の姿であり、その後の弁解は文字どおり強がりの言い訳として処理されている点などだ

28 『欧美電影與中国早期電影一九二〇～一九三〇』（秦喜清著、中国電影出版社、二〇〇八）八四～八六ページ

29 潘眠薪「上海一婦人小評」『時報』一九二五年八月九日。ここでは『明星特刊』第四期（馮大少爺號）（一九二五〈民国一四〉年九月一二日）に収録されたものによる。七～八ページ。『明星特刊』第四期は、沈蕓編『老上海電影畫報』（天津古籍出版社、二〇一五）第一冊に収録。同書では、三三七～三三八ページ

30 鄭正秋は「編劇者言」で、「愛宝は、田舎娘であり、本来は賢婦となるところだ。それが上海に紛れ込むや、娼婦となり花形となり、裕福な妾となり離縁される。これは誰の罪か。娼婦がなぜ生まれるのか。それは社会が造り出すものだ」として、主人公愛宝を擁護する立場で映画をまとめた意図を述べている。（『明星特刊』第三期（上海一婦人號）（一九二五〈民国一四〉年七月廿七日）四ページ）なお、『明星特刊』第三期（上海一婦人號）には、この映画の「本事（ストーリー）」がコマ取り画像とともに掲載され（『老上海電影畫報』第一冊では二二七～二二九ページ）、また字幕がすべて収録されており（同二三三～二四六ページ）、作品の概略を知る助けとなる

31 『申報』一九二五（民国一四）年三月二一日土曜日、旧暦乙丑二月二七日。三月三一日まで一一日間上海大戯院で公開

32 『申報』一九二五（民国一四）年七月二八日火曜日、旧暦乙丑六月初八日。八月三日まで一週間中央大戲院にて公開
33 『中国映画のジェンダー・ポリティクス―ポスト冷戦時代の文化政治』（戴錦華著、宮尾正樹監訳、舘かおる編、お茶の水書房、二〇〇六）五六ページ
34 『中国映画のジェンダー・ポリティクス―ポスト冷戦時代の文化政治』六二ページ
35 『申報』一九二二（民国一一）年九月一九日
36 『申報』一九二二（民国一一）年九月七日
37 『申報』掲載の放映広告によれば、一九二四年二月二一日（木曜日）から同二六日（火曜日）まで法国大影戲院にて公開され、同二月二八日（木曜日）から三月五日（水曜日）まで新愛倫影戲院で放映されている
38 IMDb : http://www.imdb.com/title/tt0012499/?ref_=fn_tt_tt_1
39 『欧美電影與中国早期電影一九二〇～一九三〇』五二ページ
40 『申報』一九二二（民国一一）年一二月二一日木曜日（旧暦壬戌十一月初四日）と同一二月二三日土曜日（旧暦壬戌十一月初六日）
41 『申報』一九二二（民国一一）年一二月二一日木曜日（旧暦壬戌一一月初四日）
42 いずれも俏佳人ＶＣＤ『労工之愛情』よりキャプチャー
43 いずれもＤＶＤ『The Harold Lloyd Comedy Collection』(New Line Home Entertainment、N8445) よりキャプチャー
44 いずれも俏佳人ＶＣＤ『労工之愛情』よりキャプチャー
45 いずれもＤＶＤ『卓別林短片精選』（斉魯音像出版社、ISRC CN-E22-01-0354-0/V.J9) よりキャプチャー
46 『申報』一九二二（民国一一）年一〇月七日（旧暦壬戌八月一七日）
47 『申報』一九二二（民国一一）年一〇月九日（旧暦壬戌八月一九日）
48 『申報』一九二三年一月二五日木曜日（旧暦壬戌一二月初九日）
49 『申報』一九二三年一月二六日金曜日（旧暦壬戌一二月初十日）
50 張石川「自我導演以来」（『明星』半月刊、一九三五年第一巻第三期）一二～一三ページ
51 上海市閔行区図書館のサイトに、事件当時の事情を伝承する王勤生という農民（取材当時67歳）に対し一九八七年に行った口述取材記事が掲載されている：http://www.mhlib.sh.cn/mhcnt/web/tese1/feiwuzhi/xiangxi.asp?fid=1179。この口述では、庶民への影響の大きさを慮った役所が夜中に遺体検分を行ったとするが、実際には白昼に行われたとの伝承もあり、信憑性と真偽のほどは測りかねる
52 前掲『上海租界志』「附録二　新旧路名対照」七二一ページと七二三ページによる
53 『申報』一九二三年二月一一日日曜日（旧暦壬戌一二月二六日）
54 『申報』一九二三年三月八日木曜日（旧暦癸亥正月二一日）第一八面「『張欣生』影片映演之経過」による
55 注54に同じ
56 「自我導演以来」（『明星』半月刊、一九三五年第一巻第三期）一三～一四ページ
57 『中国電影発展史』五九ページ
58 『申報』一九二三年七月三日火曜日（旧暦癸亥五月二〇日）第一八面「省教育會審閲影片」
59 『申報』一九二三年七月五日木曜日（旧暦癸亥五月二二日）第一八

面「省教育會審閲明星片之評語」
60 中国人民大学出版社、二〇一三年刊。「中華史学叢書」
61 『影芸的政治—民国電影検査制度研究』一三ページ
62 『影芸的政治—民国電影検査制度研究』一七ページ
63 『明星』半月刊、一九三五年第一巻第一期、一三ページ
64 張石川「自我導演以来」(『明星』半月刊、一九三五年第一巻第四期)一六ページ
65 張石川「自我導演以来」一六～一七ページ
66 もと明星影片公司刊『孤兒救祖記』特刊。ここでは『中国無聲電影劇本』(鄭培為・劉桂清編選、中国電影出版社、一九九六)四七～六〇ページによる
67 『影壇憶旧』(程步高著、中国電影出版社、一九八三)七七ページ
68 張石川「自我導演以来」一七ページ
69 張石川「自我導演以来」一八ページ
70 『申報』一九二三年一二月二一日金曜日(旧暦癸亥一一月一四日)
71 『申報』一九二三年一二月二二日土曜日(旧暦癸亥一一月一五日)第一七面
72 『申報』一九二四年二月一一日月曜日(旧暦甲子正月初七日)
73 『申報』一九二四年二月二〇日水曜日(旧暦甲子正月一六日)
74 「觀『孤兒救祖記』試映記(一)」(『申報』一九二三年一二月二三日日曜日、旧暦癸亥一一月一六日、第一七面)

終章　視線の先

——その後の研究展望をかねて——

(1) 世界映画放映興行の環の中で

以上、中国上海に映画が伝来して以来、それがどのように定着し、外国映画の摂取に止まらず、これとの対峙の中から自らの嗜好に合わせた中国人による中国人の映画をいかに生み出してきたかの道程を詳らかにしてきた。

当初は、写真が動くだけで観客の好奇と賛嘆の眼を惹きつけることができ、フィルムを携えて太平洋を渡ったハリー・クックのアニマトスコープに眼を輝かせ、モーリス・シャルベのシネマトグラフに心を躍らせた上海の観客は、その後夜花園に興行場所を移してからも、この珍しき電気仕掛けの動く写真に心を奪われ、飽くことなくその放映に足を運んだ。

飽くなき好奇心、新しいものを貪欲に採り入れる進取の気性ゆえか、上海では瞬く間に活動影戯が市民生活に溶け込み、灘簧や戯法等いくつかあるアトラクションの中の一つでしかなかった活動影戯は、伝来から一〇年にして独立した専業映画館を持つにいたる。その要因の一つは、活動影戯＝映画にことばがなかったことではないかと、すでに述べた。中国では、近世以降その土地土地のことばと密接に結びつく伝統的音曲芸能が各地に形成されてきた。上海周辺の地でも、蘇州・杭州一帯には、ここまで何度も言及した灘簧が流布していた。また、広東人には広東語で唱われ語られる粤劇が好まれ、これを灘簧と同時に併せて享受し愛好する者はいなかった。こうした異なる地方出身者が寄せ集まり、各自の愛着と愛好に基づき、それぞれ別個の芸能が並立し、一方上海独自の音曲芸能や上演芸能はまだ成長していなかったことが、活動影戯＝映画という新興上演興行を受け入れる素地だったと見ることが重要だろう。

映画の伝来については、すでに検証したとおり、中国で権威をなす『中国電影発展史』の定説には従わなかった。史料、文献を精査すればするほど、一八九六年八月に伝来したとする所説には妥当性が見出せないからだ。だが、一八九七年のモーリス・シャルベとハリー・クックのシネマトグラフ興行、及びアニマトスコープ興行には疑いようがない根拠を見出せるため、ここを上海映画伝来の起点とすべきだと認証するにいたった。その考証の詳細は、すでに見たとおりだ。

では、なぜ『中国電影発展史』では一八九六年八月徐園での「西洋影戯」を活動影戯＝映画だと誤認したのだろうか。それは、リュミエール社が撮影放映技師を世界各国に派遣し、シネマトグラフを広めると同時に各地の風物や景観を撮影した一連の活動が、スエズ運河を通りインドに到着し、その後インドシナ半島（カンボジア）へ到った経路から、次は当然香港上海へ到達するはずだとの思い込み、目的論的予測に囚われたからではないだろうか。ジェイ・レイダが控え目に疑問を呈していたとおり、リュミエール社のエージェントは、インドシナ半島の次にはオーストラリアへ向かってしまい、中国映画研究者の期待するとおりの航路はとってくれなかったのだ。ここに目的論に都合がよいように因果論的結論を導く過ちが起こったといえそうだ。一八九七年には日本に到着しているのだから、その前一八九六年に上海に来訪しているはずだとの予想の下、『申報』等の新聞に掲載された記事を捜索した結果、一八九六年八月一〇日の広告がヒットしたのだろう。すでに検証したとおり、その前六月にも徐園で「西洋影戯」興行があり、さらにはその二〇年前にも「影戯」の放映興行が行われていたことは、こうした目的論的視野からは外れてしまうものだ。事実に基づき、証拠・史料を一つ一つ丹念に読み解くことによってしか史実は明らかにできないとは分かっていても、膨大な史料を拾い上げてゆく上ではこうした陥穽に嵌ることはしばしば起きるし、だからこそ何度も史料の点検と照合を繰り返すことが求められる。

こうした「思い込み」に属する誤りのほか、もう一点忘れてならない欠落を指摘しておこう。それは、『中国電影発展史』の基本的視野が、中国国内に限られている点だ。主眼が中国国産映画の誕生から発展を体系的に跡づけることにあるため、どうしても内向きになり、その発展過程の法則と理論化にとって重要でない要素や資料は、意識的であれ無意識的であれ軽視ないしは粗略に扱われがちになってしまう。イデオロギー世界での産物としてはそれでもよいかも知れないが、学術研究の世界ではこれは通用しない。中国上海では、映画伝来から一五年以上にわたって国産映画が映画館に掛かることはなかったし、観客が目を輝かせたのはすべて外国映画だったのだから、その出自を明らかにし、外国映画の何が放映され、どこに魅入られたのかを明らかにする視点を持たぬかぎり、中国電影の発展史を構築することはできないはずなのだ。

もちろん、『中国電影発展史』が構想され、出版された時代の中国を取り巻く国際的輪は必ずしも中立的ではなく、世界的映画放映興行との連関を十分検証できる環境になかったことは同情に値する。それでも、ジョルジュ・サドゥール等を参照しているのだから、ここから中国映画の生成発展を相対化して見つめる視点を獲得することはできたはずであり、中国国産映画が製作されるようになって以降も、外国映画との相克の中で国産映画が磨かれた事態に対して、その影響、対峙の仕方を考慮に入れるためにも、世界の映画放映興行の視点は忘れてはならない重要な要因であったはずだ。これに対する配慮、考察の深度が欠けている点にこそ、『中国電影発展史』の大きな偏りがあるといわねばならない。

本書では、頻繁にジョルジュ・サドゥール『世界映画全史』等を援用して、世界映画放映興行との関連、その中国での映画放映への影響、浸透を繰り返し点検してきた。これは、中国上海における映画放映興行が、世界映画放映興行と密接に連関していることを確認したかったからに他ならない。もちろん、ジョルジュ・サドゥールの『世界映画全史』では、アジア地区での映画の普及と進展に関しての言及は薄弱といわざるを得ない。しかし、それを繋ぎ合わせ世界映画放映興行の全体像を補完するのは、他でもなく中国映画研究の大きな使命であるはずだ。その一助として、本書が明らかにした上海でのフランス、イタリア、アメリカ映画の放映状況は、大きな見地を提供するものと思う。

(2) 彼我の相違

世界的な映画放映興行の輪を考慮に入れたとして、次に問われるのは映画伝来以降の足跡に、はたして上海独自の歩みが認められ、他の映画受容国、地域とは異なる特質があるのかという個別の問題だ。これについては周辺国との比較に眼を向けてみる必要があろう。中国の隣国日本の映画伝来からその後の放映形態、常設館誕生と国産自製映画の試み、映画製作の企業化への動きを、上海でのそれと比較して考察することで何らかの相違が見出されるはずだ。

映画伝来は、日本ではキネトスコープが一八九六（明治二九）年一一月に神戸神港倶楽部で放映され、シネマトグラフが翌一八九七（明治三〇）年二月に大阪戎橋通り南地演舞場で興行された後、東京にも別のシネマトグラフが輸入され、同年三月に横浜港座で興行されるなど複数の径路で伝来している。また同年二月には大阪でヴァイタスコープ興行も行われ、一八九六年から九七年にかけて、複数の映画装置が伝来し、一般公開が行われていた。[1] この伝来の段階では、日本と上海とではほとんど時間差というほどの差違しか見られない。その後、上海では茶園での興行から、張園、徐園等の夜花園でのアトラクションとしての放映が一〇年ほど続いて映画と観客の接合点が培われるが、一方の日本では巡回興行の時期を迎え、全国各地に映画見物の種が蒔かれてゆく。

国産映画自製の試みは、日本では早くも一八九九（明治三二）年に日本率先活動写真会の駒田好洋の下、小西写真機店の浅野四郎らがゴーモン社製カメラで新橋と柳橋芸者の踊りを撮影し、同年六月に東京歌舞伎座で公開されている。さらに同年九月には、当時耳目を集めた稲妻強盗の実録ものを柴田常吉が新演劇むつみ一座の役者を使って映画化し、続けて九代目團十郎と五代目菊五郎による『紅葉狩』も同じゴーモン社製カメラで撮影するなど[2]、映画自製化の動きは早かった。映画伝来後、わずか数年で国産自製映画製作の試みが行われた日本に対して、中国での映画自製の動きはもっと多くの時間を要している。北京の豊泰照相館での撮影の試みは十分な証拠が見出せないため、一九一三年の亞西亞影戲公司の自製映画撮影を中国国産映画自製の起点と認証するしかなく、ここまで降ると、映画伝来後一五年を経てようやく国産自製映画撮影が取り組まれたことになる。

上海では、映画伝来から亞西亞影戲公司の撮影までの一五年間外国映画が次々放映され、活動影戲を放映した夜花園から常設映画館が誕生するまで、さらに常設映画館が生まれて以降も、本格的に中国国産映画が経常的に撮影される一九二○年代初頭まで一○年余にわたり都合二○年以上、映画館のスクリーンを占めたのは外国製映画だった。映画館のスクリーンは、外国映画の大波に占領され、国産映画が出る幕はなかったとさえいえる。

一方日本では、常設映画館は東京浅草公園電気館が一九○三（明治三六）年一○月に電気知識普及の見世物小屋から転業して活動写真常設劇場として発足したことをもって濫觴とされるものの、実質的な常設館開場の動きは一九○七年以降と見られるから、上海常設館の幻仙戲園と虹口活動影戲園開業の一九○八年と比べて際立った差違はない。日本でも、駒田好洋らの巡回興行では、ほとんど外国製映画を放映したと推定されるから、夜花園で外国映画を放映し続けた上海と、これまた大きな違いは見出せない。多少の相違としては、常設館成立後も上海では、引き続き外国映画のみを放映していたのに対し、日本ではすでに国産映画製作に着手し始めた吉沢商店目黒撮影所製や京都撮影所製の映画がようやく番組の一部を占めるようになっていたことが挙げられる。

その日本では、駒田好洋と横田永之助に代表される巡回興行を経て、映画国産自製にいたる過程の重要な転換点が、日露戦争（一九○四〜一九○五）における戦争実況映画の普及とそれに伴う観客の増加、映画配給の収益増加にあるとする言説が田中純一郎以降共有されている。[3]だが、仔細に分析すれば、日露戦争終結の一九○五年にはまだ十分映画自製の機運は熟しておらず、むしろその後の一九○七（明治四○）年頃から都市部において急速に増加した映画館の開館と軌を一にするもので、この映画館の形成発展の方が大きく寄与したと考えられる。その映画館急増を促したのが、フランスパテ社のフィルム買取り制からレンタル制への移行だったと見る向きもある。[4]

ジョルジュ・サドゥール『世界映画全史』では、当時フランス各地に広がった大小さまざまな露天興行師が存在し、小規模な興行師は絶えず興行場所を移す、いわゆる巡回興行の形態だったため、多くのフィルムを備える必要はなく、せいぜい二〇〇メートル～三〇〇メートルくらいフィルムを用意するだけで足りた。これに対し、大規模興行師は、同じ街で一ヵ月興行することもあるため、常時一万メートルもストックを抱える必要があったこと、中小興行師は売りに出された中古フィルムを廉価で仕入れるのが常だったことを述べた後、次のように記している。

「こうした習慣は、一九〇七年以降の映画興行の危機を悪化させるのに与った。…〈中略〉…作品のレンタルは、露天興行師たちの救済にはならなかった。というのも、レンタル業者が相手としたのは大手の見世物小屋だけであり、大多数の同業者には貸出を禁じていたからである。そうした状況にあった時、一九〇七年七月になると、露天興行師たちの九〇パーセントに作品を供給していたパテ社が、突然販売を中止し、その作品の営業権を「パテ＝モノポール傘下の」独占会社に譲渡した。[5]」

この後、「パテ社の後を受けて露天興行師たちの主な供給業者となったゴーモン社は、パテ社のやりかたを真似て、映画館を開設し、露天興行による映画の経営に乗り出した[6]」事態が続くが、結局こうした露天興行は「一九一四年以降は事実上消滅することになった[7]」という。

巡回興行の段階を経た日本の映画興行が、フランスと時を同じくして常設映画館設置に向かったことと、フランスにおいて買取り制からレンタル制へと移行し、露天興行の盛行から衰退へと向かった動きとの間の因果関係は、必ずしも確証があるものではない。だが、一九〇七年以降、日本で常設映画館の開館が進み、一九〇九年時点で東京府下だけで常設映画館が四〇館近くを数えたという事実[8]も見逃すことはできない。

映画伝来から一〇年ほどで常設映画館開設にいたった点では、中国上海も日本も、その時間差ではあまり大きな差違はない。しかし、一方は上海内の夜花園で他のアトラクションと併せて興行し続けたが、一方は巡回興行で映画を各地に広めた点で、その後の映画観客、受容層の拡大において大きな差違を生んだ。駒田好洋の巡回興行は、東京から横浜、前橋等関東地方に止まらず、名古屋等の東海中部地方から関西地方、さらに瀬戸内四国地方九州に及び、日本海側から東北地方に、そして函館、札幌の北海道まで、ほぼ日本全国に及んでいた[9]。こうした全国巡業は、映画を受容する層の拡大、掘り起こしに大きく寄与したはずだし、全国各地に映画愛好者の土壌に種をまいたことは疑いを容れない。そして、常設映画館は実際には主要都市部にしか開館されなかったとはいえ、各地方の主要都市で映画体験を経た観客が常設館開業の土壌をなし、その背後で後押ししたと考えられる。

上海では、巡回興行の段階を経ることはなく、代わりに茶園から夜花園でのアトラクション興行が一〇年の長きにわたって行われたことは、すでに見たとおりだ。このアトラクション興行から常設映画館への転換に、パテ社及びゴーモン社の買取り制からレンタル制への切替えが関わったかどうかは、本書では十分究明できていない。第四章で見たとおり、「盈昃《えいしょく》影片公司」（一九〇八年）に始まり、「百代」（Pathé パテ）の個人向け活動影戯上映支援の広告（一九一三年）、「亞細亞製造影片公司」（一九一四年）の業務、そして「林発公司」（一九一六年）の配給業務等が断片的に浮かび上がるものの、配給業務の決定的な実相は明らかにできていない。ただ、いずれのフィルム供給も、買取り賃貸いずれも可とされていた点などから考えると、フランスにおける買取り制からレンタル制への移行と上海での配給体制との直接の結節点は見出しにくい。

隣国日本と上海では、一方では巡回興行による観客層の掘り起こしが行われ、一方では夜花園という限定的空間においてのみ放映が進められ、これにより映画放映市場規模の大小の相違が生まれ、自製の動きを含めてその後に大きな差違を生んでいったと見立てることには相応の合理性がありそうに思える。

(3) 世界の映画配給網と映画館

世界の映画放映市場を巡る争奪に眼を向けると、日本と上海との相違が生まれた原因がさらに垣間見えてくる。アメリカ映画が世界市場に進出する過程を詳細に追究したクリスティン・トンプソン（Kristin Thompson）の『Exporting Entertainment - America in the World Film Market 1907-1934』[10]によれば、一九一〇年代初頭、映画放映がまだ十分定着していなかったアジア地域、たとえばインド地域では、カルカッタに一館、ラングーン（ビルマ）に一館、ボンベイに四館常設映画館があるだけで、その他の地方都市では巡回興行師に依存するだけだったといい、これにフィルムを供給したのが、その当時ほぼ全世界の映画配給を壟断していたパテ社であり、その供給方式は販売のみでレンタルではなかったとする。そして、主要劇場の多くはパテ社から直接映画を購入し放映した後、巡回興行師にその中古フィルムを半額で売り払っていたという。中国に対しても、香港、シンガポールの支社を通じてパテ社はまだ数の多くなかった映画館に向けてフィルムを供給していたというのだ。[11]

クリスティン・トンプソンも参照するアメリカ合衆国商務省『Daily Consular and Trade Reports（領事貿易日録）』掲載のスワトウ領事の報告が、外側からの視点で見た一九一一年当時の中国映画市場の一斑を示している。スワトウ領事は、次のとおり報告する。

「当然、フィルムへの大きな需要と、およびこれよりは少ない程度の機器装置に対する需要がある。中国南部に関する限り、有名なフランスの会社が市場を実際的に独占している。また、同様の状態は中国北部で存在すると言われている。通例では、映画館または巡回興行は、それが必要とするフィルムは借りるのが一般的である。そして、この要求に応えるため、フランスの会社は香港に代理店を持っている。この会社のフィルム賃貸の毎月の代金および条件は、以下のとおりである。[12]（下表）」

これによれば、パテ社はすでにレンタル制に移行して貸出しを行っていたようだが、週二回入替制と週一回入替制が制度化されていた事情が窺える。シリーズAは、その地域でそれまで放映されたことがないフィルムのプログラムで構成される。シリーズBは、その地域で一つの映画館で上映されたことがあるプログラム。シリーズCは、すでに様々なショーで放映されたプログラムとのことだから、放映作品にもすでに格付けが行われ、一番館から始まる映画館の上位下位の系統にも対応していた。さらにまた、中古フィルムの売買がロンドン経由で行われる事情も紹介されているが、まだ進出しかねているアメリカ映画の供給については、以下のとおり期待と見通しを述べる。

Length	Two changes a week			One change a week		
	Series A	Series B	Series C	Series A	Series B	Series C
	Mexican	Mexican	Mexican	Mexican	Mexican	Mexican
500 meters	$500	$400	$300	$300	$200	$150
1,000 meters	800	650	500	500	400	300
1,500 meters	1.200	950	750	700	550	400
2,000 meters	1,500	1,100	900	800	650	500

「アメリカのフィルム販売、もしくは賃貸のための極東における唯一の代理人は、管見の限りでは、マニラに設置されている。アメリカのメーカーが、フランス価格に太刀打ちできれば、中国はアメリカメーカーのフィルムにとってよい市場となるはずだ。そこでは少なくとも二つの集積場が必要となるはずだ。一つは上海で、揚子江溪谷および北中国のための拠点となる。もう一つは香港で、南の沿岸諸港および西部溪谷のためだ。これらの劇場は、通常ほとんど指揮系統に関わるだけで資本関係は少ないので、アメリカからこのビジネスを指図しようと試みても無駄なことだ。それらは一時に複数のフィルムを要求する。しかし、少なくとも一週間に一回は入替えが行われる。フィルムと装置上の輸入税率は5パーセントの従価である。[13]」

本書第四章ですでに明らかにしたとおり、上海でのイタリア長篇歴史文芸映画では、明らかに東京と上海の間には配給の上流下流の系統性が認められたが、次の探偵犯罪ものでは、『ジゴマ』は日本の方が断然早いにも拘わらず、『ファントマ』は上海が先行するなどバラツキが見られるようになる。さらに連続活劇では、放映各作品の選定からして日本と上海とでは不一致が見られ、同一作品であっても日本が先に放映されたものもあれば、上海が先に上映されたものもあり、配給の系統性はとうてい見出せない状態だ（表8参照）。このことはつまり、このフランス映画からアメリカ映画に切り替わる時期から、上海での映画配給網が、日本とは別個に形成された可能性を示しているといえるのではないだろうか。クリスティ・トンプソンやアメリカ商務省領事貿易日録のレポートのような外側、ことばを換えていうなら世界的映画放映興行の記録が、上記のとおり周辺事情として有効な視点を提供していることからすれば、さらにパテ社も含めた関連資料まで精査することで当時の配給網の実態を解明することが可能かも知れないと予見させる。

だが、こうした供給配給の面から、中国上海の映画興行が見つめ直されなければならないのは筋道としては当然ながら、中国国内の史料と上記のような外側からの史料を繋ぎ合わせて結節点を見出す作業は、まだこれから進められなければならない課題だ。この点を明らかにすることで、中国映画興行史が、世界映画と連結するものとして、世界に連なる中国映画史として再構築する展望が見出せるはずだ。本書では、上海における外国映画放映の状況をできるかぎり詳細に究明したが、それは外国映画の放映興行を中国映画史の中に位置付ける視野を多少なりとも示したいと考えたことによる。

先の映画伝来から国産自製映画製作の時間差の問題は、外国映画の大波をどれだけ受け続けたかを示すとともに、徐々に形成されたナショナルな映画観と外国映画がどれだけ対峙し続け、そしてその間の接合摩擦がどれだけ大きかったかを示すものでもある。中国上海では、映画伝来以来一五年を経て国産自製映画の動きが生まれ、国産映画会社が自律的に運営し始めるまでに二〇年近くの時間を要した。一方、その隣国日本では、常設映画館が澎湃しつつあった一九〇八（明治四一）年には、吉沢商店目黒撮影所がグラス・ステージを完成し[14]、国産自製映画の製作が緒に就いた。映画伝来から一〇年の素早さである。

この隣国の相違は、日本と中国の近代産業成長段階の相違だけが原因ではなく、すでに述べたとおり映画放映興行の市場の大小にその理由を見出せるのではないか。小国日本とはいえ、映画伝来後一〇年にして常設興行館はすでに東京だけで四〇館を数え、地域的にも東京浅草から京都まで広く分布していた。こうした映画受容層の裾野を拡大する上で、駒田好洋たちの巡回興行が大きな役割を果たしたことは間違いないだろう。これに対して上海では、映画伝来後一七年後の一九一五年時点で、常設映画館として営業を続けたのは七館を数えるだけだった。第三章で見たいくつかの意欲的な映画館は、開業はしたものの数年を経ずして閉館にいたってしまい、その後も継続営業できたのはこの程度に過ぎず、これは映画放映市場として十分な規模を備えるとはいえないものだった。

　もちろん中国全土では、上海よりも早くに常設館が設置されたと推定される天津とハルビンを考慮に入れる必要がある。上海と同じく租界が設置されていた天津では、権仙茶園（のち淮海影院）が一九〇六年一二月に映画館として開業したと記録され[15]、一方のハルビンでも、一八九九年一月に中東鉄路倶楽部で映画放映が行われて以降、一九〇二年にはロシア人技師により「科勃采夫《コバチエフ》電影戯園」が開業していたとされ[16]、いずれも上海より先んじて常設館が開かれていた。さらに、ハルビンでは一九一一年までに伊留継昂《イリュージョン》電影院、捷克斯坦《ジャックスタン》電影院、敖連特《オリエント》電影院等すでに六館の映画館が開業していたとする研究もあるが[17]、天津や北京では、一九一五年当時はまだ数館を数えるのみだった。天津では、一九〇九年に平安電影院（現音楽庁）が開業し、権仙と合わせて、ようやく二館が営業していた程度だ。北京では、初の映画館として東長安街に開かれた平安電影院（現東方広場東南角附近）が一九〇七年に開業しているが、しばしば北京映画館の嚆矢と目される大観楼は、芝居兼用の茶楼が開設されたのが一九〇五年と見られるものの、映画館としての実体はほとんどなかったので、北京の常設館は寥寥たるありさまだった。ハルビンと同じく北の地大連でも早くから映画館設置の動きはあったが、最も早い開館で一九〇九年に満鉄附属電気遊園内に設けられた電気館が挙げられるが、映画館開設が軌道に乗るのは恵美須座から浪速館（幾久屋百貨店南館内）、松竹館へと続く一九一〇年代半ば以降だ。しかも、これらはいずれも日本人が主たる観客で、大連での中国人対象の映画館は、一九二一年開業の世界館（西崗宏済街）まで待たねばならない[18]。

　これらを数え上げても、一九一五年時点では上海七館、天津二館、北京一館、ハルビン六館、大連二館で計一八館にすぎず、一九一〇年の東京府内の常設館数に遥かに及ばない。この映画館数の差は、とりもなおさず映画観客数の差違となるもので、そのことは必要とする映画の数の多寡に連なるものだ。こうした需要を生み出す土台の相違が、国産自製映画製作までに時間差が生じた一つの大きな原因といえるのではないか。

(4) 観客の選択

　中国映画史は中国国産映画作品の総和だけでなく、参照され、愛好された外国映画作品も併せて考察されなければならないはずだ。観客は、その国の国産映画のみを偏愛するのではなく、外国製を含めてあらゆる選択肢の中から好みの作品を鑑賞するからだ。

この点を考察する際には、すでに言い古された感はあるものの、H・Rヤウスのいう「期待の地平」が想定される必要があろう。


「文学作品の歴史的生命は、その受取人の能動的な参与なしには考えられない。すなわち、読者の仲介があって初めて、作品は、一種の連続を保ち、絶えず変化する経験の地平の中に入っていくのである。[19]」


すでに多くの映画史、映画論で援用され続けているが、中国映画史でもこの「受取人」による参与、つまり観客によって作品が選択され、その好悪につき判定が下されること、そしてその具体的現れは興行の成否にあることを視野に入れてこそ、中国映画史はその全貌を我々の眼前に現してくるはずだ。その際、すでに見てきたように、外国映画の受容を国産映画とともに同じ土俵で相互に入替え可能な選択肢として対象に据えることを忘れてはならない。本書ではできるかぎり映画館及び放映興行の実態を捉えつつ、外国映画はもちろん中国国産映画も、どちらも選択可能なものとしてある中での中国国産映画の誕生過程を追究した。すでに外国映画、特にフランス、イタリア映画の発展期を経て、アメリカ映画が怒濤のごとく押し寄せた一九二〇年代にようやく呱々の声を挙げた中国国産映画が、誕生のその時から巨大な負荷を負いつつ映画製作に取り組まねばならなかった事情はすでに述べたとおりだ。そして、この外国映画と対抗する中で中国国産映画が独自の作品世界を生み出すにいたる経緯を明らかにしたが、その事情は共時的に見て必ずしも中国だけのものではなかった。それは、日本での一九一〇年代の映画興行事情にも通じるものだ。

また通時的に見ても、外国映画との対峙はその後にわたって依然として大きな課題だった。中国国産映画最初期から一〇年余を経た一九三〇年代半ばでも、中国国産映画と外国映画の競合、対抗関係は存在し続け、なおかつそれは等級の位相差を帯びて根深く浸透していた。三〇年代の上海映画界で「怪物」「影怪」と称され、三七年には明星影片公司に新たな社会派作品への転換をもたらす『十字街頭』の監督を務めた沈西苓（一九〇四〜一九四〇）が、一九三五年に観客階層の分析と中国国産映画が置かれた板挟み状況を語っていたことは、すでに見たとおりだ。

沈西苓は、観客層を四種に分類し、上の第一種、第二種に照準を合わせて映画を撮ると水準は高くなるが観客が減り、下の三種四種に合わせると芸術レベルは永遠に高まらないとのジレンマを述べていたが、ここでは、一九三〇年代半ばにはある程度中国国産映画が成長しつつあったものの、それよりもっと先行していた映画を見慣れた観客層が形成されていたことを示している点こそが重要だ。つまりそれは外国製映画であり、この時期ほとんどアメリカ映画に独占されていたが、そこに映画の醍醐味を見出す観客層が確実に存在し、その洋画を観る基準で中国映画に厳しい視線を向けていたことを物語るのだ。

沈西苓は、続けて以下のような男女の会話を紹介している。「大光明大戯院 Grand Theatre でポール・ムニの『煤礦』（原題：Black Fury／邦題：黒地獄）を見た際、映画館を出ると上層階層風の男女が談論している。

「外国映画を見てしまうと、中国映画はまるでクソだ！炭坑の爆破シーンなんか、真に迫ってたよ！惚れ惚れする！」
「これって、ほんとにすごい映画。期待どおりだ！」
「私もそれをいいたかったの。ポール・ムニって、大好き！」
「お前、惚れたか！」
「何いいだすの、真面目な話をしてるのよ！[20]」

こうした観客層の「期待の地平」に沿うよう映画を撮影するのか、あるいは第三種第四種に基準を据えて（下げて）製作するのかは、中国ばかりでなく日本においても共通の悩みであったはずだが、そこにこそ観客の質と層を視野に入れる映画史研究の対象も置かれなければならない。中国国産映画は、第一種第二種の観客の審美眼を満足させるとともに、第三種第四種の観客をも「受取人」として想定していたのであり、どちらか一方のみを考察の対象から除外するわけにはいかない。その際、第一種第二種の観客においては、常に外国製映画が競合相手となったはずだが、その競合相手がどのような作品なのかを的確に究明しないことには、いかに摂取したか、いかに対抗して新たな融合、展開を生み出したかを解明することはできないのである。

(5) 国産自製映画誕生後の足跡の相違

日本では、映画が伝来するや、さほどの時を隔てることなく国産自製映画撮影が取り組まれたが、上海では、その後一〇年以上を費やした後、ようやく国産自製映画への取り組みが始まったことはすでに見たとおりだ。本書では、中国国産映画が自らの道を見出し、ようやく軌道に乗り始めたその入口までしか究明できていないが、その後の展開について、映画伝来からの足跡を踏まえた上で若干見通しを述べておきたい。

日本では、世界の映画が実写やマジック等のアトラクション的放映の段階から、すでに外国製映画の放映鑑賞だけでなく、これに範を採った国産自製映画を撮影する形で、いわば受容を積み重ねた。一方上海でも、世界の映画作品形成の足跡と軌を一にした形で放映が行われており、フランスパテ社製フィルムも、イタリア・アンブロジオ社製フィルムもほぼリアルタイムに興行されていたことはすでに確認した。限られた上映広告だけから見ても、ミラノフィルム社製の『地獄篇』も、チネス社製『クォ・ヴァディス』も放映されており、世界の文芸映画製作の波は、確実に上海の海口まで到達していた。そして、パテ・フルーレ製マックス・ランデのコメディも、いつでもどこかの活動影戯院で放映されているほどで、ゴーモン社製のベベ・シリーズも、エクレール社のゴントランもスクリーンに上り、こればかりではなくイタリア、パスクェリ社製のポリドー・シリーズ、チネス社製トントリーニ・シリーズも演目に並んでいた。

だが、外国製映画も固定的で動かぬ水準に止まり続けたわけではなく、ごく初期のただ動くだけの写真から、周辺上演芸術を母胎として、あるいは融合しつつ、次なるステージへと発展、推移した。一九〇〇年代後半から一〇年代前半にかけて、フランスではフィルム・ダールが新たな創造の道を示し、イタリアでは絵画的描写を込めた長篇文芸作品が次々撮影されていった。注意すべきは、日本映画は、創作する上での雛型、参照物としてこの歩みに「対峙」していったのに対し、中国上海では一貫して観客としてのみ接していた可能性が高いことだ。

一九一〇年代半ばの、欧州製映画の凋落とアメリカ映画の台頭に際しても、中国では創作の参照物としては見ておらず、ひたすら観客としての受容に終始していたかに見える。この、欧州製映画からアメリカ製映画へのパラダイムの転換期、日本での映画批評と創作者の受け止め方について、「外国映画との対峙」との視点で詳細な論証も行われているが[21]、この「対峙」の仕方が、中国上海では大きく異なっていた。つまり、すっかりアメリカ映画の手法、カットを次々繰り出す映画作りが市場を席巻した後、中国国産映画はようやく撮影に本格参入したのだった。日本映画が、当初欧州式映画言語を参照しながら、その後まったく新しいアメリカ式映画言語に大転換したのに対し、上海ではその大転換に当事者として参与することなく、いわば遅れて、世界の映画文法がすっかりアメリカ式に転換してしまった後に関与するようになった点が、大きく異なるといえそうだ。

またたとえば、日本ではマックス・ランデを手本とした関根達発、藤井六輔などが、模倣と創意を重ねて、初期の日本国産映画における演技の道を切り開いたとされるが、こうしたフランス、欧州映画の影響を考慮に入れてみることは中国国産映画を分析する上で意味を持つだろう。日本では、マックスの模倣と参照は、映画評において排斥されるどころか、むしろマックス風であることによって高い評価が与えられていたのだ[22]。

第六章で検証したとおり、中国国産映画は、チャップリンやハロルド・ロイドのアメリカ喜劇の模倣と参照は行ったが、マックス・ランデは、相当の頻度で活動影戯院にかかっていたにもかかわらず、中国国産自製映画にその影も痕跡も見出すことは難しい。明星影片公司の『滑稽大王游滬記』でチャップリンの「そっくりさん」を登場させ、その後『大鬧怪戯場』ではチャップリンとハロルド・ロイドもどきを登場させているが、第一次世界大戦前のコメディの王者だったマックスの影は、ついに模倣されることなく歴史の彼方に押しやられてしまったのだろうか。このマックスの影を探ってみることには、大きな意味があろうと考える。

ただ、この点はいまだ青写真の域に止まり、これを中国映画観客、製作者の双方の受け止め方から実証しなければならない。亞西亞影戯公司が試作したコメディ諸作品のキャラクターがどのようなものだったかは検証しようがない上、現在のところ、中国上海での最も早い映画雑誌としては一九二〇年一月創刊の『影戯雑誌』(中国影戯研究会編)以外に見当たらないことを考慮するなら、その史料発掘の可能性は相当狭まってしまう。

欧州製映画からアメリカ映画への大転換の行く末を、上海観客はただ指をくわえて眺めていただけなのか、あるいはもっと能動的に参与する人間たちが存在したのかどうかは、別の視点も必要になるかも知れない。明治期日本映画の日露戦争を挟んだ展開を比較検証した上田学は、「観客性」と「観客層」の二つの概念を設定して分析しているが[23]、この概念を借りて上海での第一次世界大戦を挟んだ時期の「観客性」と「観客層」の推移、実相を分析してみる価値はありそうだ。

上田が唱える「観客性」とは、歴史的、社会的諸関係の中で捉える観客性(spectatorships)に基づく概念で、さらにこれを「映画を受容する歴史的な経験[24]」と定義する。中国上海映画界における観客性としては、第三章で考察したところだが、東京活動影戯園が活動影戯のみで番組を組み始めた一九一三年以降の放映作品と、それを受け入れた観客の視線にさらに一歩踏み込んで着目することで展望が開けるかも知れない。興行番組の取捨選択は、当然のことながら観客の好みに適合させるはずで、何が放映されたかだけでなく、当時世界中で評判になり、極東の地にもたらされていたにも拘わらず上海では上映されなかった作品にも焦点を当ててみるべきだろう。残念ながら、この当時はまだ映画についての評論活動が緒に就いていなかったため、観客の受け止め方を推し量る方途は限られたものとならざるを得ない。しかし、放映された映画と放映されなかった映画を、日本などと比較衡量することで見えてくるものがあるはずで、そこに観客性、観客の映画受容の歴史的経験値が浮かび上がるに違いない。また、同じく上田が捉える「観客層」は、映画観客中の主たる受容層とその周辺層、もしくは代替可能な階層の問題(social audiences)に立脚しつつ「映画を受容する社会的な集団[25]」と位置づけているが、これについては、第四章で述べたとおり第一次世界大戦前から戦中期にかけてと、戦後期との活動影戯院の開館状況、その質的向上の相違をもたらした、あるいは質的分化を生み出した需要の形成を追うことが求められる。こちらは、本書でも多少の目処をつけたと考えるが、なお各館の詳細な実態と経営状態の探究、そして各映画館の規模、仕様(見世物小屋か茶園か、あるいは洋式劇場様式か等々)を探究することが必要になる。さらには、当時の上演興行界での観客移動、つまり古典芸能としてスノビッシュな位置を占めていた京劇観客層をも映画観客として取り込めたかどうか、併演が常態化していた浙江江蘇地域の「灘簧」愛好者と活動影戯観客の相互関係、相互移動の様態、新興の「文明新戯」愛好層と活動影戯観客間の入替え、もしくは移動の有無等が分析検討されねばならない。特に女性観客層がいかに形成されたのかは、中国国産映画の「言情（愛情物語）」の性格を分析する上で必須の基礎条件となるはずだ。

　中国本国における映画史研究も、『中国電影発展史』の教条に縛られるばかりでなく、徐々に実証的研究が積み上げられつつある現状なので、新たな史料の発掘とともに、外国映画の受容を基盤として、それとの対峙の中で中国国産映画がどのように形成されていったかが探究されることが期待される。その一つの現れとして、「電影地方志」の視点がある。従来映画伝来の入り口としては上海が措定されるだけだったが、これ以外の天津、ハルビン、そして香港が考察の対象に加えられるべきだとの考え方だ。具体的には、第一章注(1)と第二章の注48で言及した劉小磊『中国早期滬外電影業的形成一八九六～一九四〇』[26]が公にされているが、各地区の細かな足跡について今後さらに緻密な調査と史料の掘り起こしが求められる。その点では、徐文明「一座城市電影放映的歴史記憶書寫—關於寧波一九一〇～一九三〇年代電影放映及影院経營状況的研究」[27]が個別地区の詳細な史料を掘り起こしているので、こうした地道な史料読み込みの積み重ねが不可欠と考える。

　そのための拠り所として、まずは上海における映画伝来とその後の活動影戯放映興行の展開を明らかにしておく必要があり、本書がこうした各地区での映画受容研究の展開の一里塚となることを期待している。

(6)　一九二〇年代の澎湃

　一九二〇年代中期から、中国国産映画は旺盛な活力をもって展開するが、この時期については中国映画史も実証的な研究が緒に就いている。たとえば、台湾の胡平生は、北伐を経て南京に首都が復帰して以降、上海等の江南の地が中国近代政治、経済、文化の中心に躍り出て以降の都市民層の形成とその階層に支えられ、受容された都市娯楽文化形成を映画と演劇の上演興行の中に見出す研究を著しているし[28]、大阪市立大学の張新民は、「モダン劇映画」を上海の都市形成と関係づけて探索し、[29]一九二〇年代に活況を呈する中国国産映画の作品製作の基盤を探究しようとしている。また菅原慶乃は、一九二〇年代に興起する映画会社を文芸関係者のネットワークと関係づけて究明している。[30]

こうした一九二〇年代に入ってからの中国国産映画製作を実証的に究明することは、すでに「左翼映画」主導の映画史として定説が支配する枠組みから脱し、作品の実態に即し、観客性、観客層を重視した映画史を再構築する上で必要な作業である。

一九二〇年代は、映画製作会社が澎湃した時期であり、ここで撮影された作品を、「対峙する」製作として分析、検証することが有効になるだろう。一例を挙げるなら、一九二八年以降、大量に生み出された「武侠」映画とされるジャンルは、中国固有の戯曲を母胎とするだけでなく、明らかにアメリカ映画を参照した痕跡が読み取れるが、この武侠映画製作の中でいかにアメリカ映画的なものが「対峙」されていたかを探ることは、一つの新たな視座をもたらすだろう。たとえば『紅侠』(一九二九年友聯影片公司出品、文逸民監督・出演、范雪朋主演)で軍事集団に拉致された村娘を救出する場面では、軍事集団が籠もる塔屋にロープをかけてよじ登るが、これなどは、すでに上海で放映され大人気を博したダグラス・フェアバンクスの『ロビンフッド』(中国題『羅賓漢』)の同様場面が根底にあることは明らかだ。

図像167と168は、ロビンフッドが姫を救出するため城の塔屋を蔦を頼りによじ登る場面だが、一方図像166の紅侠芸姑は、仙人の薫陶、教導を得て空を飛べる秘技を体得しているはずながら、塔屋の救出ではわざわざロープをかけてよじ登る。ひらりと跳び上がり、すぐに塔屋の窓から進入できそうなものなのだが、わざわざ敵に発見され反撃されるリスクを冒してロープをよじ登るのは、もちろん一つには、主役の范雪朋が自ら危険な技を演じる場面を誇示する必要があったのだろう。だがもう一つには、悪漢に拉致され幽閉された娘を救出するには、「救出」の型が必要だったためと考えることもできよう。つまり、塔屋をよじ登り、危難を冒して窓から進入して娘を助けてはじめて「救出」と見なす、脳裏に刷り込まれた「型」がそこに働いていたと考えられることだ。そし

図像166　紅侠

図像167　ロビンフッド1

図像168　ロビンフッド2[32]

てその「型」を提供したのが、『ロビンフッド』だったのだろうと推定することが可能になる。

フェアバンクスの『ロビンフッド』は、上海では『侠盗羅〈魯〉賓漢』の名で一九二四（民国一三）年一月一四日（旧暦十二月初九）に卡爾登《カールトン》大戯院で初公開され、同一三日まで一日三回興行で一〇日間放映された後、同年六月から七月にかけて、やはり一日三興行で一〇日間、上海大戯院にて再映された。さらに、年が明け一九二五年に入っても再度放映され、同年末に中国大戯院、恩派亞《エムパイア》影戯院、中華大戯院で放映されるなど、息の長い人気作となっていた。

この『紅侠』の塔屋救出の参照関係は、第六章第二節で分析した参照と模倣の部類と見なすべきか、あるいは「刷り込み」の部類とみるべきかは、さらに分析を加える必要がある。目下のところ、外国映画作品の「参照」と「模倣」の次元から、さらに一歩進んで「刷り込み」へと深化した実例と見ているが、こうした事例の蒐集、分析、検証を積み重ねた上で、再度追究する価値がある課題ではないかと考える。「参照」であれ「刷り込み」であれ、いずれにせよ、一九二〇年代以降に怒濤のごとく押し寄せたアメリカ映画を背景とすることは明らかで、それと「対峙」した結果生まれた表現方式であることも容易に推定できる。

これに対して、それ以前の一九一〇年代前半に蓄積されたはずのフランス、イタリア映画の映画体験については、視野が及ばないだけでなく、そもそも対抗軸に据えるべき中国国産映画の実作を見出すことが難しい。このため、即座にはフランス映画の痕跡やイタリア式映画手法の影を見出すことはできないのが現状だ。ただし、フランス流映画作劇手法やイタリア式絵画的背景に基づくドラマ構成が伏流として流れ続け、その「刷り込み」がその後一〇数年後に地表に再度出現する可能性もないとはいえない。沈西苓が指摘するとおり、一九三五年の時点でも依然として「欧米映画を見慣れた一級の観客」が存在していたのであり、このことは映画観客にのみ限られるわけではなく、その後映画製作に携わることとなった群像が存在することを示唆していないだろうか。一九二〇年代後半から三〇年代以降の中国国産映画作品を分析、評定する際に、こうしたフランス流映画やイタリア式映画作劇法と「対峙」する視点がありえたかどうかについて、考慮することが必要ではないかと考える。そのためにも、本書で検証した一九一〇年代前半に放映された作品の実相究明は有効な見地を提供するはずだ。

「期待の地平」としての観客の視線がどこに向かうのかを探る上でも、本書で解明した初期の映画放映方式や放映作品を視座に据えておくことは意味を持つものだと考える。中国上海での映画放映は、アメリカ映画だけの独壇場ではなく、それに先だって明らかに欧州製映画を享受した過程を持ち、そのことが中国上海の映画観客の映画評定の視線に、少なからず影を落としている可能性が高いからだ。こうした「映画を受容する歴史的な経験」を確認する上で、本書で一九〇〇年代から二〇年代初めにかけて映画放映の実態を究明したことが、少なくとも一定の輪郭を提供しうるのではないかと密かに自負する。

　一九二〇年代以降の中国国産映画の展開を事実に即して究明する上で、本書で示した一九一〇年代の外国映画放映の実態を視野に入れた上で、個別作品の検証を進めることが今後さらに期待されるのである。

　中国上海の観客の視線の先に見えたものは、銀幕が光を発し始めたその時から、フランスもイタリアもアメリカも日本も分け隔てなく、また中国国産作品に閉じこもることなく、国境も民族も離れて、素晴らしい人間模様を見せる映画そのものだったはずだ。中国映画史を素描する上では、この観客の視線の存在を忘れては成り立たないし、視線の向かう先への探索を離れては意味をなさないことを肝に銘じておきたい。

【終章注】

1　田中純一郎『日本映画発達史』第一巻二八～六六ページ
2　『日本映画発達史』第一巻七三～八一ページ
3　『日本映画草創期の興行と観客―東京と京都を中心に』（上田学著、早稲田大学出版部、二〇一二）四ページ
4　『日本映画草創期の興行と観客』四～六ページ
5　『世界映画全史』第四巻「映画の先駆者たち　パテの時代1903-1909」「8　露天興行による映画の最盛期 1902-1908」一八六ページ
6　『世界映画全史』第四巻一八九ページ
7　『世界映画全史』第四巻一九一ページ
8　『日本映画草創期の興行と観客』六ページ
9　田中純一郎『日本映画発達史』第一巻九七ページ
10　British Film Institute, 1985, London
11　『Exporting Entertainment - America in the World Film Market 1907-1934』p.33
12　Daily consular and trade reports, October 14 1911, p.244。HathiTrust (original from Cornell University) 以下のサイトで閲覧可能・・http://babel.hathitrust.org/cgi/pt?id=coo.31924087753400;view=1up;seq=284
13　Daily consular and trade reports, October 14 1911, p.245
14　田中純一郎『日本映画発達史』第一巻一三〇ページ
15　『天津通志・文化芸術志』（天津市地方志編修委員会辦公室、天津市文化局編著、天津社会科学院出版社、二〇〇五）第七篇電影第一章電影放映第一節電影放映場所、六八二ページ。なお、

本書は以下の天津市政府公式サイトで閲覧可能：
http://www.tjwh.gov.cn/whysz/1007diany/diany-0101.html。

16 汪朝光「二〇世紀初葉電影在東北辺陲之興―哈爾濱早期電影市場研究」（『南京大学学報〈哲学・人文科学・社会科学〉』二〇〇四年第三期）九九ページ

17 孫建偉「黒竜江電影史話」（『黒竜江史志』二〇〇六年第二期）三五ページ

18 『大連文史資料戯劇専輯』（大連文史資料委員会編、大連海運学院出版、一九九二）六〇～六六ページ

19 『挑発としての文学史』（H・R・ヤウス著、轡田収訳、岩波書店、一九九九）二九～三〇ページ

20 沈西苓「怎様看電影」（『大衆生活』第一巻第四期、一九三五年一二月）一〇五ページ(上海書店一九八二年影印合訂版による)

21 小川佐和子「外国映画との対峙―大正初期日本映画のダイナミズム」（黒沢清・四方田犬彦・吉見俊哉・李鳳宇編『映画史を読み直す』〈「日本映画は生きている」第二巻〉、岩波書店、二〇一〇）

22 『日本映画における外国映画の影響―比較映画史研究』（山本喜久男著、早稲田大学出版部、一九九〇初版第二刷）二七ページによる。

23 上田学『日本映画草創期の興行と観客』一一～一二ページ

24 『日本映画草創期の興行と観客』一一ページ

25 『日本映画草創期の興行と観客』一一ページ

26 中国電影出版社、二〇〇九。

27 『当代電影』総第一二九号、二〇〇五年六期所収

28 『抗戦前十年間的上海娯楽社会（１９２７～１９３７）―以影劇為中心的探索』（胡平生著、台湾学生書局、二〇〇二）

29 「上海と初期中国映画― 一九二〇年代〈モダン劇映画〉に表されている〈魔都〉上海」（都市のフィクションと現実：大阪市立大学大学院文学研究科ＣＯＥ国際シンポジウム報告書、二〇〇五）八七～九六ページ

30 菅原慶乃「一九二〇年代上海の映画製作会社について―文芸関係者による人的ネットワークを基盤とした映画製作業の展開」（『関西大学東西学術研究所紀要』第四三輯、二〇一〇）九五～一一八ページ

31 ＤＶＤ『Robin Hood』(The Douglas Fairbanks collection K331、KINO International Corp. 2004) よりキャプチャー

上海映画事業形成と都市文化略年表

バンド・ビュー（1847 年）

旧英国領事館

パブリックガーデン（20 世紀初頭）

元号	西暦	活動影戯興行関連事項	上海都市文化関連事項
清 道光22	一八四二		上海開港
	一八四五		英租界開設
	一八四六		オールコック上海領事着任 初代江海北関竣工 禮査飯店（Astor House Hotel）開業
咸豊元	一八五一		太平天国軍起義 三雅園、県城内四牌楼に開業
	一八五二		英国領事館竣工
	一八五三		小刀会起義
	一八五四		英租界に工部局成立
	一八五五		租界内中国人居住許可
	一八五七		第二代江海北関竣工
	一八五九		オールコック日本へ赴任途上上海再訪
同治元	一八六一		公共租界工部局、娯楽業に許可制施行
	一八六二		高杉晋作上海視察 租界内中国人夜間外出禁止令解除
	一八六三		米租界、英租界に合流し公共租界成立
	一八六七		満庭芳、丹桂園公共租界宝善街に開業
	一八六八		パブリックガーデン開園
	一八七〇		金桂園、宝善街に開業
	一八七二		『申報』創刊

光緒元 三月 富春茶園（南京路）にて「影戲」興行

張園の現況

光緒20 六月 徐園にて「西洋影戲」（幻灯）興行
八月 徐園にて「西洋影戲」（幻灯）興行

光緒21 五月 上海初の映画上映（禮査飯店／張園）
六月「味蒓園觀影戲記」（『新聞報』）
七月 天華茶園「美国新到機器電光影戲」として映画放映
八月 奇園にて「美國機器電光影戲」興行
九月「觀美國影戲記」（『游戲報』）

光緒22 二月 同慶茶園にて「電光影戲」興行
七月-一一月 徐園にて【留生電光影戲】興行
七月「徐園紀游叙」（『趣報』）

光緒23 二月-一〇月 徐園にて「電光影戲」

一八七三 ガーデンブリッジ（外白渡橋）木製橋架橋
一八七五 天仙園、宝善街に開業
一八七六 『滬游雑記』刊行
一八七八 グスタフ・クライトナー上海寄港
『上海繁昌記』（『滬游雑記』和刻本）日本で刊行
一八七九 上海公共楽隊結成
一八八五 張園一般開放
一八八六 パブリック・ガーデン上層中国人にも開放
『滬游夢影』刊行
一八八七 徐園一般開放
一八九三 第三代江海北関竣工
『淞南夢影録』刊行
一八九〇 愚園開園
一八九六 イザベラ・バード上海再訪
一八九七 商務印書館創立
仏租界公董会発電所稼働、ガス灯から電灯に交替
一八九八
一八九九 租界拡張、泥城浜埋め立て

光緒24	二月・一〇月 徐園にて「法蘭西電光活動影戯」興行	一九〇〇	
光緒25	一月・二月 徐園にて「法国活動影戯」 九月 張園にて「皇家活動影戯」興行	一九〇一	ハンガリー人リンツ、上海初の自動車輸入
	一九〇三～一九〇五 活動影戯興行広告なし	一九〇二	徐園営業休止
光緒29	▼北京豊泰照相館で中国初の映画撮影（譚鑫培による京劇の『定軍山』）との通説	一九〇五	ガーデンブリッジ、鉄橋竣工
光緒30	七月 頤園にて日露戦争電光影戯興行	一九〇六	
光緒31	七月 武昌路花園にて活動大電光影戯興行	一九〇七	
光緒32	一二月 幻仙戯園（泥城橋西）開業 一二月 虹口活動影戯園（海寧路乍浦路角）	一九〇八	英商上海電車公司が公共租界で初の路面電車運行 新舞台、近代的劇場として開業
宣統元	亞西亞影戯公司設立	一九〇九	
宣統2	七月 維多利亞影戯院（北四川路海寧路角）開幕 愛普廬活動影戯院（北四川路海寧路北側）開幕	一九一〇	大舞台開場
		一九一一	歌舞台、群舞台、丹桂第一台開場
民国元	七月 大樂電戯園（福州路東合興里）開幕	一九一二	上海初の娯楽場「楼外楼」新新舞台屋上に開業 中華書局創立 史量才、申報館の経営権取得 新新舞台開場
民国2	五月 東京活動影戯園刷新 九月亞細亞影戯公司製作の初の国産映画『難夫難妻』、新新舞台で上映 一二月 愛倫活動影戯院（現海寧路江西北路口）	一九一三	梅蘭芳、上海初公演

開幕

民国3

九月　夏令配克影戯院（現南京西路）開幕　開幕作品『ナポレオン一代記（何等英雄）』

九月　大陸活動影戯院（江西路水道橋）開幕

一一月　東和活動影戯園（武昌路）開幕

一九一四

上海初のトロリーバス、公共租界に開通

共舞台開場

民国4

八月　共和活動影戯園（現中華路方浜路口）開幕

九月　連続活劇『ハートの3（三心牌）』放映

一九一五

映画館・劇場・飲食店等複合の総合娯楽遊技場「新世界」開業

民国6

九月　海蜃樓活動影戯園（九畝地）開幕

六月　上海大戯院（北四川路虬江路）開幕　開幕作品『ミラの秘密（妖党）』上映

九月　萬國大戯院（現東長治路）開幕

卡徳影戯院（現石門二路新閘路口）開幕

一九一七

上海初のデパート先施公司開業

民国7

商務印書館影片部設立

一九一八

屋上に遊園地「天韵楼」を備えた永安公司開業

仏租界に「大世界遊楽場」開業

民国10

九月　中国影戯研究社『閻瑞生』、夏令配克影戯院で封切

恩派亞影戯院（現淮海中路）開幕

一九二一

民国11

一月　上海影戯公司『海誓』、夏令配克影戯院で封切り

三月　明星影片公司設立

五月　新亞影片公司『紅粉骷髏』、夏令配克影戯院で封切り

七月　中国影片製造股份有限公司、懸賞シナリオ公募

九月　明星影片公司初回作『労工之愛情』『滑稽

一九二二

匯豊銀行（香港上海銀行上海支店）新社屋落成

大王游滬記』夏令配克影戯院で封切り

民国12
一月 明星『大鬧怪戯場』『頑童』夏令配克戯院で封切り
二月 卡爾登大戯院（現黄河路）開幕 開幕作品『ゼンダの虜（盧宮秘史）』
二月 明星『張欣生』夏令配克戯院で初演
一二月 明星『孤児救祖記』申江大戯院で初演

民国13
二月 申江大戯院（現北海路）開幕

民国14
二月 閘北影戯院（新閘橋脇）開幕
翔舞台（現天宝路）開幕
上海演芸館 （北四川路）開幕

民国15
四月 中央影戯公司設立、国産映画推進
中央大戯院（申江大戯院）（申江亦舞台址）開幕
一〇月 奥迪安大戯院 Odeon Theatre（北四川路大徳里附近）開幕

民国16
五月 東華大戯院（現淮海中路）開幕
一一月 北京大戯院（現貴州路）開幕

民国17
二月 光陸大戯院（現虎丘路）開幕
三月 奥飛姆大戯院（現長寿路）開幕
九月 百星大戯院（現羅浮路）開幕
一一月 大光明影戯院（現南京東路）開幕

民国18
二月 東海戯院（現海門路）開幕

一九二三

海関（2006）

ＨＳＢＣ滙豐銀行（2006）

一九二四

一九二五
第四代江海北関竣工
公共租界でバス路線運行開始
五・三〇事件（内外綿第七廠での労働者殺傷事件への抗議に端を発し対し学生・商人・労働者のゼネストへ拡大）

一九二六
国民党上海執行部成立
新新公司（四大デパートの一）開業、劇場・レストラン・美容院等完備

一九二七
上海特別市政府成立
永安公司に初のダンスホール、大東舞庁開業

一九二八
公共租界に初の中国人参事就任
キャセイマンション（華厦公寓／現錦江飯店）落成
パブリック・ガーデン中国人入園制限撤廃
中央銀行上海に設立

一九二九
特別市政府、大上海計画開始

二月 東南大戲院（現人民路）開幕
二月 好萊塢大戲院（現乍浦路）開幕
二月夏令配克影戲院　ＲＣＡフォトフォン方式
　の音響装置を導入

民国19

八月 上海市政府電影検査委員会設立
一月 蓬莱大戲院（現学前街）開幕
一月 山西大戲院（山西北路）開幕
一月 光華大戲院（現延安東路）開幕
一月 黄金大戲院（現西藏中路）開幕
三月 南京大戲院（現延安東路／現上海音楽庁）
　開幕
九月 浙江大戲院（現浙江中路）開幕
九月 百老匯大戲院（現霍山路）開幕
一〇月 明星大戲院（現黄河路青島路角）
一一月 新光大戲院（現寧波路）開幕
聯華影業公司設立

サッスーンハウス（和平飯店北楼）落成
夏衍・許幸之、上海芸術劇社（初の中共系劇団）
結成

一九三〇

公共租界臨時法院、江蘇高等法院第二分院と上海
第一特区地方法院に改編
　公共租界参事、中国人5名に増員

現在の新光大戲院

『申報』広告／『上海電影志』（上海社会科学院出版社、一九九九）／『上海租界志』（上海社会科学院出版社
二〇〇一）／高橋孝助・古厩忠夫編『上海史—巨大都市の形成と人々の営み』（東方書店、一九九五）等参照

主要参考文献一覧

（本書の各章に出現する順に排列する）

【緒論】

『上海通史』全一五巻（熊月之主編、上海人民出版社、一九九九〜）

『近代上海城市研究（一八四〇―一九四九年）』（張仲礼主編、上海文芸出版、二〇〇八修訂版）

『上海史―巨大都市の形成と人々の営み』（高橋孝助・古厩忠夫編、東方書店、一九九五初版）

『上海職業さまざま』（菊池敏夫・日本上海史研究会編、勉誠出版、二〇〇二）

『大君の都―幕末日本滞在記』（ラザフォード・オールコック著、山口光朔訳、岩波文庫、一九六二年初版、七七年第一三刷）

『老上海地図』（上海図書館張偉等編、上海画報出版、二〇〇一）

『日本近代思想大系Ⅰ「開国」』（田中彰校注、岩波書店、一九九一）

『東洋紀行』1（グスタフ・クライトナー著、大林太良監修、小林裕幸・森田明訳、平凡社東洋文庫五五五、一九九二）

『中国奥地紀行』1（イザベラ・バード著、金坂清則訳、平凡社東洋文庫七〇六、二〇〇二）

『上海・都市と建築　一八四二―一九四九』（村松伸著、PARCO出版局、一九九一）

『點石齋畫報』大可堂版（張奇明主編、上海画報出版社、二〇〇一）

『上海租界志』（同編纂委員会編、史梅定主編、上海社会科学院出版社、二〇〇一）

『上海銭荘史料』（中国人民銀行上海市分行編、上海人民出版社、一九六〇初版、一九七八第三版）

『上海史―走向現代之路』（王菊・趙念国訳、上海社会科学出版社、二〇〇五）Marie-Claire Bergère, Histoire de Shanghai (Librairie Arthème Fayard, 2002) の中訳

「晩清上海租界的公共娯楽区一八六〇―一八七二」（羅蘇文著、『檔案與史学』二〇〇二年第一期所載）

「晩清上海的戲園與娯楽生活」（許敏著、『史林』一九九八年第三期）

「掲開〝華人與狗不得入内〟流伝之謎」（薛理勇著、『世紀』一九九四年第二期）

「關於〝華人與狗不得入内〟問題」（張銓著、『史林』一九九四年第四期）

「外争権益與内省公徳―上海外灘公園歧視華人社会反応的歴史解読」（熊月之著、『学術月刊』第三九巻一〇月号、二〇〇七）

「民族主義與殖民主義的較量―外灘公園〝華人與狗不得入内〟文字資料的歴史解読」（蘇智良・趙勝、『甘粛社会科学』二〇〇九年第四期）

「張園―晩清上海一箇公共空間研究」（熊月之著、『檔案與史料』

一九九六年第六期）
『上海市地方志・上海園林志』、第一篇私園・寺院、第二章営業性私園：〈http://www.shtong.gov.cn/node2/node2245/node69854/index.html〉
『滬游雑記　淞南夢影録　滬游夢影―上海灘與上海人』（葛元煦・黄式權・池志澂著、鄭祖安・胡珠生標点、一九八九）
『滬游雑記』（葛氏嘯園藏板、光緒二〈一八七六〉年刊）
『上海繁昌記』（藤堂良駿訓点、出版人稲田佐吉、一八七八〈明治一一〉年五月刊）
『中国戯曲志・上海巻』（同編輯委員会、中国 ISBN 中心出版、一九九六）
『梅蘭芳全集』（梅蘭芳述、許姫傳・許源來記、河北教育出版社、二〇〇一）

【第一章】

『申報』（影印本、上海書店、一九八三）
『新聞報』（上海図書館縮微膠巻）
『游戯報』（上海図書館縮微膠巻）
『中国早期滬外地区電影業的形成（一八九六―一九四九）』（劉小磊著、中国電影出版社、二〇〇九）
『中国電影発展史』（程季華主編、中国電影出版社、一九六三初版）
『Dianying; Electric Shadows ― An Account of Films and the Film Audience in China』（Jay Leyda, The MIT Press, 1972）
『中華民國電影史』（杜雲之著、台湾行政院文化建設委員会発行、一九八八）
『香港電影史話』（余慕雲著、次文化堂、一九九六）
『世界映画全史』（ジョルジュ・サドゥール著、村山匡一郎、出口丈人、小松弘訳、国書刊行会、一九九三）
「赴法途中漫畫」（孫福熙著、『新潮』第三巻第一号、一九二〇／復刻影印版第二冊、上海書店、一九八六）
『早期香港電影史一八九七―一九四五』（周承人・李以庄著、世紀出版集団上海人民出版社、二〇〇九）
『Edison Motion Pictures, 1890-1900―An Annotated Filmography』（Charles Musser、Smithsonian Institution Press, 1997）
『中国無聲電影』（中国電影資料館編、中国電影出版社、一九九六）
『中国電影年鑑一九三四』〈影印本〉（中国広播電視出版社、二〇〇八）
『稀見上海史志資料叢書』（熊月之主編、上海世紀出版股份有限公司上海書店出版社、二〇一二）
「上海の映画伝来とその興行状況について」（張新民著、『中國學志』无妄号〈大阪市立大学中国学会〉二〇一〇）
『中国電影文化史一九〇五―二〇〇四』（李道新著、北京大学出版社、二〇〇五）
『中国電影史研究専題』（李道新、北京大学出版社、二〇〇六）
『中国電影専業史研究・電影文化巻』（楊遠嬰編、中国電影出版社、二〇〇六）
「電影初到上海考」（黄徳泉著、『電影芸術』二〇〇七年第三期総第三一四期）

『中国早期電影史事考証』（黄徳泉著、中国電影出版社、二〇一二）
『日本映画発達史』（田中純一郎著、中央公論社、一九七五中公文庫版）
『Hong Kong Cinema—A Cross-Cultural View』（Law Kar, Frank Bren, The Scarecrow Press, 2004）
「中国における映画受容―その揺籃期について」（山本律著、早稲田大学演劇博物館グローバルCOE紀要『演劇映像学二〇〇九』第一集、二〇一〇）
「映画揺籃期の中国における映画上映」（山本律著、『演劇映像学二〇一一』第一集、二〇一二）
『光の生誕 リュミエール！』（「映画伝来 - シネマトグラフと明治の日本」展覧会解説カタログ、朝日新聞社、一九九五）
The Internet Movie Database（IMDb: http://www.imdb.com）
『James Ricalton's Photographs of China During The Boxer Rebellion』（Christopher J. Lucas ed., The Edwin Mellen Press, 1990）
『忘山廬日記』（『續修四庫全書』〈上海古籍出版社、一九九五〉第五七九冊）

【第二章】

『中国近代報刊名録』（史和・姚福申・葉翠等編、福建人民出版社、一九九一）
『中国新聞事業編年史』（方漢奇編、福建人民出版社、二〇〇〇）
『晩清民国時期上海小報』（李楠著、人民文学出版社、二〇〇六）
『上海的橋』（張恵民・周渝生主編、華東師範大学出版社、二〇〇〇）
『圖畫日報』（環球社編輯部編、上海古籍出版社、一九九六復刻版）
『支那印象記』（小林愛雄著、明治四四〈一九一一〉年一一月刊、敬文館發行）『幕末明治中国見聞録集成』第一七巻（小島晋治監修、ゆまに書房、一九九七）
『支那遊記』（大正元〈一九一二〉年八月刊〈非売品〉、民友社印刷）『幕末明治中国見聞録集成』第八巻（小島晋治監修、ゆまに書房、一九九七）
『上海市地方志・静安区志』「図片・地図」：http://shtong.gov.cn/node2/node4/node2249/node4412/node70295/node70297/userobject1ai37936.html。
『厦門電影百年』（洪卜仁著、厦門大学出版社、二〇〇七）
「一座城市電影放映的歴史記憶書寫―關於寧波一九一〇―一九三〇年代電影放映及影院經營状況的研究」（『当代電影』徐文明著、總第一二九号、二〇〇五年第六期）
『サーカス―起源・発展・展望』（エウゲニイ・クズネツォフ著、桑野隆訳、ありな書房、二〇〇六）

【第三章】

「〝百代〟浮沈―近代上海百代唱片公司盛衰記」（葛濤著、『史林』二〇〇八年第五期）
『上海地方志・上海金融志』第一篇貨幣、第五章銅元、第一節銅元流通的種類：http://shtong.gov.cn/node2/node2245/node75491/

node75496/node75534/node75545/userobject1ai92322.html
『Encyclopedia of Early Cinema』（Richard Abel Ed.、Routledge、2005／Paperback 2010）
『上海電影志』（同志編纂委員会編、上海社会科学院出版社、一九九九）
『工部局董事会会議録』（上海檔案館編、上海古籍出版社、二〇〇一）
『海上花列伝』（「古本小説集成」第２輯第36巻収録、上海古籍出版社、一九九一）
『上海市地方志・上海房地産志』第八篇特記第七節跑馬廳易地經過：
〈http://shtong.gov.cn/node2/node2245/node64514/node64526/node64617/userobject1ai58381.html〉
『張愛玲典藏全集』（台湾皇冠文化出版有限公司、二〇〇一）
『福州路文化街』（胡遠傑主編、上海市黄浦区檔案局〈館〉編、文滙出版社、二〇〇一）
『上海百業指南─道路機構廠商住宅分布図』（承載・呉健熙選編、上海社会科学院出版社、二〇〇四）

【第四章】
『上海市地方志・上海外事志』上編、第五篇重大戦争期間上海的中外交渉、第八章第一次世界大戦及江浙戦争、第一節第一次世界大戦期間対外交渉：http://shtong.gov.cn/node2/node2245/node69969/node69978/node70058/node70165/userobject1ai69839.html
『Serials and Series─A World Filmography, 1912-1956』（Buck Rainey, McFarland & Company,Inc., Publishers, 1999）
『The Trey o' Hearts』（Louis Joseph Vance、Grosset & Dunlap Publishers, New York, 1914; Cornell University Library）
“Wharton Studio Photographs”（Ithaca College Library Collection）：http://ithacalibrary.net/omeka/items/browse?tag=Mysteries+of+Myra
『新版映画五十年史』（筈見恒夫著、鱒書房、一九四七）
『雛燕』（佛國エクトール・マロ原作、五來素川訳、婦人之友社、一九一八）
『20世紀アメリカ映画事典一九一四─二〇〇〇日本公開作品記録』（畑暉男編、カタログハウス、二〇〇二）
「早期上海電影業與上海的現代化進程」（汪朝光著、『檔案與史学』二〇〇三年第三期）
『良友』（良友圖書印刷有限公司編、影印版）
「怎樣看電影」（沈西苓著、『大衆生活』第一巻第四期、一九三五年一二月／上海書店影印、一九八二）

【第五章】
『日本映画史Ⅰ増補版』（佐藤忠男著、岩波書店、二〇〇六）
「尋找中国電影的生日」（『南方周末』二〇〇五年五月五日）
「中国電影萌芽時期簡述一八九九─一九二一」（程季華著、『中

国電影』一九五六年第一期〈同年一〇月刊〉）

「中国電影的揺籃—北京豐泰照相館拍攝電影訪問記」（王越著、『影視文化』一九八八年第一輯〈中国芸術研究院影視研究室『影視文化』編輯部編、一九八八年九月〉）

「亞細亞影戲公司的成立始末」（銭化佛口述、鄭逸梅筆録、『中国電影』一九五六年第一期）。

『三十年来之上海』複印版（銭化佛口述、鄭逸梅筆録、上海書店、一九八四）

『清末民初文壇軼事』（鄭逸梅著、學林出版社、一九八七）

『上海市地方志・上海文化芸術志』第七編文化娯楽場所、第一章劇場、書場（曲芸場）、第二節茶園、新式舞台、戯院：http://www.shtong.gov.cn/node2/node2245/node72149/node72160/node72233/node72237/userobject1ai78448.html

「自我導演以来」（鄭正秋著、『明星』半月刊第一巻第一期一九三五年四月）

「中国影戯之遡源」（徐恥痕著、原載『中国影戯大観』〈上海合作出版社、一九二七〉）

「中国電影発達史」（谷劍塵著、原載『中国電影年鑑』〈中国教育電影協会編、一九三四〉）

「現代中国電影史略」（鄭君里著、原載『近代中国芸術発展史』〈良友圖書印刷公司、一九三六〉）

「憶商務印書館電影部」（楊小仲著、原載『中国電影』一九五七年第一期）

『中国早期電影画刊』（姜亞沙・經莉・陳湛綺編、全国図書館文献縮微複製中心、二〇〇四）

『權田保之助著作集』（文和書房、一九七四）

『春柳』（春柳雜誌事務所、天津）第四期、一九一九。

【第六章】

『中国電影大辞典』（上海辞書出版社、一九九五）

「一九二〇年代上海の映画制作会社について—文芸関係者による人的ネットワークを基盤とした映画制作作業の展開」（菅原慶乃、『関西大学東西学術研究所紀要』第四三輯、二〇一〇）

「自我導演以來」（張石川著、『明星半月刊』第一巻第三期〈一九三五〉）

「洪深の戯曲表現—二つの中国版『皇帝ジョーンズ』を手がかりに」（拙稿、『中国文人論集』明治書院、一九九七）

「洪深の扇—Lady Windermere's Fanから『少奶奶的扇子』へ」（拙稿、『文教大学文学部紀要』第一一巻二号〈一九九八年三月〉）

『欧美電影與中国早期電影一九二〇—一九三〇』（秦喜清著、中国電影出版社、二〇〇八）

『中国映画のジェンダー・ポリティクス—ポスト冷戦時代の文化政治』（戴錦華著、宮尾正樹監訳、舘かおる編、お茶の水書房、二〇〇六）

『影芸的政治—民国電影検査制度研究』（汪朝光著、中国人民大学出版社、二〇一三）

『孤児救祖記』特刊、『中国無聲電影劇本』（鄭培為・劉桂清編選、中国電影出版社、一九九六）所収

『影壇憶旧』（程歩高著、中国電影出版社、一九八三）

【終章】

『日本映画草創期の興行と観客』（上田学著、早稲田大学出版部、二〇一二）

『Exporting Entertainment - America in the World Film Market 1907-1934』（Kristin Thompson´ British Film Institute, 1985, London）

『Daily Consular and Trade Reports（領事貿易日録）』（米国商務省）：http://babel.hathitrust.org/cgi/pt?id=coo.31924087753400;view=1up;seq=284

『天津通志・文化芸術志』（天津市地方志編修委員会辦公室、天津市文化局編著、天津社会科学院出版社、二〇〇五）

「20世紀初葉電影在東北辺陲之興―哈爾濱早期電影市場研究」（汪朝光著、『南京大学学報〈哲学・人文科学・社会科学〉』二〇〇四年第三期）

「黒竜江電影史話」（孫建偉著、『黒竜江史志』二〇〇六年第二期）

『大連文史資料戯劇専輯』（大連文史資料委員会編、大連海運学院出版、一九九二）

『挑発としての文学史』（H・Rヤウス著、轡田収訳、岩波書店、一九九九）

「外国映画との対峙―大正初期日本映画のダイナミズム」（小川佐和子著、黒沢清・四方田犬彦・吉見俊哉・李鳳宇編『映画史を読み直す』第二巻、岩波書店、二〇一〇）

『日本映画における外国映画の影響―比較映画史研究』（山本喜久男著、早稲田大学出版部、一九九〇初版第二刷）

あとがき

本書は、二〇一五年八月に東京大学総合文化研究科に提出した学位請求論文（二〇一六年四月二八日授与、学位記番号乙第一八一六二号）が基となっている。

本書公刊に当たって、章立てを若干変更し、関連年表を加え、言及作品の検索の便を考慮して事項、作品索引を新たに付け加えた。その他の図像、図表、口絵の「老電影院分布図」は、一部の図像を最新のものに置換えたほかは、ほぼ原論文のままである。書名も、ほぼ原論文のままである。一方、原論文で掲げた中国語の引用原文は、訳文を示すだけに止めてほとんど割愛した。必要な向きは、出典を明記したので直接原典で確認いただきたい。

こういう論文の場合、通常は各章ごとの初出一覧を示すのが通例だが、本書はすべて書き下ろしのため、既発表のものがなく、初出誌等を示すことができない。

代わりにといっては何だが、本書の執筆に取組んだ経緯につき、若干記しておきたい。

それは二〇〇三年の秋口だったと思う。中国映画史の中で、従来その出発点とされてきた徐園での「西洋影戯」放映興行を実際に『申報』の興行広告で確認したものの、どうも腑に落ちない印象が残り、この周辺、そしてその前後で「西洋影戯」の放映広告はあり得るのか探索を試みたことに始まる。当時、私の勤める大学には『申報』は蔵書されていなかったため、筑波大学の図書館に通っての調査が始まった。まだ、こうした形で論文にまとまるとは、思いもよらぬことで、ただ「西洋影戯」放映広告を追いかけてみただけのことだった。ほぼ毎週、授業のない日に常磐道を車を駆って筑波まで出向き、図書館の地階というのか一階というのか、エントランスを一つ降った階に『大公報』や『民国日報』とともに配架された『申報』（いずれも影印）の大きな一冊を取り出しては、閲覧机でページを繰り、必要な記事、広告をコンパクトデジカメで撮影していった。疲れると、一学（現第一エリア）地階の食堂外にあった喫煙所で、人工池を眺めながらコーヒーブレークを取ったものだが、あの頃は、まだ喫煙が可能だったことを思うと、遥か昔のことのように遠く思い出される。

二〇〇四年度に入ると、勤務校でも『申報』影印版を購入してはどうかとの機運が出てきた。わざわざ筑波まで出向かずとも、これならもっと迅速かつ随時調査を進めることができる。だが、問題が二つあった。一つは、ものがあるかどうか。影印版が刊行されてからすでに二〇年以上が経ち、在庫があるかどうかあやしかった。二つ目は、経費の問題だ。全四百冊の影印版で四百万円以上必要だ。前者は、中華書店の奔走で中国各地を調べてもらったところ、一セットだけ調達できることが判明し、後者は学科の同僚たちに頼み込み、『四庫全書』その他も合わせて購入することで総計一千五百万円の図書購入計画とし、これを三年間の分割払いとすることで中華書店とも話がまとまったのだ。かくして二〇〇四年の晩夏、我が大学にも『申報』影印版四百冊が降臨となった。

調査する資料は入手できたが、これを利用して随時調査を進めることは、直ぐには取り組めなかった。翌二〇〇五年春から一年間、私は国際交流基金の委嘱を受けて北京日本学研究センターの主任教授として赴任することになり、せっかくの「宝の山」を残して留守にせねばならなかったからだ。北京の一年間の生活は、しかしこの研究を支える別の視点を提供してくれた。

二〇〇五年は、中国国産映画発祥から百年ということで記念行事が大々的に行われ、その中の国際シンポジウムに私も招かれた。北京部会と上海部会の二部門に分かれて行われたが、北京在住の者は概ね上海で発表報告するように組まれていた。報告発表やカンファレンスも終わり、北京へ戻る当日、午前中から夕方まで少し時間ができた。そこで、『申報』の予備的調査で気になっていた映画館を実地に見聞してみたいと思い立ち、この機会を利用して出かけてみたのだ。当日は、虹口界隈の映画館を数軒見て回っただけだったが、これがその後全面的に進める老電影院調査の「試掘調査」になろうとは、当時は知る由もなかった。

その後、春節休みの所在ない期間に第二次調査を実施したのが、本格調査の始まりだった。春節(旧正月)休みでは、中国の学校研究機関は一切が休止する。この間、センターの職員も教員も、故郷に帰るか家族団欒の時を過ごすのだが、我々日本人スタッフのみが所在なげに滞在しているのを憐れに感じるのか、先生も旅行を計画されてはいかがですかとしきりに勧められる。寒いさなか、観光地にはどこも興味が湧かず、困り果てた結果、思い立ったのが上海映画館調査だった。それが、これまた一〇年近く、七次に渡る上海老電影院調査の入口になろうとは、天のみぞ知るであった。

帰国後は、資料が手許に集めやすく、より詳細なデータが得られるため、各映画館の所在地や来歴経緯等が次々判明してくる。こうした調査の結果を基に、その後一〇年近くの期間、ひたすら『申報』の上映広告と映画館情報を蒐集し続け、毎年現地に出かけて調査を積み重ねていた。その成果は、しかしなかなかストーリーが紡げなかった。

資料調査に概ね目処が立ちながら、これをどう組み立てるか思いあぐねていた頃、心友代田智明氏の鞭撻は大きな支えとなった。顔を合わすたび、微笑みながら「どこまで進んだの？」と訊ねては、こちらの応えに対してアドバイスと激励を与えてくれたものだ。ついつい「工匠」的気質が首をもたげて、ディテールに拘り資料の整合性や究明に血道を上げがちな私に、調査や資料蒐集は適当なところで区切りをつけないと切りがないと制することもあった。代田氏が、偏屈な「職人」と調和のとれた完成度を求める「納入先」の間を取り結ぶ、いわば「施工管理」の役割を果たしてくれたといえるだろう。

ようやく意を決して執筆に入ると、思いのほか順調に進んだ。それでも資料の確認や補充調査などが混ざり、一年間を要した。

提出先は、決まっていた。これも四〇年来の畏友刈間文俊氏に審査してもらう以外、他に想定はなかった。快く引き受けてくれたばかりでなく、代田智明、林少陽、伊藤徳也、鈴木将久各氏からなる審査委員会を組織してくれ、長大な論文の審査に当たってくれた。なおかつ、審査の最終段階で行われる口述試問でも、この研究を高く評価してくれたことは、思わず涙が出るほど嬉しかった。

審査が終了して学位は授与されたものの、これを公刊するまでには、まだ一山も二山も越さねばならなかった。この間、旧知の中国文庫舩越國昭氏には多大な尽力を得た。私にとっては「伯楽」とも呼ぶべき存在で、私の著述の価値を見出し、出口を与えてくれるのは、彼を措いて他にはなかった。「施工管理」である代田智明氏も、気をもんでいろいろ斡旋してくれたが、いずれも合意にはいたらなかった。理由は二つあった。一つは、原論文の分量が三〇万字ほどあり、つまり従来の原稿用紙換算だと八〇〇枚近いものだったこと。二つ目は、中国映画史の、そのまた初期の歴史的変遷を扱った内容では、市場性がないということだった。

ほぼ諦めかけていた時、救いの手を差し伸べてくれたのが、これまた旧知の樹花舎花村健一氏だった。花村氏も、折に触れて私に著作の機会を与えてくれる「及時雨」であった。彼の奔走により作品社内田眞人氏と繋がりを得て、話は前進した。だが、内田氏の鋭利な眼光で見積もると、論文原稿は概ね四〇〇頁を超える。これでは多すぎるため、刊行する上では三五〇頁程度に収めて欲しいという。五〇頁も削るのかと、茫然自失の思いがしたものだ。

だが、しばらくしてふと思い直すことができた。四〇〇頁から五〇頁削るということは、一〇数パーセントの削減ではないか。これならできるかも知れない。こうして、再び論文原稿に立ち向かい、まずは中国語の原文引用部分を涙ながらに削っていった。ようやく手に入れた資料の、かすれて読みにくい文字を拾って翻字したものなので忍びなかったが、日本語の読者にしてみれば、日本語訳があれば良いのであって、中国語の原文など無用の長物に違いないと、そう思うことにした。緒論、第一章と進めて、試みに計算してみた。するとどうだろう、原文の引用を削ることで、一二、三パーセントほどの削減になる。これで勢いを得て、章を合体したり、記述を整理しつつ、削減と修正を進めていった。編集を担当してくれた花村氏との二人三脚が始まったが、意外なほどスムーズに削減は進み、今見る形にどうにか到達した。

本書がなるに当たっては、各段階で上記の友人知己以外にも多くの方々の支えと励ましを受けた。ここにいちいちは記さないが、すべての友人、支援者に深く感謝する。唯一の悔恨は、「施工管理」の代田智明氏が、本書の刊行を見ることなく、二〇一七年秋他界してしまったことだ。彼の支えに報いることができなかった、自らの不甲斐なさを悔いるばかりだ。

ともあれ、本書をここに世に問う形となったことは、偏に人の和、時の運の賜物と感謝するばかりだ。筑波大学図書館で『申報』調査の機会が得られなかったら、一年間の北京赴任で上海調査のきっかけに恵まれなかったら、帰国後もたびたび上海へ調査に出向く時間と旅費が与えられなかったら、そして心優しい「施工管理」と厳しい要求の「納入先」が存在しなかったら……、こうしたすべての気運が、私に力を与えたということだろう。「天時地利人和」というが、これらすべてが味方してくれた。

なお、本書は、文教大学学術出版助成金を得て公刊の運びとなった。ここに特に記して謝意を表する。

二〇一九年　初春

白井啓介

【わ行】

【ま行】

〈ま〉

〈み〉

〈め〉

〈も〉

【や行】

〈や〉

〈ゆ〉

〈よ〉

【ら行】

〈ら〉

【な行】

【は行】

【た行】

【か行】

五十音

【あ行】

索 引

〈索引内の『　』は映画題名、「　」は紙誌名、記事名を表す〉

英字

●著者紹介●

白井啓介（しらい・けいすけ）1952年東京生まれ。文教大学文学部教授。同大学院言語文化研究科教授。博士(学術／東京大学)。1976年東京教育大学文学部文学科漢文学専攻卒業、1980年筑波大学文芸・言語研究科各国文学専攻中退。愛知大学を経て、1987年文教大学助教授、1995年教授、現在に至る。著書に『北京閑話　人・もの・街の88話』(大修館書店)、編著に『クラウン中日辞典』(三省堂)、監修に『満洲映画　全8巻』(復刻版、ゆまに書房）などがある。

銀幕發光《ぎんまくはっこう》

——中国《ちゅうごく》の映画《えいが》伝来《でんらい》と上海《しゃんはい》放映興行《ほうえいこうぎょう》の展開《てんかい》

2019年2月 5 日第1刷印刷
2019年2月15日第1刷発行

著　者……… 白井啓介
発行者……… 和田 肇
発行所……… 株式会社作品社
〒102-0072 東京都千代田区飯田橋2-7-4
tel 03-3262-9753 fax 03-3262-9757
振替口座 00160-3-27183
http://www.sakuhinsha.com

編集担当………………… 内田眞人
本文組版・編集協力… 樹花舎
装　丁…………………… 小川惟久
印刷・製本…………… シナノ印刷株式会社

ISBN978-4-86182-732-7 C0074